Logistics
物流专业"十三五"规划教材

物流与供应链管理

◎ 刘丽艳　乔向红　主编　◎ 支海宇　副主编

電子工業出版社
Publishing House of Electronics Industry
北京 · BEIJING

图书在版编目（CIP）数据

物流与供应链管理 / 刘丽艳，乔向红主编. —北京：电子工业出版社，2019.1
物流专业“十三五”规划教材
ISBN 978-7-121-35721-3

Ⅰ. ①物… Ⅱ. ①刘… ②乔… Ⅲ. ①物流管理—高等学校—教材②供应链管理—高等学校—教材 Ⅳ. ①F252

中国版本图书馆 CIP 数据核字(2018)第 275067 号

策划编辑：刘淑丽
责任编辑：刘淑丽
印　　刷：北京盛通商印快线网络科技有限公司
装　　订：北京盛通商印快线网络科技有限公司
出版发行：电子工业出版社
　　　　　北京市海淀区万寿路 173 信箱　邮编 100036
开　　本：787×1092　1/16　印张：16　字数：399 千字
版　　次：2019 年 1 月第 1 版
印　　次：2023 年 2 月第 7 次印刷
定　　价：49.00 元

凡所购买电子工业出版社图书有缺损问题，请向购买书店调换。若书店售缺，请与本社发行部联系，联系及邮购电话：（010）88254888，88258888。
质量投诉请发邮件至 zlts@phei.com.cn，盗版侵权举报请发邮件至 dbqq@phei. com.cn。
本书咨询联系方式：（010）88254199，sjb@phei.com.cn。

前　言

随着科学技术的进步、经济全球化和信息经济的到来，企业的竞争压力愈演愈烈，已经由企业间的竞争转为企业所在的供应链之间的竞争。供应链和贯穿供应链始终的物流运作成为现代企业管理关注的焦点。在这一背景下，企业迫切需要将现代物流管理与供应链管理有效结合与衔接，将现代物流置于供应链系统中进行统筹考虑，从供应链管理的视角来探讨物流学理论与方法。

基于当前的大环境，为了有效地将物流管理融入供应链管理中，本书首先介绍物流管理与供应链管理的基本理论知识；其次厘清物流管理与供应链管理的区别与联系，从而总结出在供应链环境下物流的特点；最后具体介绍供应链环境下物流的各大功能如何运作与实现，以及供应链战略与规划、绩效评价与激励机制。

本书力求做到理论结构清晰，同时兼具实用性和前瞻性，并在各章之后附有思考练习题，包括名词解释、不定项选择题、判断题、简述题与案例分析，以便帮助读者对理论知识的思考与运用。

本书由大连科技学院刘丽艳、大连交通大学乔向红主编，大连财经学院支海宇担任副主编，并由刘丽艳统一定稿。其中，刘丽艳负责编写第一、第二、四章；乔向红负责编写第五、六、七章；支海宇负责编写第三章。本书在编写过程中参考了大量相关的教材和文献，获益匪浅，在此向有关作者深表谢意。

由于编者水平有限，书中的纰漏和不妥之处在所难免，恳请广大读者批评指正，我们将不胜感激。

目　录

第一章

物流管理概述

学习目标

1. 了解物流的起源与发展
2. 掌握物流的定义与特征
3. 理解并掌握物流的作用与分类
4. 理解物流管理的内容及目标
5. 深刻理解物流一体化的含义及其产生原因
6. 了解重要的物流观点和学说

案例导入

青岛啤酒公司在迅速完成扩张后，其营销战略由以规模为主的“做大做强”相应地转变为以提升核心竞争力为主的“做强做大”。啤酒下线后送达终端市场的速度，即所谓的“新鲜度管理”，成为青岛啤酒打造企业核心竞争力的关键要素。这个新鲜度管理说白了就是企业的物流管理。青岛啤酒是如何成功进行物流管理的呢？

信息不畅是青岛啤酒“保鲜”大障碍

青岛啤酒是从 1998 年起开始推行“新鲜度管理”的。但是，按照旧有的业务流程，产成品出厂后先进周转库，后发至港、站，再到分公司仓库，最后才转运给消费者，啤酒作为日常消费品其口味已经发生了极大的变化。物流渠道不畅，不但增加了运费、加大了库存，也占用了资金、提高了管理成本，新鲜度管理很难落到实处。另外，各区域销售分公司在开拓市场的同时还要管理运输和仓库，往往顾此失彼。所以，青岛啤酒把“新鲜度管理”“市场网络建设”等纳入了信息化建设范畴。青岛啤酒认为，不能及时为公司决策层提供准确的销售、库存信息，信息不畅是制约消费者喝到最新鲜啤酒的严重障碍。

2000 年，青岛啤酒决定利用先进的信息化手段再造其销售网络，组建青岛啤酒销售物流管理信息系统，建立销售公司与各销售分公司的物流、资金流、信息流合理顺畅的物流管理信息系统。这个系统对企业的发货方式、仓储管理、运输环节进行了全面改造，实现了销售体系内部开放化、扁平化的物流管理。

青岛啤酒销售物流管理信息系统由财务、库存、销售、采购、储运等模块构成。这有效地加快了产品周转，降低了库存，加快了资金周转。更重要的是，青岛啤酒实现了以销定产的“订单经济”。

2001 年 2 月，青岛啤酒与 ORACAL 正式开始合作，通过引入 ERP 系统实施企业信息化战略。青岛啤酒规划“借助于 ERP 系统这个现代管理平台，将所有的啤酒厂、数以百计的销售公司、数以万计的销售点集成在一起。对每一点、每一笔业务的运行过程实施全方位监控，对每一个阶段的经营结果实施全过程的审计，加快资金周转速度，提高整个集团的通透性，实现资源的优化配置”。在金志国看来，“做 ERP，青岛啤酒绝对不是赶时髦，我们需要用新技术改造青岛啤酒传统业态的管理体制和动作方式。”金志国说：“后面我们的任务更重，首先要建立畅通的渠道，当然这需要进一步的变革，还要制定各种规章制度，建立综合信息库，采用先进的数理统计方法对收集的信息进行分析处理，并应用到经营决策、资源配置、纠正预防和持续改进过程中去。”

应该说，借助于网络技术的应用改造产品价值链，实现企业由生产链向供应链管理转变是青岛啤酒管理重组的必经之路。

流程不顺也难保“新鲜”

1998 年第一季度，青岛啤酒以“新鲜度管理”为中心的物流管理系统开始启动，当时青岛啤酒的产量不过 30 多万吨，但库存就高达 3 万吨。当时，他们着重做了两个方面的工作：一是限产压库，二是减少重复装卸，以加快货物运达的时间。以这两个基本点为核心，他们对发货方式、仓库管理、运输公司及相关部门进行了改革和调整，耗费了青岛啤酒很多精力。所以青岛啤酒同样热衷于流程再造，对青岛啤酒而言，所谓流程再造就是为了建立现代物流系统，而从根本上对企业流程进行重新设计。

据介绍，青岛啤酒筹建了技术中心，将物流、信息流、资金流全面统一在计算机网络的智能化管理之下，简化业务运行程序，对运输仓储过程中的各个环节进行了重新整合、优化，以减少运输周转次数，压缩库存，缩短产品仓储和周转时间等。比如，根据客户订单，产品从生产厂商直接运往港、站，省内订货从生产厂商直接运到客户仓库。仅此一项，每箱的成本就下降了 0.5 元。同时他们对仓储的存量做了科学的界定，并规定了上限和下限，上限为 1.2 万吨。低于下限发出要货指令，高于上限再安排生产，这样使仓储成为生产调度的“平衡器”，有效改变了淡季库存积压、旺季市场断档的尴尬局面，也满足了消费者对新鲜度的需求。

另外，销售部门要根据各地销售网络的要货计划和市场预测，制订销售计划；仓储部门根据销售计划和库存及时向生产企业传递要货信息；生产厂商有针对性地组织生产，物流公司则及时地调动运力，确保交货质量和交货期。同时销售代理商在有了稳定的货源供应后，可以从人、财、物等方面进一步降低销售成本，增加效益。

（资料来源：http://logistics.nankai.edu.cn/2016/0624/c5225a43857/page.htm）

第一节　物流的起源与发展

一、国外物流发展阶段

物流业于 19 世纪末起源于美国，后扩展到全球，先有军事物流，后扩展到经济领域。

“物流”一词最早来源于军事领域，其英文“logistics”最初的意思是军队的转移、住宿和供给，我国称为“军事后勤”。现在，物流业在全球已成为一个巨大的新兴产业。

（一）以“PD”命名的时代（20世纪初至70年代）

物流最早被重视是在流通领域，最早的物流用语是实物配送（Physical Distribution，PD）。早期的物流定义主要指的是进入流通领域的产成品，强调与产品销售有关的“输出物流”，不包括“输入物流”。

1915年，阿奇·萧在其著作《市场流通中的若干问题》中，论述了物流在经营战略中的作用。第二次世界大战期间，美国军事后勤活动的开展为人们对综合物流的认识提供了重要的实证依据。

20世纪50年代末，日本从美国引入物流概念。第二次世界大战后的日本作为战败国经济受到重创，而物流对促进战后日本经济的恢复起到了至关重要的作用。此时欧洲各国为了降低产品成本，开始重视工厂范围内物流过程的信息传递，对传统的物流搬运进行变革，对厂内的物流进行必要的规划，并且实行储存与运输分离，各自经营。西方管理科学的重心开始从生产领域转向流通领域，强调应重视流通中的物流管理。

20世纪60年代中至70年代初，日本经济高速增长、商品大规模的生产与销售，使降低成本、提高效益、实现物流合理化成为其在这一时期物流发展的主题。日本开始积极制定和实施各种物流标准，完善物流设施，支持民间的各种合理化物流运动。

（二）从PD到logistics时代（20世纪70—80年代）

物流从流通领域扩展到供应、生产、流通全过程，由最初的注重仓储、运输等各功能最优，发展到注重采购、生产、物流等各部门最优，最终发展为综合物流，以追求整个企业最优为目标。

20世纪80年代前后，随着物流系统合理化的范围扩展到供应、生产和流通全过程，对于一个生产企业来说，要提高经济效益、增强竞争力，不仅要做好制成品从生产者到用户的物品配送管理，而且要做好产品生产前从供应商到生产制造商的原材料和零部件的采购、运输、仓储和库存等的物料管理，以及在生产过程中对物料、零部件等的运输和库存管理，即从企业经营整体的范围来规划和整合物流活动。显然，用physical distribution来描述物流，无论从范围还是内容都已不能适应时代的发展，因而，从80年代中期开始，logistics逐渐取代physical distribution成为物流的代名词。

这一阶段物流管理的内容从企业内部延伸到企业外部，物流管理的重点已经转移到对物流的战略研究方面。同时期的日本经济发展迅速，并进入了以消费为主导的时代，在企业内开始出现专业的物流部门，用系统的观点开展降低物流成本的活动，同时物流公司也开始兴起。

（三）供应链物流时代（20世纪90年代至21世纪初）

随着分工的深化，一方面，制造成本降低的空间越来越有限；另一方面，在越来越多的制造企业将非核心业务外包之后，企业间的相互依赖关系加深，交易活动日益频繁，这时降低交易成本就成为降低产品总成本的关键环节。于是，仅单个企业自身做好物流管理已经远远不够，在整个供应链上实现高效的物流管理成为降低交易成本、提高产品竞争力的关键所在。这时，人们不断地赋予物流更重要的使命，物流的内涵也在不断地丰富和完善，物流成为供应链的一部分，置于供应链管理之下。

20 世纪 90 年代，日本受美国影响，将物流的概念由“physical distribution”转换为“logistics”。日本各界开始构建“产销一体化”的物流体系，即供应商、生产厂商、流通企业、消费者互相协调与合作的物流体系。

（四）绿色物流时代（21 世纪初至今）

随着专业化分工的发展，许多企业将企业物流的全部或部分外包给专业的物流公司，从而促进了社会化物流的发展。同时，随着环保压力的增大，企业也加强了对废弃物的物流管理，即尽可能地抑制物流各个环节所发生的公害（排放的毒气、噪声、震动、交通堵塞、交通事故、排放的废油、过剩的包装等），以便形成“低公害型完全循环的物流”，从而推动了绿色物流的发展。

二、国内物流发展阶段

我国物流的发展时间不长，大致可以分为两个阶段。

（一）第一阶段：20 世纪 80 年代到 90 年代中期

1979 年，以国家物资总局为首，铁道部、交通部、国家经委综合运输研究所等单位共同组成中国物资流通代表团，参加了在日本举行的第三次国际物流会议。他们回国后撰写了考察报告，介绍了日本物流的发展情况和大会内容。1981 年，北京物资学院的王之泰教授在物资部的专业刊物《物资经济研究通讯》上发表了“物流浅谈”一文，首次完整地将物流概念引入中国。这一时期国内对于物流的研究主要侧重于宏观方面，对其他方面的物流研究相对较少。

（二）第二阶段：20 世纪 90 年代中期至今

直到 20 世纪 90 年代中期，我国的物流才真正崛起。1994 年广州宝供等专业物流公司的出现，标志着中国现代物流企业的诞生，拉开了现代物流组织的序幕。这一时期政府和企业都开始重视物流的发展，加快物流基础设施和物流网点建设的步伐。

与发达国家相比，尽管我国物流发展的整体水平相对滞后，但我国政府特别重视现代物流业的发展，已出台了相关政策，以推动我国供应链物流和低碳、绿色物流的发展。

第二节　物流的定义及特征

一、物流的定义

（一）国外对物流的定义

目前，“物流”还没有一个统一的定义，各国的专家学者和相关组织从不同的角度给出了不同的定义。同时，物流还是一个发展中的概念，随着理论和实践的发展，物流的定义也将不断地发生变化。比较有代表性的物流定义主要有以下四个。

1．美国对物流的定义

2002 年，美国物流管理协会（Council of Logistics Management，CLM）将物流定义为：“物流是供应链运作的一部分，是以满足顾客要求为目的，对货物、服务和相关信息在产出地和消费地之间实现高效且经济的正向和反向的流动和储存所进行的计划、执行和控制过程。”

2．日本对物流的定义

在日本，不同学者对物流有不同的定义，最有代表性的是 1981 年日本日通综合研究所给出的物流定义：“物流是将货物由供应者向需求者的物理性位移，是创造时间价值和场所价值的经济活动，包括包装、搬运、保管、库存管理、流通加工、运输、配送等活动领域。”

3．欧洲对物流的定义

1994 年，欧洲物流协会（European Logistics Association，ELA）发表的《物流术语》（*Terminology in Logistics*）将物流定义为：“物流是在一个系统内对人员及/或商品的运输、安排及与此相关的支持活动的计划、执行与控制，以达到特定的目的。”

4．加拿大对物流的定义

1985 年，加拿大物流管理协会（Canadian Association of Logistics Management，CALM）给出的定义为：“物流是对原材料、在制品库存、产成品及相关信息从起运地到消费地的有效率的、成本有效益的流动和储存进行计划、执行与控制，以满足顾客需求的过程。”

（二）我国的物流定义

根据中华人民共和国国家标准《物流术语》（GB/T 18354—2006），物流的定义为：“物品从供应地向接收地的实体流动过程。根据实际需要，将运输、储存、装卸、搬运、包装、流通加工、配送、信息处理等基本功能实施有机结合。”

二、现代物流的特征

1．物流反应快速化

物流服务提供者对上下游的物流、配送需求的反应速度越来越快，前置时间越来越短，配送间隔越来越小，物流配送速度越来越快，商品周转次数越来越多。

2．物流功能集成化

现代物流着重于将物流与供应链的其他环节进行集成，包括物流渠道与商流渠道的集成、物流渠道之间的集成、物流功能的集成、物流环节与制造环节的集成等。

3．物流服务社会化

物流服务社会化的突出表现为第三方物流与物流中心的迅猛发展。随着社会分工的深化和市场需求的日益复杂，企业在运营过程中更倾向于将有限的资源集中于自身的核心业务，将自身并不擅长的物流环节交由专业物流公司，或者在企业内部设立相对独立的物流专业部门。专业的物流部门由于具有人才优势、技术优势和信息优势，可以采用更为先进的物流技术和管理方式，取得规模经济效益，从而达到物流合理化。

4. 物流目标系统化

现代物流从系统的角度统筹规划一个公司整体的各种物流活动，处理好物流活动与商流活动及公司目标之间、物流活动与物流活动之间的关系，不求单个活动的最优化，但求整体活动的最优化。

5. 物流手段现代化

计算机技术、通信技术、机电一体化技术、语音识别技术等得到普遍应用。世界上最先进的物流系统运用了全球卫星定位系统（GPS）、卫星通信、射频识别装置（RF）、机器人，实现了自动化、机械化、无纸化和智能化。

6. 物流组织网络化

随着生产和流通空间范围的扩大，为了保证对产品促销提供快速的、全方位的物流支持，现代物流需要有完善、健全的物流网络体系，网络上点与点之间的物流活动保持系统性、一致性。这样可以保证整个物流网络有最优的库存总水平及库存分布，运输与配送快速、机动，既能铺开又能收拢，形成快速灵活的供应渠道。分散的物流单体只有形成网络，才能满足现代生产与流通的需要。

7. 物流经营市场化

现代物流的具体经营采用市场机制，无论是企业自己组织物流，还是委托社会化物流企业承担物流任务，都以“服务—成本”的最佳配合为总目标，谁能提供最佳的“服务—成本”组合，就找谁服务。国际上既有大量自办物流相当出色的“大而全”“小而全”的例子，也有大量利用第三方物流企业提供物流服务的成功案例。相对而言，物流的社会化、专业化已经成为主流，即使是非社会化、非专业化的物流组织也都实行严格的经济核算。

8. 物流信息电子化

由于计算机信息技术的应用，现代物流过程的可见性明显增加，物流过程中库存积压、延期交货、送货不及时、库存与运输不可控等风险大大降低，从而可以加强供应商、物流商、批发商、零售商在组织物流过程中的协调和配合，以及对物流过程的控制。

9. 物流管理智能化

随着科学技术的应用和发展，物流管理由手工作业到半自动化、自动化，直至智能化，这是一个渐进的发展过程。从这个意义上来说，智能化是自动化的继续和提升，因此可以说，自动化过程中包含更多的机械化成分，而智能化中包含更多的电子化成分，如集成电路、计算机硬件软件等。

第三节　物流的作用与分类

一、物流的效用

（一）时间效用

产品和服务不仅要在客户需要的地点送达，而且还必须在他们需要的时间内送达。时间效用通过物流的库存管理、选址和服务活动来产生。在某种程度上，交通运输也通过将商品更快地送到需求地点产生时间效用。

“物”从供给者到需要者之间有一段时间差，由于改变这一时间差而创造的价值，叫作“时间效用”。物流创造时间效用的形式有以下三种。

1．缩短时间创造效用

缩短物流时间，可获得多方面的好处，如减少物流损失、降低物流消耗、提高物流周转率、节约资金等。生产和消费之间的流通时间越短，资本周转就越快，资本的增值速度也越快。所以，通过物流时间的缩短可取得很高的时间效用。

2．弥补时间差创造效用

在经济社会中，需求和供给普遍存在时间差。例如，粮食、水果等农作物的生产、收获有严格的季节性和周期性，这就决定了农作物的集中产出，但是人们的消费是天天有需求的。因而供给和需求之间不可避免地会出现时间差。正是有了这个时间差，商品才能取得自身最高的价值，才能获得十分理想的效益。但是，这个因时间差而产生的效用本身不会自动实现，如果不采取有效的方法，集中产出的粮食除了当时的少量消费外，就会损坏、腐烂，而在非生产时间，人们就会找不到粮食、水果吃。所以必须进行储存、保管以保证经常性的需求，供人们食用以实现其使用价值。这种使用价值是通过物流活动克服了季节性生产和经常性消费的时间差才得以实现的。这就是物流的时间效用。

3．延长时间差创造效用

尽管加快物流速度、缩短物流时间是普遍规律，但是，在某些具体物流中也存在通过人为地、能动地延长物流时间来创造效用的现象。例如，囤积居奇便是一种有意识地延长物流时间，增加时间差来创造效用的行为。

（二）空间效用

物流的作用之一就是将产品从供应点输送到需求点，物流使市场区域界线得到了延伸，这种对产品和服务的增值作用就是空间效用。空间效用主要通过运输来产生，克服了商品生产和消费在地理空间上的分离。

物流的空间效用主要有以下四种具体形式。

1．从集中生产地流入分散需求地

现代化大生产的特点之一是通过集中的、大规模的生产来提高生产效率，降低成本。在一个小范围集中生产的产品可以覆盖大面积的需求地区，有时甚至可覆盖一个国家乃至若干个国家。例如，钢铁、水泥、化工原料等的生产，往往在一个地区以几百万吨甚至几千万吨的规模进行生产，之后通过物流流入分散需求地区。

2．从分散生产地流入集中需求地

与第一种情况相反的情况在现代社会生产中也不少见。例如，粮食是在一亩一亩的土地上分散生产出来的，而一个大城市的粮食需求却相对是大规模集中的；一辆汽车的零配件生产地也分布得非常广，但一般集中在一个总厂中装配。这就形成了分散生产和集中需求，物流便依此取得了空间效用。

3．从低价值生产地流入高价值需求地

在现代社会中，供应与需求的空间差比比皆是，除了由社会化大生产决定的之外，有不少是由自然地理和社会发展等因素决定的。例如，农村生产粮食、蔬菜用于城市消费，南方生产香蕉、菠萝用于各地消费，北方生产玉米、大豆用于各地消费等。现代人每日消费的物品几乎都是隔着一定距离，甚至是在十分遥远的地方生产的，这些复杂交错的供给与需求的空间差都是靠物流来弥合的，物流也就从中取得了相应的利益。

4．从资源富余地流入资源稀缺地

在经济全球化的浪潮中，国际分工和全球供应链的构筑，使在成本最低的地区进行生产，通过有效的物流系统和全球供应链，在资源富余地获得生产所需的资源，各类资源由富余地向稀缺地流动成为可能，尤其是先进的机器设备、稀有的原材料、工业半成品等的流动更为明显。

（三）形态效用

即通过生产、制造或组装过程对商品的增值。物流也可以创造形态价值。流通加工是物流领域常用的手段。这种加工活动不是创造商品的主要实体，形成商品的主要功能和使用价值，而是带有完善、补充和增加性质的加工活动，这种活动必然会形成劳动对象的附加价值，同时创造形态效用。比如，计算机制造商将硬盘、主板、光驱、显示器、键盘等零部件组装在一起制成计算机。这种组装过程使产品形态发生了变化，并且这种变化使产品增加了价值，也就产生了产品的形态效用。

（四）占有效用

这种形式的效用主要是通过市场营销活动创造的。所谓市场营销就是通过市场促进交换，以满足人类需要和欲望的活动。它通过设计、定价、促销和分销的规划与实施过程，提高客户占有商品或享受服务的欲望，最终达到实现交换的目的。在商品经济中，物流依赖占有效用而存在，因为只有当客户对产品或服务有需求时，提供时间和空间效用才有意义。

二、物流在国民经济中的重要地位与作用

（1）物流是国民经济的动脉系统，连接社会生产的各个部分使之成为一个有机整体。任何一个社会（或国家）的经济，属于不同的所有者，它们之间相互供应产品用于对方的生产性消费和职工的生活消费，它们互相依赖又互相竞争，形成错综复杂的关系。物流就是维系这些复杂关系的纽带。

（2）物流的改进是提高微观经济效益和宏观经济效益的重要源泉。这不仅由于物流组织的好坏直接决定着生产过程是否能够顺利进行，决定着产品的价值和使用价值是否能够得以实现，而且因为物流费用已成为生产成本和流通成本的重要组成部分。物流是保证商流顺畅进行，实现商品价值和使用价值的物质基础。

（3）在商品流通中，物流是伴随着商流产生的，同时它又是商流的物质内容和物质基础。商流的目的在于变换商品的所有权（包括支配权和使用权），而物流是商品交换过程所要解决的社会物质变换过程的具体体现。

三、物流在企业经营中的地位与作用

企业物流管理是以企业物流为研究对象，以供应物流管理、生产物流管理、销售物流管理、回收物流管理、库存物流管理与逆向物流为基础，并从物流营销服务、物流成本、物流信息、物流管理组织等不同的实际角度，对企业进行系统的实际运作管理和发展方向指导。

从企业的角度看，其与物流的关系可以概括为两个方面：一方面，物流是企业赖以生存和发展的外部条件；另一方面，物流是企业本身必须从事的重要活动。

关于企业物流的内涵及范畴，可理解为企业物流是以企业经营为核心的物流活动，是具体的、微观物流活动的典型领域。

具体而言，企业物流包括以下五种运作内容：企业生产物流，企业供应物流，企业销售物流，企业回收物流，企业废弃物物流。

物流管理在企业竞争中发挥着不可替代的作用，在企业实现采购成本最小化、经济利益最大化和企业社会价值方面作用巨大。物流在企业取得竞争优势过程中的关键作用体现在以下四个方面。

（1）增强企业财务稳健性。资金周转率是反映企业财务稳健性的重要指标之一，其与企业库存水平息息相关。企业库存成本越小，资金周转越快，则企业的财务稳健性越强。在我国整个商品的生产销售中，用于加工制造的时间仅为10%左右，生产成本占总成本的10%左右，而物流过程占用的时间几乎为整个商品生产销售的90%，相应的物流成本占总成本的40%。所以提升物流水平、加快企业资金的周转可以增强企业财务稳健性。

（2）促进企业战略目标的实现。企业总体战略所追求的就是竞争优势，而企业的竞争优势往往通过两方面来体现：价值优势和成本优势。价值优势是指在顾客眼里，形成与竞争者不同的顾客价值；成本优势是指以低成本经营，获得比竞争者更大的价格优势。从价值优势来讲，物流管理的贡献在于其能提供个性化服务，提高服务的可靠性和快速反应能力。从成本优势来讲，物流管理的贡献在于其能提高生产能力的利用率和资产周转率，推进业务流程的协作与整合。物流通过对价值和成本优势的提升，以达到成本和服务的双重领先，优化顾客的价值。

（3）推动企业创新。物流的创新可以带来企业业务流程的创新，因为业务流程决定组织结构，组织结构决定管理制度，管理制度决定企业的文化和价值。所以，物流管理的创新可以从根本上影响企业的竞争力。

（4）提升企业价值创造的能力。物流可以从两个方面来提升企业价值创造的能力：一是通过改善物流管理以提高企业的反应速度，减小订货提前期，提前期越小，对需求变化的反应越快，企业就越能把握市场；二是通过优化流程创造价值，如在 VMI 情况下，零售商只是提供销售数据、库存量数据，以及促销计划等信息，供应商依据信息相应地补给库存、管理库存，从而改变传统的由零售商下单补货的模式。在 VMI 情况下，一方面，零售商能减少库存和规避库存过时的风险，增加现金流；另一方面，供应商可以通过调整生产规模、生产适销产品而减少库存，减少销售不良的产品，最终达到双赢。

四、物流的分类

根据分类标准的不同，物流可以被划分为不同的类型。目前我们没有一个统一的分类标准，常见的物流分类有以下六种。

（一）按照所涉及的领域分类

按照所涉及的领域，物流可分为宏观物流和微观物流。

（1）宏观物流是从社会再生产的总体角度进行认识和研究的物流活动。其研究重点是社会再生产总体物流，主要特点是综观性和全局性。

（2）微观物流主要是指企业、消费者所从事的实际的、具体的物流活动。其研究重点是企业物流、生产物流、生活物流等，特点是具体性和局部性。

（二）按照所从事业务的属性分类

按照所从事业务的属性，物流可分为供应物流、生产物流、销售物流、逆向物流和废弃物物流。

（1）供应物流是指“提供原材料、零部件或其他物料时所发生的物流活动”。供应物流应当力求以最低成本、最少消耗、最大保证来组织物流活动。

（2）生产物流是指企业生产过程中发生的涉及原材料、在制品、半成品、产成品等所进行的物流活动。

（3）销售物流是指企业在销售商品过程中所发生的物流活动。

（4）逆向物流是指不合格物品的返修、退货及周转使用的包装容器从需方返回到供方所形成的物品实体流动。

（5）废弃物物流是指将经济活动或人民生活中失去原有使用价值的物品，根据实际需要进行收集、分类、加工、包装、搬运、储存等，并分送到专门处理场所的物流活动。例如，生产过程产生的废渣废水、销售过程产生的废弃包装材料、消费过程中产生的垃圾等的回收。

（三）按照物流活动覆盖范围分类

按照物流活动覆盖范围，物流可分为国际物流和区域物流。

国际物流是指跨越不同国家（地区）之间的物流活动。国际物流伴随和支撑国际经济交往、贸易活动和其他国际交流所发生的物流活动，是现代物流系统发展很快、规模很大的一个物流领域。

相对于国际物流而言，一个国家范围内的物流、一个城市的物流、一个经济区域的物流，都处于同一法律、规章、制度之下，都受相同文化及社会因素影响，都处于基本相同的科技水平和装备水平上。因而，区域物流既有其独特性，又有其区域个性化的特点。区域物流研究的一个重点，是城市物流。世界各国的发展，有一个非常重要的共同点是社会分工。国际合作的加强，导致一个城市及周边地区都逐渐形成小的经济地域，这成了社会分工及国际分工的重要微观基础。

（四）按照物流活动的执行主体分类

按照物流活动的执行主体，物流可分为第一方物流、第二方物流、第三方物流和第四方物流。

（1）第一方物流（First-Party Logistics，1PL）是指卖方物流，由生产者或者供应方组织的物流活动。这些组织的主要业务是组织生产和供应商品。

（2）第二方物流（Second Party Logistics，2PL）是指买方物流，由销售者或流通企业组织的物流活动。这些组织的核心业务是采购并销售商品，为了销售业务需要而投资建设物流网络、物流设施和设备，并进行具体的物流业务运作组织和管理。

（3）第三方物流（Third-Party Logistics，3PL）是由供方与需方以外的物流企业提供物流服务的业务模式。这里所指“第三方”，是相对于买方和卖方来说的，通过与第一方或者第二方的合作来提供专业化的物流服务。一般意义上的第三方物流还应该是独立的，是同第一方和第二方物流相比具有明显资源优势的物流公司。

（4）第四方物流（Fourth-Party Logistics，4PL）是指一个调配和管理组织自身的及具有互补性的服务提供商的资源、能力与技术，来提供全面的供应链解决方案的供应链集成商。它不是物流的利益方，而是通过拥有的信息技术、整合能力及其他资源提供一套完整的供应链解决方案，以此获取一定的利润。

（五）按照物流活动的特殊性分类

按照物流活动的特殊性，物流可分为一般物流和特殊物流。

（1）一般物流指具有普遍性、通用性和共同性的物流活动，或者说是没有特殊要求的物流活动。

（2）特殊物流是指专门范围、专门领域、特殊行业，在遵循一般物流规律的基础上，带有特殊制约因素、特殊应用领域、特殊管理方式、特殊劳动对象、特殊机械装备特点的物流。例如，危险品具有腐蚀性、自燃性、易燃性、毒害性、爆炸性等性质，其对运输工具、保管条件、物流设施设备都有特殊的要求。

（六）按照物流管理模式分类

按照物流管理模式分类，物流可分为自营物流与外包物流。

（1）自营物流主要是指工业企业自己营业的物流，而它主要的经济来源不在于物流。比如海尔，它就是自营物流，其最大利润源却不是物流，但它有能力自己承担物流业务并从中获利。

（2）外包物流是指将物流业务外包，即制造企业或销售企业等为集中资源、节省管理费用、增强核心竞争能力，将其物流业务以合同的方式委托给专业的物流公司（3PL）运作。外包是一种长期的、战略性的、相互渗透的、互利互惠的业务委托和合约执行方式。

第四节　物流管理的内容及目标

一、物流管理定义

根据中华人民共和国国家标准《物流术语》（GB/T 18354—2006），物流管理的定义为：“为达到既定的目标，对物流的全过程进行计划、组织、协调与控制。”

二、物流管理的内容

从基本过程、组成要素和管理职能等方面来看，物流管理的主要内容应当包括以下三个部分。

（1）对物流活动各个环节的管理，包括对运输、仓储、装卸、搬运、包装、流通加工、配送等环节的管理。

（2）对物流活动过程中各要素的管理，包括对人、财、物、方法和信息等的管理。

（3）对物流活动中具体职能的管理，主要包括对物流计划、质量、技术、经济等的管理。

三、物流管理的目标

物流管理最基本的目标就是以最低的成本提供客户最满意的物流服务，而且在客户需要时，将客户所需要的物品以合适的方式在指定的时间内送达需要的场所。

物流管理的目标具体包括：快速反应、最小变异、最低库存、整合运输、产品质量，以及生命周期支持等。

（1）快速反应。快速反应关系到企业及时满足客户需求的能力。信息技术提高了企业在尽可能短的时间内完成物流作业，并尽快交付所需存货的能力。快速反应的能力把物流作业的重点从根据预测和对存货储备的预期，转移到从装运到装运方式对客户需求做出迅速反应上来。

（2）最小变异。最小变异就是尽可能地控制任何会破坏物流系统表现的、意想不到的事件。这些事件包括客户收到订货的时间被延迟、制造过程中发生意想不到的损坏、货物交付到不正确的地点等。传统的解决变异的方法是建立安全储备存货或使用高成本的溢价运输。信息技术的使用使物流控制成为可能。

（3）最低库存。最低库存的目标是减少资产负担和提高相关的周转速度。存货可用性的高周转率意味着分布在存货上的资金得到了有效的利用。因此，保持最低库存就是要把存货减少到与客户服务目标相一致的最低水平。

（4）整合运输。最重要的物流成本之一是运输成本。一般来说，运输规模越大及需要运输的距离越长，每单位的运输成本就越低。这就需要有创新的规划，把小批量的装运聚集成集中的、较大批量的整合运输。

（5）产品质量。由于物流作业必须在任意时间跨越广阔的地域来进行，对产品质量的要求强化，因为绝大多数物流作业是在监督者的视野之外进行的。由于不正确的装运或运输中的损坏导致重做，客户订货所花的费用远比第一次就正确地履行所花费的费用多，因此，物流是发展和维持全面质量管理不断改善的主要组成部分。

（6）生命周期支持。某些对产品生命周期有严格需求的行业，回收物流将构成物流作业成本的重要部分。如果不仔细审视逆向的物流需求，就无法制定良好的物流策略。因而，产品生命周期支持也是设计的重要目标之一。

物流管理的目标还可以从不同的角度加以阐述。从国民经济的角度看，物流管理的目标在于降低物流成本，抑制物价上涨，发挥物流对于流通活动的支援作用；从工商企业的角度看，物流管理的目标在于以最低的费用达到对顾客服务的最优；从物流企业经营的角度看，物流管理的目标是为货主企业提供所需的物流服务；从物流装卸搬运作业的技术角度看，物流管理的目标在于通过物流作业的自动化，逐渐将人从繁重的体力劳动中解脱出来，改善人的劳动环境；从以人为本思想的角度看，物流管理的终极目标在于促进人类生活水平和社会福利水平的提高。

第五节 物流一体化

物流管理强调运用系统方法解决问题。现代物流通常被认为是由运输、存储、包装、装卸、流通加工、配送和信息诸环节构成的。系统方法就是利用现代管理方法和现代技术，使各个环节共享总体信息，作为一个一体化的系统进行组织和管理，使系统能够在总成本尽可能低的条件下，提供有竞争优势的客户服务。系统方法认为，系统的效益并不是其各个局部环节效益的简单相加，这就意味着对于出现的某一个方面的问题，要对全部的影响因素进行分析和评价。从这一思想出发，物流系统并不简单地追求各个环节各自的最低成本，而是相互影响、相互制约、存在交替损益的关系。比如，过分强调包装材料的节约，就可能因其易于破损造成运输和装卸费用的上升。因此，系统方法强调要进行总成本分析，以及避免次佳效应和成本权衡应用的分析，以达到总成本最低，同时满足既定的客户服务水平要求的目的。

一、物流一体化的含义

所谓“物流一体化”就是以物流系统为核心的由生产企业，经由物流企业、销售企业直至消费者供应链的整体化和系统化。它是指物流业发展的一个高级和成熟的阶段。只有当物流业高度发达，物流系统日趋完善，物流业成为社会生产链条的领导者和协调者，才能为社会提供全方位的物流服务。

二、物流一体化的分类

物流一体化的发展可分为以下三个层次。

（1）物流自身一体化。物流自身一体化是指物流系统的观念逐渐确立，运输、仓储和其他物流要素趋向完备，子系统协调运作，系统化发展。

（2）微观物流一体化。微观物流一体化是指市场主体企业将物流提高到企业战略的地位，并且出现了以物流战略作为纽带的企业联盟。

（3）宏观物流一体化。宏观物流一体化是指物流业发展到这样的水平：物流业占到GDP的一定比例，处于社会经济生活的主导地位。它使跨国公司从内部职能专业化和国际分工程度的提高中获得规模经济效益。

物流一体化是物流产业化的发展形式，它必须以第三方物流充分发育和完善为基础。物流一体化的实质是一个物流管理的问题，即专业化物流管理人员和技术人员充分利用专业化物流设备、设施，以及专业化物流运作的管理经验，以取得整体最优的效果。同时，物流一体化的趋势为第三方物流的发展提供了良好的发展环境和巨大的市场需求。

三、物流一体化思想的演化过程

物流一体化的目标是应用系统科学的方法充分考虑整个物流过程的各种环境因素，对商品的实物活动过程进行整体规划和运行，实现整个系统的最优。在美国等发达国家的企业物流大多实行了一体化运作，而且其企业物流的一体化不再局限于单个企业的经营职能，而是贯穿于生产和流通的全过程，包括了跨越整个供应链的全部物流，实现由内部一体化到外部一体化的转变。

在20世纪70年代末之前，物流一体化只是针对企业内部的各个职能部门的运作与协调。欧美等发达国家（地区）的许多企业都设立了物流部或物流服务部，全面负责生产经营过程中的采购、物料管理、生产制造、装配、仓储、分销等所有环节的物流活动，实现了采购物流、生产物流和分销物流的统一运作和管理，称为企业物流的内部一体化。

20世纪80年代，许多企业把物流管理的一部分或全部分离出来，由一个具有法人资格的独立企业实行社会化、专业化经营。物流子公司的成立，使物流管理人员的工作从仅仅面向企业内部，发展为面向企业同供应商，以及顾客的业务关系上来。90年代，企业纷纷与上游供应商和下游分销商走向合作，以最优的商品供应体系，实现了跨企业的供应链管理一体化。供应链管理是集生产商、供应商、分销商、零售商，以及运输、信息及其他物流服务供应商为一体的管理，是物流管理的最高境界。企业通过与外部组织对整个供应链的计划和从原料采购、加工生产、分销配送，到商品销售给顾客的物流过程进行统一运作和管理，降低了整个供应链的物流成本，实现了对顾客需求的快速反应，提高了顾客服务水平和企业竞争力。

供应链管理一体化典型的运作模式是物流外包或缔结战略联盟。

物流外包是指企业通过整合利用外部最优秀的专业化资源，从而降低成本、提高效率，充分发挥自身核心竞争力和增强企业对环境的迅速应变能力的一种管理模式。企业在内部资源有限的情况下，为取得更大的竞争优势，仅保留其最具竞争优势的功能，而把其他功能通过整合、利用外部最优秀的资源，形成协同效应，使企业获得竞争优势，提高其对环境的应变能力。

缔结战略联盟是指核心企业打破了供应链伙伴之间传统的交易关系，以非合同的形式，积极寻求与供应商、分销商、顾客等供应链外部参与者的合作或联盟，以广泛的团队合作，通过共担风险、共享收益、共享信息、共同完成长期目标，实现对顾客需求的快速反应、整条供应链总利润的最大化。

四、物流一体化产生的原因

（一）消除利益冲突

传统地，物流活动被分散在不同部门，各部门有各自追求的目标。这些目标往往相互冲突，难以形成统一的目标。为了克服部门间的利益冲突，一些发达国家的企业将各种物流活动集成在一个部门，诸如物流部，对物流活动进行统一运作与管理，以消除部门间利益冲突。

（二）成本的交替损益

物流活动的各项成本间存在交替损益关系。如减少商品储存的数量可以降低储存成本，但由于储存数量减少，在市场规模不变的情况下为了满足同样的需求，势必要频繁进货，增加了运输次数，从而导致运输成本上升。也就是说在追求库存合理性时又牺牲了运输的合理性。再如采用分项物流管理，各个部门追求自身的最优化，势必会影响到整个系统的优化。只有通过采用一体化物流管理把相关的物流成本放在一起考虑，才能实现整个系统的最优化，实现最低总成本物流。

（三）提高运作效率

物流系统的构成要素既相互联系又相互制约，其中一项活动的变化，会影响其他要素相应地发生变化。如运输越集成，包装就越简单；反之，杂货运输对包装要求就很严格。再者，商品储存数量和仓库地点的改变，会影响运输次数、运输距离甚至运输方式发生改变等，因此，只有对系统各功能进行统一管理，才能更有效地提高整个系统的运作效率。

（四）提高物流绩效

物流子公司作为企业专门从事物流业务管理的组织部门，通过独立核算、自负盈亏，使物流成本的核算变得简单明确，有利于对物流成本的控制；通过对物流业务统一指挥、运作，有利于提高物流的交付速度、物流质量、物流可靠性、物流柔性和劳动生产率；通过市场交易从事物流运作，有利于破除来自生产部门和销售部门的限制；与此同时，企业多余的物流能力可参与社会经营，避免了物流能力的闲置和浪费，实现了资源共享，从而实现价值增值和提高物流绩效。

（五）提高竞争力

内部一体化只能实现企业内部的最优化。很显然，供应链上的所有企业各自孤立地优化其物流活动，跨越供应链的物流很难达到优化。就物流成本来说，运输成本和库存成本在物流成本中占有很大比重。依据美国的经验，近 20 年来运输成本在其 GDP 中的比例大体保持不变，而库存成本比重降低是导致美国物流总成本比例下降的最主要原因。如果仅仅实行内部一体化，由于没有与供应商和分销商实现一体化管理，供应商或分销商往往保有大量原材料或产成品库存，那么这些库存成本归根结底都要转嫁给最终消费者。这种成本的转移并不能提高企业的竞争力。因此，要真正做到减少甚至消除原材料和产成品库存、降低交付成本，就必须与上游供应商和下游分销商合作，进行统一管理、统 行动，降低整个供应链的成本，提高企业的竞争力。

（六）扩大竞争优势

核心竞争力被认为是企业借以在市场竞争中取得并扩大优势的决定性力量，其内涵十分丰富，反映在技术资源、知识文化、组织与管理系统中。由于任何企业所拥有的资源都是有限的，它不可能在所有的业务领域都获得竞争优势。有的企业具有核心技术能力、核心制造能力，却不具备核心营销能力、核心企业组织协调管理能力和企业战略管理的核心能力。20 世纪 90 年代以来，在快速多变的市场竞争中，单个企业依靠自己的资源进行自我调整的速度很难赶上市场变化的速度，因而企业纷纷将有限的资源集中在核心业务上，强化自身的核心能力，而将其不具备核心能力的业务通过外包或战略联盟等形式交由外部组织承担。企业通过与外部组织共享信息、共担风险、共享收益，将上述五种核心能力加以整合集成，从而以供应链的核心竞争力赢得并扩大竞争优势。

第六节　重要的物流观点和学说

自从物流产生以来，随着人们对物流认识的不断深入和物流实践的不断发展，物流学说也呈现出百花齐放、百家争鸣的局面。下面列举九个比较重要的物流观点和学说。

一、商物分离学说

商品从生产领域到消费领域的转移过程称为商品流通。在这个过程中，商流和物流的活动表现为：一是商品价值的转移，即商品所有权转移；二是商品使用价值的转移，即商品实体的转移。前者称为商流，后者称为物流。商流和物流的统一，构成了商品流通。

随着商品经济的发展，商流与物流产生了分离，即商业流通和实物流通各自按照自己的规律和渠道独立运动。

商流与物流产生分离的根本原因是商流运动的基础——资金流和实物运动具有相对独立性。实物的运动是通过资金的运动来实现的，也就是说资金的分配是实物运动的前提。两者的运动渠道、运动形态不同。商物分离实际是商品流通中的专业分工、职能分工的产物，是通过这种分工实现大生产式的社会再生产的产物，这是物流科学中重要的新概念。物流科学正是在商物分离基础上才得以对物流进行独立的科学考察，进而形成物流科学的。

总之，商流和物流构成了商品流通的两个支柱。商流的活跃能加快物流的速度，给物流带来活力，而物流的畅通无阻能使商品源源不断地被送到消费者手中。商流与物流分离的积极意义是充分发挥资金运动和实物运动各自的规律性和有效性，从而推动商品流通向更现代化的方向发展。

二、第三利润源泉

“第三利润源泉”指的是现代物流。在资源领域和人力领域这两个利润源潜力越来越小、利润开拓越来越困难的情况下，物流领域的潜力得到重视，按时间序列排为“第三利润源泉”。

第三利润源泉学说最初是由日本早稻田大学教授西泽修提出来的。1970 年，西泽修教授把自己的著作《流通费用》的副标题写作“不为人知的第三利润源泉”。他认为物流可以为企业提供大量直接或间接的利润，是形成企业经营利润的主要活动。同样的解释还反映在日本另一位物流学者谷本谷一先生编著的《现代日本物流问题》一书和日本物流管理协会编著的《物流管理手册》中，后来“第三利润源泉”才逐步在其他国家流传开来。

三、物流森林说

物流森林说是美国学者提出的。该学说认为物流整体效应如同森林，其过程包括一系列活动，如运输、储存、包装、配送、流通加工等。在物流过程中不是单纯地追求各项功能要素优化，更重要的是追求整体效果的有机联系，即追求总体效果最优。

物流森林说强调的是总体观念。在物流理论中，还有很多提法也反映了类似的观念，如物流系统论、多维结构论、物流一体化观念、综合物流观念和物流供应链理论等。

四、黑暗大陆学说

1962年，著名管理学家彼得·德鲁克在《财富》杂志上发表了题为"经济的黑色大陆"一文，他将物流比作"一块未开垦的处女地"，强调应高度重视流通及流通过程中的物流管理。彼得·德鲁克认为"流通是经济领域里的黑暗大陆"。这是由于在流通中物流活动的模糊性尤为突出，物流是流通领域中人们认识不清的领域。所以，现在看来，黑暗大陆学说主要是针对物流本身而言的，认为物流这个领域未知的东西太多了，相关的理论和实践都不成熟，这也意味着物流可以产生的利润空间极大。

在某种意义上，黑暗大陆学说是一个未知学的研究结论，是战略分析的结果，带有哲学的抽象性。这一学说对研究物流起到了启迪和动员的作用。

五、物流冰山学说

物流冰山学说是由日本早稻田大学西泽修教授提出来的。他在研究物流成本时发现，现行的财务会计制度和会计核算方法都不可能掌握物流费用的真实情况。一般情况下，企业会计科目只把支付给外部运输企业、仓库企业的费用列入成本，实际上，这些费用在整个物流费用中只是很小的一部分。真正的大头是企业内部发生的各种物流费用，如物流基础设施建设费，企业利用自己的车辆运输、利用自己的库存保管货物、由自己的工人进行包装并装卸等费用，这些都没有计入物流费用科目内。因而西泽修先生说物流费用犹如一座海里的冰山，露出水面的仅是冰山的一角。

六、效益悖反学说

效益悖反指的是物流系统的若干功能要素之间存在交替损益的矛盾，即某一个功能要素的优化和利益发生的同时，往往会存在另一个或另几个功能要素的利益损失。这种此长彼消、此盈彼亏的效益悖反现象，在许多领域都存在，但在物流领域中，更为常见和普遍。

在一个系统中，局部的合理化和最优化并不代表系统整体的合理化和最优化。物流系统作为一个有机整体，其要素之间存在着效益悖反的关系。例如，提高物流服务水平要以增加物流成本为代价；仓库采用高层堆码的方式保管货物，虽然能够提高保管效率，却降低了货物拣选等作业的效率。掌握效益悖反原理，对于正确理解和把握物流系统各个部分之间的关系十分重要。认识效益悖反规律后，物流学的理论研究正在不断寻求解决和克服各功能要素效益悖反现象的方法，寻求物流的整体最优。

七、成本中心学说

在企业战略中，物流只对企业营销活动的成本发生影响，物流环节是企业成本的主要发生源。因此，解决企业的物流问题，主要不是物流的合理化、现代化，也不在于物流对其他活动的支持保障，而是通过物流的管理来降低物流成本，以及通过物流的一系列活动来降低企业其他环节的成本。因此，这里的“成本中心”既是主要成本的产生点，又是降低成本的关注点。

八、服务中心学说

服务中心学说主要反映了欧美等国家（地区）的一些学者对物流的认识。他们认为，物流活动最大的作用不在于为企业节约消耗、降低成本或增加利润，而在于提高企业对用户的服务水平，进而提高了企业的竞争能力。因此，他们在使用描述物流的词汇上选择了“后勤”一词，特别强调其服务保障的职能，通过物流的服务保障，让企业以其整体能力实现成本的压缩和利润的增加。

九、物流战略学说

随着经济全球化，越来越多的实践工作者和理论工作者逐渐认识到，物流更具有战略性。无论是行业、部门还是企业，只有从战略高度认识和把握物流，才能真正重视物流的影响，全力以赴地推进或推动物流的建设和发展。只有从战略上认识和理解物流，人们才不会将物流仅仅看作一项具体的操作性任务，而是关系一个国家、一个地区或一个企业的生存和发展的大事。因此，有必要将物流上升到战略高度加以认识和研究。

拓展阅读

物流延迟战略

一、延迟战略的内涵与类型

一般而言，延迟战略，是指在收到客户订单后才进行产品的最后制造和物流作业，以使产品和服务与顾客需求实现无缝连接，减少预测的风险、满足客户的个性化需求和进行批量规划。

在具体的操作中，有两种延迟的战略：生产延迟和物流延迟。这两种战略以不同的方法来适应客户灵活性的要求，减少对市场的预测，直到收到客户订单为止。

（一）生产延迟

生产延迟，也称形式延迟，是指在收到客户订单后再进行产品的最后制造。

生产延迟的重点在于产品，先制造出相当数量的标准产品或半成品，以实现规模经济，待收到客户订单后，再将其组装加工成符合客户要求的最终产品。

在生产延迟中，既可能是产品形式延迟，也可能是工艺形式延迟。两种形式延迟还可能同时存在，形成不同的组合。这样，产品的差异点就会被有效地延迟。目前，模块化和部件标准化程度的不断提高，使得做出延迟差异的设计更为可行。以惠普打印机为例，两个在集成阶段使用的关键部件使产品区分为黑白和彩色打印机。如果对某些关键部件实行标准化，两种打印机将不会在集成阶段产生差异，因而促成延迟。

（二）物流延迟

物流延迟，也称时间延迟，是指在收到客户订单后再进行物流运作。

在传统的物流运作中，企业先对市场和客户的需求做出预测，然后根据产品就近储存的原则，将不同的产品按照预测从中心仓库装运到靠近不同客户的各个分仓库中，等收到客户的订单后再将产品从分仓库装运到客户手中。

实施物流延迟战略后，企业通过集中库存将不同的产品集中在配送中心，当收到客户订单后再进行快速分拣、配货等活动，将产品直接装运到客户手中。

物流延迟战略的重点在时间，一件成品在形成使用价值到发挥使用价值的“空隙时间”内是不会创造任何价值的，反而还会占用一定的空间成本与维护费用。物流延迟不仅通过降低库存成本创造价值，更主要的是通过压缩每件产品的“空隙时间”加速资本周转，提高流动资本在一定时间内创造价值的次数。

二、延迟战略产生的背景

随着经济的快速发展，不但顾客的需求呈现多样化、个性化，而且产品的生命周期逐渐缩短，更新换代现象越发频繁，这些因素加速导致产品种类激增。此时，企业既要大规模定制，以降低产品的成本，同时还必须满足顾客的多样化需求，即企业处于“规模化”与“差异化”的悖反困境，由此导致企业面临巨大的挑战和压力，具体表现在以下四个方面。

1. 库存过多或不足

预测错误导致对一些版本的产品过多预测，而对另一些版本过少预测，其结果就是一些产品库存过多而另一些缺货。

2. 大量库存产品报废

为了避免缺货，企业不得不尽其所能多存储产成品。由于技术更新相当迅速，每年因陈旧过时而核销作废的库存达千万元甚至上亿元。

3. 费用增加

产品供货的高复杂度也意味着较高的制造成本，这是由于需要有较专业的工艺、物料、准备转换手段和质量保证方法。

4. 难以提供高水准服务

由于不同的产品需要有不同的现场支持物料和技术，因而要保持有效的总体产品支持或高水准的客户现场服务，将更加困难。

在这种情况下，延迟战略应运而生。延迟战略的基本思想在于：在供应链中，可将产品的生产过程分为通用化阶段与差异化阶段，生产企业事先只生产中间产品或可模块化的部件，尽可能延迟产品差异化的业务，待用户最终对产品的外观、功能与数量提出要求后才完成产品的差异化业务。以 PC 为例，为了化解生产厂商希望通过大批量生产以降低成本，与顾客希望根据自己的偏好对电脑的某些配置有特殊要求的矛盾，企业可采取延迟战略，即可先大规模生产各种中间部件，如主板、CPU 等，将其集中在物流中心，一旦接到订单，就立刻按订单要求装配整机，送至顾客。这时，企业便改变了“规模化”与“差异化”的悖反关系，集规模与变化于一身。

三、延迟战略实施的前提

延迟战略能将供应链上的产品生产过程分为“不变”与“变”两个阶段，将不变的通用化生产过程最大化，生产具有通用性的标准部件。当接到客户订单时，企业便能以最快的速度完成产品的差异化过程与交付过程，以不变应万变，从而缩短产品的交货提前期，并降低供应链运作的不确定性。然而，并非所有产品的生产过程都可以采用延迟战略。延迟战略的实施必须具备以下四个条件。

1. 产品可模块化生产

产品在设计时，可分解为几个较大的模块，这几个模块经过组合或加工便能形成多样化的最终产品，这是延迟战略实施的重要前提。

2. 零部件可标准化、通用化

产品可模块化生产只是一个先决条件，更重要的是零部件具有标准化与通用化的特性，这样才能彻底从时间上与空间上将产品的生产过程分解为通用化阶段和差异化阶段，并保证最终产品的完整。同时，由于各模块产品具有标准化与通用化的特性，企业可将一些技术含量低、增值能力弱的模块外包出去，自己只生产技术含量高、增值能力强的核心产品，从而提高供应链的核心竞争力。

3. 经济上具有可行性

实施延迟战略一般会增加产品的制造成本，除非其收益大于成本，否则延迟战略就没有必要执行。如果最终产品的制造在重量、体积和品种上的变化很大，推迟最终的产品加工成型工作，能节省大量的运输成本和减少库存产品的成本，并简化管理工作，那么延迟战略的实施便会带来巨大的经济利益。

4. 适当的交货提前期

通常来说，过短的提前期不利于延迟战略的实施，因为它要求给最终的生产与加工过程留有一定的时间余地，过长的提前期则无须延迟战略。

四、延迟战略实施的关键——顾客需求切入点的定位

在延迟战略中，通常将推式流程与拉式流程的分界点称为顾客需求切入点（Customer Order postponement Decoupling Point，CODP）。CODP是供应链中产品生产从基于预测转向响应客户需求的转折点。在CODP之前的业务流程为推式流程，在CODP之后的业务流程都始于响应客户订单，为拉式流程。

在供应链中，CODP的定位是延迟战略成败的关键，因为它直接影响规模大小与变化的程度。CODP位置越靠近顾客，延迟活动规模越小，顾客化活动复杂程度越低，因而快速响应能力（在已有的产品品种范围内）越强，但由于顾客化程度低，产品品种较少，企业柔性较小，应对个性化需求的能力不强。

五、物流企业的延迟化业务

就种类而言，物流企业可开展的延迟化业务主要有五种：贴标签、包装、装配、加工、发送。其中，前四种是生产延迟（形式延迟），最后一种是时间延迟。

就复杂程度而言，物流企业经营的延迟化业务主要有两种。

（1）大众化业务，即面向大多数顾客的，与仓储、运输功能联系比较紧密的顾客化业

务，如包装、贴标签等，其优点是投资少，运作比较容易；缺点是增值功能不强，顾客化程度低，敏捷性不高。

（2）特殊化业务，即面向少数特殊顾客的、复杂程度比较高的顾客化业务，如组装、功能附加等，其优点是增值功能强，顾客化程度高，顾客对产品具有很强的依赖性和忠诚度；缺点是需要对延迟化业务专用的设备进行投资，对制造商的依赖性较强，投资风险较大，所以这就要求物流提供商与制造商必须建立相互信任的合作关系。

随着供应链管理的集成化、信息化，供应链上各节点企业由竞争转向合作，企业间的合作关系将越来越紧密，这为第三方物流企业经营特殊的延迟化业务创造了良好环境。延迟组装将成为第三方物流企业重要的经营领域。

思考练习题

一、名词解释

物流　第三方物流　外包物流　物流管理　物流一体化　效益悖反

二、不定项选择题

1．物流的概念最早在（　　）产生。

A．中国　　B．美国　　C．日本　　D．英国

2．物流的基本功能要素包括（　　）。

A．运输　　B．生产　　C．储存　　D．包装

3．物流管理的总目标是（　　）。

A．物流成本与客户满意的有效权衡　　B．以最快的速度送达货物

C．使货物破损率降为零　　D．物流服务水平的严格一致

4．现代物流管理追求的目标包括（　　）。

A．服务目标　　B．快捷目标

C．节约目标　　D．规模优化目标

5．物流对社会生产和生活活动的作用主要表现为（　　）。

A．运输效用　　B．时间效用

C．空间效用　　D．时间效用和空间效用

6．“第三利润源泉”是通过（　　）获得利润的。

A．资源领域　　B．资本领域　　C．人力领域　　D．流通领域

三、判断题

1．logistics 取代 PD 成为物流科学的代名词，这是物流科学走向成熟的标志。（　　）

2．我国是从美国引进“物流”一词的。（　　）

3．物流是创造价值的活动——为企业的顾客和供应商创造价值，也为企业创造价值。（　　）

4．在各国的物流定义中，物流中的“物”均不包括人。（　　）

5．西泽修的物流成本冰山理论指出人们对物流费用的了解是一片空白，甚至有很大的虚假性，物流成本如一座“冰山”，大部分沉在水面以下，是我们看不到的黑暗部分。（ ）

四、简述题

1．物流具有哪些特征？
2．物流会发挥什么作用？
3．物流管理的内容及目标是什么？
4．说明物流一体化的含义及其产生原因。
5．阐述重要的物流观点和学说。

五、案例分析

中外运公司为摩托罗拉提供的物流服务

一、摩托罗拉的物流服务要求和考核标准

1．摩托罗拉的物流服务要求

（1）要提供 24 小时的全天候准时服务。主要包括：保证摩托罗拉与中外运公司业务人员、天津机场和北京机场两个办事处及双方有关负责人通信联络 24 小时通畅；保证运输车辆 24 小时运转；保证天津与北京机场办事处 24 小时提货、交货。

（2）要求服务速度快。摩托罗拉对提货、操作、航班、派送都有明确的规定，时间以小时计算。

（3）要求服务的安全系数高，要求对运输的全过程负责，要保证航空公司及派送代理处理货物的各个环节都不出问题。一旦某个环节出了问题，将由服务商承担责任，赔偿损失，而且当过失达到一定程度时，将被取消做业务的资格。

（4）要求信息反馈快。要求公司的计算机与摩托罗拉联网，做到对货物的实时跟踪、查询，掌握货物运输全过程。

（5）要求服务项目多。根据摩托罗拉的公司货物流转的需要，通过发挥中外运公司系统的网络综合服务优势，提供包括出口运输、进口运输、国内空运、国内陆运、国际快递、国际海运和国内提供的派送等全方位的物流服务。

2．摩托罗拉选择中国运输代理企业的考核标准

首先，通过多种方式对备选的运输代理企业的资信、网络、业务能力等进行周密的调查；其次，给初选的企业少量业务试运行，以实际考察这些企业的服务能力与质量；最后，对不合格者取消代理资格。

摩托罗拉对获得运输代理资格的企业进行严格的月季度考评。主要考核内容包括运输周期、信息反馈、单证资料、财务结算、货物安全和客户投诉。

二、中外运公司的主要做法

1．制定科学规范的操作流程

摩托罗拉的货物具有科技含量高、货值高、产品更新换代快、运输风险大、货物周转及仓储要求零库存的特点。为满足摩托罗拉的服务要求，中外运公司从 1996 年开始，设计并不断完善业务操作规范，并将其纳入了公司的程序化管理。对所有业务操作都按照服

务标准设定工作和管理程序进行，先后制定了出口、进口、国内空运、陆运、仓储、运输、信息查询、反馈等工作程序，每位员工、每个工作环节都按照设定的工作程序进行，使整个操作过程井然有序，提高了服务质量，减少了差错。

2. 提供24小时的全天候服务

针对客户24小时服务的要求，实行全年365天的全天候工作制度。周六、周日（包括节假日）均视为正常工作日，厂家随时出货，随时有专人、专车提供和操作。在通信方面，相关人员从总经理到业务员实行24小时的通信通畅，保证了对各种突发性情况的迅速处理。

3. 提供门到门的延伸服务

普通货物运送的标准一般是从机场到机场，由货主自己提货，而快件服务的标准是从"门到门""库到库"，而且货物运输的全程在严密的监控之中，因此收费也较高。对摩托罗拉的普通货物虽然是按普货标准收费的，但提供的却是门到门、库到库的快件的服务，这样既提高了摩托罗拉的货物运输及时性，又保证了安全。

4. 提供创新服务

从货主的角度出发，推出新的、更周到的服务项目，最大限度地减少损货，维护货主信誉。为保证减少摩托罗拉的货物在运输中被盗的事情发生，在运输中间增加了打包、加固的环节；为防止货物被雨淋，又增加了一项塑料袋包装；为保证急货按时送到货主手中，还增加了手提货的运输方式，解决了客户的急、难问题，让客户感到在其最需要的时候，中外运公司都能及时快速地帮助解决。

5. 充分发挥中外运公司的网络优势

经过50年的建设，中外运公司在全国拥有了比较齐全的海陆空运输与仓储、码头设施，形成了遍布国内外的货运营销网络，这是中外运公司发展物流服务的最大优势。通过中外运公司网络，在国内为摩托罗拉提供服务的网点已达98个城市，实现了提货、发运、对方派送全过程的定点定人、信息跟踪反馈，满足了客户的要求。

6. 对客户实行全程负责制

作为摩托罗拉的主要货运代理之一，中外运公司对运输的每一个环节负全责。对于出现的问题，积极主动协助客户解决，并承担责任和赔偿损失，确保了货主的利益。

（资料来源：http://www.docin.com/p-2051390264.html）

根据以上案例，谈谈你对第三方物流优势的理解。

第二章

供应链管理概述

学习目标

1. 了解供应链的由来与发展
2. 正确理解供应链的概念
3. 了解供应链的分类
4. 正确理解供应链管理的内容及目标

案例导入

个性化与智能化零售供应链趋势

2016 年 12 月开始，京东 Y 事业部与长期保持合作的供应商伙伴们就合作协同体验开展了调研和访谈，以期更好地洞察零售供应链在管理上的趋势与技术应用方向。同时，京东携手易观数据和中欧国际工商学院对零售供应链进行了深入分析和观察，总结出 2017 年零售供应链六大趋势：消费个性化、品类战略与选品日趋重要、当日达成标配、商品定价理性化和智能化、O2O 由线上引领、大数据与人工智能深入应用。

消费个性化的崛起随着网上购物的进一步发展。个体崛起的趋势在中国乃至世界市场中都十分明显，供应商迫切渴望了解自己的消费者群体，而消费者希望供应商能提供定制化、个性化的贴身服务。为满足消费者个性化的需求，京东在 2016 年陆续推出了鞋服品类的定制频道、家具家居的“设计帮”等产品和服务，帮助品牌商与消费者建立原始需求的链接，驱动整个零售供应链向消费者驱动转型。

品类战略与商品选品对于零售供应链越发重要。品类是消费者感知下的商品分组，是顾客眼中一组相关联的和可相互替代的商品和服务。品类管理是消费者感知商品的自然分组，所以基于品类战略的线上零售管理对于电商企业便越发重要。在线上零售模式下，优秀的商品分类可以帮助消费者更便捷地找到自己所需的产品；商品运营人员也可以依托品类来更好地开展营销规划和促销活动。例如，同样都是家电产品，小家电品类消费者更关注“品牌”，而电视产品消费者却越来越关注“尺寸”，这就要求电商平台在搜索结果和商品列表的筛选中，针对不同品类进行不同优化。如何基于品类战略，借助消费者购物行为的大数据分析选择和上架恰当的商品，正逐步成为零售商的核心竞争力之一。

“当日到达”正成为零售行业标准配置。在中国，越来越多的消费者在京东购物时关注“京东配送”和“211送达承诺”，80%的消费者希望当天发货，61%的消费者希望自己在1~3小时内能够收到自己的货物。对于订单履约时效的要求，正在推动线上零售商和品牌商不断提升销售预测的准确度，将商品提前布局到离消费者更近的地方，并持续关注自己商品的现货率，不错过任何销售机会。

商品定价促销趋于理性化和智能化。在电商价格战已成为过去时的今天，越来越多的品牌商希望与零售商一起，合理设置商品的价格和发布促销方案。京东、亚马逊等电商巨头均在“自动定价”应用中投入了大量的研发资源，其目的是提升定价管理的效率、降低价格管理的成本，通过匹配消费者期望的自动定价管理，加速商品的流动效率。商品定价与商品促销正逐步演化为零售供应链管理的杠杆，价格策略的调整和自动执行与零售库存的周转速率息息相关。

O2O正由线上引领。“全渠道零售”是近年来国内外风靡的概念之一，特别是在快消和时尚行业，企业无不希望将自己的销售渠道从线下延伸至线上，打通互联网售卖渠道。在这个浪潮中，很多企业成立了自己的电商部门甚至是独立的电商公司。然而，越来越多的企业发现电商销售不仅仅是建立一个网站，与之配套还要构建完善的仓储物流、客服售后体系，这将需要公司付出巨大的人力和财力成本。很多企业在电商实践中遇到了瓶颈和困难，逐渐放弃自建电商策略，转而将自己的线上销售全盘委托给大型的零售电商平台。2017年，世界各地的零售商以更大的热情推进他们的线上线下一体化销售策略，帮助消费者真正实现“O2O无缝对接”的购物体验。

大数据与人工智能的深入应用。数字化零售供应链的崛起，使得零售商可以将海量的供应链数据建立端到端的关联，在零售管理信息系统中嵌入数据挖掘技术，让大数据分析为零售供应链管理提供决策支持，最终为消费者提供更为卓越的服务。在2016年京东618大促活动中，京东应用了“智能卖场”为消费者提供个性化的推荐，并将消费者的行为数据反馈到供应链执行中，稳定了大促期间商品的库存可用性，同时也保证了货物的及时送达，可谓实现了真正意义上的双赢。2017年数据挖掘与机器学习算法进一步深度影响零售供应链管理，帮助品牌商的零售供应链实时与市场需求的变化建立链接，依托技术实现商业智能决策与自动化的供应链执行，使整个零售供应链变得更加敏捷和柔性。

中欧国际工商学院运营及供应链管理学教授、中欧—普洛斯供应链与服务创新中心主任赵先德表示，在当今信息化、大数据、人工智能技术产生深刻影响之时，谁把握住了供应链的数字化、智能化，谁就获得了打造卓越供应链能力之先机，将在激烈的竞争中成为行业领袖。易观数据认为，在以消费为主要增长引擎的今天，尤其是线上零售业规模迅猛扩张，依托的是其背后强大供应链管理体系的支撑，供应链管理效用也更直接地决定零售业的运营效率。智能化的供应链管理，能够帮助线上终端渠道升级全链条下的协作平台，尤其在全局内的资源统筹调度、优化管理流程、深化动态决策机制等方面，大幅提升零售业在全链条中的运筹效用。此外，同时推动上游品牌制造商、渠道商，从信息化到数字化，再到智能化管理，从而使零售供应链整体效率提升，终端消费者的体验得以改善，而链条中各个主体都有所受益。京东副总裁、Y事业部负责人于永利表示，对于2017的零售供应链管理来说，部门越来越重视对效率、成本和用户体验的把控。要做到这几点，“智能化”将成为一条正确出路。京东正在借助自己的数字化供应链领先优势，依托数据挖掘、人工智能、流程再造和技术驱动等能力，整合形成智慧供应链，逐步打造和优化“好商品、好价格、好计划、好库存及智慧协同”的智慧供应链解决方案，携手合作伙伴一同开启科技泛零售的崭新时代。

（资料来源：http://www.sohu.com/a/148882616_769186）

第一节　供应链的由来与发展

一、供应链的由来

供应链在古代人们开始分工合作与交换所需物品时就已出现。举例来说，农民在土地上种出麦子，收获后卖给磨坊店；磨坊店把麦子加工成面粉，再将面粉卖给面包店；面包店将其制成面包在店内出售，最后面包被居民购买享用。将这些活动连接起来，就形成了一条供应链。

随着工业时代的到来，人们开始更多地强调效率与分工的重要性，因此每个企业都追求效率化及高度专业化。人们普遍认为只要企业可以达到效率、效益最大化，那么必然能够增强竞争力，但由于过分强调工作切割及局部最优化，整体观念有所削弱。例如，企业为追求高生产效率，引进了许多高度自动化的生产设备并强调单一动作的生产管理方式，这些快速生产出来的标准化产品，不是在仓库堆积库存就是形成销售通路的库存，这样人们又不得不想尽办法把库存变成现金，于是又不得不采取买一送一、杀价拍卖等促销手段来消化库存。在这种情形下，零售店不会考虑制造商的问题，反过来制造商也一样，因而造成生产和销售的脱节。此时的供应链可以说是纯粹以物流驱动为主导，缺乏整体观念。

供应链思想被认为是从20世纪50年代后期开始的存货流入、流出管理的理论和实践中演化而来的。70年代开始实践的物料需求计划被认为是供应链管理理念付诸实践的真正开端。80年代中期在一些物流文献中开始使用“供应链”一词，当时供应链的着眼点在库产品的削减，以及供给者与需求者之间的供需调整上。

供应链被业界和学术界广泛了解与接受始于20世纪90年代。随着科学技术特别是信息技术的不断进步和生产力的快速发展，在全球化市场环境中，企业的潜在顾客数量大大增加。但与此同时，由于信息渠道通畅，企业既有的潜在客户都可能迅速被其他竞争对手夺走。企业在有机会把产品销售到全世界的同时，也要面对来自全世界的竞争，因而企业生存的不确定性很大。过去能够创造赢利的经营模式可能在将来只能赚取微薄的利润甚至可能导致亏本。消费者和企业从各种渠道寻找价格最低的产品和服务，价格战不仅在地区间展开，更在全世界范围内进行。在这种情形下，只有最佳的、拥有优势的企业才能生存下来。企业除了开发创造有独特价值的产品和服务外，也要获得比竞争对手更大的价格优势。此外，由于消费者是最终的“付钞者”，随着消费水平的提高，他们的期望也越来越高，他们要求产品和服务具有更好的质量、更多的选择、更高的价值和更低的价格。

在这种大环境下，企业逐渐认识到，产品和服务的竞争力并非由单个企业自身优化决定，而是由从原材料到产品完成的整个过程决定的，因此必须以协同的方式，把企业内部和外部的资源有效地整合在一起。这意味着企业之间的竞争正在演变为不同供应链之间的竞争，这种竞争模式将成为未来经济的重要特征。

供应链是横向一体化思想的集中体现，其出发点是摆脱纵向一体化的“大而全、小而全”的企业自我封闭式的金字塔管理体系，充分利用企业外部资源，快速响应市场需求。而企业自己只抓产品方向、市场及关键产品、关键零部件的制造，把非核心业务外包给具有特定专长的企业，形成一条“供应商—制造商—分销商”的企业“链”。例如，美国福特汽车公司在推出新车 Festival 时，就是采取在美国设计车型，在日本的马自达生产发动机，由韩国的制造厂生产其他零件和装配，最后运往美国和世界市场上销售。Festival 的设计、制造、运输、销售等流程采用的就是横向一体化的全球制造战略。整个汽车的生产过程，从设计、制造直到销售，都是由制造商在全球范围内选择最优秀的企业，形成了一个企业群体。

二、供应链的发展阶段

1．物流管理阶段

早期的观点认为供应链是指将采购的原材料和收到的零部件，通过生产转换和销售等活动传递到用户的一个过程。因此，早期供应链仅仅被视为企业内部的一个物流过程，它所涉及的主要是物料采购、库存、生产和分销各部门的职能协调问题，最终目的是优化企业内部的业务流程，降低物流成本，从而提高经营效率。

2．价值增值链阶段

到 20 世纪 90 年代，人们对供应链的理解又发生了新的变化，主要表现在：由于需求环境的变化，原来被排斥在供应链之外的最终用户、消费者的地位得到了前所未有的重视，从而被纳入了供应链的范围。这样，供应链就不再只是一条生产链了，而是一个涵盖了整个产品运动过程的增值链。

3．网链阶段

随着信息技术的发展和产业不确定性的增加，企业间关系日益呈现出明显的网络化趋势。与此同时，人们对供应链的认识也正在从线性的单链转向非线性的网链。供应链的概念更加注重围绕核心企业的网链关系，即核心企业与供应商、供应商的供应商及一切向前的关系，与用户、用户的用户及一切向后的关系。供应链的概念已经不同于传统的销售链，它跨越了企业界限，从扩展企业的新思维出发，并从全局和整体的角度考虑产品经营的竞争力，使供应链从一种运作工具上升为一种管理方法体系、运营管理思维和模式。

第二节　供应链的概念及分类

一、供应链的概念

目前，供应链尚未形成统一的定义，各国相关研究机构和学者对供应链的表述不尽相同。

供应链的概念经历了一个发展的过程，早期的观点认为供应链是生产制造企业中的一个内部过程，主要包含采购、生产制造、销售等环节。传统的供应链概念仅局限于企业的内部操作层上，注重企业自身的利益目标。随着企业经营的进一步发展，供应链的概念考虑了与其他企业的联系，扩大到供应链的外部环境，认为供应链应当是一个通过链中不同企业的制造、组装、分销、零售等过程将原材料转换成产品，再到最终用户的转换过程。这是更大范围、更为系统的概念。例如，美国的史迪文斯（Stevens）认为："通过增值过程和分销渠道控制从供应商的供应商到用户的流就是供应链，它开始于供应的原点，结束于消费的终点。"马丁·克里斯多夫认为："供应链是指涉及将产品或服务提供给最终消费者的过程和活动的上游及下游企业组织所构成的网络。"

中华人民共和国国家标准《物流术语》（GB/T 18354—2006）把供应链（Supply Chain，SC）定义为"生产及流通过程中，涉及将产品或服务提供给最终用户所形成的网链结构"。

马士华教授编著的《供应链管理》一书认为："供应链是围绕核心企业，通过对信息流、物流、资金流的控制，从采购原材料开始，制成中间产品及最终产品，最后由销售网络把产品送到消费者手中的将供应商、制造商、分销商/零售商直到消费者连成一个整体的功能网链结构模式。"如图 2-1 所示。

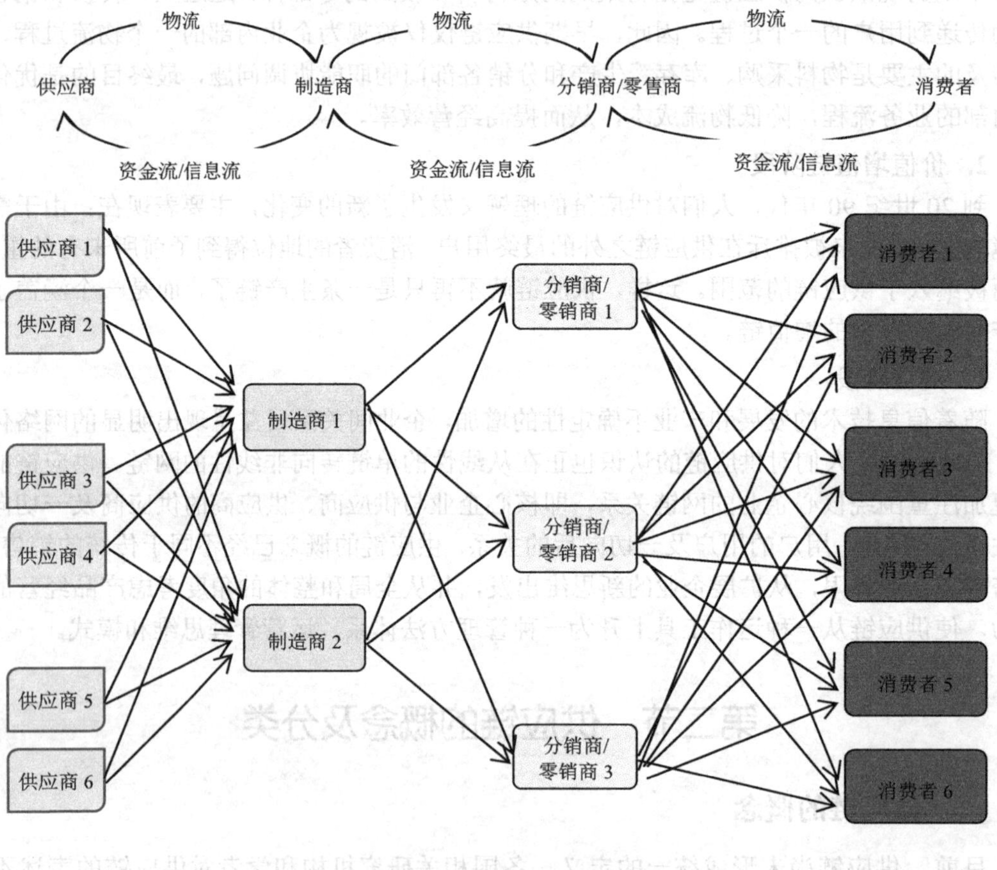

图 2-1　供应链示意图

二、供应链的特点

1．以用户需求为主导

无论何种形式的供应链，其存在的前提是某种需求的存在。这种需求作为供应链的驱动力，促进节点企业的结盟、分工与合作，拉动供应链中信息、物资、资金的流动和交换，在为用户提供高质量产品或服务的同时，实现价值的不断增值。

2．动态性

供应链是在一定市场目标和环境下所建立的一种竞争合作模式，随着供应链目标、服务方式以及企业核心竞争力的不断变化，链上节点企业及其地位也会发生变化。这决定了供应链为适应市场需求，会不断进行节点企业的变更和重组。

3．复杂性

供应链是在一定用户需求目标条件下，实现企业横向择优与合作所建立起来的网链关系。链中的节点企业来自不同的区域、行业甚至不同的国度，它们根据自身核心竞争力情况在链中担当不同的角色。各企业在制度、技术、组织等方面的差异决定了供应链系统的复杂性。同时，供应链动态变化的特性进一步增加了这种复杂性。

4．合作性

供应链的出现，是企业适应经济全球化形势，合理调整企业间存在的目标冲突和利益冲突，以供应链目标为共同目标，实现竞争向合作转化的结果。并且通过这种战略性合作，企业完成对市场变化的快速反应，实现供应链企业的共赢。

5．信息共享

以互联网为代表的信息技术是构筑供应链的基本条件。供应链靠它才能跨越时空的界限，实现真正意义上的资源共享、择优合作；才能随时把握市场需求变化，消除传统销售链上出现的信息需求失真放大的情况，即通常所说的“牛鞭效应”，协调、控制供应链整体，实现对用户需求的快速反应。

6．虚拟性

在信息技术的支持下，供应链的功能不用依靠一个集团或大企业去完成，而可以将不同地域、不同国度、不同形式的企业以一种协作组织的形式联结起来。这种组织在一定目标条件下具有相对的稳定性，但并不是具有确定机构的企业实体，这就是供应链的虚拟性。

三、供应链的类型

基于不同角度，供应链有不同的分类，以下介绍常见的四种分类。

1．链式结构供应链和网状结构供应链

根据参与供应链的节点企业的数目大小和企业之间的连接关系复杂程度，可分为链式结构供应链和网状结构供应链。

（1）链式结构供应链是一种最简单的供应链结构，即每一个节点企业只与一个上游企业相连接，就像一个直线型链条，一环扣一环。这种供应链在企业外部供应链、产业链和全球网络供应链中较少出现，在企业内部或动态企业联盟中则较为常见。

（2）网状结构供应链是比较常见的结构，每个供应商可以为多个制造商服务，每个制造商可以从不同的供应商那里获得原材料，并将生产的产品交由不同的分销商进行分销。

网状结构可细分为发散型的供应链网（V 型，见图 2-2）、汇聚型的供应链网（A 型，见图 2-3）和介于两种结构之间的供应链网（T 型，见图 2-4）。V 型供应链是供应链网状结构中最基础的结构，生产中间产品的企业往往客户多于供应商，呈发散型。为了满足相对少数的客户需求和客户订单，需要从大量的供应商手中采购大量的物料，这种情形就是典型的 A 型。T 型供应链在接近最终用户的行业中比较普遍，是供应链中最为复杂的结构类型。

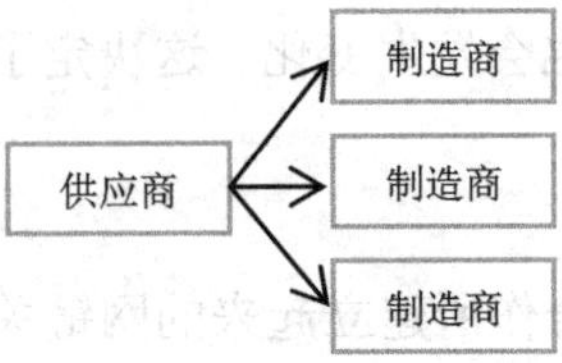

图 2-2　V 型供应链

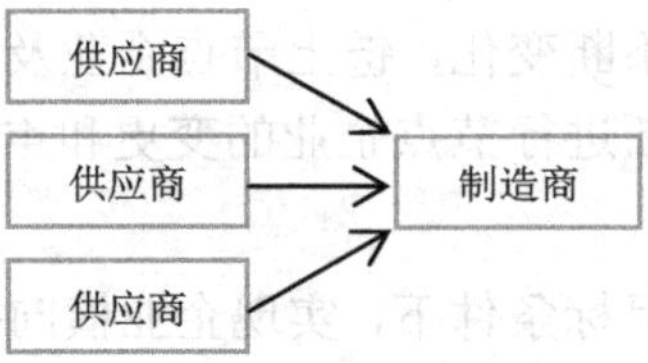

图 2-3　A 型供应链

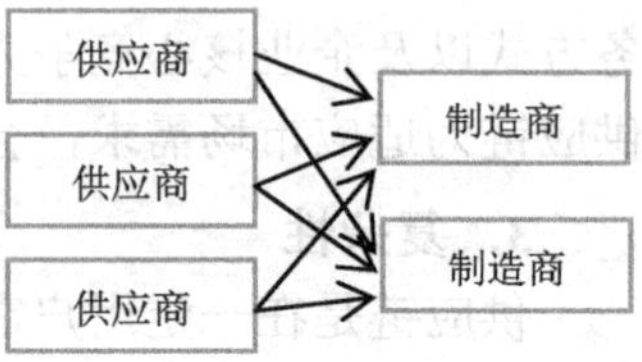

图 2-4　T 型供应链

2．功能型供应链和创新型供应链

根据供应链产品功能以及产品生命周期的需求稳定程度及可预测程度，可分为功能型供应链和创新型供应链。

（1）功能型供应链，其产品的市场需求比较稳定，易实现供求平衡。因此，这类供应链主要用于标准化程度高的常规型产品行业，其重点在于降低生产、运输、库存等方面的费用，以最低的成本将原料转化为成品。

（2）创新型供应链，其产品的市场需求不确定性较高。因此，这类供应链主要用于变化快的流行型产品行业，其重点在于考虑响应速度和柔性，只有响应速度快和柔性高的供应链，才能更好地适应市场的需要。

3．推式供应链和拉式供应链

根据供应链的推动力来源及供应链总体供给和需求之间的关系，可分为推式供应链和拉式供应链。

（1）推式供应链是从原材料推到成品、市场直到客户端的管理（见图 2-5）。

（2）拉式供应链是以客户满意度为中心的管理，以客户得到需求为原动力的管理（见图 2-6）。

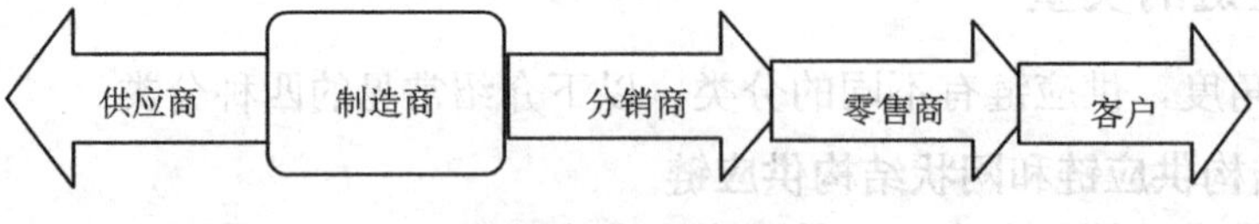

图 2-5　推式供应链

图 2-6　拉式供应链

4. 零售商主导型供应链、制造商主导型供应链及贸易公司主导型供应链

根据供应链上核心企业的性质和动力源的特征，可分为零售商主导型供应链、制造商主导型供应链及贸易公司主导型供应链。

（1）在零售商主导型供应链中，零售商可以采取“纵向一体化”或者“纵向本体化”管理模式。前者指通过所有权来管理控制为其提供原材料、半成品的其他企业，在市场竞争日益激烈、顾客需求不断变化的今天，这种管理模式已逐渐暴露出种种缺陷：增加企业投资负担，增大企业的行业风险等；后者指企业把主要精力放在提升核心竞争力上，将其他非核心业务外包给合作企业来完成，利用企业外部资源快速响应市场需求。在“纵向本体化”模式中，零售商来自不同产业的节点企业，依次连接起来，协调各类生产商（如服装供应链中的纱线生产商、面料生产商、服装生产商）等供应链成员间的活动，形成了“零售商主导型供应链”。

（2）制造商主导型供应链同样属于传统采购型供应链。不同的是，零售商对制造商的控制权限弱化了，零售商仅仅下单给制造商，后者在正确的时间将正确的产品送达给前者。制造商可以采取后向一体化策略，甚至可以运用 VMI（Vendor Managed Inventory）来控制零售商的库存，驱动整体供应链，起到主导者作用。

（3）在贸易公司主导型供应链中，贸易公司的地位与作用显著加强。贸易公司可以直接获得国内外客户订单，能够控制整个供应链上游企业的供给和需求，同时利用其在信息、资金和信誉等方面的优势，整合供应链资源、协调供应链成员，降低成本、提高绩效，扮演整条供应链“服务提供商”和“管理者”的角色。

第三节 供应链管理的内容及目标

一、供应链管理思想产生的时代背景

经济全球化是国际经济发展的一个主要趋势，这给企业带来了难得的机遇和严峻的挑战。企业面临着不确定性的市场需求及缩短交货期、提高质量、降低成本和改进服务的压力，企业竞争环境也发生了很大的变化，表现出以下六种基本特征。

1. 消费者对产品和服务的期望越来越高

随着科学技术的发展，生产同类产品的企业之间的竞争也日益激烈。这导致产品的品种越来越多，消费者已不满足于从市场上买到标准化生产的产品，他们希望得到符合自身需求的个性化的产品或服务。这些变化导致产品生产方式发生革命性的变化。传统的标准化生产方式是“一对多”的关系，即企业开发出一种产品，然后组织规模化大批量生产，用一种标准产品满足不同消费者的需求。然而，这种模式已不再能使企业继续获得效益。现代企业必须具有根据每一个消费者的特别要求定制产品或服务的能力，即所谓的“一对一”的定制化服务。例如，以生产芭比娃娃著称的美泰公司，从 1998 年 10 月起可以让女孩子登录到 barbie．com 设计她们自己的芭比朋友。她们可以选择娃娃的皮肤弹性、眼睛颜色、头发的样式和颜色、附件和名字。当娃娃邮寄到孩子手上时，她们会在上面找到自己的娃娃的名字。这是美泰公司第一次大量制造“一个一样”的产品。又如，海尔是一家

全球著名的家电制造企业，其每年的产品产量非常大。在一般人看来它应属于备货型生产，但在 2000 年以后，海尔开始按订单生产战略来组织生产。其结果是不仅满足客户的个性化需求，同时也把库存降到了最低限度，拉近了与用户的距离。实现了向三个“零”（“零距离”“零缺陷”“零运营资本”）目标的迈进。不过我们应该看到，虽然个性化定制生产能高质量、低成本地快速响应客户需求，但是这也对企业的运作模式提出了更高的要求。

2．对订单响应速度越来越快

一般来说，品种、质量、价格、时间和服务是决定企业竞争力的五大要素，但在不同历史时期，这五大要素对企业竞争力的作用是不同的。在工业化初期，主要依靠价格进行竞争；第二次世界大战以后，随着工业化水平的提高，质量逐渐成为影响竞争力的关键；20 世纪 80 年代以来，企业竞争和经营环境发生了深刻变化，竞争优势逐渐转移到品种和服务上；进入 90 年代以后，由于科学技术的进步、经济的发展、全球化市场的形成，以及技术变革的加速，围绕新产品的市场竞争更加激烈，所有这些都要求企业能对不断变化做出快速反应，不断地开发出满足消费者需求的定制化产品，去占领市场以赢得竞争。消费者不但要求厂家按期交货，而且期望的交货期越来越短。我们所说的企业要有很强的产品开发能力，不仅指产品品种，更重要的是指产品上市时间，即尽可能提高对客户需求的响应速度。

技术进步和客户需求的个性化使得产品生命周期不断缩短，企业则必须面临不断缩短响应周期的巨大压力，竞争力的决定因素最终转移到时间上来。毋庸置疑，谁能对市场的变化快速做出反应、迅速将新产品推向市场以最快的速度满足顾客的需求，谁就能在市场中获得竞争优势。因此，各国企业纷纷将制定竞争战略基点建立在时间基础之上，出现了基于时间竞争的思想。实施基于时间的竞争战略旨在改善企业的各种与时间有关的绩效指标，快速地对市场变化做出反应以取得竞争优势。

3．产品生命周期越来越短

随着消费者需求的多样化，企业的产品开发能力也在不断提高。目前，国外新产品的研制周期大大缩短。例如，美国电话电报公司新电话的开发时间从过去的 2 年缩短为 1 年；计算机领域的惠普公司打印机开发时间从过去的 4.5 年缩短为 22 个月；而计算机的软件更新速度则更加让消费者觉得赶不上。但这背后是以雄厚的经济实力作为保障的，消耗了大量的企业资源，代价非常大，普通的企业在如此激烈的竞争中感觉越来越吃力。而且，随着科学技术的进步，产品寿命周期缩短的趋势还在不断加强。

4．竞争全球化，经济全球化

市场竞争的全球化，经济的全球化，要求每个企业之间既是竞争者又是合作关系。经济的全球化导致参与竞争的企业必须适应市场整体发展的方向。但随着竞争技术含量的不断加大，技术分割越来越细，任何企业都无法在自身产品的整个领域全面发展，原来自己研发的产品或制造的产品不得不转向第二方研发、制造，也就是采取业务外包的方式。

5．信息技术的发展

信息技术的发展给企业既带来了机遇，也带来了很大的压力。21 世纪，各个企业无论大小、强弱，发展的机遇都越来越趋向均等。面对海量的信息，如何为企业所利用、如何构建自身的信息资源网络、如何把企业的资源管理范围延伸到企业之间的整个供应链已经成为企业不得不考虑的问题。

6．全球资源有限

企业发展需要的资源要受到各种条件限制，采取无限制扩展的资源管理方式已经越来越不现实。资源共享、互补的问题已经摆在企业的面前。

二、供应链管理的发展阶段

社会组织和自然界的一切生命体一样，都存在一个“起源—成长—发展和成熟—衰退”的生命周期。企业要想达到供应链管理的最高阶段，一般需要经过以上几个发展阶段，由企业内部的协调分工到企业间的协作与联盟，最后实现网络经营一体化。供应链管理的发展具体如下。

1．萌芽阶段——企业内部功能集成

供应链管理的萌芽阶段大致是20世纪60—70年代。该阶段的特点是企业关注内部部分功能、流程的改进与集成。

当时，虽然业务链上的部分企业已采用了物料需求计划（Material Requirement Planning，MRP）来管理自己的业务，但这些管理也只是企业内部各职能部门分别在相互隔离的环境下制订和执行计划，数据的完整性差，甚至在企业内部信息都缺乏统一性和集成性，更谈不上在业务链上形成标准化和数据流。在这一阶段，供应链管理还处于萌芽状态，供应链，更确切地说还只能称为“业务链”。而链上的每个成员的管理理念基本上都是“为了生产而管理”，企业之间的竞争是产品在数量上和质量上的竞争，企业间的业务协作是以“本位主义”为核心的。即使在企业内部，其组织结构也是以各自为政的职能化或者区域性的条条框框为特征。此时，供应链上各成员之间的合作关系极为松散。

2．初级阶段——企业一体化管理

供应链管理的初级阶段大致是20世纪80年代初到90年代初。此时，在理论研究界的不断探索下，供应链管理的理念已形成了基本的雏形，并开始指导企业进行初步的实践，同时在学术研究上得到了较快的发展。

在此阶段，企业的竞争重点已转向了追求生产效率。企业的组织结构和内部职能划分也发生了转变，大多数企业开始进行企业组织机构的精简和改革，实现企业内部物流一体化。同时，企业开始意识到最大的发展机会存在于企业之外，实施供应链一体化管理能够产生更丰厚的利润。原材料采购上升到了战略意义的地位，企业把注意力集中于最有战略意义的供应商，企业间的关系发展到更高级的买卖关系。企业的物流部门开始关注资产的利用和配送系统的效率，但关键之处在于寻求最好的物流服务供应商承担准确、及时的运输配送业务。需求管理在这一阶段成为一个很重要的因素，原因是公司逐渐意识到需求预测的准确性直接影响着生产和制造的准确性。

当时典型的供应链策略有两种，即有效客户反应（Efficient Consumer Response，ECR）和快速响应（Quick Response，QR）。信息技术的发展和大量应用也为供应链管理的初步形成奠定了基础。在此期间，部分企业将信息技术和计算机应用引入企业管理，拥有了较好的管理工具。20世纪80年代末，制造资源计划（Manufacturing Resource Planning，MRP

Ⅱ）的推广、企业资源计划（Enterprise Resource Planning，ERP）和准时制（Just-in Time，JIT）模式与系统的引入和应用，逐渐使企业内部实现了信息集成，为供应链上下游之间的业务提供了所需的业务处理信息。

3．形成阶段——合作伙伴业务协同

供应链管理的形成阶段大致是从20世纪90年代初到20世纪末。工业化的普及使得生产率提高到了相当高的程度，全面质量管理（Total Quality Control，TQC）的实施使得产品的质量有了大幅度的提高。生产率和产品质量不再成为竞争中的绝对优势，制造加工过程本身的技术手段对提高整个产品竞争力的作用潜力开始变小。此时，企业逐渐意识到产品的竞争力并非由一个企业决定，而是由产品的供应链决定的，并开始与关系较近的合作伙伴实施一体化管理。

从供应商的角度来看，随着企业与重点供应商结成利益同盟，供应商关系管理（Supplier Relationship Management，SRM）变得日益重要。企业经常邀请供应商参与其销售与运作计划（Sales and Operation Planning，S&OP）的筹划，提出能够更好地满足顾客需求的解决方案。企业还引进了仓库管理系统和运输管理系统，加强与关键供应商的信息沟通。总之，企业与重点供应商在物流、运输和仓储等方面建立了长期的合同与战略伙伴关系。

从顾客的角度来看，企业对顾客与市场需求能够做出快速响应，力求更好地理解和满足顾客需求，提供更为贴切的服务和产品，客户关系管理（Customer Relationship Management，CRM）成为企业经营管理的重要内容。顾客是供应链中唯一真正的资金流入点，其他所有的现金流动只不过是发生在供应链上的资金交换。因此，顾客是核心，公司只有尽早、充分意识到这一点，密切与顾客的关系，通过互联网等高新技术了解顾客想要什么、什么时候想要，然后高质高效地交货，才能实现整条供应链企业的利润“共赢”。

在这个阶段，电子商务、网上交易和电子通信技术的应用对实现价值链的可视化是至关重要的。企业利用各种工具和技术与重点供应商及客户协作，能够缩短产品的生命周期，更快地占领市场，更有效地利用资产，实现“双赢”甚至多赢。

4．成熟和全面发展阶段——网络经营一体化

进入21世纪，供应链管理到了成熟和全面发展的阶段。在此阶段涌现出多种供应链管理的技术及方法，如供应商管理库存（Vendor Management Inventory，VMI），协同计划、预测与补给（Collaborative Planning Forecasting and Replenishment，CPFR），分销商集成（Distributor Integration，DI），以及3PL和4PL等。

这是供应链发展的最高阶段。在这一阶段，所有供应链的成员能够实现有效沟通、密切合作和技术共享以获得市场的支配地位。但在目前，只有极少数企业达到了这一阶段，因为只有这部分企业完全采用网络化、虚拟经营、动态联盟等，实现了信息的共享、交易的可视化以及准确的供货。

三、供应链管理的概念及特征

（一）供应链管理的概念

中华人民共和国国家标准《物流术语》（GB/T 18354—2006）把供应链管理定义为“对

供应链涉及的全部活动进行计划、组织、协调与控制"。

（二）供应链管理的特征

供应链管理不同于传统的管理模式，具有以下六个基本特征。

1．以客户满意为最高目标

供应链管理以客户为中心，客户服务目标的设定优于其他目标。它通过降低供应链总成本和实现对客户需求的快速反应，提高客户满意度，获取竞争优势。

2．企业之间关系更为密切

在供应链管理中，参与各方进行跨部门、跨职能、跨企业的合作，建立有共同利益的合作伙伴关系，追求共同的利益，发展企业之间稳定的、良好的、共存共荣的互助合作，建立一种双赢关系。

3．实施集成化管理

供应链管理不仅是节点企业和技术方法等方面的简单连接，而且是应用网络技术和信息技术，重新组织和安排业务流程，追求物流、信息流和资金流等方面的集成化。通过应用现代信息技术，如商品条码技术、物流条码技术、电子订货系统、RFID（Radio Frequency Identification）技术等，使供应链成员不仅能及时有效地获得其客户的需求信息，并且能对信息做出及时响应，满足客户的需求。信息技术能缩短从订货到交货的时间间隔，提高企业的服务水平。信息技术的应用提高了事务处理的准确性和速度，减少了人员需求，简化了作业过程，提高了企业工作效率。

4．把供应链中所有节点企业作为一个整体进行管理

供应链管理涵盖了从供应商到最终客户的采购、制造、分销、零售等职能领域过程。

5．供应链管理强调和依赖战略管理

供应链管理注重从战略的、全局的和长远的角度考虑企业及整个供应链的生存与发展问题，如供应链企业合作伙伴关系的建立、供应链运作绩效的评价、供应链成员激励机制的建立等。

6．供应链管理更具柔性

在供应链管理环境下，企业和供应链具有快速响应环境变化的能力，系统的运作更能适应快速变化的市场需求。例如，各节点企业的技术具有相互协调性和兼容性，各节点企业在面对市场的不确定性需求时能确保及时有效的供给。

与物流管理相比较，供应链管理具备以下八种特征。

1．供应链管理的互动特性

从管理的对象来看，物流是以存货资产作为管理对象的，供应链管理则是对存货流动中的业务过程进行管理，是对关系的管理，因此具有互动的特征。兰博特教授认为，必须对供应链中所有关键的业务过程实施精益管理，主要包括需求管理、订单执行管理、制造流程管理、采购管理和新产品开发管理及其商品化管理等。有些企业的供应链管理过程还包括从环保理念出发的商品回收渠道管理，如施乐公司。

2．供应链管理是物流管理的高级形态

供应链管理是在物流管理的基础上发展起来的。从企业运作的层次来看，从实物分配开始，到整合物资资源管理，再到整合信息管理，通过功能的逐步整合形成了物流的概念。从企业关系的层次来看，则有从制造商向批发商和分销商再到最终客户的前向整合，以及向供应商的逆向整合，并且通过关系的整合形成供应链管理的概念。从操作功能的整合到渠道关系的整合，使物流从战术的层次提升到战略高度，所以，供应链管理实质上是物流的延伸。

3．供应链管理决策的发展

供应链管理决策和物流管理决策都是以成本、时间和绩效为核心的，供应链管理决策在包含运输决策、选址决策和库存决策的物流管理决策的基础上，增加了关系决策和业务流程整合决策，成为更高形态的决策模式。

4．供应链管理的协商机制

物流在管理上是一个计划的机制。在传统的物流模式中，核心企业通常是制造商，它们力图通过一个计划来控制产品和信息的流动，与供应商和客户的关系本质上是利益冲突的买卖关系，最终导致存货或成本向上游企业的转移。供应链管理同样制订计划，但目的是谋求渠道成员之间的联合和协调。

供应链管理是一个开放的系统，它的一个重要目标就是通过分享需求和当前库存水平的信息，来减少或消除所有供应链成员企业所持有的缓冲库存，降低整个供应链的成本。

5．供应链管理强调组织外部一体化

供应链管理与物流管理不同，物流管理更加关注组织内部的功能整合，而供应链管理是高度互动和复杂的系统工程，需要同步考虑不同层次上相互关系的技术经济问题，进行成本效益权衡。比如，要考虑在组织内部和组织之间，库存采取什么样的策略、供应链系统的布局和选址决策、信息共享的深度、实施业务过程一体化管理后所获得的整体效益如何在供应链节点企业之间进行分配等。这些都需要进行跨边界和跨组织协调，更强调组织外部一体化整合。

6．供应链管理对共同价值的依赖性

随着供应链管理系统结构复杂性的增加，它将更加依赖信息系统的支持。如果物流管理是为了提高产品面向客户的可行性，那么供应链管理则是首先解决供应链伙伴之间信息的可靠性问题。所以，有时也将供应链看作协作伙伴之间信息增值交换的一系列关系。但如何管理和分配信息则取决于供应链成员之间对业务过程一体化的共识程度。所以，与其说供应链管理依赖网络技术，不如说供应链管理是为了在供应链伙伴间形成一种相互信任、相互依赖、互惠互利和共同发展的价值观和依赖关系而构筑的信息化网络平台。

7．供应链管理是“外源”整合组织

供应链管理与垂直一体化物流不同，它是在自己的“核心业务”基础上，通过协作的方式来整合外部资源以获得最佳的总体运营绩效。除了核心业务外，大部分业务都可能是“外源的”，即从公司外部获得的。

垂直一体化以拥有资源为目的，而供应链管理则以协作和双赢为手段。所以，供应链管理是资源配置的优先方法。供应链管理在获得外部资源配置的同时，也将自身的内部成本外部化，通过清晰的过程进行成本核算和成本控制，从而更好地优化客户服务和实施客户关系管理。

8．供应链管理是一个动态的响应系统

在供应链管理的具体实践中，应该始终关注对关键过程的管理和测评。高度动态的市场环境要求企业管理层能够经常对供应链的运行状况实施规范的监控和评价，如果现有的供应链模式没有实现预期的管理目标，就必须考虑可能的替代供应链并做出适当的应变处理。

四、供应链管理的内容及其实施步骤

（一）供应链管理的内容

供应链管理涉及供应管理、生产计划、物流管理、需求管理四个方面，即以市场需求为驱动，以同步化、集成化生产计划为指导，以各种技术为支持，尤其以 internet/ intranet 为依托，控制和组织从原材料供应到生产制造、产品销售等一体化过程。其具体包含以下九个方面的内容。

1．供应链设计与构造

怎样将制造商、供应商和分销商有机地集合起来，使之成为相互关联的整体，是供应链设计要解决的主要问题。在供应链管理的影响下，对产品制造过程不仅要考虑企业内部因素的影响，而且要考虑供应链对产品成本和服务的影响。供应链管理的出现，扩大了原有的企业生产系统设计范畴，把影响生产系统运行的因素延伸到了企业外部，与供应链上所有的企业都联系起来，因而供应链设计就成为构造企业系统的一个重要方面。

2．供应链集成和战略伙伴的选择

由于供应链本身的动态性以及不同机构和伙伴有着相互冲突的目标，对供应链进行集成是相当困难的。在竞争激烈的市场中，大多数公司别无选择，要么被迫集成于某供应链，要么主动出击、选择战略伙伴，以满足顾客和供应链发展的需要。如何进行集成才能取得成功、采用何种信息共享方式、信息对供应链的设计和作业的影响、组织内部和外部合作企业之间需要什么层次的集成、最终实施哪些类型的伙伴关系等均是供应链集成和战略伙伴选择需要解决的问题。

3．供应链库存控制

供应链库存控制即站在供应商、制造商、批发商和零售商等组成的整个供应链的角度考虑库存问题，通过企业间分享信息和协调管理机制，并应用先进的管理方法和技术对供应链上的库存进行整体计划、组织、协调与控制，以减少供应链中的需求扭曲现象，降低库存的不确定性，提高供应链的稳定性。

4．供应链配送渠道设计

在供应链中确定怎样的配送渠道，如是否设立中央仓库、需要多少直接转运点、直接转运与仓库中持有库存哪个更优越，这些都是配送渠道设计需要解决的问题。

5. 供应链信息控制与支持

对供应链的有效控制要求集中协调不同企业的关键数据，如订货预测、库存状态、缺货情况、生产计划、运输安排、在途物资等数据。为便于管理人员迅速、准确地获得各种信息，必须建立有效的信息控制与支持环境，利用电子数据交换、internet等技术手段实现供应链的分布数据信息集成，达到共享采购订单的电子接收与发送、多级库存控制、批量和系列号跟踪、周期盘点等重要信息的目的。

6. 供应链生产计划与控制

供应链上各节点企业都不是孤立的，任何一个企业的生产计划与控制决策都会影响整个供应链上其他企业的决策，因此要研究出协调决策方法和相应的支持系统。运用系统论、协同论、精益生产等理论方法，研究适应供应链管理的集成化生产计划、控制模式和支持系统。

7. 供应链采购管理

供应链采购管理，就是在建立战略性合作伙伴关系的基础上，实现供应链成员之间的信息沟通和相互合作，通过供应链需求双方共享库存数据实现无缝连接和管理，使采购决策过程透明化，减少安全库存、消除供应过程的组织障碍、简化采购手续、鉴别并剔除整条链上的冗余行为和非增值行为，从而降低整条供应链的成本，为实现准时采购创造条件。

8. 供应链组织结构与业务流程重构

为了使供应链上的不同企业、在不同地域的多个部门协同工作以取得整个系统最优的效果，必须根据供应链的特点优化运作流程、进行企业重构、确定相应的供应链管理组织系统的构成要素及应采取的结构形式。

9. 供应链绩效评价与激励机制

供应链管理不同于单个企业的管理，其绩效评价和激励系统包括更多内容。根据供应链管理的特征，构建新的绩效评价体系、新的组织与激励系统，是衡量供应链管理效果、促进供应链管理水平不断提高的关键。

（二）供应链管理的实施步骤

企业实施供应链管理应遵循以下八个步骤。

1. 供应链管理水平分析

对企业当前管理水平、组织结构、在供应链中所处位置、与上下游企业的关系、合作伙伴的实力、客户服务水平、信息系统应用水平等进行分析。

2. 供应链比较

将企业所处供应链与其他供应链进行比较，从供应链的运行效果和业务流程两个方面发现企业所处供应链的不足与薄弱环节，以及顾客服务的主要问题。

3. 业务流程再造与组织结构优化

根据所发现的问题，重新设计和构建供应链，去除不增值过程与环节，优化组织结构，建立适应顾客需求和信息时代要求的，更加简洁、更加通畅、更加合理的供应链。

4. 合作伙伴的评估与选择

根据供应链目标和业务流程，以技术水平、生产能力、质量水平、市场能力、业务结构、企业文化等为主要因素建立综合评价指标体系，评估、选择能够促进供应链目标实现的合作伙伴。

5. 供应链战略联盟的建立

围绕供应链战略目标，通过各种协议、契约等和合作伙伴结成优势互补、风险共担的战略联盟，实现"强强"联合，在提供高质量的顾客服务的同时，共同分享不断增长的供应链收益。

6. 建立供应链管理的信息支撑体系

为了保证供应链管理的高效运转，实现跨地区、跨行业、跨组织、跨职能的分工与合作，必须实现供应链节点企业间信息的准确、实时、全面收集和交流，并能对这些信息进行有效的分析与处理，辅助供应链管理决策。这些都需要通过应用信息技术和网络技术，建立信息支撑环境，开发一系列供应链管理软件等。

7. 新的供应链管理实施

在新的业务流程、战略联盟和信息支撑体系的支持下，供应链节点企业间应积极配合，实施供应链管理，进行运行磨合，应及时解决共同发现的问题。

8. 供应链绩效评估与激励

建立供应链运行绩效评价指标体系，度量供应链内部绩效、外部绩效以及综合绩效等，形成对供应链整体运行的综合评价，并根据评价建立对供应链企业的激励机制，作为进一步改进供应链管理和进一步提高节点企业管理水平的依据。

五、供应链管理的目标

主导企业实施供应链管理的目标是建立一个高效率、高效益的扩展企业并为最终用户创造价值。通过贸易伙伴间的密切合作，以最小的总成本和最低费用提供最大的价值和最好的服务。

1. 把握真实需求

在瞬息万变的动态市场中，需求不仅包括一般性产品和服务，还包括个性化产品和特殊服务需求。在供应链多层次需求信息反馈中存在的牛鞭效应，往往会导致需求信息失真。尽快准确地把握真实的需求与准确的需求量，使企业的供应活动建立在真实可靠的市场需求基础之上的供应链管理，可以减少生产过剩、库存积压等情况的发生，提高运输、包装、订单处理等活动的效率。

2. 组织快速供应

要使供应链主导企业比竞争对手更快捷、更准确、更经济地将货物供应给客户，就需要借助计算机、移动通信、动态跟踪等技术，避免供应链任何环节上的低效运作、无效停滞现象，从而提高企业物流运作效率，能够最大限度地提高服务质量和用户满意度。

3. 进行整体优化

传统供应链存在很多缺陷，如库存过大、生产盲目、渠道复杂等。同时由于不同组织间相互独立，常导致相互冲突的组织目标出现。因此必须站在供应链管理全局的高度，从企业整体的角度出发，对产品发展方向和获利性、业务流程和组织机构，企业内外部各种资源利用、生产及流通计划与交货期、销售、服务及仓库布局等各方面进行全方位优化。

4．实施集成管理

在仓库、作业点布局，取送货、装卸现场管理时，如果没有供应链一体的集成化管理，供应链上的每个企业就会只管理它自己的库存，并以这种方式来防备由于链中其他组织的独立行动而给本企业带来的不确定性。例如，一个零售商会需要安全库存来防止分销商货物脱销情况的出现，而分销商也会需要安全库存以防止生产商供货不足。由于供应链的各个界面中都存在不确定因素，而且没有相互间的沟通与合作，所以就出现重复库存。而在供应链的集成化管理中，链中的全部库存管理可通过供应链所有成员间信息沟通、责任分配和相互合作来协调，这样就可以减少链上每个成员的不确定性，减少每个成员的安全库存量。较少的库存又会带来减少资金占用量、削减库存管理费用的结果，从而降低成本。通过对供应链上每个成员信息处理行为和产品处理行为的检查，可以鉴别整条链上的冗余行为和非增值行为，从而提高整个供应链的效率和竞争力。

拓展阅读

来伊份打造透明供应链　零食全产业链无死角

在上海来伊份大厦5楼，有数块电子大屏，它记录着来伊份各个店铺实时的销售数据，以及物流中心的配送情况。这些不断跳动的数字，是来伊份实现智能化运营的基础，而此次，来伊份想通过打造科技供应链，彻底实现全链条的数字化。2017年4月6日，在来伊份合作伙伴高峰论坛上，来伊份宣布启动打造科技供应链，该科技供应链将打通来伊份的全渠道，产品从加工到销售的全部环节都可以在系统上进行查询。

打造科技供应链　全渠道数据可查

数日前，马云在深圳再次强调新零售。他认为十年之内，纯电商会很艰难，纯零售也很艰难，而新零售是把两者整合起来一起思考，以后的零售不是卖东西，而是要服务好客户。来伊份作为一家发展近18年的“休闲食品”企业，近几年一直致力于打造“全渠道”销售，不仅在线下拥有近2 300家门店，还自建APP，并积极利用淘宝、京东等电商平台，以及O2O平台来拓展线上销售渠道，实现线上和线下深度融合，这与“新零售”不谋而合。但如何彻底打通内部数据，一直是摆在各个企业面前的问题，来伊份不外如是。来伊份董事长施永雷说：“目前来伊份有47套核心系统，贯穿人、财、物各个方面，来伊份计划打造科技供应链，将供应商、原料和门店的系统连接起来，打通各个环节。”

具体来看，它主要包括品质管理、库存管理、物流及采购四大部分。也就是说，来伊份将实现从原料到门店的全部流程可视，通过扫描产品“二维码”，可以查询产品在供应商、检验、仓库、门店等各个环节的情况。其中，品质管理包括产品生命追溯、品质检测协同、标准发布、生产过程监控等；库存管理包括查询销售库存情况、预测及计划、订单管理、原料及成品库存等；物流方面，包括预约管理、运输过程可视、资源整合等；采购管理则包括新品管理、主数据管理、售价及促销管理，等等。“去年（2016年）10月，来伊份在主板的成功上市，让来伊份有更多资金可以投入到信息化的建设中。未来，来伊份将实现全面信息化，不断满足消费者需求。”来伊份总裁郁瑞芬说。

提前布局信息化 建立核心壁垒

来伊份能发展到如今的规模，离不开其在数据化方面的前瞻性。

早在 2003 年，来伊份就开始认识到信息系统对企业管理的重要性，并开启了信息化之路。而在当时淘宝也才刚刚成立。

据了解，从2003年开始，来伊份通过与IBM、SAP、思科、海信等知名国内外IT巨头合作，先后引入或量身打造海信系统、SAP、ERP、财务管理系统等来支撑各项业务的发展。2009年，在一片不解声中，来伊份投入巨资率先引入SAP-ERP系统，从前端到门店销售，消费者的每一笔消费在一小时之内就可以全部传到总部，成为精准营销、管理商品开发和会员的数据基础。其中，最有代表性的是来伊份可以通过每家门店的智能电子秤，同步实时的消费数据，来预测各个门店的补货需求，从而实现智能补货。

为了更好地支持销售，来伊份在上海市松江区九亭镇建起了现代化物流与仓储中心，中心占地面积超过 58 000 平方米，货物日吞吐量可达 20 万箱，不仅可以满足上海 1 000 多家门店的订单需求，还可以为江苏、浙江、北京、山东等多个区域性仓库提供供货支持，并满足来伊份电商业务的需求，以及供应商的货物进库管理等。

同时，来伊份与全球知名的自动化物流设备制造商日本大福合作，引进其先进的集运输管理、仓储管理、仓库控制管理、终端信息管理为一体的物流与供应链系统解决方案。“来伊份从创立开始，就注重信息化的发展，当时很多人不明白，一个做休闲食品的企业为什么斥巨资做这件事，现在来看，这些都成了来伊份的核心壁垒。”施永雷说。

（资料来源：http://www.sohu.com/a/133779789_473276）

思考练习题

一、名词解释

供应链　供应链管理　推式供应链　拉式供应链

二、不定项选择题

1．供应链（　　）就是要使供应链能够更好地适应激烈竞争的市场，提高对用户的服务水平，及时满足用户的要求。

A．柔性　　B．稳定　　C．协调　　D．简洁

2．（　　）主要体现供应链的物理功能，即以最低的成本将原材料转化成零部件、半成品、产品，以及在供应链中的运输等。

A．有效性供应链　　B．反应性供应链

C．稳定供应链　　D．动态供应链

3．对供应链管理的理解说法正确的是（　）。

A．供应链管理是一种运作管理，它能够使企业的活动范围从物流活动扩展到所有的企业职能

B．供应链管理是一种集成的管理思想和方法。将企业的各种职能与合作伙伴企业对等的职能进行合并或紧密连接在一起，形成一个完整的集成化系统

C．供应链管理本质上就是物流管理

D．供应链管理是一种战略管理。供应链管理的实际应用是以一个共同目标，即实现供应链整体效率为核心的组织管理

E．物流管理和供应链管理的范围是一样的

4．供应链是一个（　），它包括不同环节之间持续不断的信息流、产品流和资金流。

A．动态系统　　B．固定系统

C．独立系统　　D．复杂系统

5．供应链中信息流、产品/服务流、资金流运作的驱动源是（　）。

A．用户的需求拉动　　B．供应商的产品/服务推动

C．核心企业的推动　　D．分销企业的拉动

三、判断题

1．供应链不仅是一条连接供应商到消费者的物料链、信息链、资金链，而且是一条增值链。（　）

2．信息在供应链中只能向下流动，不能向上流动。（　）

3．现代供应链的概念更加注重围绕核心企业的网链关系。（　）

4．供应链管理的基本理念是通过分享信息和共同计划提高效率。（　）

5．供应链管理就是指对供应环节的全面管理。（　）

四、简述题

1．供应链具有哪些特征？

2．供应链管理具有哪些特征？

3．阐述供应链管理的内容。

五、案例分析

IBM 的供应链管理

供应链管理的实现，是把供应商、生产厂家、分销商、零售商等在一条供应链上的所有节点企业都联系起来进行优化，使生产资料以最快的速度，通过生产、分销环节变成增值的产品，到达有消费需求的消费者手中。这不仅可以降低成本、减少社会库存，而且能使社会资源得到优化配置，更重要的是通过信息网络、组织网络实现了生产及销售的有效连接和物流、信息流、资金流的合理流动。

计算机产业的戴尔公司在其供应链管理上采取了极具创新的方法，体现出有效的供应链比品牌经营更有效的优越性。戴尔公司的成功为其他电脑厂商树立了榜样，让它们见证了戴尔公司的飞速成长过程。作为戴尔公司的竞争者之一，IBM 过去倾向于根据库存来生产计算机，由于其制造的产品型号繁多，常常发现在有的地区存储的产品不合适，错失了

销售时机。计算机产业面临的另一个问题是技术上的日新月异，这意味着库存会很快过时，造成浪费。为解决这些问题，IBM 和产业界的其他众多计算机厂商正在改变其供应链，使之能够适应急剧变化的市场环境。

通过实施供应链管理，IBM 公司生产的盲目性得到了减弱，完整的欧洲区供应链管理系统带来的益处是：帮助 IBM 随时掌握各网点的销售情况，充分了解、捕捉与满足顾客的真正需求，并且按照订单制造、交货，没有生产效率的损失，在满足市场需求的基础上，增进了与用户的关系；能全面掌握所有供应商的详细情况；合理规划异地库存的最佳水平；合理安排生产数量、时间以及运输等问题；合理调整公司的广告策略和价格政策；网上订货和电子贸易；可随时把电脑的动态信息告诉每一位想了解的顾客；减少了工业垃圾和制造过程对环境的破坏。

（资料来源：http://m.it168.com/article_174634.html）

根据以上案例，阐述供应链管理的优势和难点。

第三章

物流与供应链管理概述

学习目标

1. 正确理解并掌握物流管理与供应链管理的关系
2. 正确理解并掌握供应链物流及管理的概念
3. 正确理解供应链环境下的物流特点
4. 全面了解供应链物流管理的任务

案例导入

海尔：C2B+DIY 定制+扁平化敏捷制造+开放供应链服务平台模式

一、背景

在 2013 年海尔商业模式创新全球论坛上，63 岁的张瑞敏对外宣称："你要么是破坏性创新，要么你被别人破坏。"海尔作为中国品牌、中国制造业的代表，开始了互联网思维的创新。海尔对商业模式的探索主要有两方面：战略和组织架构。战略上，变成了"人单合一双赢"的模式。所谓"人"就是员工，"单"就是员工的用户，"双赢"就是这个员工为用户创造的价值以及他所应该得到的价值。在这个理论下，海尔现在的 8 万多名员工一下子变成了 2 000 多个自主经营体的"小海尔"模式，一般最小的自主经营体只有 7 个人，把原来的金字塔模式给压扁了。

张瑞敏认为传统制造必须移民互联网：传统企业要么触网要么死亡！张瑞敏认为海尔这个千亿级体量的"巨鲸"如何脱胎换骨，进行颠覆性的创新，在于把自己打散，再聚合，"人单合一""用户全流程体验""自组织""开放平台""按单聚散""产品去商品化""价值交互""接口人"等是新型海尔转型的重点。

二、模式解读

1. C2B+顾客需求 DIY

C2B 是以聚合消费者需求为导向的反向电商模式。以销定产，零库存的情况下先销售然后进行高效的供应链的组织，或者说供应链的组织已经完成，必须根据销售的情况来决定生产的排布。C2B 预售同时针对用户加入个性化 DIY 元素，利用在海尔商城设立"立刻设计我的家"和"专业设计师"平台实现买家的个性化创意。

2. 实现以销定产

2 000 多个自主经营体的“小海尔”扁平化支撑，打造敏捷供应链。

3. 物流方面

海尔在全国共有 83 个仓库，定制产品的生产下线到用户家中控制在 5~7 天，目前海尔日日顺已在全国建有 7 600 多家县级专卖店，26 000 个乡镇专卖店，19 万村级联络站，2 800 多县建立配送站，3 000 多条配送专线，6 000 多个服务网点，其运营策略有以下三点。

（1）真正的库存在路上。

（2）服务整合，装送一体。

（3）一张物流网服务线上线下多渠道。

4. 平台社会化

阿里投资海尔日日顺后，海尔的供应链平台将陆续面向社会开放，为整个电商物流服务。

三、行业价值

2013 年海尔的供应链创新与变革模式，是中国制造、中国品牌互联网化的典型代表，值得其他品牌参考学习。张瑞敏“你要么是破坏性创新，要么你被别人破坏”的决心，告诉我们如果中国的传统制造再不转型，未来的路将面对更大的生存压力。

（资料来源：http://news.56888.net/2014620/2007137068.html）

第一节　物流管理与供应链管理的关系

很多人容易把供应链管理与物流管理混为一谈。其实这两个概念是既有联系又有区别的。

供应链是指在生产及流通过程中，涉及将产品或服务提供给消费者活动的上游与下游企业，所形成的网链结构。

供应链管理是以提高企业个体和供应链整体的长期绩效为目标，对传统的商务活动进行总体的战略协调，对特定公司内部跨职能部门边界的运作和在供应链成员中跨公司边界的运作进行战术控制的过程。

供应链管理由三部分组成：供应管理（供应商部分）、运营管理（公司内部管理）、物流管理（客户端）。简单地说，供应链管理就是从供应商处采购（供应管理）、在内部进一步增值（运营管理）后递送给客户（物流管理）。这里所说的物流管理是 outbound logistics（外向物流，即从公司流向客户的最终产品流）。当然，采购中也涉及一定的物流管理，即 inbound logistics（内向物流，即从供应商流向公司的半成品、部件流）。内向物流一般相对比较简单，所以很多公司由采购部门负责。而外向物流就比较复杂，一般由专门的物流管理部门负责。

物流管理是指在社会再生产过程中，根据物质资料实体流动的规律，应用管理的基本原理和科学方法，对物流活动进行计划、组织、指挥、协调、控制和监督，使各项物流活动实现最佳的协调与配合，以降低物流成本、提高物流效率和经济效益。物流是供应链流程的一部分，是为了满足客户需求而对商品、服务及相关信息从原产地到消费地的高效率、高效益的正向和反向流动及储存进行的计划、实施与控制过程。

供应链管理与物流管理之间的关系，具体可以从以下三个角度来看其区别与联系。

1．从管理目标的角度

从管理目标上来看，现代物流管理是指为了满足顾客需要而发生的从生产地到销售地的产品、服务和信息的流动过程，以及为使保管能有效、低成本进行而从事的计划、实施和控制行为。供应链管理则是在提供产品、服务和信息的过程中，从对终点用户到原始供应商之间关键商业流程进行集成，从而为客户和其他所有流程参与者增值。由此可见，物流管理与供应链管理在为顾客服务的目标上是一致的。

虽然二者的管理目标是一致的，但这并不能代表其工作性质也是相同的。供应链工作的性质突出了处理和协调供应商、制造商、分销商、零售商，直到消费者间存在的各种关系；物流工作的性质则重点表现的是具有一定物流生产技能的物流工作者，运用物流设施、物流机械等劳动手段，作用于物流对象的生产活动。

2．从管理内容的角度

从管理内容上来看，物流管理的内容包括物流活动以及与物流活动直接相关的其他活动，它包括从原材料的供应到产品的销售的全部物流活动。但供应链管理涉及的内容要庞大得多。供应链管理是通过前馈的信息流和反馈的物料流及信息流，将供应商、制造商、分销商、零售商，直到最终用户连成一个整体的模式。供应链管理既包括商流、信息流、资金流、增值流的管理，也包括物流的管理。由此可见，物流管理属于供应链管理的一部分。

与此同时，物流管理与供应链管理二者之间还存在诸多不同。比如物流中还包括城市物流、区域物流和国际物流等，而这些在供应链管理中显然是不作为研究对象的。当然，供应链研究涉及的产品设计与制造管理、生产集成化计划的跟踪与控制以及企业之间的资金流管理等，物流管理也同样不将其作为研究对象。

即使将管理的范围限定在企业管理上，物流管理和供应链管理的内容也存在着明显的不同。供应链管理是企业的生产和营销组织方式，而物流管理则为企业的生产和营销提供完成实物流的服务活动。物流服务所表现的第二性特征在任何时候、任何场合、任何状态下都是不会改变的。

3．从管理手段的角度

从管理手段上来看，供应链管理是基于互联网的供应链交互的信息管理，这是以电子商务为基础的运作方式。商流、信息流、资金流在电子工具和网络通信技术的支持下，可以通过网上传输轻松实现。

物流，即物质资料的空间位移，具体的运输、储存、装卸、配送等活动是不可能直接通过网上传输的方式完成的。虽然，现代物流是离不开物流管理信息的，也要使用互联网技术。但是互联网显然不构成物流管理的必需手段。也就是说，物流在非互联网技术条件下，也一样能够运行。

第二节 供应链环境下的物流与管理

供应链中的物流不同于早期的物流。以往物流主要强调与外部的联系，供应链环境下的物流不仅要注意外部联系，还要强调与供应链中其他成员的合作。但无论是供应链间的物流活动还是供应链内部企业间的物流活动，其最重要的活动内容就是物质实物发生空间位置上的移动：或是供应商将原材料送到制造商的仓库；或是制造商将产品送到销售商的配送中心；再或是销售商将商品直接送到消费者手中等。基于供应链的物流管理战略应该提供一个连接供应商和客户（在供应链中，制造商是供应商的客户，销售商是制造商的客户）的物流业务过程，应该建立一个客户与供应商间的接口，把供应商和客户更多地融入企业策略和管理决策中，以强化彼此联系和集成供应链。基于供应链的物流管理要求使用精益物流技术，每个加盟企业都必须促使物料、实物和产品以时间为准在供应链内流动，在供应链中不断增加价值。在精益物流技术中，实物的配送被视作附加在产品上的一种服务，是创造满意顾客、与竞争对手形成差异从而产生价值优势的关键环节。精益实物配送应该在满足客户实物配送的要求下，追求快速反应、降低存货、整合运输、保证质量等原则。由于物流在供应链中的突出地位，正确、合理地选择物料运输商就显得尤为重要。当制造商与运输商之间建立了稳定的合作伙伴关系时，制造商的产品固定地交由少数几家运输商承运，这些运输商的运输能力和服务质量能被调节得最适合制造商的需要，并保证了上游企业对下游企业的供应，同时也有利于降低企业的生产成本和交易成本，提升企业竞争力。

供应链上的物料流是企业间联系的纽带。只有通过优良的物流运输活动，才能保证上下游企业按照各自既定的方针正常运作，实现供应链企业的无缝连接，更好地发挥供应链的整体优势，提升企业竞争力。为保证供应链物流的畅通、即时，生产商必须慎重选择其产品运输商，价格不能作为生产商评价运输商的唯一标准，企业应综合考虑各种相关因素，从而选择能够成为其战略合作伙伴的运输商。利用AHP法对可供选择的运输商进行评价，根据综合评价结果选择得分最高的运输商承担供应链上的物流传送活动。生产商在培养和提高自己核心能力的同时，根据生产运作的需要不断对运输商提出新的评价指标，使其能够即时调整运输服务水平以满足生产商连续变化的要求。为了能够以低成本、快速市场响应和高质量的产品赢得客户、站稳市场，生产商必须与最优秀的少数几个运输商建立稳定的合作伙伴关系。

一、供应链物流的概念与特点

（一）供应链物流的概念

供应链物流，指的是供应链中的物流。它是指将物流置于供应链系统，从供应链管理的视角阐述现代物流的理论与方法。

（二）供应链物流的特点

供应链是在现代物流阶段出现的新型生产模式，也可以说是一种物流环境模式。供应链管理的核心思想是“系统”思维观和“流”思维观，对供应链中一切活动的优化要以整体最优为目标。因此，供应链物流具有以下四个方面的特点。

1．分析问题的角度不同

供应链物流是从整个供应链的角度出发，寻求供应链物流成本与客户服务之间的均衡。

2．研究范围不同

供应链物流涉及供应链上的所有成员企业，其研究内容包括供应链下的初始供应物流到终端的分销物流以及逆向物流。

3．研究的侧重点不同

供应链物流更侧重于供应链成员企业间各接口物流活动的管理优化，这也是供应链物流管理的利润空间所在。

4．管理难度更高、管理思想和方法更丰富

供应链物流管理涉及众多成员企业的协调与合作，无论是从纵向（长度）还是横向（宽度）考虑，供应链物流管理都更复杂，难度更高。因此，供应链物流管理需要应用更多的管理思想和方法，如系统理论与集成思想、准时制、快速反应、有效客户反应等。

二、供应链物流管理的概念与特点

（一）供应链物流管理的概念

供应链物流管理，是指用供应链管理思想实施对供应链物流活动的组织、计划、协调与控制。作为一种共生型物流管理模式，供应链物流管理强调供应链成员企业不再孤立地优化自身的物流活动，而是通过协作、协调与协同，来提高供应链物流的整体效率。

（二）供应链物流管理的特点

传统的物流管理具有以下特点。

（1）纵向一体化的物流系统。

（2）不稳定的供需关系，缺乏合作。

（3）资源的利用率低，没有充分利用企业的资源。

（4）信息的利用率低，没有共享有关的需求资源，需求信息扭曲现象严重。在传统的物流系统中，需求信息和反馈信息（供应信息）都是逐级传递的，因此上级供应商不能及时地掌握市场信息，故其对市场的信息反馈速度比较慢，从而导致需求信息的扭曲。

和传统的物流管理相比，供应链物流管理具有以下六个特点。

1．信息——共享

在供应链环境下的物流系统，除了需求信息、供应信息外，还增加了信息共享。共享信息的增加对供应链管理是非常重要的。由于可以做到信息共享，供应链上任何节点的企业都能及时地掌握市场的需求信息和整个供应链的运行情况，每个环节的物流信息都能透明地与其他环节进行交流与共享，从而避免了需求信息的失真现象。在传统的物流系统中，许多企业有能力跟踪企业内部的物流过程，但没有能力跟踪企业之外的物流过程，这是因为没有共享的信息系统和信息反馈机制。

2．过程——同步

对信息跟踪能力的提高，使供应链物流过程更加透明化，也为实时控制物流过程提供了条件。

3．合作——互利

合作性与协调性是供应链管理的一个重要特点，但如果没有物流系统的无缝连接，运输的货物逾期未到，顾客的需求不能得到及时满足，采购的物资常常在途受阻，都会使供应链的合作性大打折扣。因此，无缝连接的供应链物流系统是使供应链获得协调运作的前提条件。

4．交货——准时

对物流网络规划能力的增强，也反映了供应链管理环境下的物流特征。它充分利用第三方物流系统、代理运输等多种形式的运输和交货手段，降低了库存的压力和安全库存水平，确保准时交货。

5．响应——敏捷

作业流程的快速重组能力极大地提高了物流系统的敏捷性。通过消除不增加价值的过程和时间，使供应链的物流系统进一步降低成本，为实现供应链的敏捷性、精益化运作提供了基础性保障。

6．服务——满意

灵活多样的物流服务提高了消费者的满意度。通过制造商和运输部门的实时信息交换，及时地把用户关于运输、包装和装卸方面的要求反映给相关部门，提高了供应链管理系统对用户个性化响应的能力。

三、供应链物流管理的任务

研究供应链物流管理的任务，首先要明晰供应链物流的结构。在供应链运作流程的每一个环节，物流无处不在，而且各环节有其不同的物流个性和不同的管理侧重点。

严格来讲，供应链物流管理可分解为三个层次。第一个层次为狭义物流，即物品在各环节业务运作中的时间和地理范围上的流动。第二个层次为物流能力，即企业对物品时空流动所具备的成本控制、操作控制、灵活应变、无缝对接、完善服务等的综合能力。第三个层次为物流管理，即利用先进的管理理念和管理技术，以现代信息技术为支撑，对物品在生产过程各环节运作中的时空综合移动进行有效管理，使其物流能力得以充分发挥。

简单地说，供应链物流管理的任务，就是解决沿着供应链渠道进行流通的物流全过程高效率和低成本的运作问题，实现供应链伙伴多边共赢的目标。它着力解决供应链物流系统合理化问题、一体化物流管理问题、消费者满意度管理问题。

（一）供应链物流系统合理化

供应链物流系统合理化包括物流系统安排合理化和管理理念的现代化。在管理理念上，把供应链物流管理纳入企业发展战略一体化范围。企业的有机运转，靠商流、物流、信息流和经营管理四个“轮子”的协调，并以物流为主导。物流系统与生产、销售、财务系统一起，被称为企业的四大支柱。物流是生产、销售系统的支持系统，供应链物流系统的合理化，对整个供应链运作影响深刻。同时，物流的时间、空间、数量、形态等结构，又受供应链计划安排、产品设计、销售策略和财务状况等因素的制约。供应链物流系统的合理化，需要将物流管理和其他系统有机结合成一个整体，作为企业发展战略的一个重要构成要素。用先进的管理理念和管理方法，研究与管理物流的活动过程，提高物流计划与控制的系统性和科学性。由各部分的分散管理向集中管理转化，由操作性管理向决策性管理转化，由封闭型管理向开放型管理转化，用先进的物流信息技术支持系统的高效运作。

供应链物流系统中的运输、仓储、包装、装卸搬运、流通加工、配送及物流信息等各种职能因素，相互关联、相互制约、相互影响。因而，供应链物流系统的结构安排应建立在低成本、高效率、高效益的基础上。物流系统安排合理化主要体现在以下七个原则上。

1. 近距离原则

运输和装卸搬运增加了产品成本，物流合理化应尽可能地使物料流动距离最短，以减少运输与装卸搬运量。如海尔的工业园区将一些重要协作件生产厂家集中在一起，极大地减少了物流量，为海尔提升产品竞争力提供了重要保证。

2. 优化原则

在进行物流系统规划和设计时，要将彼此之间物流量大的设施布置得近一些，而物流量小的设施和设备可以布置得远一些。

3. 尽量避免迂回和倒流原则

物流过程可能会由于订单的错误分配、装卸搬运的失误而导致物流的迂回或倒流。这种现象会严重影响物流系统的效率和效益，甚至可能影响生产过程的顺利进行，因而必须使其减少到最低程度，尤其是系统中的关键物流。

4. 在制品库存最小原则

在制品是生产过程中的必需物，同时又是一种“浪费”。它可以通过合适的手段，如生产计划、管理模式、设备改造、设备规划等，使其库存降低到最低限度。

5. 集装单元和标准化搬运原则

物流过程使用的各种工具，如托盘、料箱、料架等工位器具，应符合集装单元和标准化搬运原则，以提高装卸搬运效率、提高物料活性指数、提高装卸搬运质量、提高物流系统机械化和自动化水平。集装单元和标准化搬运程度，反映了供应链核心企业对物流的管理水平。

6. 科学搬运原则

科学搬运强调科学的设备和自动化程度，更强调对这些设备和自动化程度的有效利用。在设计供应链物流系统时，要通盘考虑这些因素，考虑对设备和自动化程度的驾驭能力。

7. 绿色物流原则

从管理理念来讲，绿色物流是指在供应链运作全过程的一系列物流活动中，利用绿色物流管理理念和先进的物流技术对物流进行科学化管理，以降低对环境的污染、减少对资源的消耗。绿色物流也是解决可持续发展与有限自然资源限制这一矛盾的有力措施。物流系统的规划、设计和改造，应符合可持续发展战略思想和绿色经营要求，与社会其他系统相协调，不能为追求物流系统的功能和效益而损害环境。

（二）一体化供应链物流管理

供应链物流管理旨在使供应链各环节的运作实现无缝对接，提升客户满意度，保持物流运作的恰当成本。这就要求对供应链运作的全过程进行一体化的物流管理。供应链物流发生在供应、生产、销售各环节，在决策制定上要考虑供应链模块的关联性，分析其各模块职能对其他职能运作成本的影响。在此基础上，才能安排好供应链全过程的一体化物流，保持供应链系统的协同运作。

1．订单

订单的处理能力直接影响供应链物流能力。在大多数供应链中，客户需求是以订单形式进行传递的，订单不仅仅是客户需求的数量、时间、地点的信息载体，还包含有客户其他要求的信息，这在现代物流管理中尤为重要。订单处理包含了从订单的获取到发送、结算以及收款等客户需求管理的所有方面。如果订单在到达销售部门后，以批量处理的方式发送到各分销仓库，信息流将失去价值。同时，这种方式传递极有可能出现信息的失真，这些都会严重影响供应链物流的运作，也会影响其他模块的快速反应。

2．库存

库存需求直接与其设施网络和预期的客户服务水平相联系。库存的战略目标是以最小的库存，来实现最佳的客户服务。过多的库存虽然可以弥补物流系统设计中的缺陷，但也带来了不必要的成本。物流整体战略是建立在实现对库存尽可能低的资金投入的基础上，其基本目标是在提供令客户满意的服务的同时，获得最大的库存周转。一个合理的库存战略建立在有选择性地综合运用的基础上，包括五个方面：核心客户的分离运作模式、产品的盈利能力、运输的一体化、绩效的适时化和竞争能力。有较高利润的客户合同构成了企业的核心市场，企业应围绕这些客户制定库存战略。这种有效的物流分离运作模式的关键，是优先支持核心客户的库存战略。

在企业的产品链中，各产品的总销量及盈利水平有较大差异。比如，不到20%的销售产品却占总销售利润的80%以上。在安排库存策略时，要综合考虑产品的库存组合，正确评估低利润或低销量的产品存储为企业带来的利润是否有助于避免产品过剩而带来的高成本。向核心客户提供全方位的服务，面对低盈利产品提供高水平的支持服务也是必要的。因此，企业在安排选择性库存策略时，应考虑整个产品链的盈利能力。

产品在某个具体设施的库存计划对运输环节的绩效有直接影响。在某个特定的中心仓库，保持足够的库存和多样化的产品有利于统筹物流安排，有利于增大运输总量和运输批次数量，以运输上的相应节省抵消由于库存增加而造成的成本。

企业快速输送产品以满足客户对库存的要求，是其参与竞争的主要能力之一。准时化的产品和原材料输送，可以降低客户及企业的库存，其带来的节约可以抵消快速物流在供应链中产生的相关成本。快速稳定的物流能力和有选择性的库存战略有极强的关联性，可以帮助企业获得较高的竞争优势。

3．运输

运输是物流的一个模块，是空间意义上的移动并存放。从供应链物流系统来看，成功的运输包括三个因素：成本、速度和运作的稳定性。运输成本是区域间运输和维持在途库存所需的费用。供应链物流管理应注意加强对运输运作的管理，来降低总体运作成本。运输速度是完成一项特定的运送所需的时间。快速运输服务往往成本较高，但在途库存的时间较短，库存供应不及时的情况也较少。供应链物流管理在运输方面，就是要从速度与成本平衡的角度，选择最理想的运输方式。服务水平反映了运输环节运作的可靠性，如果在两区域之间进行运输运作，第一票运输的时间为3天，而另一票用了6天，这种未知的差异会给企业带来严重的供应链运作问题。企业要应对这种不稳定性，就需要准备基本库存和安全库存，以防止服务中断，而这种库存安排将影响交易双方整体库存目标的实现。随着新信息技术的出现，控制和报告货物在途状况成为可能，物流管理者们开始考虑在维持稳定性的同时追求运输速度。速度和运作的稳定性共同造就了高质量的运输服务。

在设计物流系统时，企业要考虑在运输成本与运作质量之间保持精确的平衡，在一些低成本运输要求下，速度较慢的运输方式令人满意，而在另一些情况下，快速运输服务则是企业实现运作目标的根本。寻找理想的混合运输方式，并把它贯穿到供应链全程中，才是企业物流运作的主要目的。

4．仓储、物料处理及包装

物流的前三个职能模块可以组合成许多不同的运作安排，每个安排都可以提供某种水平的客户服务，降低总成本。综合这些模块，可以形成一体化的供应链物流解决方案。仓储、物料处理及包装，也是物流供应链解决方案中不可分割的一个主要部分，但它并不像前三个模块那样具有独立性，而是依附于物流运作过程不同环节的要求。产品在特定时刻的物流运作，对其仓储、物料处理及包装要求各不相同。企业的诸多增值活动，如分拣、排序、订单挑选、集运以及在某种特殊情况下对产品的改进和组装等，都是在对产品实施存储的过程中进行的。在供应链物流系统设计中，企业应注意这些增值运作，在外包给专门的仓库公司和自己运作之间进行选择。

在仓库的管理中，物料处理是一项十分重要的工作。企业需要对产品进行接收、运送、储存、分拣以及组装，来满足客户订单的要求。对物料处理的直接人力与资金投入，是物流总成本的一个重要组成部分。物料处理不当，会对产品造成极大的损坏。产品处理的次数越少，损坏的可能性就越低，仓库的总体效率就会提高。仓库及其所具备的物料处理能力，可视为供应链物流流程的一个小系统。

把仓储、物料处理及包装等运作环节有效地融入供应链物流系统运作中，企业产品流的速度和畅通程度就会显著提高。在供应链物流系统的设计中，要充分考虑最佳的仓储、物料处理及包装方案，尽量减少中间环节的处理过程。

5．设施网络

典型的物流设施包括生产工厂、仓库、交叉存储运作设施以及零售店等。设施的位置以及整体网络设计，在提高商业运作效率方面具有重要作用。用来进行物流运作的设施的数量、大小以及地理位置等关系，都直接影响着对客户的服务能力和运作成本。

网络设计决定企业进行物流运作所需的各类设备的位置和数量，同时还必须明确在每个设施中储存的产品种类、数量以及客户服务的分配。设施网络为物流运作创造了构架，物流运作的具体环节，诸如订单处理、仓储库存以及物料处理等相关活动，都是在设计好的设施网络中进行的。出色的设施网络选定，应为供应链发展及赢得竞争优势发挥重要作用：订单处理、库存、运输、仓储、物料处理及包装、设施网络等模块，形成了相互关联的链条。在设计供应链物流系统时，要具有一体化物流观念。因为恰当的网络，恰当的运输安排，恰当的库存分配、仓库保管、物料加工和包装等，是物流功能实现的支持因素。物流服务水平是按照实用性、运行绩效、服务可靠性来衡量的。物流服务的每个方面都是按照客户的期望和要求来定制的。供应链物流管理的主要职能在于，将采购（供应）、生产支持、市场分销这三个主要操作过程整合起来。诚然，信息技术依然是物流系统运作的强有力的支持系统。

（三）客户满意度管理

供应链物流运作的最终目标是满足客户的期望和要求，不断提升供应链的竞争优势，使供应链上的各合作伙伴实现共赢。对于物流服务提供者而言，无论是本企业内部还是企业外部，凡是接受物流服务者，都是其客户。接受服务的客户是制定物流运作要求的中心和驱动因素。在制定物流战略时，要充分认识到物流服务必须满足各种客户的需求，同时，要时刻关注对客户满意度的管理。客户满意度强调的是客户、客户期望以及他们对物流运作绩效的认同。了解客户的期望，提升操作标准，减少工作失误，以不断提高物流运作绩效，最终达到提升客户满意度的目标。

1. 物流运作绩效管理

物流运作不管涉及采购、生产还是销售的任何阶段，都可以从运作速度、持续性、灵活性、故障补救和可靠性等几个方面来衡量运作绩效。

运行周期的运作速度是指客户产生需求、下达采购订单、货物配送全过程所需的时间，它取决于物流系统的设计构成。大多数客户希望订货／交货周期缩短，以降低库存，因而，许多准时制和快速响应机制的物流战略，都将速度看作基本的因素。订货／交货周期的持续性是指在运行周期内按计划规定的时间完成的交货次数。持续性的关键是保证交货次数在规定的时间完成，任何交货时间的提前或延误，都会增加客户的成本，从而降低客户的满意度。物流的灵活性是指企业的物流系统是否能应对特殊情况，来满足客户需求的能力。通常，企业需要进行灵活操作的物流事件包括：物流服务协议的变更，如发货地点的变更等；产品的回收；供应的停滞；特殊客户的一次性客户化服务；对物流系统中的客户化运作。从许多方面来讲，物流运作是否出色取决于物流灵活性的大小。相应地，在物流服务中能预见可能出现的故障或服务中断，并有相应的应急措施来补救，则能保证客户生产的正常运作。物流服务的可靠性体现了物流的综合特征。除了上述这几个方面外，还包括货物的完好性、结算的准确性等。

物流的主要价值在于以廉价高效的方式满足客户需求，这就需要对客户服务有全面透彻的理解，建立完备的客户服务结构体系。在制订客户服务计划时，应为每一项活动的实施制定明确的标准和衡量指标。尤其对重要客户的服务，应确保能够提供给客户正确的产品、正确的数量、正确的时间、正确的地点、正确的条款、正确的价格以及正确的信息。

2. 客户期望管理

客户在交易时有很多期望都是围绕基本物流服务而产生的。客户的期望是复杂的，不同的客户其期望值各不相同。对客户期望管理旨在在了解客户、保持客户普遍认同的服务水平的同时，提升增值服务水平。唐纳德 J. 鲍尔索科斯在他的《供应链物流管理》一书中，给出了与物流运作绩效相关的10种客户期望：可靠性、快速反应、可接近性、沟通、可信度、安全性、礼貌、胜任能力、硬件和了解客户。

（四）物流运作的三边关系管理

对客户满意度的管理是一项需要持续改进的长期任务，市场的动态竞争，使得客户期望也在日益增加。事实上，现代供应链物流运作不仅涉及整个链条的一体化物流动态管理、对服务对象的关系管理，还涉及出现物流外包时对第三方物流的管理。同时，现代物流又面临着跨国物流的竞争。

四、供应链环境下物流管理的要点

1. 消除壁垒

供应链物流是一个单向无阻碍的、无缝的联结过程，参与构成供应链物流的横向优势企业有很多个，但是每一个供应链节点不应该有组织壁垒和信息壁垒，不应该形成组织和信息的封闭。链中各环节不是彼此分割的，而是应该通过链的联系成为一个整体。

2. 消除信息失真

供应链物流管理是全过程的战略管理，从总体来考虑，如果只依赖于部分环节的信息，由于信息的局限或失真，可能导致计划失真。

3. 改变库存观念

不同供应链链上的库存观不同，在物流的供应链管理中，不把库存当作维持生产和销售的措施，而将其看成供应链的平衡机制。

4. 采用综合方法

供应链物流管理采取新的管理方法，诸如用解除最薄弱链寻求总体平衡，用简化供应链方法防止信号的堆积放大，用经济控制论方法实现控制，等等。

5. 通畅信息

供应链物流的信息，必须是通畅、共享的，这一点是供应链管理要特别努力去实现的。

拓展阅读

实时物流战略

一、实时物流战略的内涵与实施

实时物流战略是指通过使用最新信息技术和现代物流技术来积极地消除物流业务流程中的管理与执行的延迟，从而提高企业整个物流系统的反应速度与竞争力，提升物流服务水平。

实时物流战略，不仅关注物流系统的成本，更关注整体商务系统的反应速度与价值；不仅是简单地追求生产、采购、营销系统中物流与执行的协同、一体化运作，更强调与企业商务系统的融合，形成以供应链中主导企业为核心的商务大系统中的物流反应与执行速度，使商流、信息流、物流、资金流四流合一，真正实现企业追求“实时”的理想目标。一般来说，实施实时物流战略需要从以下两方面着手。

1. 信息技术和现代物流技术

通过对先进的信息技术和现代物流技术的应用，使物流系统达到信息化和自动化的要求。

2. 业务流程再造

通过业务流程再造，使物流系统达到无缝化和协同化的要求，而物流标准化又是实时企业运用这两项工具的基础和前提。同样，第三方物流服务商要以标准化为基础，采用先进的信息技术和现代物流技术，达到信息化和自动化的要求；同时以客户为中心建立动态的业务流程去满足不同客户个性化的需要，以达到无缝化和协同化的要求。

二、实时物流战略与准时制生产战略的比较

准时制生产战略（Just-in-Time，JIT）最早是由日本丰田汽车制造公司以“看板管理”的名称开发出来的。与传统物流系统的“推动”系统（push system）不同的是，准时制生产战略是基于“拉动”系统（pull system）的一种物流战略，也就是首先由供应链最下游的需求拉动产品进入市场，然后由这些产品的需求决定对零部件的需求和生产过程。同时，传统的库存概念认为库存是一种安全保障，是企业的资产。准时制生产战略则认为库存是浪费，对企业来说是负债。“拉动”系统决定了准时制生产战略追求的是一种“零库存”的战略目标，准时制生产方式的基本思想是“只在需要的时候，按需要的量，生产所需的产品”。20 世纪 80 年代中期以后，准时制生产战略得到广泛的应用，使得企业的经营管理逐渐向精细化和柔性化的方向发展，在满足客户的个性化需求和日益挑剔的要求的同时，消除了浪费使得库存减少到尽可能低的水平。

准时制生产战略追求的是一个“准时”的目标，以最终需求为起点，供应链的下游环节准时向其前一个环节（生产加工过程中后道工序准时向前一道工序）传输信息要求提取材料（商品），上游环节（或者前道工序）准时按所示信息进行补充生产和物流运作。

如前所述，实时物流战略追求的是“实时”的目标，通过现代信息技术手段使得整个物流流程加速流动，做到实时响应、实时交流、实时共享、实时处理、实时反馈等。虽然无论准时物流战略还是实时物流战略，都使用现代的通信信息技术，都要求信息在各环节中准确、迅速地传输，但二者存在本质的区别，“准时”和“实时”的区别集中表现在信息机制上。

准时制生产战略的信息机制通常存在以下三个缺陷。

1. 缺乏透明度

在准时制生产系统下信息的传输是一个逐层的过程，无法从真正意义上使整个供应链形成一条完整的、连续的信息流，也做不到信息的追踪和管理，因而准时制生产战略无法提高供应链的透明度。电子工业是整个供应链中的一个环节，比如电子产品的最后制造厂商无法掌握供应链中其他各个环节的具体信息——产成品的库存、原材料的库存、在途产品、实际的需求和预测、生产计划、生产能力、产量和订货情况，从而造成电子产品的生产计划和电子产品零部件生产计划的脱节、不一致，最终可能导致缺货。

2. 供应链整体目标的偏离

在准时制生产战略下，各个环节严格按照上一层所给予的指令和信息进行运作，因而也可能造成各个环节的运作目标简单化。如果供应链中每个环节都是如此，那么最后未必能达到整体最优化，未必能实现供应链的整体目标——尽可能满足最终的客户需要。

3. 信息的扭曲

由于在准时制生产战略下，各个环节按照其自身需要向下一层环节传递信息，而信息流本身又无法得到监控，导致某环节考虑到自身的利益，可能会向下一层环节发出扭曲的信息。比如生产制造过程中某道工序可能考虑其自身安全生产的需要，向上一层工序要求更多的零部件；电子工业供应链中的某个环节厂商也可能只考虑自身的需要，而不考虑下一层环节生产能力的限制和本层环节其他厂商的需求，要求更多的产品，使信息在传输过程中发生扭曲。

正是由于实时物流战略与准时制生产战略信息机制的不同，才使得实时物流战略的实时的、同步的、连续的信息机制可以从根本上克服准时制生产战略固有的三个缺陷，在做到降低库存的同时，又能通过物流系统的反应速度，降低物流成本，提高运作效率和客户的满意程度。先进的信息技术和现代物流技术的发展，为实时物流战略的实施提供了技术上的可能性，实时物流战略替代准时制生产战略也成为一种必然趋势。

三、实时物流战略与物流延迟战略的比较

1. 物流延迟战略和实时物流战略中的“延迟”的区别

物流延迟战略中的“延迟”着眼于企业收到客户订单之前的一段流程，将产品的配送延迟到收到客户的订单后；实时物流战略中致力消除的“延迟”则着眼于企业收到订单之后（从企业收到订单起）的一段流程，消除的是产品的物流过程中的管理与执行的延迟。由此可见，物流延迟战略所进行的“延迟”并不等同于实时物流战略所致力消除的“延迟”，物流延迟战略和实时物流战略并不是相互矛盾的。

2. 实时物流战略和物流延迟战略相互配合的必要性

如上所述，物流延迟战略与实时物流战略二者并不矛盾，实际上两者是相辅相成、相互配合的关系。

物流延迟战略将产品的最后制造和物流作业延迟到收到客户订单后再进行，虽然在产品或者时间上进行了一定的延迟，但是从整个物流系统的角度看，这在减少物流预测的风险、满足客户的个性化需要和进行规模规划的同时，也压缩了整个系统的业务流程，提高了系统的反应速度；实时物流战略也通过致力于积极地消除物流业务流程中的管理与执行的延迟，从而提高整个物流系统的反应速度与竞争力。因此，从提高整个物流系统的反应速度这个角度看，物流延迟战略和实时物流战略目标是一致的，它们也应该是相互配合的。

延迟战略将产品的最后制造和各个物流环节延迟到收到客户订单之后，这样固然可以减少物流预测的风险，但也增加了违约和提高物流成本的风险。由于收到客户订单之后再进行产品的最后制造和物流运作，时间受到了限制，在更短的时间内达到客户的要求无疑增加了违约的风险，违约又会带来客户流失的可能性。同时，为了在更短的时间内达到客户的要求，企业要进行小批量的生产和物流运作，这样从整个物流系统的角度看，物流成本有可能会增加。因此，在实施延迟战略的过程中，一旦收到客户订单，企业应在最后的

产品制造和物流运作中实施实时物流战略。实时物流战略通过各个运作环节的信息共享，实现各个环节的无缝对接和实时运作，提高了物流系统的反应速度，降低了违约风险，也降低了物流的成本。可见，延迟战略的顺利实施，是以实时物流战略的实施为前提的。它们的相互配合，使得整个物流系统在减少物流预测风险的同时，又能不增加违约和提高物流成本的风险。

思考练习题

一、名词解释

供应链物流

二、不定项选择题

1．供应链下物流管理的功能有（　　）。

A．库存管理　　B．订购管理　　C．仓库管理　　D．配销管理

2．下列不是供应链特性的是（　　）。

A．供应链是交错链状的网络结构　　B．供应链是企业的主体部分

C．供应链是一条增值链　　D．供应链的网络结构是由顾客需求拉动的

3．供应链下物流管理的战略目标是（　　）。

A．缩短物流管道　　B．增加管道透明度

C．物流运输系统化　　D．物流作业系统化

三、判断题

1．供应链中物流管理的目标是：在恰当的时间和地点交付正确的产品。（　　）

2．供应链管理涉及从原材料到产品交付给消费者的整个物流增值过程，物流涉及企业之间的价值流过程，是企业之间的衔接管理活动。（　　）

3．企业物流是指企业在生产工艺中的物流活动，也就是生产企业的车间或工序之间，其原材料、零部件或半成品，按工艺流程的顺序依次流过，使其最终成为产成品，送达成品库暂存的过程。（　　）

四、简述题

1．简述物流管理与供应链管理的关系。

2．简述供应链环境下的物流的特点。

3．简述供应链物流管理的任务。

五、案例分析

沃尔玛公司供应链管理分析

“让顾客满意”是沃尔玛公司的首要目标。顾客满意是保证未来成功与成长的最好投资，这是沃尔玛公司数十年如一日坚持的经营理念。为此，沃尔玛公司为顾客提供“高品质服务”和“无条件退款”的承诺绝非一句漂亮的口号。在美国只要是从沃尔玛公司购买

的商品，无须任何理由，甚至没有收据，沃尔玛公司都无条件受理退款。沃尔玛公司每周都做对顾客期望和反应的调查，管理人员根据计算机收集的信息及通过直接调查收集到的顾客期望即时更新商品的组合，组织采购，改进商品陈列摆放，营造舒适的购物环境。

沃尔玛公司能够做到及时地将消费者的意见反馈给厂商，并帮助厂商对产品进行改进和完善。过去，零售企业只是作为中间人，将商品从生产厂商传递到消费者手里，反过来再将消费者的意见以电话或书面形式反馈到厂商那里。看起来沃尔玛公司并没有独到之处，但是结果却差异很大。原因在于，沃尔玛公司能够参与到上游生产厂商的生产计划和控制中去，因此能够将消费者的意见迅速反映到生产中，而不是简单地充当二传手或者电话话筒。

供应商是沃尔玛公司唇齿相依的战略伙伴。早在20世纪80年代，沃尔玛公司采取了一项政策，要求从交易中排除制造商的销售代理，直接向制造商订货，同时将采购价格降低2%~6%，大致相当于销售代理的佣金数额，如果制造商不同意，沃尔玛公司就拒绝与其合作。沃尔玛公司的做法导致其与供应商关系紧张，一些供应商为此还在新闻界展开了一场谴责沃尔玛公司的宣传活动。直到80年代末期，技术革新提供了更多督促制造商降低成本、削减价格的手段。供应商开始全面改善与沃尔玛公司的关系，通过网络和数据交换系统，沃尔玛公司与供应商共享信息，从而建立伙伴关系。沃尔玛公司与供应商努力建立关系的另一做法是在门店内安排适当的空间，有时还在门店内安排制造商自行设计布臵自己商品的展示区，以营造更具吸引力和更专业化的购物环境。

沃尔玛公司还有一个非常好的系统，可以使供应商直接进入沃尔玛公司的系统，沃尔玛公司称此为零售链接。任何一个供应商可以进入这个系统当中来了解他们的产品卖得怎么样，昨天、今天、上一周、上个月和去年卖得怎么样。他们可以知道这种商品卖了多少，而且相关数据在24小时之内就可以进行更新。供应商可以在沃尔玛公司的每一个门店当中，及时地了解有关情况。另外，沃尔玛公司不仅是等待上游厂商供货、组织配送，而且也直接参与上游厂商的生产计划中去，与上游厂商共同商讨供货周期和制订产品计划，甚至帮助上游厂商开展新产品研发和质量控制方面的工作。这就意味着沃尔玛公司总是能够最早得到市场上用户最希望看到的商品，当别的零售商正在等待供货商的产品目录或者商谈合同时，沃尔玛公司的货架上已经开始热销这款产品了。

沃尔玛公司的前任总裁大卫·格拉斯曾说过“配送设施是沃尔玛公司成功的关键之一，如果说我们有什么比别人干得好的话，那就是配送中心。”沃尔玛公司的第一间配送中心于1970年建立，占地6 000平方米，负责供货给4个州的32间商场，集中处理公司所销商品的40%。在整个物流中，配送中心起中枢作用，将供应商向其提供的产品运往各商场。从工厂到上架，实行“无缝链接”平化过渡。供应商只需将产品提供给配送中心，无须自己向各商场分发。这样，沃尔玛公司的运输、配送及对订单与购买的处理等所有的过程，都是一个完整的网络中的一部分，可以大大降低成本。

随着公司的不断发展壮大，配送中心的数量也不断增加。现在沃尔玛公司的配送中心，分别服务于美国18个州约2 500间商场，配送中心占地约10万平方米。整个公司销售商品的85%由这些配送中心供应，而其竞争对手只有约50%～65%的商品集中配送。如今，沃尔玛公司在美国拥有100%的物流系统，配送中心只是其中一小部分，沃尔玛公司完整的物流系统不仅包括配送中心，还有更为复杂的资料输入采购系统、自动补货系统等。

供应链的协调运行是建立在各个环节主体间高质量的信息传递与共享的基础上的。沃尔玛公司投资 4 亿美元发射了一颗商用卫星，实现了全球联网。沃尔玛公司在全球 4 000 多家门店通过全球网络可在 1 小时之内对每种商品的库存、上架情况、销售量全部盘点一遍，所以在沃尔玛公司的门店，不会发生缺货情况。20 世纪 80 年代末，沃尔玛公司开始利用电子数据交换系统与供应商建立了自动订货系统，该系统又称为无纸贸易系统，通过网络系统向供应商提供商业文件、发出采购指令、获取数据和装运清单等，同时也让供应商及时、准确地掌握其产品的销售情况。沃尔玛公司还利用更先进的快速反应系统代替采购指令，真正实现了自动订货。该系统利用条码扫描和卫星通信，与供应商每日交换商品销售、运输和订货信息。凭借先进的电子信息手段，沃尔玛公司做到了商店的销售与配送保持同步，配送中心与供应商运转一致。

（资料来源：http://www.docin.com/p-1467479179.html）

根据以上案例，总结沃尔玛公司供应链管理的成功之处。

第四章

物流的功能要素

学习目标

1. 了解采购与供应的相关知识及作用
2. 了解并掌握运输的相关知识及其合理化
3. 了解并掌握配送的相关知识及其合理化
4. 了解并掌握仓储与库存的相关知识及其合理化
5. 了解并掌握包装的相关知识及其合理化
6. 了解并掌握装卸搬运的相关知识及其合理化
7. 了解并掌握流通加工的相关知识及其合理化
8. 了解物流信息管理的相关知识

案例导入

海尔：现代物流创造的奇迹

海尔首席执行官张瑞敏在谈起做物流的原因时曾说："物流对海尔的发展非常重要，为此我们大约用了两年半时间进行物流的整合和改造。到目前为止，我们认为物流对企业的发展起到了巨大的作用。"张瑞敏认为："一个现代企业，如果没有现代物流，就意味着没有物可流。为什么这么说呢？这是由现代企业运作的驱动力所决定的。现代企业运作的驱动力是什么？就是一个：订单。如果没有订单，现代企业就不可能运作。也就是说，它不可能有物可流。要实现这个订单，就意味着靠订单去采购、为订单去制造、为订单去销售。如果要实现完全以订单销售、采购、制造，那么支持它的最重要的一个流程就是物流。如果没有物流，就不可能有订单的采购；如果没有订单的采购，那就意味着采购回来的就是库存，因为采购回来的这些物料不知道到底给谁；如果没有订单的制造，就等于虽然每天都非常忙，但是在制造库存，做出来的产品等于在增加库存。最后，没有订单的销售，说到底，就是处理库存，因为你不知道卖给谁，唯一的方法、唯一的出路就是降价，削价处理。"

（1）重塑了企业的业务流程，真正实现了市场化程度最高的订单经济。海尔现代物流的起点是订单。企业把订单作为企业运行的驱动力，作为业务流程的源头，完全按订单组织采购、生产、销售等全部经营活动。从接到订单时起，就开始了采购、配送和分拨物流的同步流程，现代物流过程也就开始了。由于物流技术和计算机管理的支持，海尔物流通过3个JIT，即JIT采购、JIT配送、JIT分拨，物流来实现同步流程。这样的运行速度为海尔赢得了源源不断的订单。目前，海尔平均每天接到销售订单200多个，每个月平均接到6 000多个销售订单，定制产品7 000多个规格品种，需要采购的物料品种达15万种。由于所有的采购基于订单，采购周期减到3天；所有的生产基于订单，生产过程降到一周之内；所有的配送基于订单，产品一下线，中心城市在8小时内、辐射区域在24小时内、全国在4天之内即能送达。综合起来，海尔完成客户订单的全过程仅为10天时间，资金回笼一年15次（1999年我国工业企业流动资本周转速度年均只为1.2次），呆滞物资降低73.8%。张瑞敏认为，订单是企业建立现代物流的基础。如果没有订单，现代物流就无物可流，就不可能有效运作。没有订单的采购，意味着采购回来就是库存；没有订单的生产，就等于制造库存；没有订单的销售，就不外乎是处理库存。抓住了订单，就抓住了满足即期消费需求、开发潜在消费需求、创造崭新消费需求这个"牛鼻子"。但如果没有现代物流保障流通的速度，即使有了订单也会失去。

（2）海尔现代物流从根本上改变了物在企业的流通方式，基本实现了资本效率最大化的零库存。海尔改变了传统仓库的"蓄水池"功能，使之成为一条流动的"河"。海尔认为，提高物流效率的最大目的就是实现零库存，现在海尔的仓库已经不是传统意义上的仓库，它只是一个配送中心，成了为下道工序配送而暂时存放物资的地方。建立现代物流系统之前，海尔占用50多万平方米的仓库，费用开支很大。目前，海尔建立了两座我国规模最大、自动化水平最高的现代化、智能化立体仓库，仓库使用面积仅有2.54万平方米。其中一座坐落在海尔开发区工业园中的仓库，面积为1.92万平方米，设置了1.8万个货位，满足了企业全部原材料和制成品配送的需求，其仓储功能相当于一个30万平方米的传统仓库。这个立体仓库与海尔的商流、信息流、资金流、工作流联网，进行同步数据传输，采用世界上最先进的激光导引无人驾驶运输车系统、机器人技术、巷道堆垛机、通信传感技术等，整个仓库空无一人。自动堆垛机把原材料和制成品举上7层楼高的货位，自动穿梭车则把货位上的货物搬下来，一一放在激光导引无人驾驶运输车上，之后运输车井然有序地按照指令再把货物送到机器人面前，机器人叉起托盘，把货物装到外运的载重运输车上，运输车开向出库大门，仓库中货物的流动过程结束。整个仓库实现了对物料的统一编码，使用了条码技术、自动扫描技术和标准化的包装，没有一个环节会使流动的过程梗塞。海尔的流程再造使原来表现为固态的、静止的、僵硬的业务过程变成了动态的、活跃的和柔性的业务流程。在进行流程再造前的1999年，海尔实现销售收入268亿元，库存资金15亿元，销售资金占用率为5.6%。2000年实现销售收入406亿元，比1999年超了138亿元。库存资金降为7亿元，销售资金占用率为1.72%。今年海尔的目标是把库存资金降为3亿元，销售资金占用率将降到0.5%左右，届时海尔将基本实现零库存。在海尔所谓库存物品，实际上成了在物流中流动着的、被不断配送到下一个环节的"物"。

（3）海尔现代物流从根本上打破了企业自循环的封闭体系，建立了市场快速响应体系。面对日趋激烈的市场竞争，现代企业要占领市场份额，就必须以最快的速度满足终端消费者多样化的个性需求。因此，海尔建立了一整套对市场的快速响应系统。一是建立网上订单管理平台。全部采购订单均在网上发出，供货商在网上查询库存，根据订单和库存情况及时补货。二是建立网上支付系统。目前网上支付已达到总支付额的20%，支付准确率和及时率达100%，并节约了近1 000万元的差旅费。三是建立网上招标竞价平台。供应商与海尔共同面对终端消费者，以最快的速度、最好的质量、最低的价格供应原材料，提高了产品的竞争力。四是建立信息交流平台，供应商、销售商共享网上信息，保证了商流、物流、资金流的顺畅。集成化的信息平台，形成了企业内部的信息“高速公路”，架起了海尔与全球用户资源网、全球供应链资源网和计算机网络的桥梁，将用户信息同步转化为企业内部信息，以信息替代库存，强化了整个系统执行订单的能力，海尔物流成功地运用电子商务体系，大大缩短了其与终端消费者的距离，为海尔赢得了响应市场的速度，扩大了海尔产品的市场份额。在国内市场份额中，海尔彩电占10.4%，冰箱占33.4%，洗衣机占30.5%，空调占30.6%，冷柜占41.8%。在国际市场上，海尔产品占领了美国冷柜市场的12%、200升以下冰箱市场的30%、小型酒柜市场50%的市场份额，占领了欧洲空调市场的10%，中东洗衣机市场的10%。目前海尔的出口量已经占到其销售总量的30%。

（4）海尔现代物流从根本上扭转了企业以单体参与市场竞争的局面，使通过全球供应链参与国际竞争成为可能。从1984年12月到现在，海尔经历了三个发展战略阶段。第一阶段是品牌战略，第二阶段是多元化战略，第三阶段是国际化战略。在第三阶段，其战略创新的核心是从海尔的国际化到国际化的海尔，是建立全球供应链网络，支撑这个网络体系的是海尔的现代物流体系。海尔在进行流程再造时，围绕建立强有力的全球供应链网络体系，采取了一系列重大措施。一是优化供应商网络。将供应商由原有的2 336家优化精简到978家，减少了1 358家。二是扩大国际供应商的比重。目前国际供应商的比例已达67.5%，较流程再造前提高了20%。世界500强企业中已有44家成为海尔的供应商。三是就近发展供应商。海尔与已经进入和准备进入青岛海尔开发区工业园的19家国际供应商建立了供应链关系。四是请大型国际供应商以其高技术和新技术参与海尔产品的前端设计。目前参与海尔产品设计开发的供应商比例已高达32.5%。供应商与海尔共同面对终端消费者，通过创造顾客价值使订单增值，形成了双赢的战略伙伴关系。在抓上游供应商的同时，海尔还完善了面向消费者的配送体系，在全国建立了42个配送中心，每天按照订单向1 550个专卖店、9 000多个网点配送100多个品种、5万多台产品，形成了快速的产品分拨配送体系、备件配送体系和返回物流体系。与此同时，海尔与国家邮政局、中远集团、和黄天百等企业合作，在国内调配车辆可达16 000辆。海尔认为，21世纪的竞争将不再是单个企业之间的竞争，而是供应链与供应链之间的竞争。谁所在的供应链总成本低、对市场响应速度快，谁就能赢得市场。一只手抓住用户的需求，另一只手抓住可以满足用户需求的全球供应链，这就是海尔物流创造的核心竞争力。

（资料来源：http://sina1024.blog.sohu.com/16209851.html）

第一节　采购与供应

采购和供应其实是两个连贯的动作，一个对外一个对内。采购是向企业外部的环境获得资源，而供应是将这些资源供给内部客户。采购的前提必须是内部供应的需要，也就是采购计划，而采购计划的达成就是采购工作按时、按质、按量地以最小成本完成。

一、采购与供应管理的定义

采购是指企业在一定的条件下，以各种不同的途径，包括购买、租赁、借贷、交换等方式，从供应市场获取产品或服务作为企业资源，以保证企业生产及经营活动正常开展的一项企业经营活动；供应是指供应商或卖方向买方提供产品或服务的全过程，供应也意味着采购部门采购企业需要的物资和服务以满足自己企业内部的需求，因此供应是采购业务的延伸，采购与供应相辅相成。

采购管理是指企业为了达成生产或销售计划，从适当的供应商那里，在确保质量的前提下，在适当的时间以适当的价格购入适当数量的商品所采取的一系列管理活动。相应地，供应管理是为了保质、保量、经济、及时地供应生产经营所需要的各种物品，对采购、储存、供料等一系列供应过程进行计划、组织、协调和控制，以保证企业经营目标的实现的管理活动。

二、采购与供应管理的目标

采购与供应管理的目标是在适当的时间、地点以适当的价格获取合乎要求的物资和服务。一般情况下，要保证物资供应的有效性，在采购过程中就应该做到 5R，即适当的供应商（Right Supplier）、适当的质量（Right Quality）、适当的时间（Right Time）、适当的数量（Right Quantity）、适当的价格（Right Price）。

1．适当的供应商

对于采购方来讲，所选择的供应商是否适当会直接影响其利益。企业应该综合考虑供应商在同行业中的信誉及地位、生产能力、财务状况、质量控制能力等，发现或发展有竞争力的供应商。选择适当的供应商不仅是其他 4R 的保证，而且有利于双方建立和谐而富有效率的工作关系，实现采购与供应的双赢战略。因而，选择适当的供应商是采购管理的首要目标。

2．适当的质量

为了保证企业产品的质量，首先应保证采购的原材料或零部件的质量能够达到企业生产的质量标准。如果原材料或零部件的质量太差，就不仅无法满足产品品质的要求，最终还会影响产品质量且可能导致更多不良的后果，可能影响企业的市场竞争力和盈利能力，甚至会危及人民生命财产安全。但是，如果采购的物资质量过高，会使采购成本增加，加大企业的财务负担，同时也会造成质量过剩，如原材料之间的质量不匹配，某种原材料的质量远超过其他原材料的质量，以致该原材料的质量效果无法体现。因而，采购的原材料质量应该适当。

3．适当的时间

采购管理对采购时间的把握很严格。一方面，时间过晚，原材料未能如期到达，影响生产，导致产品不能按计划出货，引起市场销售的损失，最终影响企业的信誉。另一方面，时间过早，原材料堆积仓库等待生产，大量积压采购资金，甚至会因存货的贬值造成不必要的损失。

4．适当的数量

控制采购的数量不仅是物料不间断供应的保障，而且是使库存投资和损失保持最低限度的保障。因此，采购数量的决策也是采购管理的一个重要目标。

5．适当的价格

价格是采购活动中的敏感焦点。采购价格过高，必然会加大采购成本，从而增加生产成本，降低产品的市场竞争力，影响企业的经营活动。但是，企业也不能一味地追求低价。采购价格过低，使供应商利润空间缩小或无利可图，将会影响供应商供货的积极性，甚至出现以次充好，长此以往，采购方可能会失去供应商。因而，采购价格应该尽量做到公平合理。

三、采购与供应管理的作用

采购与供应管理的作用主要有利润杠杆、资产收益率、信息源、营运效率、对企业的竞争优势五个方面。

采购的利润杠杆作用是指当采购成本降低1%时，企业的利润率将会上升更高的比例。这是因为采购成本在企业的总成本中占据比较大的比重，一般在50%以上，而这个比例远远高于税前利润率。例如，某公司的销售收入为5 000万元，假设其税前利润率为4%，采购成本为销售收入的50%，那么采购成本降低1%，就节约50万元的成本，也就是利润上升到了250万元，利润率提高了20%。可见，利润杠杆效应十分显著。

资产收益率作用是指采购成本的降低对企业提高资产收益率所产生的巨大作用。资产收益率指的是企业净利润和企业总资产的比率，用公式表示出来就是资产收益率=净利润／总资产，该公式可以转换为：资产收益率=（净利润／销售收入）×（销售收入／总资产）。第一个括号里的内容称为利润率，第二个括号里的内容称为资产周转率（投资周转率）。这样，资产收益率就可以表示为企业的利润率和投资周转率的乘积的形式。当采购成本降低一定比例时，通过利润杠杆效应可以使利润率提高更大的比例。与此同时，采购成本降低，则同样数量物资占用的库存资金就少，资产周转率相对提高了，两者的乘积就会更大比例地增大，可见采购成本的节约会带来资产收益率的提高。

信息源作用是指采购部门直接与市场接触，可以接收到各种信息，主要包括价格、产品的质量、新供应源、新产品和新技术信息等。这些信息对销售、财务、研发和高层管理部门都有一定的意义，可以提高企业中其他部门的经营绩效。因此，采购管理部门收集到的信息可以间接地为企业做出贡献。

营运效率作用是指采购与供应部门运作的有效性将直接反映在其他部门的运作上，采购部门的运作会对其他部门的营运效率产生很大的影响。

采购与供应管理对企业竞争优势的作用是指采购部门能够保证企业在适当的时间、地点获得需要的产品和服务，从而保证企业可以及时提供满足客户需求的产品和服务，提高和维持客户满意度。同时，采购部门的行动还会直接影响公共关系和企业形象。如果采购部门的行为给企业带来了良好的形象，就会和供应商建立良好的关系，为企业带来连续的成本节约，从而增强企业的竞争力。

总之，随着市场竞争的不断加剧及经营管理理念和方法的发展，采购在企业中占据越来越重要的地位，采购部门在未来也必将发挥更深远的影响力。

第二节 运输

一、运输的概念和功能

1．运输的概念

运输是指物品借助于运力在空间上所发生的位置移动。具体地讲，运输是使用运输工具对物品进行运送的活动，是实现物流的空间效用。运输作为物流系统的一项功能来讲，包括生产领域的运输和流通领域的运输。生产领域的运输活动一般是在生产企业内部进行的，因此称为厂内运输。其内容包括原材料、在制品、半成品和成品的运输，这种厂内运输有时也称为物料搬运。流通领域的运输活动则是作为流通中的一个环节，是生产过程在流通领域的继续。其主要内容是对物质产品的运输，是以社会服务为目的的，是完成物品从生产领域向消费领域在空间位置上的物理性的转移过程。它既包括物品从生产所在地直接向消费在地的移动，也包括物品从生产所在地向物流网点和从物流网点向消费（用户）所在地的移动。为了区别长途运输，往往把从物流网点到用户的运输活动称为“发送”或“配送”。本节所讲的运输着重于流通领域的运输。

2．运输的功能

在经济不断发展的情况下，物质产品的生产地和消费地在同一地的情况很少，它们之间总是有一定的距离，即存在着空间位置的背离。因此，物质产品只有通过运输活动，才能送达用户手中，才能消除物质产品在空间位置上的背离。可见，物质产品的运输功能是创造物质产品的空间效用，消除物质产品的生产与消费之间在空间位置上的背离，实现物质产品的使用价值和满足社会对物质产品的各种需求。

二、运输方式

（一）基本运输方式

所谓基本运输方式是指按照运输过程所经常使用的基础设施分成五种运输方式，即公路运输、铁路运输、水上运输、航空运输、管道运输。

1．公路运输

公路运输所使用的设施包括公路、公路车站和行驶在公路上的车辆。由于公路的投资和保养成本较高，各国的公路建设主要由政府负责，通过收取燃油税或养路费等来收回投资。而车站和车辆则通常由运输公司自行建设和购买。

公路运输的主要优点有以下五点。

（1）普遍性。目前全球公路网的密度堪称各运输方式之首，许多国家的公路可通达各个乡村甚至各个家庭的门口。利用公路运输几乎可以运输任何货物到达任何地点。

（2）灵活性。完善的公路运输网以及相对较小的单位汽车运量使其具有灵活的优势，绝大多数情况下能实现从托运人到收货人的门到门运输。

（3）快捷可控。公路运输的门到门特点，使其可以免去许多中转环节，从而能够更精确地控制运输时间。该特点对实施准时（Just-in Time，JIT）生产战略的企业十分重要，适应 JIT 方式的运输必须精确地安排货物装卸、到达、配送时间及货物的数量。由此，公路运输以其得天独厚的优势成为配合 JIT 策略的首选运输方式。

（4）运货车辆的资金投入较低。一辆车通常可以用来运载多条线路上的不同货物。

（5）包装成本低。与其他运输方式相比，公路运输通常不需要特别的或精细的包装。

此外，随着运输技术的不断进步，汽车的最大载重量和公路的承重能力也在不断提高，公路运输的适用范围日益丰富，也使得公路在货运方面的适应性不断增强。在运输中转、不同货运方式的交接、货物到达最终用户等环节中，几乎都需要公路运输的配合。

相应地，与其他运输方式相比，公路运输的局限性有以下四点。

（1）运输能力低。与铁路运输和水上运输相比，公路与汽车载重能力偏低，因而在铁路运输或水上运输较方便时，公路运输往往会失去竞争力。

（2）单位运费高。由于单位运载能力较低，每车次运货的总成本分摊到每单位货物上的成本偏高。

（3）货物遭受偷盗的风险大。公路（尤其是开放的普通公路）上的车辆更容易遭到偷窃和抢劫。

（4）公路拥挤与污染。日益严重的公路拥挤和汽车污染对公路运输未来的发展也是不容忽视的挑战。

2．铁路运输

铁路运输使用的设施包括铁路、火车、车站及辅助设备。在美国，铁路由运输公司投资兴建和经营。欧洲大多数国家的铁路则由政府投资兴建，运输公司可通过支付租金购得铁路使用权。铁路是发展最早的现代运输方式之一，在西方各国曾经占据运输的统领地位。虽然第二次世界大战以来，受公路、航空运输兴起的影响一度衰落，但是铁路运输在货物运输中以其固有的优势，仍然占据着举足轻重的地位。中国铁路的设施大多数由铁道部投资建设和管理，由铁道部管理的各铁路局向社会各界提供运输服务。

相比之下，铁路运输的局限性有以下四点。

（1）灵活性差，铁路运输受固定线路限制，门到门运输还必须借助于汽车运输来实现。

（2）对包装的要求较高。

（3）存在货物被盗的危险。

（4）铁路设施修建成本较高。

鉴于铁路运输的上述优缺点，目前世界许多国家的铁路运输公司为拓展服务领域、提高服务质量，也开始参与汽车运输，组建自己的公路运输公司，为客户提供门到门运输服务。

3．水上运输

水上运输堪称世界上最古老的运输方式，其设施主要包括天然水道（或经过改良的水道）、港口和船舶。水上运输中水道的改良维护通常由政府负责。港口建设则各国不同，大多数情况下仍由政府投资，运输公司通过支付使用费使用港口或拥有一定码头和堆场的使用权。根据其使用的水道区域，水上运输又可分为内河（湖）运输、沿海运输和远洋运输。

目前，许多发达国家的内河运输在货物，尤其是散货运输中，仍然发挥着重要作用。远洋运输仍然是国际贸易运输中最主要的运输方式，世界贸易货物总运量的约 2/3 是通过远洋运输来实现的。

水上运输的主要优势有以下两点。

（1）高运输能力。在目前最普遍使用的五种运输方式中，船舶的运力高居首位。

（2）低廉的单位运费。由于运输能力高，而且水上运输主要运用天然水道或稍加改良的天然水道，线路建设成本很低。因此，在各种方式都可行的情况下，水上运输（尤其是远洋运输）通常是成本最低的运输方式。

水上运输的劣势也很明显，主要表现为以下五点。

（1）速度慢。是常用运输方式中最慢的一种。

（2）路线迂回。水上运输（尤其是内河运输）受天然水道限制，往往难以取最短路线。

（3）受天气条件影响大。尤其是海运，极易受风浪和恶劣天气的影响。

（4）货物破损较多。船舶在行驶过程中受风浪的影响发生颠簸、摇晃，容易造成货物受损。

（5）可靠性差。船舶在运输途中受天气、港口等多方因素影响，运输时间难以保证。

与水上运输的上述特点相对应，目前世界各国的水上运输主要用于大批量、低价值、时效性差的初级矿产品、农产品、石油等的运输。

4．航空运输

航空运输的设施主要包括航空港、飞行器和航管设施。飞机在空中飞行没有有形的线路，需要根据空中管制系统的指令在一定的空中走廊内飞行。空中管制系统一般是由国家拥有的，航空港通常也由政府投资，航空公司使用这些设施需缴纳使用费。

航空运输是 20 世纪初出现，第二次世界大战后才逐渐繁荣的现代运输方式，随着航空运输技术不断成熟，航空运输在长距离运输（尤其是跨国运输）中显现出其无可比拟的优势。目前，航空运输在货物运输中所占份额仍然有限，但其发展势头十分迅猛。

航空运输主要有以下四个优点。

（1）运输速度快。航空器速度为五种运输方式中运输工具速度之首，且两点之间航空运输通常取最短路径，与各种地面运输方式存在距离差。

（2）受地形条件限制小。在两点之间的空中飞行，无论高山、低谷都可以到达，只需修建两端点的飞机起降设施，而不需要在地面修建线路设施。

（3）航空运输服务质量高、安全可靠。各航空公司对航空飞行实行严格管理，有较好的服务保障措施，货物保险费用较低。

（4）货主使用航空运输可以节约大量运输时间，获得更高的市场灵活性，对市场变化进行快速反应。

航空运输也相应地存在以下四个方面的劣势。

（1）运输成本高。由于飞机造价较高、燃油消耗量大，航空运输仍然是最昂贵的一种运输方式。

（2）航空运输的载重量仍相当有限。航空运输对货物的体积和重量限制较多。

（3）有些货物禁用空运。

（4）受天气影响较大。恶劣天气可能造成飞机延误或偏航。

综观航空运输的优缺点，适于使用航空运输的货物主要包括：紧急需要的货物，如药品、工厂交货的零件；时令性很强的货物，如日报、鲜花等；单位价值较高的货物，如宝石、高新电子设备。

5. 管道运输

管道运输是一种随着石油的生产和运输而发展起来的特殊货运方式，其设施仅包括管道线路和管道两端的气泵站，货物直接在管道内进行运输，而没有汽车、火车一类的运输工具。或者说，管道是一种集运输工具和运输线路于一身的运输方式。采用管道运输，货物凭借高压气泵的压力在管道内移动，到达目的地。

目前，管道主要有三种：液体管道（主要运送石油及其制品）、气体管道（主要运送天然气）、浆质管道（运送煤浆）。许多国家的运输技术专家正致力于研究可以运输普通货物的管道，但技术、成本等多方面的阻碍仍然难以跨越，预计近期内，使用管道运输普通货物仍将限于试验阶段。

相对于其他运输方式，管道运输有其特有的优势：不受地面气候影响，可以全天候 24 小时、全年 365 天连续作业；货物不需包装；货物在管道内移动，货损率很低；单向运输，没有回空问题；耗用能源少，占地少，安全，公害少；经营管理相对简单；单位运营成本低，管道运营仅需气泵站的极少数维护人员，人工成本很低。

管道运输也有其局限性，主要有以下三点。

（1）仅限于液体、气体和少数同质固体货物的运输，过于单一。

（2）机动灵活性小，局限于固定的管道内运送货物，且为单向运输。

（3）管道建设的初期固定投资成本大。

（二）新兴运输方式

1. 成组运输

成组运输是采用一定的办法，把分散的单件货物组合在一起，成为一个规格化、标准化的大运输单位进行运输。成组运输便于进行机械化、自动化操作，能够提高运输、装卸效率，减少货损货差，降低运输和搬运成本，使运输速度大幅度提高。货主亦可从中得到好处，比如享受对成组运输货物的特别优惠运费等。

与普通散件运输相比，成组运输在操作、搬运过程中的优势包括：减少了所需的人工；可使用机械化装卸工具；降低了车辆的周转时间；方便装卸和记载；操作更为安全；运输过程中破损和盗失的可能性大大降低；简化了托运标记和标签的使用。

成组运输的突出优点使其成为物流运输过程中货物搬运和运输的重要形式和未来方向。为了推动成组运输方式的广泛使用，各行各业的大型企业纷纷建立起适合其产品的标准包装系列，每种可供包装一定数量的产品，同时又可以与成组运输的托盘或集装箱的标准尺寸相匹配。这样，企业在收到订单时，可以立即根据订单数量选择适合的包装，不仅使货物能够更容易地使用成组运输，而且可以更快速地预订运输舱位。

目前，世界各国最常用的成组运输形式包括托盘运输和集装箱运输，下面即对这两种成组运输的形式进行简单介绍。

（1）托盘运输。欧洲海关大会将国际运输中所使用的托盘定义为："一种装置，一定数量的货物码放在其层板上，形成一组货物以供运输或用机械化设备对其进行搬运、码放。该设备一般包括被托架分开的两个层板或由支脚支撑的单層。其总高度恰好适于利用叉车和托盘车对其进行搬运，可以有或没有上层结构。"

托盘运输的优势主要表现在加速货物搬运和降低运输成本方面。使用托盘，货物可以充分利用叉车搬运，并与集装箱配合完成远洋运输，带来时间和成本的大量节约。

然而，在推广货物的托盘运输过程中也存在许多问题。其中之一是托盘的所有权与回收问题。通常，每个使用托盘的货主或货运公司都拥有自己的托盘，在运输结束后，将这些托盘全部返回所需的成本相当大。对此，曾经有人提出使用"低成本的一次性托盘"，然而由于这种托盘的制作成本较低，往往难以达到可供装载货物和叉车移动的坚固程度。在实际运用中，通常还需要用塑料对其进行加固，其实用性因此大打折扣。

迄今为止，托盘化在运输中的运用远未达到人们预期的广泛程度。究其原因，除了上述托盘在使用中的问题外，还有托盘自身的局限性。与集装箱相比，托盘的缺陷有：托盘对货物的保护有限；搬运托盘仍需要较多的劳动；托盘货物不密封，因而不能捆绑运输；单个托盘运输起来不经济。此外，各国之间还未能达成托盘的统一标准，这也是制约托盘在国际运输中使用的重要原因之一。

（2）集装箱运输。集装箱是运输包装货或无包装货的成组运输工具（容器）的总称。它产生于英国，发展于美国。20 世纪 60 年代开始的运输集装箱化，被人们称为国际运输业的一次革命。此前，国际航运中的班轮经营者面临着提高效率的难题。虽然使用快速的船舶可以使航行时间大大缩短，但由于船舶在港口的滞留、不断上涨的装卸搬运费用而使整体优势大打折扣。集装箱的产生和发展使这些问题带来的损失降到最低。

国际标准化组织（International Standards Organization，ISO）对集装箱进行了详细的定义。他们将货运集装箱描述为一种运输设备，应满足以下要求：具有足够强度，能长期反复使用；中途转运无须移动箱内货物，可直接换装；可进行快速装卸，并可以从一种运输工具方便地换装到另一种运输工具；便于货物的装满或卸空；内容积达到 1 立方米或 1 立方米以上。

在集装箱运输中，集装箱是运输设施的一个组成部分，普通的货运集装箱是长方体的，能不受天气影响地运输和存储一定数量的货物（包括包装物或散装物料）；能保护其中的货物不受灭失、毁损；能与运输工具分开，以箱为单位对货物进行搬运，转运时其中货物无须重新装卸，从而确保货物不受中途干扰运送到收货人。

集装箱的特点使其在国际货物运输中具有独一无二的优越性。然而，在集装箱使用之初各国的集装箱大小标准不一，这大大影响了集装箱在运输中优势的发挥。为了推动集装箱在国际货物运输中的使用，在西方国家（地区）的强烈倡导和越来越多国家（地区）的响应下，国际标准化组织终于就国际运输中使用的标准集装箱达成了方案。目前，国际标准化组织 ISO / TC104 技术委员会规定的集装箱国际标准为：第一系列共 13 种，其宽度均为 2 438 毫米，长度有 4 种（12 192 毫米、9 125 毫米、6 058 毫米、2 991 毫米），高度有 4 种（2 896 毫米、2 591 毫米、2 438 毫米、2 438 毫米）。目前，世界上的大多数国家已将国际标准化组织的这个标准确定为国家标准，同时该标准也被劳埃德船级社（Lloyd's

Register of Shipping）所接受。

近年来，为使集装箱适应不同条件下不同类型的货物，在集装箱的设计和制造方面有了许多改进，出现了许多专门类型的集装箱，包括：杂货集装箱，又称通用集装箱；框架集装箱，用来装载不适于装在干货集装箱或开顶集装箱中的长大货物、超重货物、轻泡货物、重型机械、钢管、裸装机床和设备；罐装集装箱，专门用于酒类、油类、化学品等液体货物，并为此设计特殊的结构和设备。

此外，还有许多专用的集装箱。例如，专门用于运输汽车，可多层装货的汽车集装箱；可通风且带有喂养装置的活牲畜集装箱；专用于运输生啤等渗漏性货物的兽皮集装箱；专供挂运成衣的挂衣集装箱等。

2．国际多式联运

如前所述，由于各种运输方式具有不同的物理性质和经济性能，其适应范围也各不相同。因此，在实际物流运作过程中，越来越多的货物开始采用联合运输方式，以发挥各方式的优势，获得最佳的效益。

多式联运，本书指国际多式联运，是在集装箱运输的基础上产生发展起来的现代运输方式。多式联运是按照多式联运合同，以至少两种不同的运输方式，由多式联运经营人将货物从一国境内接管货物的地点运至另一国境内指定交付货物的地点。在经济全球化的时代，多式联运在国际贸易运输中发挥着举足轻重的作用。

多式联运的优势主要表现为以下六点。

（1）降低了传统分段运输的时间损失以及破损、盗失风险。

（2）减少了分段运输的有关单证和手续的复杂性。

（3）降低了全程运输的各种相关费用。

（4）货主只需与多式联运经营人一方联系，多式联运经营人对托运人的货物负全程责任。

（5）多式联运经营人提供的全程运费更便于货主就运价与买方达成协议。

（6）运输成本的降低有助于产品总物流成本的降低，从而提高产品的市场竞争力。

一般而言，物流运作过程中采用的具体运输联合方式受多方因素影响，包括：销售形式、公司条款、营销策略、客户服务水平、运输目的地、运输线路、中转地、货物特性、可用的运输方式及其特性等。

国际货物运输中几种比较重要的联合运输方式包括以下七种。

（1）海—空（sea-air）联运。这种联合方式兼有海运的经济性和空运的速度，在远东—欧洲的国际贸易中运用越来越广泛，适用于电器、电子产品、计算机和照相器材等高价值商品以及玩具、时装等季节性需求较强的商品的运输。

（2）海—铁（sea-train）联运。这是一种铁路和海运联合的运输方式，最初产生于美国。它类似于滚装运输系统，不同的是滚装的工具是火车车厢，这种方式将不同大陆的铁路系统通过海上运输工具连接起来，适于重型货物的运输。

（3）航空—公路（air-road）联合。在长途运输（尤其是国际长途运输）中，航空与公路的联合十分常见，行包运输和杂货运输就常使用该种联合方式。在欧洲和美国，很多航空货物由卡车经长途运输到达各大航空公司的基地，再由飞机运往目的地。欧洲的许多大型航空公司为此建立了卡车运输枢纽作为其公路运输经营的据点。

（4）铁路／公路—内河（rail/road-inland）与海上—内河（sea-inland）。在内河运输较方便的地区，使用内河运输方式与公路、铁路运输方式联合可以利用内河运输廉价的特点。例如，我国的北煤南运就常使用该种联运方式。公路内河联运的方式是一些内河运输网发达的国家或地区（如欧洲莱茵河流域、北美五大湖区）在国际物流运作时使用的联运方式。通常，出口货物首先使用内河运输方式从内陆地区运到出口港口，通过海运方式再由港口运输到目的地。目前，欧洲已有一些国家使用一种河海两用的船舶，使得货物无须经过海港中转就可直接从内河港口运到海上，出口至各国。

（5）微型陆桥（mini land-bridge）。微型陆桥系统实际是一种国际铁海或公路—海运联运的形式。它由海运承运人签发全程提单，货主的集装箱货物先由船舶从一国海港运到另一国海港，再由铁路承运人将货物运至内陆目的地。常见于美国—远东、美国—欧洲、美国—澳大利亚等区间的国际贸易运输线路。

（6）陆桥（land-bridge）。陆桥系统是通过海—陆或海—陆—海路线运输集装箱跨越大陆。这里，铁路运费也是由签发全程提单的海运承运人按集装箱支付的。

陆桥系统常见于以下重要的国际集装箱运输线：欧洲或中东与远东之间经西伯利亚大陆桥或新亚欧大陆桥；欧洲与远东之间经大西洋到达美国或加拿大太平洋沿岸，使用北美陆桥。

（7）驮背运输（piggyback）。驮背运输是一种公路和铁路联合的运输方式，在北美和欧洲已经十分普遍。它既具有铁路在远距离运输中的速度与可靠性，又具有公路运输在货物集散中的门到门和灵活性优势，因此是高效物流运作的最佳运输备选方案之一。

驮背运输在实际运作中主要有以下三种形式。

拖车与挂车：货物装在挂车里，用拖车运到火车站。在火车站，挂车被运上火车的平板车箱，拖车则与挂车分离。在目的地车站，再使用拖车将挂车拖运到收货人的仓库。

挂车列车：是一种公路和铁路两用的挂车，这种公铁两用挂车在公路上用自己的轮子挂在公路拖车后面行驶，到达火车站时，将其在公路上行驶时使用的轮子收起来，放上火车轮架，就可以在铁轨上行驶。到达目的地后，又可以还原成公路运输工具，用公路拖车将其运到客户的仓库。该技术在一些亚太地区的发展中国家（如印度）也有使用。

铁公路：是 20 世纪 90 年代引人注目的一项联运新技术。所谓“铁公路”就是自己有动力，能够行驶和自动装货的火车车厢，它不需要机车、吊车和转辙装置，而是自带一套独特的装货设备。由于“铁公路”的出现，铁路公司已能直接进行“门到门”运输，而不必依赖于卡车。在 800 公里运距以内，“铁公路”系统比公路系统更优越，因为它不但可靠，而且费用低。

三、运输合理化的有效措施

1．提高运输工具实载率

提高实载率的意义在于充分利用运输工具的额定能力，减少车船空驶和不满载行驶的时间，减少浪费，从而求得运输的合理化。我国曾在铁路运输上提倡“满载超轴”。其中，“满载”的含义就是充分利用货车的容积和载重量，多载货、不空驶，从而达到合理化的目的。这种做法对推动当时运输事业的发展起到了积极作用。在铁路运输中，采用整车运输、整车拼装、整车分卸及整车零卸等具体措施，都是提高实载率的有效途径。

2．减少动力投入，增加运输能力

这种合理化的要点是少投入、多产出，走高效益之路。运输的投入主要是基础设施的建设和能耗，在设施建设已定型和完成的情况下，尽量减少能源投入，是少投入的核心。做到了这一点就能大大节约运费，降低单位物品的运输成本，达到合理化的目的。一般有效增加运输能力的措施有以下四种。

（1）满载超轴。超轴的含义就是在机车能力允许情况下加挂车皮。我国在客运紧张时，也采取加长列车、多挂车皮的办法，在不增加机车的情况下增加运输量。

（2）水运拖排和拖带法。竹、木等物品的运输，可不用运输工具载运，而是利用竹、木本身浮力，采取拖带法运输，能节省运输工具本身的动力消耗，从而求得运输合理化。将无动力驳船编成一定队形，一般是“纵列”，用拖轮拖带行驶，比船舶载乘运输运量大。

（3）顶推法。这是我国内河货运采取的一种有效方法。将内河驳船编成一定队形，由机动船顶推前进。其优点是航行阻力小、顶推量大、速度较快、运输成本低。

（4）汽车挂车法。这种方法的原理与船舶拖带、火车加挂基本相同，都是在充分利用动力能力的基础上，增加运输能力。

3．发展社会化运输体系

运输社会化的含义是发展运输的大生产优势，实行专业分工，打破一家一户自成运输体系的状况。实行运输社会化，可以统一安排运输工具，避免对流、倒流、空驶、运力不当等多种不合理形式，不但可以追求组织效益，而且可以追求规模效益。所以发展社会化的运输体系是运输合理化的重要措施。

目前，我国铁路运输的社会化运输体系已较完善，而在公路运输中，小生产作业方式非常普遍，是推动发展社会化运输体系的重点。

4．开展中短距离铁路公路分流，“以公代铁”的运输

这一措施的要点是在公路运输经济里程范围内，尽量利用公路。这种运输合理化的表现主要有两点：一是对于比较紧张的铁路运输，用公路分流后可以得到一定程度的缓解，从而加大这一区段的运输通过能力；二是充分利用公路从门到门和在中途运输中速度快且灵活机动的优势，实现铁路运输服务难以达到的水平。我国“以公代铁”目前在杂货、日用百货运输及煤炭运输中较为普遍，运输距离一般在 200 公里以内，有时可达 700～1 000 公里。

5．分区产销平衡合理运输

在组织物流过程中，按某种货物的生产区固定于一定的消费区。根据产销的分布情况和交通运输条件，在产销平衡的基础上，按照近产近销原则组织货物运输，使货物经过最短的里程。它的适用范围主要是品种单一、规格简单、生产集中、消费分散和生产分散、消费集中、调运量大的货物，如煤炭、木材、水泥、粮食、生猪、矿建材料等。实行这一办法，有利于加强产、供、运、销的计划性，消除不合理运输，充分利用地方资源，促进生产的合理布局，降低物流费用，节约国家运输能力。

6. 直达运输

在组织货物运输过程中，越过商业、物资仓库环节或铁路、交通中转环节，把货物从产地或起运地直接运到销地或用户，以减少中间环节。对生产资料来说，由于某些物资体大笨重，一般采取由生产厂商直接供应消费单位（生产消费），实行直达运输的办法，如煤炭、钢材、建材等。商业部门则针对不同的商品采取不同的运输方法。有些商品规格简单，可以由生产厂商直接供应到三级批发、大型商店或用户，越过二级批发环节，如纸张、肥皂等。

7. 组织“四就”直拨运输

一般批量运到的货物，首先要进分配部门或批发部门的仓库，然后再按程序分拨或销售给客户。这样往往会出现不合理运输。“四就”直拨首先由管理机构预先筹划，然后就厂、就站、就库、就车（船）将货物分送给客户。

8. 合装整车运输

合装整车运输主要适用于商业、供销等部门的散件杂货运输，即把同一方向不同到站的零散货物，集中组配在一个车皮内，运到一个适当车站，再中转分运。在铁路货运中有两种托运方式，一是整车，二是零担，两者之间的运价相差很大。采取合装整车的办法，可以减少一部分费用并节约社会劳动力。

9. 提高技术装载量

提高技术装载量是组织合理运输、提高运输效率的重要内容。它一方面最大限度地利用车船载重吨位，另一方面充分使用车船装载容积。其主要做法有以下三种。

（1）组织轻重配装。即把实重货物和轻泡货物组装在一起，既可以充分利用车船装载容积，又能达到装载重量，以提高运输工具的使用效率。

（2）实行解体运输。对一些体大笨重、不易装卸又容易碰撞致损的货物，如自行车、科研仪器、机械等，可以将其拆卸分别包装装车，以缩小所占空间，并利于装卸和搬运，以提高运输装载效率。

（3）提高堆积技术。如多层装载、骑缝装载、紧密装载等，以提高运输效率。当然，改进商品包装，逐步实行单元化、托盘化，是提高车船装载量的一个重要条件。

第三节 配送

一、配送概述

（一）配送的概念

“配”包括货物的分拣和配货活动，而“送”则包括各种运输送货方式和送货行为。国家质量技术监督局批准发布的中华人民共和国国家标准《物流术语》（GB/T 18354—2006）关于“配送”的解释为：“在经济合理区域范围内，根据用户的要求，对物品进行拣选、加工、包装、分割、组配等作业，并按时送达指定地点的物流活动。”

一般来说，配送是在整个物流过程中的一种既包含集货、储存、拣货、配货、装货等一系列狭义的物流活动，也包括输送、送达、验货等以送货上门为目的的商业活动。它是商流与物流紧密结合的一种综合的、特殊的综合性供应链环节，也是物流过程的关键环节。由于配送直接面对消费者，最直观地反映了供应链的服务水平，所以，配送“在恰当的时间、地点，将恰当的商品提供给恰当的消费者”的同时，也应将优质的服务传递给客户。配送作为供应链的末端环节和市场营销的辅助手段，日益受到重视。

根据配送的定义可以从以下六方面理解配送。

（1）配送的主要经济活动是现代送货，与传统意义上的简单送货不同。配送以现代生产力劳动手段为支撑，运用现代化作业方法和手段，特别依赖于现代化信息系统和信息作业的高水平送货服务。离开现代化技术设施，配送就很难从水平、速度、服务质量上达到一个新的高度，更难以展开社会性流通配送。

（2）配送是最终的资源配置，属于经济体制的一种形式，最接近顾客。它一头连接物流系统的业务环节，另一头连接消费者，直接面对服务对象的各种不同的服务要求。配送功能完成的质量及其达到的服务水准，直观而又具体地反映了物流系统对需求的满足程度。

（3）配送的产生和发展既是社会化分工进一步细化的结果，又是社会化大生产发展的前提要求。社会分工的细化使企业在追求组织内部机构的优化与重组的同时，开始寻求专业的物流服务，形成对配送服务的需求。

（4）配送以用户要求为出发点。定义中强调“按用户订货要求”，明确了用户的主导地位。配送是从用户的利益出发按用户的要求为用户服务的，“用户至上”“质量为本”。必须明确配送企业是服务地位而不是主导地位。

（5）配送的实质是从物流终点至用户的一种特殊送货形式，它区别于一般送货，是一种“中转”形式。一般送货通常具有偶然性，而配送则具有经常性和固定性，是一种有确定组织、确定渠道，有一套装备和管理力量，有一套制度的体制形式。

（6）配送企业在满足用户要求的同时也应考虑自身的经济效益，以最合理的方式配送，避免过分强调“按用户要求”，否则会降低配送活动的效率和配送企业的效益。

（二）配送与运输的区别

配送和输送、运输概念的区别：配送不是单纯的输送或运输，而是运输与其他活动共同构成的有机体。在整个输送过程中，配送包含的那一部分运输活动处于“二次输送”“支线输送”“末端输送”的位置，其起止点分别是物流节点与用户。具体区别如表 4-1 所示。

表 4-1　运输与配送的区别

	运　输	配　送
运输性质	干线运输	支线运输、区域运输、末端运输
货物性质	少品种、大批量	多品种、小批量
运输工具	大型货车或铁路运输、水路运输	小型货车（一般为汽车）
管理重点	效率优先	服务优先
附属功能	装卸、捆包	装卸、保管、包装、分拣、流通加工、订单处理

（三）配送与一般送货的区别

配送与一般送货的区别（见表 4-2）主要表现为配送是随着市场的出现而诞生的一种

必然的市场行为，它是生产和流通发展到一定阶段的必然产物。配送不是一般概念的送货，也不是生产企业推销产品时直接从事的销售性送货，而是从物流节点至用户的一种特殊送货形式。它与送货之间的差异表现在以下四个方面。

表 4-2 配送与一般送货的区别

项 目	配送活动	送货活动
目的	社会化大生产、专业化分工的产物，是流通领域内物流专业化分工的反映	生产企业的一种推销手段，通过送货上门服务达到提高销售量的目的
内容	客户需要什么送什么，不仅仅是送货，还有分拣、配货等工作	有什么送什么，只能满足客户部分的需求
发展程度	从事流通企业的工作人员，要求有现代化的技术装备作保证，要有完善的信息系统，是分拣、配货、送货的有机结合	由生产企业承担，中转仓库的送货只是一项附带业务
	必须以现代化的交通运输工具和经营管理水平作为基础，同时，还和订货系统紧密相关；必须依赖现有的信息的作用，使配送系统得以建立和完善	没有具体要求
技术装备	全过程有现代化技术和装备，保证规模、水平、效率、质量等方面的优势	技术装备简单

1. 目的不同

送货形式只是推销的一种手段，目的仅在于多销售一些产品。配送则是社会化大生产、专业化分工的产物，它是流通领域内物流专业分工的必然产物。因此，如果说一般送货是一种促销服务方式的话，配送则是一种体制形式。

2. 内容不同

送货一般是有什么送什么，对用户来说，只能满足其部分需要。配送则是用户需要什么送什么，它不单是送货，在业务活动内容中还包括“分货”“配货”“配装”等工作。这就具有很大的难度，必须有发达的商品经济和现代化的经营水平作保证。在商品经济不发达的国家或市场经济的初级阶段，很难实现大范围、高效率的配货。送货制与配送制有着时代的区别。

3. 发展程度不同

配送是一种现代化的物流方式，它是送货、分货、配货等活动的有机结合体，同时还与订货系统紧密联系。配送必须依赖信息的处理，使整个系统得以建立和完善，成为一种现代化方式，这是送货所不能比拟的。

4. 技术装备不同

配送全过程的现代化技术和装备，使配送在规模、水平、效率、速度、质量等方面远远超过先前的送货形式。在这些活动中，大量采用各种传输设备、拣选等机电装备，很像工业生产中广泛应用的流水线，使流通工作的一部分工厂化。所以，配送是技术进步的产物。

二、配送的类型及特点

配送的类型繁多，按照不同的分类标准有着不同的特点。

（一）配送的类型

1．按配送商品的种类和数量分类

（1）多品种、小批量配送。多品种、小批量是按用户的要求，将所需的各种物资配备齐全后，由配送据点送达用户。如果采用大批量、少批次，必然会造成用户增大库存量。相反，若采用少批量、多批次的配送则有利于企业合理安排生产。这种配送方式在现代化生产趋于消费多样化、要求多样化的发展中，具有明显的优势。如果要实现这种多品种、小批量的配送，就必须具备较强的配送能力。配送中心设备复杂，配货、送货计划难度大，要有高水平的组织工作作为保证和配合。

（2）少品种、大批量配送。当生产企业所需的物资品种较少或只需要某个品种的物资，而需求量较大、较稳定时，可实行这种配送方式。由于这种配送方式配送数量大，又不必与其他物资进行配装，可使用大吨位车辆进行整车运输。这种形式多由生产企业直接送达用户。由于配送量大、品种单一或较少，涉及配送中心内部的组织工作比较简单，因而这种配送成本一般较低。

（3）成套配套配送。按企业生产需要，尤其是装配型企业生产需要，将生产每一件产品所需的全部零部件配齐，按生产节奏定时送达生产企业，随即可将此成套零部件送入生产部门装配产品。这种配送方式，配送中心承担了生产企业大部分的供应工作，有利于生产企业实现“零库存”，从而专门致力于生产。

2．按配送时间及数量分类

（1）定时配送。这是一种按规定的时间间隔进行的配送，比如数天或数小时一次等。这里的时间间隔是由配送中心和生产企业共同研究决定的，可以是数天，也可以是数小时。每个时间间隔配送的品种及数量可按计划执行，也可在配送之前以商定的联络方式通知配送品种及数量。这种配送方式时间固定，易于安排工作计划和设备使用计划，也便于安排接运人员和接运作业。但由于配送物品种类经常变化，配货配装工作难度较大。

（2）定量配送。定量配送是按规定的批量在一个指定的时间范围内进行的配送。由于数量的相对固定，备货工作也相对简单，可以根据托盘、集装箱及车辆的装载能力规定配送量，能够有效利用托盘、集装箱等集装方式，也可做到整车配送，配送效率较高。由于不严格限定时间，这种方式可以将不同用户所需的物品凑成整车后配送，运力的利用情况也较好。

（3）定时定量配送。定时定量配送是指按照规定的配送时间和配送数量进行的配送。这种方式兼有定时、定量两种配送方式的优点，但是其特殊性强、计划难度大，因此适合采用的对象不多，不是一种普遍的方式。

定时定量配送方式主要应用在大量而且稳定生产的汽车、家用电器、机电产品的供应物流里。这种方式的管理和运作，一是按配送双方事先的一定时期的协议执行，也常常采用“看板方式”来决定配送的时间和数量。

（4）定时定路线配送。定时定路线配送是指在规定的运行路线上，制定运行时间表，按运行时间表进行配送，用户可以按规定的路线站点及规定的时间接货以及提出配送要求。采用这种方式有利于配送企业计划安排车辆及驾驶人员，可以依次对多个用户实行共同配送，无须每次重复考虑货物配装、配送路线、配车计划等问题，因此较易于管理，配送成本也相对较低。对用户而言，可以在确定的路线、确定的时间表上进行选择，又可以有计划地安排接货工作。虽然配送路线可能与用户所在地有一段距离，但由于成本较低，用户也乐于接受这种服务方式。这种方式特别适合对小商业集中区的商业企业的配送。商业集中区交通较为拥挤，街道又比较狭窄，难以实现配送车辆“到门”的配送，如果在某一站点将相当多商家的货物送达，然后再用小型人力车辆将货物运回，这项操作往往在非营业时间内完成，可以避免上述情况对配送造成影响。

（5）即时配送。这是一种完全按用户突然提出的物资配送时间、配送数量，随即进行配送的一种方式，是有很高灵活性的一种应急方式。这种配送方式主要应对用户由于事故、灾害、生产计划的突然变化等因素所产生的突发性需求，也应对一般消费者经常出现的突发性需求。这是一种应急方式，也是大型配送企业应当具备的应急能力。有了这种应急能力，配送企业就能够支持和保障其经营活动。需要指出的是，这种配送服务实际成本很高，难以用作经常性的服务方式。

3．按配送的组织形式不同分类

（1）集中配送。集中配送是由几个物流据点共同协作制订计划，共同组织车辆设备，对某一地区用户的货物进行配送。在具体执行配送作业计划时，可以共同使用配送车辆，提高车辆实载率，提高配送经济效益和效率，有利于降低配送成本。集中配送的品种多、数量大，一次可同时为同一线路中几家用户进行配送，配送效益明显。这是配送的主要形式。

（2）共同配送。共同配送是指为提高物流效率，对某一地区的用户进行配送时，由许多配送企业联合在一起进行的配送。它是在配送中心的统一计划、统一调度下展开的。有两种运作形式：一是由一个配送企业为多家用户进行配送，即由一个配送企业综合某一地区内多个用户的要求，统筹安排配送时间、次数、路线和货物数量，全面进行配送；二是仅在送货环节上将多家用户待运送的货物混载于同一辆车上，然后按照用户的要求分别将货物运送到各个接货点，或者运到多家用户联合设立的配送货物接收点上。这种配送有利于节省运力并提高运输车辆的货物满载率。

（3）分散配送。小量、零散货物或临时需要的配送业务一般由商业销售网点进行。商业销售网点具有分布广、数量多、服务面宽等特点，比较适合开展对距离近、品种繁多而用量小的货物进行配送。

4．按经营形式分类

（1）销售配送。销售配送是指配送企业是销售性企业或者是指销售企业作为销售战略一环进行的促销型配送。一般来讲，这种配送的配送对象是不固定的，用户也往往是不固定的，其配送对象和用户往往是根据对市场的占有情况而定的。其配送的经营状况也取决于市场状况，因此，这种形式的配送随机性较强而计划性较差。各种类型的商店配送多属于销售配送。

销售配送中心大体有三种类型：第一种是生产企业为了将本企业产品直接销售给消费

者而建立的配送中心，在国外，这种类型的配送中心很多；第二种是流通企业建立配送中心以扩大销售，我国目前拟建的配送中大多属于这种类型，国外的例证也有很多；第三种是流通企业和生产企业联合的协作性配送中心。综合起来看，国外和我国的发展趋势，都在向以销售配送中心为主的方向发展。

（2）供应配送。供应配送是指用户为了自己的供应需要所采取的配送形式。在这种配送形式下，一般是由用户或用户集团组建配送据点，集中组织大批量进货（以便取得批量折扣），然后向本企业配送或向本企业集团的若干企业配送。在大型企业、企业集团或联合公司中，常常采用这种配送形式组织对本企业的供应。例如商业中广泛采用的连锁商店，就常常采用这种方式。用配送方式进行供应，是保证供应水平、提高供应能力、降低供应成本的重要方式。

（3）销售与供应一体化配送。销售与供应一体化配送是指对于基本固定的用户和基本确定的配送产品，销售企业可以在自己销售的同时，承担用户有计划供应者的职能，既是销售者的同时，又成为用户的供应代理人，起到用户的供应代理人的作用。

采用销售与供应一体化配送方式，一方面，销售者能获得稳定的用户和销售渠道，能直接获取客户偏好的信息，及时调整生产销售计划，有利于企业自身的稳定持续发展和扩大销售数量；另一方面，用户能获得稳定的供应，可大大节约其为组织供应所耗用的人力、物力、财力。这大大提高了供应的保证程度，是任何企业供应机构都难以做到的。

（二）配送的特点

从配送的定义可以看出，配送活动具有以下四个基本的特点。

1．配送不是单一的物流功能主体

配送不仅仅是送货，而是流通加工、整理、拣选、分类、配货、末端运输等一系列活动的有机结合。如果说储存、运输、包装、流通加工等物流功能相对独立的话，那么配送则是包括上述全部物流功能的特殊职能。物资配送的物流据点是物资的集散地，一般具备物资存储的功能。从仓储的角度来看，它经常被看作是一种特殊的出库方式。运输是配送实现的最后一个环节，“二次运输”“支线运输”“末端运输”等通常被作为配送的代名词。流通加工是配送的前沿，是衔接储存与末端运输的关键环节。因此，配送不能简单地等同于运输和其他物流功能的全部。

2．配送的全过程需现代化技术和装备的支持与保证

物流配送面对的是成千上万的供应商和消费者以及瞬息万变的市场，这决定了只有拥有现代化的配送设施和完善的配送网络才能做好物流配送，才能做大物流配送规模。在物流配送的各环节，会用到诸多的配送技术和设备，如电子票拣选系统、自动分拣系统、自动化立体仓库、GIS 技术、GPS 技术，由于现代化技术和装备的采用，配送在规模、水平、效率、速度、质量等方面都远远超过以往的送货形式。

3．配送是一种专业化的分工方式

以往的送货形式只是作为推销的一种手段，多为配合商品的销售。配送则是一种专业化的分工，是大生产、专业化分工在流通领域的体现。企业从社会化配送服务中不仅可以获得专业化程度较高的物流服务。而且有利于建立合理的库存结构和运输结构，提高物流

设施、设备的利用率和工作效率，实现全社会物流资源的合理利用，使物流活动更加科学化、合理化。配送通过集中零散库存，增强库存调节功能，降低全社会总的库存水平，从而实现资源的优化配置，降低物流成本。

4. 配送活动是营销、促销活动的重要手段

配送活动不仅是物流活动的终结环节，而且是营销、促销活动的重要手段。成功的配送活动具备三方面的重要功能：①准确而稳定的配送活动可以在保证供给的同时，最大限度地降低企业的商品库存量，从而降低了销售总成本；②集中而高效的配送活动可以在简化流通程序、缩短流通渠道的同时，提高物流系统本身的效率及服务水平，这是赢得消费者的有效手段；③合理而顺畅的配送活动，可以提高车辆的利用率，节约能源，降低成本，减少交通拥挤和城市污染，同时也可以降低物流系统的单位成本。

三、配送的基本作业环节与作用

配送是根据客户的订货需求，在配送中心或物流节点进行货物的集结与组配，以最适合的方式将货物送达客户的全过程。

（一）配送的基本作业环节

配送的基本作业环节包括备货、拣选配货和送货。

1. 备货

备货是配送的准备工作或基础工作，备货工作包括筹集货源、订货或购货、集货、进货及有关的质量检查、结算、交接等。配送的优势之一，就是可以集中用户的需求而后进行一定规模的备货。备货是决定配送成败的初期工作，它决定着配送效益的高低。

2. 拣选配货

拣选配货是配送不同于其他物流形式的独特的功能要素，也是关乎配送成败的一项重要工作。拣选配货是将储存的货物，按照用户的要求分拣、组配好后，再送到指定的发货场所。拣选配货是配送中心主要的作业环节。拣选配货是完善送货、支持送货的准备性工作，是不同配送企业在送货时进行竞争和提高自身经济效益的必然延伸。由于不同的客户对商品的品种、规格、型号、数量、质量、送货时间和地点等的要求不同，为了同时有效地向不同的用户配送多种货物，配送中心必须采取适当的方式对组织进来的或接收到的货物进行拣选配货。所以，也可以说拣选配货是送货向高级形式发展的必然要求。它是决定整个配送系统水平的关键要素。

3. 送货

送货包含配装和送达过程。

和一般送货不同，在单个用户配送数量不能达到车辆的有效载运负荷时，就存在如何集中不同用户的配送货物进行搭配装载以充分利用运能、运力的问题，这就需要配装。通过配装送货可以大大提高送货水平并降低送货成本，配装是配送系统中有现代化特点的一个功能要素，也是现代配送不同于以往送货的重要区别之处。

将配好的货运送到用户还不算配送工作的完结，这是因为送达货物和用户接货之间往往还会出现不协调，可能使配送前功尽弃。因此，要圆满地实现运达货物的移交，有效、方便地办理相关手续并完成结算，还应讲究卸货地点、卸货方式等。送达服务也是配送独具的特性。

（二）配送的作用

配送与运输、储存、装卸搬运、流通加工、包装、物流信息等一起构成了物流系统的功能体系，它主要有以下四个方面的作用。

1．完善了输送及整个物流系统

第二次世界大战之后，由于大吨位、高效率运输工具的出现，使干线运输在铁路、海运或公路方面都达到了较高水平，长距离、大批量的运输实现了低成本化。但在干线运输之后，往往还有支线转运或小搬运，这种支线运输及小搬运成了物流过程中的一个薄弱环节。这个环节与干线运输相比有特殊要求，即灵活性、适应性、服务性。相应地，干线运输往往不能得到充分利用，成本过高等问题总是难以解决。从范围上来讲，采用配送方式将支线运输、小搬运统一起来，使输送过程得以优化和完善。

2．提高了物流系统末端的经济效益

采取配送方式，通过配货和集中送货来增大订货量，可以提高物流系统末端的经济效益。通过集中库存使企业实现“低库存”或“零库存”。配送通过集中库存，在满足同样的需求水平的同时，可使系统总库存水平降低，既降低了储存成本，也节约了运力和其他物流费用。尤其是采用准时制配送方式后，生产企业可以依靠配送中心准时送货而无须保持自己的库存，或者只需保持少量的保险储备，就可以实现生产企业的“零库存”或“低库存”，减少资金占用，改善企业的财务状况。

3．简化订货程序，方便用户

由于配送可提供全方位的物流服务，采用配送方式后，用户只需向配送提供商进行一次委托，就可以得到全过程、多功能的物流服务，从而简化了委托手续和工作量，也节省了开支。

4．提高企业保证供应的程度

采用配送方式，配送中心比任何单独供货企业有更强的物流能力，可使用户降低缺货风险。配送中心的储备量大，因而对每个企业而言，中断供应、影响生产的风险相对减小，使顾客免去短缺之忧。

四、配送合理化

配送难度大，在实际操作中，会出现很多不合理的配送形式，如进货不合理、库存决策不合理、价格不合理、配送与直达的决策不合理、送货中运输不合理、经营观念不合理等。因此，一般应采取以下六项措施来保证配送合理化。

1．推行一定综合程度的专业化配送

通过采用专业设备、设施及操作程序，取得较好的配送效果并降低配送过分综合化所致的复杂程度及难度，从而追求配送合理化。

2．推行加工配送

通过流通加工和配送的有机结合，充分利用本来应有的中转，而不增加新的中转以求得配送合理化。同时，加工借助于配送，加工的目的更明确，与客户联系更紧密，更避免了盲目性。这两者的有机结合，使投入不增加太多却可追求两个优势、两个效益，是配送合理化的重要经验。

3．推行共同配送

通过共同配送，可以以最近的路程、最低的配送成本完成配送，从而追求合理化。

4．推行双向配送

配送企业与客户建立稳定、密切的协作关系，配送企业不仅成为客户的供应代理人，而且承担客户储存据点的功能，甚至成为产品代销人。在配送时，将客户所需的物资送到，再将该客户生产的产品用同一车运回，这种产品也成了配送中心的配送产品之一，或者作为代存、代储，免去了生产企业的仓储包袱。这种双向配送使运力得到充分利用，也使配送企业功能有了更大的发挥，从而追求合理化。

5．推行准时配送

配送做到了准时，客户才有资源把握，可以放心地实施低库存或零库存，可以有效地安排接货的人力、物力，以追求最高效率的工作。保证供应能力，也取决于准时供应。从国外的经验看，准时供应配送系统是现在许多配送企业追求配送合理化的重要手段。

6．推行即时配送

为最终解决客户企业的断供之忧，配送企业应大幅度提高供应保证能力，具有即时配送能力。从这个角度来说，即时配送是配送企业快速反应能力的具体化，是配送企业能力的体现。

第四节　仓库与库存

一、仓库的概念及功能

1．仓库的概念

仓库一般指对商品、货物、物资进行收进、整理、储存、保管和分发等工作的库房或货场，在工业生产中则是指储存各种生产需要的原材料、零部件、设备、机具和半成品、产成品的场所。

2．仓库的功能

从物流角度看，仓库在物流系统中的主要功能是保管。大型的、功能较多的仓库是物流中心的一种，是物流网络中一种以储存为主要功能的结点。在局部范围中起作用的仓库是位于支线上的节点，起到物流网点的作用。储存物资场所的种类很多，如车站站台、港口码头以及货站、货栈，甚至是配送中心的备货场等。仓库与这些场所的主要区别在于，仓库对物资的储存带有防护性、保护性，需配合一系列维护保养工作，且具有独立功能，储存时间也比在站、港、栈等处暂存要长。其他储存物资场所则只是暂存性的，且附属性很强。人们往往用一个形象的词汇来描述，即仓库是“蓄水池”。

二、仓库的种类

1．按仓库在社会再生产过程中所处的位置不同划分

（1）生产领域仓库，包括生产用物资储备仓库，半成品、在制品和产成品仓库。其中，物资储备仓库又称为企业自用仓库，用于储备生产准备和生产周转用的物资，物资在进入生产领域仓库后，即结束了物资的流通阶段，进入生产准备阶段；产成品库是指存放生产企业的已经制成并经检验合格，进入销售阶段，但还未离开生产企业的产品和成品的仓库；半成品、在制品仓库是指在企业生产过程中，处于各生产阶段之间的半成品库和在制品库，其目的在于衔接各生产阶段和保证生产过程连续不断地进行。

（2）流通领域仓库，包括专业储运中转仓库和供销企业的自用仓库。其中，专业储运中转仓库又称储运仓库，一般为各部门或各地区供销企业借运货物；供销企业自用仓库一般规模不大，但较为灵活，有的采用“前店后库”形式，适用于零散的小额供应。

2．按仓库的主要职能的不同划分

（1）企业仓库。它以储存物品为主要目的，又可分为供应仓库（原材料库）、生产仓库（半成品仓库）、销售仓库（产成品库）。

（2）营业仓库。它的职能以流通营业为主，进出货频繁，吞吐量大，使用效率也较高，并且是提供物流时间效用的主要承担者。

（3）公用仓库。它是由国家或相关主管部门修建的、为社会物流业务服务的公用仓库，如车站货场仓库、港口码头仓库等。

3．按保管物品的不同划分

（1）原料、产品仓库。主要是针对生产企业而建造的仓库，其目的是保持生产的连续性，是专门用来储存原材料、半成品或产成品的仓库。

（2）商业、物资综合仓库。它是商业、物资部门为了保证市场供应，以解决生产与消费的时差或季节性的时差为目的设置的综合性仓库。

（3）农副产品仓库。它是经营农副产品的企业用来专门储存农副产品的仓库，或经过短暂储存进行加工再运出的中转仓库。

（4）一般专用仓库。它是指专门用来储存某类大宗货物的仓库，如粮食、棉花、水产、水果、木材等的仓库，以及货场等。

（5）特种危险品仓库。它是专门用来储存一些特殊物品，如危险品、易燃易爆品、毒品和剧毒品等的特种仓库。

（6）冷藏仓库。它是专门用来储藏鲜鱼、鲜肉或其加工食品的仓库，并设有专门的冷藏设施和装备。

（7）恒温仓库。它是专门用来储存怕冻物品的仓库，如水果、蔬菜、罐头等。

（8）战略物资储备仓库。它主要是用来储备各种战略物资，以防止各种自然灾害和意外事件的发生。一般情况下这些物资属国家储备物资，军队后勤仓库就是其中的一种。

4．按仓库建筑结构的不同划分

（1）简易仓库。它的构造简单，造价低廉，一般是在仓库能力不足而又不能及时建库的情况下采取的临时代用的办法，包括一些固定或活动的简易仓棚等。

（2）平房仓库。它的构造较为简单，造价较低，适宜人工操作，各项作业也较为方便简单。

（3）楼房仓库。它是指两层及两层以上的仓库，可以减少土地占用，进出库作业需要采用机械化或半机械化的装备。

（4）高层货架仓库，也称为立体仓库。它是当前经济发达国家采用的一种先进仓库，主要采用电子计算机进行管理和控制，实行机械化、自动化作业。

（5）罐式仓库。它的构造特殊，或球形或柱式，形状像一个大罐子，主要用于储存石油、天然气和液体化工产品等。

5．按仓库所处的位置划分

（1）港口仓库。以船舶发到货物为储存对象的仓库，一般仓库地址选择在港口附近，以便进行船舶的装卸作业。

（2）车站仓库。以铁路运输发到货物为储存对象的仓库，通常在火车货运站附近建库。

（3）汽车终端仓库。它是指在卡车货物运输的中转地点建设的仓库，为卡车运输提供方便条件。

（4）工厂仓库。它是工厂内保管设施的总称，如按物品类别分为原材料仓库、配件仓库、产成品仓库、半成品在制品仓库等。

（5）流通仓库。它是流通领域内各种保管设施的总称，诸如流通中转仓库、车站码头港口仓库、供销企业的自用仓库等。

另外，还可按部门系统分类，例如，流通部门的商业仓库、物资仓库、粮食仓库、供销仓库、外贸仓库、医药仓库，各工业部门、公司、工厂的仓库以及部队的各种后勤仓库等。

三、仓库基本作业流程

（一）入库阶段（进仓）——仓储作业的第一步

1．散货进仓

它是指一般货物与空运货物自仓库的收货码头卸下堆栈在托盘上。

进仓作业主要包括以下五个步骤。

（1）卸货。

（2）进仓验收。在整个进仓作业中，最重要的是进货作业的进货检验工作。这个工作的误差率要求是零，即要求百分之百正确。进货检验是一件相当细致的工作，检验时要注意外箱完整性，数量符合发票，制造日期、保存期限，外箱没有标识或标识不清时，一定要开箱验货，货物批号要检查核对。

（3）固定（打收缩膜）。

（4）贴上储位标签（或条码）。

（5）上架。进仓的最后一步工作就是把堆栈好的托盘放上货架。货架的配置方式是仓储效率的关键。一般电动堆高机（升降机）的最大工作高度是 10 米。因此，货架的层数在 4~6 层时，整体的硬件投资与效率最为恰当。货架低于 4 层时，每减少一层，整体效率降低 27%～35%。

2．拆箱进仓

它是指海运集装箱装载的货物，在仓库收货区拆封，卸至托盘上。

拆箱进仓有以下两种。

（1）机械拆箱。货物已打托盘或木箱，可以用堆高机直接开进集装箱内卸装。

（2）人工拆箱。货物呈松散堆栈，需以人力逐件搬出后堆放在托盘上。

（二）保管阶段

1．存放

由于不同商品的性质不同，其对储存条件的要求也不同。如怕潮湿和易霉变、易生锈的商品，应存放在较干燥的库房里；性能相互抵触或易串味的商品不能在同一库房混存等。在操作中应根据商品性质特点分区分类安排储存地点。

2．保管

存储中心出入库的频率较低，应该重视保管，因而要考虑保管方式并遵守合理化保管原则。保管方式有五种类型：地面平放式、托盘平放式、直接堆放式、托盘堆码式、货架存放式。

（三）出库发运阶段（出货）

在仓储作业流程中，收到出货单时会产生两种不同的处理方式：照单拣货，准备出货验收；视情况拣货，准备改变包装或简易加工。出货环节主要包括以下六个方面的内容。

1．补货（总量拣货）

补货员的工作主要是将准备要出货的品类自货架上取下，置于拣货区或是货架的底层，以便于拣货员拣货。补货与拣货最大的不同点是其工作的性质与所用的工具不同。补货员的工具是堆高机（升降机），拣货员用的是拣货车。拣货车是没有升降能力的平面叉车。大型仓库使用的拣货车多为电力操作，以节省拣货员体力。

2．拣货

拣货大多数是按照进仓日期的先入先出原则。拣货方式主要有摘果式与播种式两种。摘果式拣货法出错的机会较少而且易于追查，人力负荷重；播种式拣货法节省人力，但不太适合少量作业。

3．库内加工

库内改包、简易加工也是仓储作业常见的一种业务。加工的内容一般包括袋装、定量化小包装、配货、分类、混装、拴牌子、贴标签、刷标记等。外延加工还包括剪断、打孔等。库内改包和加工作业较为复杂的是赠品包装或保税加工的工作。

4．出货

出货的要求主要有先进先出与即进即出两种。

（1）先进先出。先进先出是一种有效的方式，也是储存管理的原则之一，它能保证每个被储物的储存期不致过长。在食品与部分消费品的仓储作业里，先进先出几乎是一致选择，其作用是保持货物永远新鲜。

（2）即进即出。它适用于高新产业，尤其是电子类的高价位商品，也适用于生鲜乳品、水果等保存条件较差的商品。它与正常仓储作业最大的差异有两点：一是即进即出作业没有“上架”“储存”的运作；二是即进即出作业在“进出”货量有差距时，必须要有一方修改单据数量使进出数量平衡，并且需将可能的耗损事前考虑进去，尤其是在对蔬果、肉类、海产品、乳品处理中，绝对要多次考虑耗损的问题并将耗损成本分摊。

5. 出货验放

出货验放的方法和拣货的方式有很大的关联。采用播种式拣货时，出货验放的工作就显得十分轻松，在“播种”完毕时只要所有的品类数量无误，出货验放的工作就完成了。反之，采用摘果式拣货的订单验放时，要睁大眼睛仔细检查数量与品类，而且一定要由专人负责。

在出货验放时，通常是以订单为准。此时应留一份有出验员签章的订单留底在货物上易于看到的位置，以利于装车人员将配送单和此订单留底一并交给司机随货送给客户。

6. 装车配送

在出货验放后，物品就可以搬运装车或配送了。消费点所在地与仓库的距离、路线是影响成本计算的最重要的两个因素，其次是配送的时间。配送的基本思路是先考虑客户（每一个配送点）对于送达时间的要求，再根据时间要求来安排路线，然后考虑车辆及货量，最后才考虑订单装车顺序。

四、库存合理化原则

1. 面向通道

为使物品出入库方便，容易在仓库内移动，物品的码放、货架的朝向应该面对通道放置。

2. 高层堆码

为有效利用库内容积，应尽可能地向高处码放。为防止破损，保证安全，应当尽可能使用棚架等保管设备。

3. 先入先出

现代社会由于商品的多样化、个性化，使用寿命普遍缩短。保管的一条重要原则是尽可能先入先出，加快周转。如将易变质、易破损、易腐败的物品以及机能易退化、老化的物品放在靠近出入口、易于作业的地方。

4. 回转对应保管

根据出库频率选定位置，出货和进货频率高的物品应放在靠近出入口、易于作业的地方；流动性差的物品放在距离出入口稍远的地方；季节性物品则依其季节特性来选定放置的场所。

5. 同一性和类似性

员工对库内物品放置位置的熟悉程度，直接影响出入库时间的长短。为提高作业效率和保管效率，同一物品或类似物品应放在同一地方或邻近地方保管，以便员工操作。

6. 重量特性和形状特性

根据物品重量安排保管的位置，即安排放置场所时，要把重的东西放在下边，把轻的东西放在货架的上边；需要人工搬运的大型物品码放在腰部以下的位置，轻型物品码放在腰部以上的位置。依据形状安排保管的方法，如标准形状商品应放在拖盘或货架上来保管，特殊形状的商品采用相应的器具保管。

7．位置标识

货物存放的场所要有明确的标识，以便于货物的查找，提高上货和取货的速度，减少差错的发生。标识的位置要便于作业人员的视觉识别。

8．网络化保管

通过网络化保管，保持网络上点与点之间货物流动的系统性和一致性，这样可以保证整个物流网络有最优的库存总水平及库存分布，将干线运输与支线末端配送结合起来，形成快速灵活的供应通道。

第五节　包装

一、包装的定义与功能

（一）包装的定义

中华人民共和国国家标准《包装术语第 1 部分：基础》（GB/T 4122.1—2008）对包装的定义为："为在流通过程中为保护产品，方便储运，促进销售，按一定技术方法而采用的容器、材料及辅助材料等的总体名称。也指为了达到上述目的而采用容器、材料和辅助材料的过程中施加一定方法等的操作活动。"

（二）包装的功能

1．保护功能

保护物品不受损伤，体现了包装的主要目的。

（1）防止物品的破损变形。这就是要求包装能承受在装卸、运输、保管等过程中的各种冲击、震动、颠簸、压缩、摩擦等外力的作用。

（2）防止物品发生化学变化，即防止物品受潮、发霉、变质、生锈等，这就要求包装能在一定程度上起到阻隔水分、潮气、光线以及空气中各种有害气体的作用，避免外界不良因素的影响。

（3）防止有害生物对物品的影响。鼠、虫及其他有害生物对物品有很大的破坏性。包装封闭不严会给细菌、虫类造成侵入之机，导致变质、腐败，特别是对食品危害性更大，鼠、白蚁等生物会直接吞噬纸张、木材等物品。

（4）防止异物流入、污物污染、物品丢失散失。

2．便利功能

物品包装具有便利流通、方便消费的功能，体现在以下三个方面。

（1）便利运输。包装起来的物品便于装载，运输途中不容易碰撞、散失、损坏。包装的规格、形状、重量与物品运输关系密切。包装尺寸与运输车辆、船、飞机等运输工具的箱、仓容积互相吻合，方便了运输，提高了运输效率。

（2）便利装卸。物品的包装便于各种装卸、搬运机械的使用，有利于提高装卸、搬运机械的生产效率。包装的规格尺寸标准化后为集合包装提供了条件，从而能极大地提高装载效率。

（3）便利储存。包装为仓库内的搬运、装卸作业提供方便；包装物本身也为物品的保管提供了条件，可以起到保护物品的作用；包装物的各种标志便于识别，易于存取和盘点，有特殊保管要求的易引起注意，为仓库的管理工作提供了便利；易于开包、便于重新打包的包装方式为验收提供了方便；包装的集合方法、定量性，对节约验收时间、加快验收速度也会起到十分重要的作用。

3．促销功能

在商业交易中促进货物销售的手段很多，其中包装的装潢设计有极其重要的地位。优美的包装能唤起人们的购买欲望，包装的外部形态是商品很好的宣传品，对顾客的购买有刺激作用。产品经过包装后，利用包装的形体及其外部印刷的文字、图案、色彩等结构造型和装潢设计来美化产品，宣传产品的性能，介绍产品的使用方法，增加产品的陈列效果，使消费者通过包装了解内装产品，对内装产品产生质量信任感，从而喜爱、购买产品。

4．信息传递

随着信息传递日益重要，对于包装物品识别的跟踪和管理已成为物流系统的量要一环。最明显的信息传递作用是识别包装的物品。信息通常包括制造厂、商品名称、容器类型、个数、通用的商品代码等。在收货入库、拣选和出运查验过程中，箱上的信息用来识别商品。同时操作人员应能从各个方向合适的距离看到标签。物流包装能在收货、储存、取货、出运的各个过程中跟踪商品。这种对商品的积极控制，减少了商品的货差。物流包装提供有关装卸和防止货损的说明书，为专门的商品装卸提出玻璃容器、温度限制、堆垛要求、潜在的环境要求等。

二、包装的种类

（一）按照包装在流通中的作用分类

1．商业包装

商业包装也叫销售包装，这种包装的目的是美化商品、宣传商品、促进销售。因此它要求使用的包装材料在性质、形态、式样等因素方面，既要能保护商品，结构造型也要便于流通；在图案、文字、色调上要能吸引消费者，包装适于顾客的购买量以及商店陈设的要求。在流通过程中，商品越接近顾客，越要求包装有促进销售的效果。

2．运输包装

它是指以强化输送、保护产品为目的的包装，要便于包装、储存和运输，以期将商品完好无损地送达目的地和消费领域。其考虑的主要问题是抵御在储运过程中温度、湿度、紫外线、雨雪等气候和自然条件因素对商品的侵害；减缓静压力、震动、冲击、摩擦等外力对商品的作用；防止商品散漏、溢泄、挥发而造成污染；便利流通环节的装卸、搬运、保管等各项作业；提高运载工具的载重力和容积；缩短各种作业时间和提高作业效率。

（二）按包装的适用广泛性分类

1．专用包装

指被包装物特点进行专门设计、专门制造只适用于某种专用产品的包装。

2．通用包装

指不进行专门设计、制造，而根据标准系列尺寸制造的包装，用于包装各种标准尺寸的产品。

（三）按包装容器分类

按包装容器的抗变形能力分为硬包装和软包装两类；按包装容器形状分为包装袋、包装箱、包装盒、包装瓶、包装罐等；按包装容器结构形式分为固定式包装和可拆卸折叠式包装；按包装容器使用次数分为一次性包装和多次周转包装。

（四）按包装技术分类

按包装层次及防护要求分为个装、内装、外装三类；按包装的保护技术分为防潮包装、防锈包装、防虫包装、防腐包装、防震包装、危险品包装等。

三、包装材料

包装材料与包装功能之间存在着不可分割的联系性、便利性等功能，为了保证和实现物品包装的保护目的，常用的包装材料有以下八种。

1．纸质包装材料

在包装材料中，纸的应用最为广泛，它的品种最多，耗量也最大。由于纸具有价格低、质地细腻均匀、耐摩擦、耐冲击、容易黏合、无毒、无味、质轻、易加工、废弃物易回收、适于包装生产的机械化等特性，纸质包装在现代包装中占有重要的地位。纸作为包装材料有纸袋、瓦楞纸箱和纸箱，其中瓦楞纸箱是颇受欢迎的纸质包装材料，因为用瓦楞纸做的纸箱具有一定的刚性，因此有较强的抗压、抗冲击能力。但是，纸的防潮、防湿性较差，这是纸质包装材料的最大弱点。

2．木材包装材料

木材包装是指以木板、胶合板、纤维板为原材料制成的包装，常用的有各种桶、笼、托盘等。由于木材作为物品的外包装材料，具有抗压、抗震等优点，木材包装至今在包装材料中仍占有十分重要的地位。但由于木材资源有限，而且用途又比较广泛，国家也限制使用木材，其作为包装材料前景不佳，使用比重也在不断下降。

3．草制包装材料

这是比较落后的包装材料，原材料来源是各种天然生的草类植物，将这些草类植物经过梳理、编织成诸如草席、蒲包、草袋等包装物。草制包装由于其防水、防潮能力较差，强度很低等原因，在物流中的作用逐渐下降，有被淘汰的趋势。

4．金属包装材料

即把金属压制成薄片用于物品包装的材料，通常有金属圆柄、白铁内罐、储气罐、金属丝、网等。目前，在世界金属包装材料中，用量最大的是马口铁（镀锡薄钢板）和金属箔两大品种。马口铁坚固、抗腐蚀、易进行机械加工，表面容易进行涂饰和印刷，尤其用马口铁制作的容器具有防水、防潮、防污染等优点。金属箔是把金属压延成很薄的物片，多用于食品包装，如糖果、肉类、奶油乳制品的包装。

5. 纤维包装材料

即用各种纤维制作的袋状包装材料，天然的纤维材料有黄麻、红麻、大麻、青麻、罗布麻、棉花等；轻工业加工提供的纤维材料包括合成树脂、玻璃纤维等。

6. 陶瓷与玻璃包装材料

玻璃具有耐风化、不变形、耐热、耐酸、耐磨等优点，尤其适合各种液体物品的包装，陶瓷、玻璃制作的包装容器容易洗刷、消毒、灭菌，同时，它们可以回收复用，有利于包装成本的降低。然而玻璃、陶瓷最大的弱点是在超过一定强度的冲击力的作用下容易破碎。

7. 合成树脂包装材料

用合成树脂制作的各种塑料容器，如塑料瓶、塑料袋和塑料箱等，在现代包装中所处的地位越来越重要。塑料包装材料有如下优点：透明，对容器内包装的物品不必开封便一目了然；有适当的强度，可以保护商品的安全；有较好的防水、防潮、防毒等性能；耐药、耐油性能；耐热、耐毒寒性能较好，对气候变化有一定的适应性；有较好的防污染能力，使包装的物资既安全又卫生，密封性能好等。合成树脂的品种超过千种，用于包装的主要有聚乙烯、聚丙烯、聚氯乙烯、聚苯乙烯、酚醛树脂、氨基塑料等十多种。

8. 复合包装材料

将两种以上具有不同特性的材料复合在一起，以改进单一包装材料的性能，发挥包装材料更多的优点。常见的复合材料有三四十种，使用最广泛的是塑料与玻璃纸复合，塑料与塑料复合，金属箔与塑料复合，金属箔、塑料、玻璃纸复合，纸张与塑料的复合等。

四、包装容器

1. 包装袋

包装袋是柔性包装中的重要一员，包装袋材料是柔性材料，有较高的韧性、抗拉强度和耐磨性。一般包装袋结构是筒管状的，一端预先封死，在包装结束后再封装另一端，包装操作一般采用充填操作。包装袋广泛适用于运输包装、商业包装、内装、外装，因而使用较为广泛。包装袋一般分成下述三种类型。

（1）集装袋。这是一种大容积的运输包装袋，盛装重量在 1 吨以上。集装袋的顶部一般装有金属吊架或吊环等，便于铲车或起重机的吊装、搬运。卸货时可打开袋底的卸货孔，即行卸货，非常方便。集装袋多用聚丙烯、聚乙烯等聚酯纤维纺织而成，适于装运颗粒状、粉状的货物。集装袋由于装卸货物、搬运都很方便，装卸效率明显提高，近年来发展很快。

（2）一般运输包装袋。这类包装袋的盛装重量是 0.5～100 千克，大部分是由植物纤维或合成树脂纤维纺织而成的织物袋，或者由几层柔性材料构成的多层材料包装袋，如麻袋、草袋、水泥袋等。主要包装粉状、粒状和个体小的货物。

（3）小型包装袋（或称普通包装袋）。这类包装袋盛装重量较小，通常用单层材料或双层材料制成。对某些具有特殊要求的包装袋也有用多层不同材料复合而成的。它的包装范围较广，液状、粉状、块状和异型物等可采用这种包装。

上述几种包装袋中，集装袋适于运输包装，一般运输包装袋适于外包装及运输包装，小型包装袋适于内装、个装及商业包装。

2. 包装盒

包装盒是介于刚性和柔性包装之间的包装容器。其包装材料有一定柔性，不易变形，而且具有较高的抗压强度，刚性高于袋装材料。包装结构是规则几何形状的立方体，也可裁制成其他形状，如圆盒状、尖角状，一般容量较小，有开闭装置。包装操作一般采用码入或装填，然后将开闭装置闭合。包装盒整体强度不大，包装量也不大，不适合做运输包装，适合做商业包装、内包装，适合包装块状及各种异形物品。

3. 包装箱

包装箱是刚性包装容器中重要的一类。包装材料为刚性或半刚性材料，有较高强度且不易变形。包装结构和包装盒相同，只是容积、外形都大于包装盒，两者通常以 10 升为分界。包装操作主要为码放，然后将开闭装置闭合或将一端固定封死。包装箱整体强度较高，抗变形能力强，包装量也较大，适合做运输包装、外包装，包装范围较广，主要用于固体杂货包装。包装箱主要有以下四种。

（1）瓦楞纸箱。瓦楞纸箱是用瓦楞纸板制成的箱形容器。瓦楞纸箱的外形结构分类有折叠式瓦楞纸箱、固定式瓦楞纸箱和异形瓦楞纸箱三种。按构成瓦楞纸箱体的材料来分类，有瓦楞纸箱和钙塑瓦楞箱。

（2）木箱。木箱是流通领域中常用的一种包装容器，其用量仅次于瓦楞纸箱。木箱主要有木板箱、框板箱、框架箱三种。

木板箱一般用作小型运输包装容器，能装载多种性质不同的物品。木板箱作为运输包装容器具有很多优点，例如，有抗拒碰裂、溃散、戳穿的性能，有较大的耐压强度，能承受较大负荷，制作方便等。但木板箱的箱体较重，体积也较大，其本身没有防水性。

框板箱是先由条木与人造板材制成箱框板，再经钉合装配而成。

框架箱是由一定截面的条木构成箱体的骨架，根据需要也可在骨架外面加木板覆盖。这类框架箱有两种形式，无木板覆盖的称为敞开式框架箱，有木板覆盖的称为覆盖式框架箱。框架箱由于有坚固的骨架结构，因而具有较好的抗震和抗扭力，有较大的耐压能力，而且其装载量大。

（3）塑料箱。一般用作小型运输包装容器，其优点是：自重轻，耐蚀性好，可装载多种商品，整体性强，强度和耐用性能满足反复使用的要求，可制成多种色彩以对装载物分类，手握搬运方便，没有木刺，不易伤手。

（4）集装箱。由钢材或铝材制成的大容积物流装运设备，从包装角度看，集装箱属于一种大型包装箱，可归属于运输包装的类别之中，也是大型反复使用的周转型包装。

4. 包装瓶

包装瓶是瓶颈尺寸有较大差别的小型容器，是刚性包装中的一种，其包装材料有较高的抗变形能力，刚性、韧性要求一般也较高。个别包装瓶材料介于刚性与柔性之间，瓶的形状在受外力时虽可发生一定程度变形，但外力一旦撤除，仍可恢复原形。包装瓶结构是瓶颈口径远小于瓶身，且在瓶颈顶部开口；包装操作是填灌操作，然后将瓶口用瓶盖封闭。

包装瓶包装量一般不大，适合美化装潢，主要做商业包装、内包装使用，主要包装液体、粉状货物。包装瓶按外形可分为圆瓶、方瓶、高瓶、矮瓶、异形瓶等若干种。瓶口与瓶盖的封盖方式有螺纹式、凸耳式、齿冠式、包封式等。

5. 包装罐

包装罐是罐身各处横截面形状大致相同，罐颈短，罐颈内径比罐身内颈稍小或无罐颈的一种包装容器，是刚性包装的一种。其包装材料强度较高，罐体抗变形能力强。包装操作是装填操作，然后将罐口封闭，可做运输包装、外包装，也可做商业包装、内包装用。包装罐主要有以下三种。

（1）小型包装罐。这是典型的罐体，可用金属材料或非金属材料制造，容量不大，一般做销售包装、内包装，罐体可采用各种方式来装饰美化。

（2）中型包装罐。它也是典型罐体，容量较大，一般做化工原材料、土特产的外包装，起运输包装作用。

（3）集装罐。这是一种大型罐体，外形有圆柱形、圆球形、椭球形等，卧式、立式都有。集装罐往往是罐体大而罐颈小，采取灌填式作业，灌进作业和排出作业往往不在同一罐口进行，另设卸货出口。集装罐是典型的运输包装，适合包装液态、粉状及颗粒状货物。

五、包装技术

为了使包装的功能得到充分的发挥，除了选用合适的包装材料外，在进行包装时，还必须根据不同的包装物，以及不同的环境选择包装技术。常见的包装技术主要有以下七种。

1. 防震保护技术

防震包装又称缓冲包装，在各种包装方法中占有重要的地位。产品从生产出来到开始使用要经过一系列的运输、保管、堆码和装卸过程，置于一定的环境之中。在任何环境中都会有力作用在产品上，并可能使产品发生机械性损坏。为了防止产品遭受损坏，就要设法减小外力的影响。所谓防震包装就是指为减缓内装物受到的冲击和振动，保护其免受损坏而采取的一定防护措施的包装。防震包装主要有以下三种方法。

（1）全面防震包装方法。全面防震包装方法是指内装物和外包装之间全部用防震材料填满进行防震的包装方法。

（2）部分防震包装方法。对于整体性好的产品和有内装容器的产品，仅在产品或内包装的拐角或局部地方使用防震材料进行衬垫即可。所用包装材料主要有泡沫塑料防震垫、充气型塑料薄膜防震垫和橡胶弹簧等。

（3）悬浮式防震包装方法。对于某些贵重易损的物品，为了有效地保证在流通过程中不被损坏，其外包装容器比较坚固，用绳、带、弹簧等将被装物悬吊在包装容器内，从而使内装物都被稳定悬吊而不与包装容器发生碰撞，减少损坏。

2. 防破损保护技术

缓冲包装有较强的防破损能力，因而是防破损包装技术中较为有效的一类。此外还可以采取以下三种防破损保护技术。

（1）捆扎及裹紧技术。通过捆扎及裹紧，使杂货、散货形成一个牢固的整体，以增加整体性，便于处理及防止散堆从而减少破损。

（2）集装技术。利用集装减少物流过程中与货体的接触防止破损。

（3）选择高强保护材料。通过外包装材料的高强度来防止内装物受外力作用破损。

3．防锈包装技术

（1）防锈油防锈蚀包装技术。大气锈蚀是空气中的氧、水蒸气及其他有害气体等作用于金属表面引起电化学作用的结果。如果使金属表面与引起大气锈蚀的各种因素隔绝（将金属表面保护起来），就可以达到防止金属大气锈蚀的目的。防锈油包装技术就是根据这一原理将金属涂封防止锈蚀的。用防锈油封装金属制品，要求油层要有一定厚度，油层的连续性好，涂层完整。不同类型的防锈油要采用不同的方法进行涂覆。

（2）气相防锈包装技术。气相防锈包装技术就是用气相缓蚀剂（挥发性缓蚀剂），在密封包装容器中对金属制品进行防锈处理的技术。气相缓蚀剂是一种能减慢甚至完全停止金属在侵蚀性介质中被破坏过程的物质，常温下即具有挥发性。它在密封包装容器中，很短的时间内挥发或升华出的缓蚀气体就能充满整个包装容器内的每个角落和缝隙，同时吸附在金属制品的表面上，从而起到抑制大气对金属锈蚀的作用。

4．防霉腐包装技术

包装防霉烂变质的措施通常是采用冷冻包装、真空包装或高温灭菌方法。冷冻包装的原理是通过减慢细菌活动和化学变化的过程，以延长储存期，但不能完全消除食品的变质可能性。高温杀菌法可消灭引起食品腐烂的微生物，可在包装过程中用高温处理防霉。有些经干燥处理的食品包装，应防止水汽侵入以防霉腐，可选择防水汽和气密性好的包装材料，采取真空和充气包装。

真空包装法也称减压包装法或排气包装法。这种包装可阻挡外界的水汽进入包装容器内，也可防止在密闭的防潮包装内部存有的潮湿空气在气温下降时结露。采用真空包装法，要注意避免过高的真空度，以防损伤包装材料。

防止运输包装内货物发霉，还可使用防霉剂。防霉剂的种类很多，用于食品的包装时必须选用无毒防霉剂。机电产品的大型封闭箱，可采用酌情开设通风孔或通风窗等相应的防霉措施。

5．防虫包装技术

防虫包装技术常用的是驱虫剂，即在包装中放入有一定毒性和臭味的药物，利用药物在包装中挥发气体杀灭和驱除各种害虫，常用驱虫剂有萘、对位二氯化苯、樟脑精等。也可采用真空包装、充气包装、脱氧包装等技术，使害虫无生存环境，从而防止虫害。

6．危险品包装技术

危险品有上千种，按其危险性质，交通运输及公安消防部门规定将其分为十大类，即爆炸性物品、氧化剂、压缩气体和液化气体、自燃物品、遇水燃烧物品、易燃液体、易燃固体、毒害品、毒蚀性物品、放射性物品等，有些物品同时具有两种或两种以上危险性能。

对有毒商品的包装要有明显的有毒标志。防毒的主要措施是包装严密不漏气、不透气。例如重铬酸钾（红矾钾）和重铬酸钠为红色的透明结晶，有毒，应用坚固桶包装，桶口要严密不漏，制桶的铁板厚度不能小于 1.2 毫米。有机农药类的商品应装入沥青麻袋，缝口严密不漏，如用塑料袋或沥青纸袋包装的，外面应再用麻袋或布袋包装。

对于腐蚀性的商品，要注意防止商品和包装容器的材质发生化学变化。金属类的包装容器，要在容器壁涂上涂料，防止腐蚀性商品对容器的腐蚀。例如，包装合成脂肪酸的铁桶内壁要涂有耐酸保护层，防止铁桶被商品腐蚀。

对黄磷等易自燃商品的包装，宜将其装入壁厚不小于 1 毫米的铁桶中，桶内壁须涂耐酸保护层，桶内盛水，并使水面浸没商品，桶口严密封闭，每桶净重不超过 50 千克。包装易引起燃烧的物品，如碳化钙，遇水即分解并产生易燃乙炔气，对其应用坚固的铁桶包装，桶内充入氮气。如果桶内不充氮气，则应装置放气活塞。

对于易燃、易爆商品，防爆炸包装的有效方法是采用塑料桶包装，然后将塑料桶装入铁桶或木箱中，每件净重不超过 50 千克，并应有自动放气的安全阀，当桶内达到一定气体压力时能自动放气。

7. 特种包装技术

（1）充气包装。充气包装是采用二氧化碳或氮气等不活泼气体置换包装容器中空气的一种包装方法，因此也称为气体置换包装。这种包装方法是根据好氧性微生物需氧代谢的特性，在密封的包装容器中改变气体的组成成分，降低氧气的浓度，抑制微生物的生理活动、酶的活性和鲜活商品的呼吸强度，达到防霉、防腐和保鲜的目的。

（2）真空包装。真空包装是将物品装入气密性容器后，在容器封口之前抽成真空，使密封后的容器内基本没有空气的一种包装方法。一般的肉类商品、谷物加工商品以及某些容易氧化变质的商品都可以采用真空包装。真空包装不但可以避免或减少脂肪氧化，而且能够抑制某些霉菌和细菌的生长。同时在对其进行加热杀菌时，由于容器内部气体已排出，因此加速热量的传导，提高了高温杀菌效率，也避免了加热杀菌时由于气体的膨胀而使包装容器破裂。

（3）收缩包装。收缩包装就是用收缩薄膜裹包物品（或内包装件），然后对薄膜进行适当加热处理，使薄膜收缩而紧贴于物品（或内包装件）的包装方法。收缩薄膜是一种经过特殊拉伸和冷却处理的聚乙烯薄膜，由于薄膜在定向拉伸时产生残余收缩应力，这种应力受到一定热量后便会消除，从而使其横向和纵向均发生急剧收缩，同时使薄膜的厚度增加，通常收缩力在冷却阶段达到最大值，并能长期保持收缩状态。

（4）拉伸包装。拉伸包装是 20 世纪 70 年代开始采用的一种新包装技术，它是由收缩包装发展而来的。拉伸包装是依靠机械装置在常温下将弹性薄膜围绕被包装件拉伸、紧裹，并在其末端进行封合的一种包装方法。由于拉伸包装不需要加热，所以消耗的拉伸包装可以捆包单件物品，也可用于只有收缩包装的托盘包装之类的集合包装。

（5）脱氧包装。脱氧包装是继真空包装和充气包装之后出现的一种新型除氧包装方法。脱氧包装是在密封的包装容器中，使用能与氧气起化学作用的脱氧剂除去包装容器中的氧气，以达到保护内装物的目的。脱氧包装方法适用于某些对氧气特别敏感的物品，适用于那些即使只有微量氧气也会致使品质变坏的食品包装中。

六、集合包装

1. 集合包装的概念

集合包装就是将运输包装货件成组化，集装为具有一定体积、重量和形态的货物装载单元。集合包装包括初兴起和亟待开发的托盘包装、滑板包装、无托盘包装。集合包装是以托盘、滑板为包装货件群体的基座垫板，或者利用包装货件堆垛形式，以收缩、拉伸薄膜紧固，构成具有采用机械作业叉孔的货物载荷单元。由于集合包装可以集装运输乃至货架陈列，所以可以销售具备单件运输包装的货物。将品种繁多、形状不同、体积各异、重量不等的单件包装货物的箱、桶、袋、包等，一件件用托盘或滑板组成集合装载单元，并采用各种材料和技术措施，使包装货件固定于垫板上，将垫板连同其所集装的包装货物载荷单元，牢固地组合成集合包装整体。可以用叉车等机械进行装卸、搬运和实现集装单元化"门对门"运输，从而使包装方式与物流方式融合为一体，达到物流领域集合包装与集装单元化运输方式的统一。

集合包装的体积一般为1立方米，重量一般在500千克至2吨。有些货物，如木材、钢材等集合包装的重量达5吨以上。

集合包装是现代化的包装方法，是包装货件物流合理化、科学化、现代化的方式之一。发展集合包装是世界各国包装货物运输共同的发展趋势。

2．集合包装的主要方式

（1）托盘包装，是为了有效地装卸、运输、保管，将其按一定的数量组合放置于一定形状的台面上，这种台面有供叉车从下部插入并将台板托起的插入口。以这种结构为基本结构的平板台板和在这种基本结构基础上形成的各种形式的集装器具都叫托盘包装。

（2）集装箱包装，是一种用于货物运输、便于用机械装卸的集合包装。集装箱适合多种运输工具使用，是一个大型包装箱，具有安全、迅速、简便、节省等优点。集装箱运输是一种较好的运输方式。

七、包装标准化和合理化

1．包装标准化

在包装标准体系中，可分为普通货物包装与危险货物包装两大部分。鉴于危险货物性质特殊，重点考虑安全需要，在第二次世界大战后，联合国危险品运输专家委员会集各国运输经验和研究成果编纂成的《危险货物运输建议》，几经修改日臻成熟，又经各国际运输（海运、空运、铁路）组织加以实践应用，纳入各自特点与要求，已为各国政府正式接受。

在普通货物方面，国际标准化组织（ISO）和另一与包装关系密切的国际电工委员会（IEC）为促进全世界范围内标准化工作的发展、促进国际物资交流和互助，均以推荐形式发布ISO和IEC的标准，受到世界各国重视。发达国家不仅积极采用国际标准，而且其区域标准、行业标准与企业标准越往下的要求越高，以保持其商品的竞争能力和垄断地位。我国也制定有大量的普通货物包装标准，特别是各行业标准对产品的包装均相当重视，提出了相应的包装要求和规定。

2．包装合理化

研究商品包装的目的是寻求商品包装的正确选优和开发，其最终目标是寻求商品包装的合理化。包装合理化是物流合理化的组成部分。从物流的角度看，包装合理化不仅仅是包装本身合理化的问题，而是在整个物流大环境下的包装合理化。

包装合理化一方面包括包装总体的合理化，这种合理化往往用整体物流效益与微观包装效益统一来衡量；另一方面也包括包装材料、包装技术、包装方式的合理组合及运用。从多个角度来考察，包装合理化应满足多方面的要求。因此，我们在进行包装合理化的过程中应注意以下七个方面的问题。

（1）包装应妥善保护内装商品，使其质量不受损伤。这就要制定相应的适宜标准，使包装物的强度恰到好处地保护商品免受损伤。除了要在运输装卸时经得住冲击、震动之外，还要具有防潮、防水、防霉、防锈等功能。

（2）包装材料和包装容器应当安全无害。包装材料要避免有聚氯联苯之类的有害物质，包装容器的造型要避免对人造成伤害。

（3）包装容量要适当，便于装卸。不同的装卸方式决定包装的容量有所差别。例如，在采用人工操作装卸方式的情况下，包装的质量必须限制在手工装卸的允许能力范围内，包装的外形及尺寸也应适于人工操作。在工人权力和健康受保护的今天，为减轻工人体力消耗，包装的质量一般应控制在工人体重的 40%较为科学，即男劳动力 20～25 千克，女劳动力 15～20 千克比较合适。当然，这并不等于说包装的质量越轻越好。包装质量太轻，工人的装卸频率要增加，也容易引起疲劳降低效率。同时，对于过轻包装，工人往往将两个合并操作，也更容易造成损失。如果采用机械装卸，包装的尺寸和质量都可大大增加。如采用集装箱做外包装，质量可达 600 千克以上。

（4）对包装容器的内装物要有确切的标志或说明。商品包装物上关于商品质量、规格的标志或说明，要能贴切地表示内装物的性状，尽可能采用条码，便于出入库管理、保管期间盘点及销售统计。

（5）包装内商品外围空闲容积不应过大。为了保护内装商品，难免会使内装商品的外围产生某种程度的空闲容积，但合理包装要求空闲容积减小到最低限度，防止过大包装。由于商品的性能、形状及包装功能的不同，关于包装物内部的空闲容积率，也很难定出一个统一的要求，但可以考虑一个适宜的限度，对于不同类的商品要分别规定相应的空闲容积率。一般情况下，空闲容积率最好降到 20%以下。对于混装的、形状特殊的和易损坏的商品，超过这一标准，只要是合理的，也是可以允许的。另外，有些商品空闲容积率低于 5%，但不合乎合理包装的要求，也是不能被允许的。

（6）包装费用要与内装商品相适应。包装费用应包括包装本身的费用和包装作业的费用。包装费用必须与内装商品相适应，但不同商品对包装要求也不同，所以包装费用占商品价格的比例是不相同的。一般来说，对于普通商品，包装费用应低于商品售价的 15%，这只是一个平均比例。例如，有些包装如金属罐，发挥的作用大，已成为商品的一部分，包装费用的比例超过 15%也是合理的；手纸的包装，发挥的作用小，即使包装费用比例不超过 15%，也有不合理的可能。

（7）包装要便于回收利用或废弃物的治理。包装应设法减少其废弃物数量，在制造和销售商品时，就应注意包装容器的回收利用或其成为废弃物后的治理工作。可循环使用包装的运用，有利于减少污染及浪费。但可循环使用包装目前由于包装材料成本高、空包装回收困难等原因，还没有为大多数企业所接受。

第六节 流通加工

一、流通加工的概念、地位及作用

1．流通加工的概念

流通加工是流通中的一种特殊形式。商品流通是以货币为媒介的商品交换，它的重要职能是将生产及消费（或再生产）联系起来，起“桥梁和纽带”作用，完成商品所有权和实物形态的转移。因此，流通与流通对象的关系，一般是保持流通对象的已有形态，完成空间的位移，实现其“时间效用”和“空间效用”。流通加工则与此有较大的区别，总的来说，流通加工在流通中，仍然和流通总体一样起“桥梁和纽带”作用。但是，它却不是通过“保护”流通对象的原有形态而实现这一作用的，它是和生产一样，通过改变或完善流通对象的原有形态来实现“桥梁和纽带”作用的。

流通加工是在物品从生产领域向消费领域流动的过程中，为了促进销售、维护产品质量和提高物流效率，对物品进行加工，使物品发生物理或化学变化的环节。

2．流通加工的地位

（1）流通加工有效地完善了流通。流通加工在实现时间、空间两个重要效用方面，确实不能与运输和储存相比，因而，不能认为流通加工是物流的主要功能要素。流通加工的普遍性也不能与运输、储存相比，流通加工不是所有物流中必然会出现的。但绝不是说流通加工不重要，实际上它也是不容轻视的，是起着补充、完善、提高、增强作用的功能要素，它有运输、储存等其他功能要素无法起到的作用。所以，流通加工的地位可以说是提高物流水平、促进流通向现代化发展的不可缺少的形态。

（2）流通加工是物流中的重要利润源。流通加工是一种低投入高产出的加工方式，往往以简单加工解决大问题。实践证明，有的流通加工通过改变装潢使商品档次跃升而充分实现其价值，有的流通加工能将产品利用率一下子提高，这是采取一般方法提高生产率所难以企及的。根据我国近年来的实践，流通加工向流通企业提供的利润绝不亚于企业从运输和储存中挖掘的利润，故它是物流中的利润源。

（3）流通加工在国民经济中也是重要的加工形式。在整个国民经济的组织和运行方面，流通加工是其中一种重要的加工形态，对推动国民经济的发展、完善国民经济的产业结构和生产分工有一定的意义。

3．流通加工的作用

（1）提高原材料利用率。利用流通加工环节进行集中下料，是将生产厂直运来的简单规格产品，按使用部门的要求进行下料。例如将钢板进行剪板、切裁；钢筋或圆钢裁制成毛坯；木材加工成各种长度及大小的板材等。集中下料可以优材优用、小材大用、合理套裁，有很好的技术经济效果。

（2）进行初级加工，方便用户。用量小或临时需要的使用单位往往缺乏进行高效率初级加工的能力，依靠流通加工可省去使用单位进行初级加工的投资从而搞活供应，方便了用户。

目前发展较快的初级加工有：将水泥加工成生混凝土，将原木或板方材加工成门窗、冷拉钢筋及冲制异型零件，钢板预处理、整形、打孔等加工。

（3）提高加工效率及设备利用率。由于建立集中加工点，流通加工可以采用效率高、技术先进、加工量大的专门机具和设备。这样做的好处是：提高了加工质量，提高了设备利用率，提高了加工效率。其结果是降低了加工费用及原材料成本。

（4）充分发挥各种输送手段的最高效率。流通加工环节将实物的流通分成两个阶段。一般来说由于流通加工环节设置在消费地，因此，从生产到流通加工第一阶段输送距离长，而从流通加工到消费环节的第二阶段距离短。第一阶段是在数量有限的生产厂与流通加工点之间进行定点、直达、大批量的远距离输送，可以采用船舶、火车等运载力大的运输工具；第二阶段是利用汽车和其他小型车辆输送经过流通加工后的多规格、小批量、多用户的产品。这样可以充分发挥各种输送手段的最高效率，加快输送速度，节省运力运费。

（5）改变功能，提高收益。在流通过程中进行一些改变产品某些功能的简单加工，其目的还在于提高产品销售的经济效益。所以，在流通领域中，流通加工可以成为高附加价值的活动。这种高附加价值的形成，主要是着眼于满足用户的需要，通过提高服务功能而取得的，是贯彻物流战略思想的表现，是一种低投入、高产出的加工形式。

二、流通加工的主要形式

1．钢板剪板

热轧钢板和钢带、热轧厚钢板等板材最大交货长度常可达 7～12 米，有的是成卷交货，对于使用量不大的企业来讲，单独设置剪板、下料的设备会导致闲置时间长、人员浪费大。流通加工点进行钢板的剪板及下料加工可以有效地解决上述弊病。

剪板加工是在固定地点设置剪板机进行下料加工或设置切割设备将大规格钢板裁小，或切裁成毛坯，降低销售起点，便利用户。

2．集中开木下料

在流通加工点将原木锯截成各种规格锯材，同时将碎木、碎屑集中加工成各种规格板材，甚至还可进行打眼、凿孔等初级加工。过去用户直接使用原木不但加工复杂、加工场地大、加工设备多，更严重的是资源浪费大，木材平均利用率不到 50%，平均出材率不到 40%。若实行集中下料，按用户要求供应规格料，可以使原木利用率提高到 95%，出材率提高到 72%左右，有相当大的经济效益。

3．组装加工

自行车及机电设备储运难度较大，主要原因是其不易进行包装，如进行防护包装，包装成本过大，而且运输装载困难，装载效率低，流通损失严重，但是，这些货物有一个共同点，即装配较简单，装配技术要求不高，主要功能已在生产中形成，装配后不需进行复杂的检测调试。所以，为解决储运问题，降低储运费用，采用半成品（部件）高容量包装出厂，在消费地拆箱组装的方式。组装一般由流通部门在所设置的流通加工点进行，组装之后随即进行销售。

4．配煤加工

在使用地区设置集中加工点，将各种煤及其他一些发热物质，按不同配方进行掺配加工，生产出各种不同发热量的燃料，称作配煤加工。这种加工方式可以按需要发热量来生产和供应燃料，防止热能浪费，或出现由于发热量过小而不能满足使用要求的情况。工业用煤经过配煤加工还可以起到便于计量控制、稳定生产过程的作用，具有经济及技术价值。

5. 冷冻加工

为解决鲜肉、鲜鱼在流通中的保鲜及装卸搬运问题，采取低温冻结的加工方式。这种方式也用于某些液体商品、药品等。

6. 精制加工

精制加工是在产地或销售地设置加工点，去除无用部分，甚至可以进行切分、洗净、分装等加工。这种加工不但大大方便了购买者，而且还可以对加工的淘汰物进行综合利用。例如，鱼类的精制加工所剔除的内脏可以制成某些药物或饲料，鱼鳞可以制成高级黏合剂，头尾可以制成鱼粉等；蔬菜的加工剩余物可以制成饲料、肥料等。

7. 分选加工

农副产品规格、质量离散情况较大，为获得一定规格的产品，采取人工或机械分选的方式加工称为分选加工，这种方式广泛用于果品、粮食、棉花、皮毛原料等。

8. 分装加工

许多生鲜食品零售起点较小，为保证高效输送出厂，包装较大，也有一些是采用集装运输方式运达销售地区的。为了便于销售，在销售地区按所要求的零售起点进行新的包装，即大包装改小包装、散装改小包装、运输包装改销售包装，这种方式称分装加工。

三、流通加工合理化

流通加工是流通领域中对生产的辅助性加工，从某种意义上讲，它不仅是生产过程的“延续”，实际上更是生产本身或生产工艺在流通领域的延续。这个延续可能有正、反两方面的作用，即一方面可能有效地起到补充完善的作用，另一方面可能是对整个过程的负效应。各种不合理的流通加工都会产生抵消效益的负效应。

1. 不合理流通加工的形式

（1）流通加工地点设置不合理。流通加工地点设置是决定整个流通加工是否有效的重要因素。一般而言，流通加工应设置在进入社会物流之前的产出地，如果将其设置在物流之后的消费地，则不但不能解决物流问题，而且在流通中增加了一个中转环节，因而是不合理的。

（2）流通加工方式选择不当。流通加工方式包括流通加工对象、流通加工工艺、流通加工技术、流通加工程度等。流通加工不是对生产加工的代替，而是一种补充和完善。一般而言，可以由生产过程延续或轻易解决的都不宜再设置流通加工。流通加工方式选择不当，会出现与生产夺利的情况。

（3）流通加工作用不大，形成多余环节。有的流通加工过于简单，或对生产及消费者作用都不大，成了多余环节。这也是流通加工不合理的重要表现形式。

（4）流通加工成本过高。流通加工成本过高，没有经济性，也是流通加工不合理的一种形式。

2. 流通加工合理化的举措

流通加工合理化是指实现流通加工的最优配置，不仅做到避免各种不合理现象，使流通加工有存在的价值，而且做到最优的选择。为避免各种不合理现象，实现流通加工合理化主要需考虑以下五方面。

（1）加工和配套结合。在对配套要求较高的流通中，配套的主体来自各个生产单位，但是，有时完全配套无法全部依靠现有的生产单位完成。进行适当的流通加工，可以有效促成配套，大大增强流通的桥梁与纽带作用。

（2）加工和配送结合。这是将流通加工设置在配送点中，一方面按配送的需要进行加工，另一方面加工又是配送业务流程中分货、拣货、配货的一个环节，加工后的产品直接投入配货作业。这就无须单独设置一个加工的中间环节，使流通加工有别于独立的生产，而使流通加工与中转流通巧妙地结合在一起。同时，由于配送之前有加工，可使配送服务水平大大提高。这是当前重要的流通加工形式，在煤炭、水泥等产品的流通中已表现出较大的优势。

（3）加工和合理运输结合。流通加工能有效衔接干线运输与支线运输，促进两种运输形式的合理化。利用流通加工，在支线运输转干线运输或干线运输转支线运输时原来需要停顿的环节，不进行一般的支转干或干转支，而是按干线或支线运输的要求进行适当加工，从而大大提高运输及运输转载水平。

（4）加工和合理商流相结合。通过加工有效促进销售，使商流合理化，也是流通加工合理化的考虑方向之一。加工和配送的结合，提高了配送水平，强化了销售，是加工与合理商流相结合的一个成功的例证。此外，通过简单地改变包装加工，形成方便的购买量；通过组装加工解除用户使用前进行组装、调试的难处，都能有效地促进商流。

（5）加工和节约相结合。节约能源、节约设备、节约人力、节约耗费是流通加工合理化重要的考虑因素，也是目前我国设置流通加工，考虑其合理化的较普遍形式。

第七节 装卸搬运

一、装卸搬运的概念

在同一地域范围内（如车站范围、工厂范围、仓库内部等）把改变“物”的存放、支承状态的活动称为装卸，以改变“物”的空间位置的活动称为搬运，两者全称装卸搬运。某些时候或在特定场合，单称“装卸”或单称“搬运”也包含了“装卸搬运”的完整含义。在习惯使用中，物流领域（铁路运输）常将装卸搬运这一整体活动称作“货物装卸”。在生产领域中常称之为“物料搬运”。在实际操作中，装卸与搬运是密不可分的，因此，在物流科学中并不过分强调两者的差别而是将两者作为一种活动来对待。

在物流过程中，装卸活动是不断出现和反复进行的，它出现的频率高于其他各项物流活动，每次装卸活动所消耗的人力也很多，所以装卸费用在物流成本中所占的比重也较高。以我国为例，铁路运输的始发和到达的装卸作业费占运费的20%左右，船运此类装卸作业费占40%左右。据统计，火车货运以500公里为分界点，运距超过500公里，运输在途时间多于起止的装卸时间；运距低于500公里，装卸时间则超过实际运输时间。再如，美国与日本之间的远洋船运一个往返需 25 天，其中运输时间 13 天，装卸时间 12 天。此外，进行装卸操作时往往需要接触货物，因此，这也是在物流过程中造成货物破损、散失、损耗、混合等损失的主要环节。为提高物流速度、降低物流成本、减少物流过程损耗，我们应加强对装卸搬运的组织设计和搬运机械的操作管理。

二、装卸搬运方式

1. 按装卸搬运施行的物流设施、设备对象分类

依此可分为仓库装卸、铁路装卸、港口装卸、汽车装卸、飞机装卸等。仓库装卸配合出库、入库、维护保养等活动进行，并且以堆垛、上架、取货等操作为主。铁路装卸是对火车车皮的装进及卸出，特点是一次作业就需实现一车皮的装进或卸出，很少有像仓库装卸时出现的整装零卸或零装整卸的情况。港口装卸包括码头前沿的装船，也包括后方的支持性装卸搬运，有的港口装卸还采用小船在码头与大船之间“过驳”的办法，因而其装卸的流程较为复杂，往往经过几次装卸及搬运作业才能最后实现船与陆地之间货物过渡的目的。汽车装卸一般一次装卸批量不大，由于汽车的灵活性，可以减少或完全省去搬运活动，而直接、单纯利用装卸作业达到车与物流设施之间货物过渡的目的。

2. 按装卸搬运的作业方式分类

依此可分为吊上吊下装卸、叉上叉下装卸、滚上滚下装卸、移上移下装卸、散装散卸等。吊上吊下装卸是采用各种起重机械从货物上部起吊，依靠起吊装置的垂直移动实现装卸，并在吊车运行的范围内或回转的范围内实现搬运。由于吊起及放下属于垂直运动，这种装卸方式属垂直装卸。叉上叉下装卸是采用叉车从货物底部托起货物，并依靠叉车的运动进行货物位移，搬运完全靠叉车本身，货物可不经中途落地直接放置到目标位置。这种方式垂直运动不大而主要是水平运动，属水平装卸方式。滚上滚下装卸主要是指港口装卸的一种水平装卸方式，利用叉车或半挂车、汽车承载货物，连同车辆一起开上船，到达目的地后再从船上开下，称“滚上滚下”装卸。滚上滚下方式需要有专门的船舶，对码头也有不同要求，这种专门的船舶称“滚装船”。滚装方式在铁路运输领域也有采用，如货运汽车或集装箱直接开上火车皮进行运输，到达目的地再从车皮上开下的方式，又称为驮背运输。移上移下装卸是在两车之间（如火车及汽车）进行靠接，然后利用各种方式，不使货物垂直运动，而靠水平移动从一车辆上推移到另一车辆上。移上移下方式需要使两种车辆水平靠接，因此，对站台或车辆货台需进行改变并配合移动工具实现这种装卸。散装散卸是对散装物进行装卸。一般从装点直到卸点，中间不再落地，这是集装卸与搬运于一体的装卸方式。

3. 按被装物的主要运动形式分类

可分为垂直装卸、水平装卸。

4. 按装卸搬运对象分类

可分为散件货物装卸、单件货物装卸、集装货物装卸。

5. 按装卸搬运特点分类

可分为连续装卸和间歇装卸。连续装卸主要是同种大批量散装或小件杂货通过连续输送机械连续不断地进行作业，中间无停顿，货物无间隔。在装卸量较大、货物对象不易形成大包装的情况下适用这一方式。间歇装卸有较强的机动性，装卸地点可在较大范围内变动，主要适用于货流不固定的各种货物，尤其适用于包装货物、大件货物，散粒货物也可采取此种方式。

三、装卸搬运的原则

1. 减少环节，装卸程序化

装卸搬运活动本身并不增加货物的价值和使用价值，相反地却增加了货物损坏的可能性和成本。因此，首先应从研究装卸搬运的功能出发，分析各项装卸搬运作业环节的必要性，千方百计地合并、取消装卸搬运作业的环节和次数，减少重复无效、可有可无的装卸搬运作业。例如，车辆不经换装直接过境，大型的发货点铺设专用线，门到门的集装箱联运等，都可以大幅度减少装卸环节和次数。必须进行的装卸搬运作业，应尽量做到不停顿、不间断，像流水一样地进行。工序之间要紧密衔接，应当选择最短的直线作业路径，消灭迂回和交叉，要按流水线形式组织装卸作业。例如，铁路车辆的装卸，可组织一条流水线；船舶的装卸，根据吨位的大小，采用流水线作业。装卸搬运作业流程尽量简化，作业过程不要移船、调车，以免干扰装卸作业的正常进行。必须进行换装作业的，尽量使货物不落地，直接换装，以减少装卸次数，简化装卸程序等。

2. 文明装卸，运营科学化

杜绝“野蛮装卸”是文明装卸的重要标志。在装卸搬运作业中，要采取措施保证货物完好无损，保障作业人员人身安全，坚持文明装卸。同时，不因装卸搬运作业而损坏装卸搬运设备和设施、运载与储存设备和设施等。

由于装卸搬运作业而造成各种环境污染的，应采取措施使其污染限制在有关标准的范围内；各种装卸搬运作业一定要按工艺要求，缓起轻放，不碰不撞；堆码定型化，重不压轻，货物标志面放置在外；通道和作业场地的各种标志要明显；设备安全装置和安全标示要齐全、有效；装卸搬运职工按劳动保护要求，配备整洁美观的工作服装，体力劳动、脑力劳动强度和负荷都应控制在合理的生理范围内，并在组织装卸搬运作业时，其作业环境的色调、光线、温湿度、卫生状况等要符合人体工程学、劳动心理学的科学原理。

装卸搬运设备和设施的负荷率和繁忙程度要合理，应控制在设计的范围之内，严禁超载运转；能源消耗和成本要达到合理甚至先进水平；设备与设施采用科学的综合管理和预修保养制度，按照经济合理的原则，确定设备和设施的寿命周期，及时更新改造，设备和设施都应有合理的储备能力，留有发展的潜力。同时，要改变装卸搬运只是一种简单的体力劳动这一过时观念，积极推行全面质量管理等现代化管理方法，使装卸搬运作业的运营组织工作从经验管理上升到科学管理。

3. 集中作业，集装散装化

集中作业是指在流通过程中，按照经济合理原则，适当集中货物，使其作业量达到一定的规模，为实现装卸搬运作业机械化、自动化创造条件。只要条件允许，流通过程中的装载点和卸载点应当尽量集中；在货场内部，同一类货物的作业应尽可能集中，建立相应的专业协作区、专业码头区或专业装卸线；一条作业线能满足车船装卸作业的平时指标需求，就不采取低效的多条作业线方案；在铁路运输中，关闭业务量很小的中间小站的货运装卸作业，建立厂矿、仓库共用专用线等，都是采用集中作业的措施。成件货物集装化作业，粮谷、盐、糖、水泥、化肥、化工原料等粉粒状货物散装化作业，是装卸搬运作业的两大发展方向。实际上，集装化和散装化也是一种集中作业形式，以便把小件集中为大件，提高装卸作业效率。所以，各种成件货物应尽可能集装成集装箱、托盘、货捆、网袋等货物单元，然后装卸搬运；各种粉粒状货物应尽可能散装入专用车、船、库，以提高装卸搬运效率。

4. 省力节能，努力促"活化"

节约劳动力，降低能源消耗，是装卸搬运作业的最基本要求。因此，要求作业场地尽量坚实平坦，这对节省劳力和减少能耗都起作用；在满足作业要求的前提下，货物净重与货物单元毛重之比尽量接近一，以减少无效劳动；尽量采取水平装卸搬运和滚动装卸搬运，达到省力的效果。

提高货物装卸搬运的灵活性，这也是对装卸搬运做出的基本要求。装卸搬运作业的灵活性是指货物的存放状态对装卸搬运作业的方便难易程度，亦称为货物的"活性"。在物流过程中，为了对货物活性进行度量，常用"活性指数"来表示，它表明货物装卸搬运的方便程度。我们把作业中的某一步作业比它前一步作业的活性指数高的情形，即该项作业比它前一项作业更便于装卸搬运的状况称为"活化"。因此，对装卸搬运工艺的设计，应使货物的活性指数逐步增加，要努力促"活化"。

5. 兼顾协调，通用标准化

装卸搬运作业既涉及物流过程的其他各环节，又涉及它本身的工艺过程各工序、各工步以及装卸搬运系统各要素。因此，装卸搬运作业与其他物流活动之间，装卸搬运作业本身各工序、各工步之间，以及装、卸、搬、运之间和系统内部各要素之间，都必须相互兼顾、协调统一，这样才能发挥装卸搬运系统整体功能。例如，铁路车站在实践中总结的"进货为装车做准备，装车为卸车做准备，卸车为出货做准备"的作业原则，正是这种兼顾协调原则的体现和应用。

标准化是对重复事物和概念经过判定后发布标准，达到统一，以获得最佳的秩序和社会效益。标准化往往与系列化、通用化相联系。装卸搬运标准化是对装卸搬运的工艺、作业、装备、设施、货物单元等所制定、发布的统一标准。装卸搬运标准化对促进装卸搬运合理化起着重要作用，它又是实现装卸搬运作业现代化的前提。

6. 巧装满载，安全效率化

运载工具满载和库容的充分利用是提高运输和存储的效益和效率的主要因素之一，在运量大于运能、储量大于库容的情况下尤为重要。所以，装卸搬运时，要根据货物的轻重、大小、形状、物理化学性质，以及货物的去向、存放期限、车船库的形式等，采用恰当的装卸方式，巧妙配装，使运载工具满载，库容得到充分利用，以提高运输、存储效益和效率。为了保证运输储存安全，在装载时要采取一定的方法保持货物稳固，以防止运输或储存过程中所产生的各种外力的破坏，如纵向、横向、垂直惯性力以及风力、重力、摩擦力等。

运输工具、集装工具、仓库地面、货架等既要求满载，以提高其利用率和效率，又要在所承载能力有一定限制的情况下，采取一定的方法，使装货载荷均匀地分布在承受的载面上，这样可以保证运输、装卸搬运设备和仓储设施的安全，并能达到延长使用寿命的目的。

第八节 物流信息管理

一、物流信息概述

（一）物流信息的概念

物流信息是反映物流各种活动内容的知识、资料、图像、数据和文件的总称。物流信息是物流活动中各个环节生成的信息，一般是随着从生产到消费的物流活动而产生的信息流，与物流过程中的运输、保管、装卸、包装等各种功能有机结合在一起，是整个物流活动顺利进行所不可缺少的物流资源。

现代物流的重要特征是物流的信息化，现代物流也可看作是物资实体流通与信息流通的结合。在现代物流运作过程中，通过使用计算机技术、通信技术、网络技术等技术手段，大大加快了物流信息的处理和传递速度，从而使物流活动的效率和快速反应能力得到提高。建立和完善物流信息系统，对于构筑物流系统，开展现代物流活动是极其重要的一项工作内容。物流信息在物流系统中，既如同其他物流功能一样表现成其子系统，但又不同于其他物流功能，它总是伴随其他物流功能的运行而产生，又不断对其他物流以及整个物流系统起支持保障作用。

（二）物流信息的内容

物流信息包括物流系统内信息和物流系统外信息两部分。

1．物流系统内信息

物流系统内信息是指与物流活动（如运输、保管、包装、装卸、配送、 流通加工等）有关的信息。它是伴随着物流活动过程发生的。在物流活动的管理与决策中，运输工具的选择、运输线路的确定、在途货物的追踪、仓库的有效利用、订单管理等，都需要详细准确的物流信息，因为物流信息对运输管理、库存管理、订单管理等物流活动具有支持保证的功能。

2．物流系统外信息

物流系统外信息是在物流活动以外发生的，但提供给物流使用的信息，包括供货人信息、顾客信息、订货合同信息、交通运输信息、市场信息、政策信息，还有来自企业内生产、财务等部门的与物流有关的信息。

（三）物流信息的特征

物流信息与其他信息相比具有以下三个特征。

1．信息量大

物流信息随着物流活动以及商品交易活动的展开而大量发生，多品种少批量生产和多频度小数量配送使库存、运输等物流活动的信息大量增加。零售商广泛应用销售时点信息系统（Point Sale System，POS）系统读取销售时点的商品价格、品种、数量等即时销售信息，并对这些销售信息加工整理，通过电子数据交换（Elecfronic Data Interchange，EDI）向相关企业传送。同时，为了使库存补充作业合理化，许多企业采用电子订货系统（Electronic Ordering System，EOS）。随着企业间合作趋势的增强和信息技术的发展，物流信息的信息量将会越来越大。

2．更新快

多品种少量生产，多频度小数量配送，利用 POS 系统的即时销售使得各种作业活动频繁发生，从而要求物流信息不断更新，而且更新的速度越来越快。

3．来源多样化

物流信息不仅包括企业内部的物流信息（如生产信息、库存信息等），而且包括企业间的物流信息和与物流活动有关的基础设施的信息。企业竞争优势的获得需要供应链各参与企业之间相互协调合作。协调合作的手段之一是信息及时交换和共享。现在，越来越多的企业力图使物流信息标准化和格式化，并利用 EDI 在相关企业间进行传送，实现信息共享。

二、物流信息系统概述

（一）物流信息系统概念

物流信息系统是把物流和物流信息结合成一个有机的系统，用各种方式选择收集输入物流计划的、业务的、统计的各种有关数据，经过有针对性、有目的的计算机处理，即根据管理工作的要求，采用特定的计算机技术，对原始数据处理后输出对管理工作有用的信息的一种系统。

从物流信息系统来说，信息和物流是同时进行的，其关键是两者内容相一致。为此，必须信息先行，信息跟不上，就什么都谈不上。

物流信息系统所要解决的问题主要有以下八个。

（1）缩短从接受订货到发货的时间。

（2）库存适量化（压缩库存并防止脱销）。

（3）提高搬运作业效率。

（4）提高运输效率。

（5）使接受订货和发出订货更为省力。

（6）提高接受订货和发出订货的精度。

（7）防止发货、配货出现差错。

（8）调整需求和供给。

（二）建立物流信息系统的意义

现代物流管理以信息为基础，因而建立物流信息系统越来越具有战略意义。

（1）在企业日益重视经营战略的情况下，物流信息系统是必要的，不可缺少的。具体来说，为确保物流竞争优势，建立将企业内部的销售信息系统、物流信息系统、生产供应信息综合起来的信息系统势在必行。

（2）由于信息化的发展，各企业之间的关系日益紧密。如何与企业外部销售渠道的信息系统，采购系统中的信息系统，以及运输信息系统连接起来，将成为重点研究解决的课题。

（3）企业物流已经不只是一个企业的问题，其进入社会系统的部分将日益增多。在这种形势下，物流信息系统将日益成为社会信息系统的一个重要组成部分。

（三）物流信息系统的主要功能模块

（1）物流作业管理子系统（订单处理、采购订货、进货系统、库存系统、出货系统、配送系统）。

（2）物流作业辅助系统。

① 运输工具系统（运输工具识别系统、货物数据采集系统）。

② 现场子系统（现场设备管理、现场收费管理、停车管理系统、营运货物检查系统）。

（3）用户子系统（信息查询系统、需方信息查询、供方信息查询）。

（4）其他作业管理子系统（车队与货运管理系统、车辆收费管理系统、银行结算系统、海关报关系统）等。

（四）物流信息系统的作业管理

（1）订单管理信息系统（服务展示、服务选择、服务下单、订单审核、签订合同、任务分解、订单查询）。

（2）库存管理信息系统（账务管理、库存统计、代码与货位、盘点、退领料管理、退送货管理、数据备份）。

（3）运输管理（发车、调度、合同管理、客户服务、档案管理）。

（4）配送管理系统（入库、接单、验货、备货、存储、加工、送货）。

三、常见的物流信息技术

（一）条码系统

1. 条码概念

在流通和物流活动中，为了能迅速、准确地识别商品，自动读取有关商品信息，条码技术被广泛应用。

条码用一组数字来表示商品的信息，是目前国际物流管理中普遍采用的一种技术手段。条码技术对提高库存管理的效率作用是非常显著的，是实现库存管理的电子化的重要工具手段，它使对库存的控制可以延伸到销售商的 POS 系统，实现库存的供应链网络化控制。

条码是有关生产厂家、批发商、零售商、运输业者等经济主体进行订货和接受订货、销售、运输、保管、出入库检验等活动的信息源。条码是表示 ID 代码的一种图形符号，是对 ID 代码进行自动识别且将数据自动输入计算机的方法和手段，条码技术的应用解决了数据录入与数据采集的“瓶颈”，为物流管理提供了有力支持。

条码是由一组规则排列的条、空及其对应字符组成的标记，用以表示一定的信息（中华人民共和国国家标准 GB/T 12905—2000《条码术语》）。条码由若干个黑色的“条”和白色的“空”组成，其中，黑色条对光的反射率低而白色的空对光的反射率高，再加上条与空的宽度不同，就能使扫描光线产生不同的反射接收效果，在光电转换设备上转换成不同的电脉冲，形成了可以传输的电子信息。

2．条码类别

条码可分为一维条码和二维条码，一维条码按照应用可分为商品条码和物流条码，二维条码可分为行排式二维条码和矩阵式二维条码。在此主要介绍一维条码。

（1）商品条码。商品条码是由国际物品编码协会（EAN）和统一代码委员会（UCC）规定的，用于表示商品标识代码的条码，包括 EAN 商品条码（EAN-13 商品条码和 EAN-8 商品条码）和 UPC 商品条码（UPC-A 商品条码和 UPC-E 商品条码）。国际物品编码协会（EAN）和统一代码委员会（UCC）确定从 2005 年 1 月 1 日起，全球范围内统一以 EAN/UCC-13 作为代码标识。下面主要介绍一下 EAN 商品条码。

EAN 商品条码是国际上通用的，企业最常用的商品代码，通常情况下，不选用 UPC 商品条码。只有当产品出口到北美地区并且客户指定时，才申请使用 UPC 商品条码。EAN 商品条码主要是由 13 位数字及相应的条码符号组成，在较小的商品上也采用 8 位数字码及其相 应的条码符号。

① 前缀码。前缀码由 2~3 位数字（X13X12 或 X13X12X11）组成，是国际物品编码协会 EAN 分配给国家（或地区）编码组织的代码。前 EAN 统一分配和管理，截至 2002 年底，共有 99 个国家和地区编码组织加入 EAN，成为 EAN 的成员组织。需要指出的是，前缀码并不代表产品的原产地，而只能说明分配和管理有关厂商识别代码的国家（或地区）编码组织。EAN 分配给中国大陆使用的前缀码为“690~695”。

② 厂商识别代码。厂商识别代码由 7~9 位数字组成，由中国物品编码中心负责分配和管理。由于厂商识别代码是由中国物品编码中心统一分配、注册的，因而编码中心有责任确保每个厂商识别代码在全球范围内的唯一性。

③ 商品项目代码。商品项目代码由 3~5 位数字组成，由厂商自己负责编制。厂商在编制商品项目代码时，产品的基本特征不同，其商品项目代码不同。

④ 校验码。校验码为 1 位数，用来校验 X13～X2 的编码正确性。校验码是根据 X13～X2 的数值按一定的数学算法计算得来的。厂商在对商品项目编码时，不必计算校验码的值。该值由制作条码原版胶片或直接打印条码符号的设备自动生成。

（2）物流条码。物流条码包括 25 条码，39 条码，交插 25 条码，EAN-128 码，库德巴码，ITF 条码等。

① 25 条码。25 条码是一种只有条表示信息的非连续型条码。每一个条码字符由规则排列的 5 个条组成，其中有两个条为宽单元，其余的条和空以及字符间隔是窄单元，故称为“25 条码”。

② 39 条码。39 条码是一种条、空均表示信息的非连续型、非定长、具有自校验功能的双向条码。

③ 交插 25 条码。1997 年我国也研究制定了插 25 条码标准（GB/T 16829—97），主要应用于运输、仓储、工业生产线、图书情报等领域的自动识别管理。

④ EAN-128 码。EAN-128 码是 128 码的一个子集，是 1989 年 EAN 与 UCC 共同合作开发的码制，广泛应用于物流领域。

⑤ 库德巴码。库德巴码主要用于医疗卫生、图书情报、物资等领域数字和字母信息的自动识别。

⑥ ITF 条码。ITF 条码，主要用于运输包装，是印刷条件较差，不允许印刷 EAN-13 和 UPC-A 条码时应选用的一种条码。

3．条码在物流中的应用

由条码与扫描设备构成的自动识别技术在物流管理中有很多好处。对托运人来说，它能改进订货准备和处理，排除航运差错，减少劳动时间，改进记录保存，减少实际存货时间。对承运人来说，它能保持运费账单信息完整，顾客能存取实时信息，改进顾客装运活动的记录保存，可跟踪装运活动、简化集装箱处理、监督车辆内的不相容产品、减少信息传输时间。对仓储管理来说，它能改进订货准备、处理和装置，提供精确的存货控制，顾客能存取实时信息，考虑安全存取信息，减少劳动成本，入库数精确。对批发商和零售商来说，它能保证单位存货精确，销售点价格精确，减少实际时间，增加系统灵活性。

目前条码和扫描技术在物流方面主要有两大应用。第一种应用是零售商店的销售点（POS 系统）。除了在现金收入机上给顾客打印收据外，在零售销售点应用是在商店层次提供精确的存货控制。销售点可以精确地跟踪每一个库存单位出售数，有助于补充订货，因为实际的单位销售数能够迅速地传输到供应商处。实际销售跟踪可以减少不确定性，并能去除缓冲存货。除了提供精确的再供给和营销调查数据外，销售点还能向所有的渠道内成员提供更及时的具有战略意义的数据。第二种应用是针对物料搬运和跟踪的。通过扫描枪的使用，物料搬运人员能够跟踪产品的搬运、储存地点，装船和入库。虽然这种信息能够用手工跟踪，但要耗费大量的时间，并且容易出错。因此，在物流应用中更广泛使用的是扫描仪，以便提高作业效率，减少差错。

（二）电子数据交换系统（EDI）

1．EDI 系统的概念

EDI，是指通过电子方式，采用标准化的格式，利用计算机网络进行结构化数据的传输和交换。EDI 系统是按照统一规定的一套通用标准格式，将标准的经济信息，通过通信网络传输，在贸易伙伴的电子计算机系统之间进行数据交换和自动处理，俗称“无纸化贸易”，被誉为是一场“结构性的商业革命”。

2．物流管理中 EDI 的构成

构成 EDI 系统的三个要素是 EDI 软件和硬件，通信网络以及数据标准化。EDI 是为了实现商业文件、单证的互通和自动处理，采用的是不同于人机对话方式的交互式处理，而是计算机之间的自动应答和自动处理，因此文件结构、格式、语法规则等方面的标准化是实施 EDI 的关键。

3．物流管理中 EDI 的一般流程

物流管理中 EDI 的一般流程为：发送货物业主（如生产厂家）在接到订货后制订货物运送计划，并把运送货物的清单及运送时间安排等信息通过 EDI 发送给物流运输业主和接收货物业主（如零售商），以便物流运输业主预先制订车辆调配计划和接收货物业主制订货物接收计划。

随后发送货物业主依据顾客订货的要求和货物运送计划下达发货指令，分拣配货，打印出物流条码的货物标签并贴在货物包装箱上，同时把运送货物品种、数量、包装等信息通过 EDI 发送给物流运输业主和接收货物业主，据此请示下达车辆调配指令。

然后，物流运输业主在向发货业主取运货物时，利用车载扫描读数仪读取货物标签的物流条码，并与先前收到的货物运输数据进行核对，确认运送货物。物流运输业主在物流中心对货物进行整理、集装，做成送货清单并通过 EDI 向收货业主发送发货信息，在货物运送的同时进行货物跟踪管理，并在货物交给收货业主之后，通过 EDI 向发货物业主发送完成运送业务信息和运费请示信息。

最后收货业主在货物到达时，利用扫描读数仪读取货物标签的物流条码，并与先前收到的货物运输数据进行核对确认，开出收货发票，货物入库，同时通过 EDI 向物流运输业主和发送货物业主发送收货确认信息。

在物流管理中，运用 EDI 系统的优点在于供应链组成各方基于标准化的信息格式和处理方法，通过 EDI 共同分享信息，提高流通效率，降低物流成本。

EDI 对于组织供应链的意义表现为：在不必连续接触的情况下，EDI 能加强组织内部的协调。

（三）电子订货系统（EOS）

1. EOS 的概念及分类

EOS（Electronic Ordering System）即电子订货系统，是指不同组织间利用通信网络和终端设备以在线联结方式进行订货作业与订货信息交换的体系。

EOS 按应用范围可分为三类：企业内的 EOS（如连锁店经营中各个连锁分店与总部之间建立的 EOS），零售商与批发商之间的 EOS，以及零售商、批发商和生产商之间的 EOS。

2. EOS 的基本流程

（1）在零售店的终端用条码阅读器获取准备采购的商品条码，并在终端机上输入订货材料，利用网络传到批发商的计算机中。

（2）批发商开出提货传票，并根据传票，同时开出拣货单，实施拣货，然后依据送货传票进行发货。

（3）送货传票上的资料便是零售商的应付账款资料及批发商的应收账款资料。

（4）并接到应收账款的系统中去。

（5）零售商对送到的货物进行检验后，便可以陈列与销售了。

3. EOS 与物流管理

物流作业流程将供货商发运作业过程中的业务往来划分成以下四个步骤。

（1）供货商根据采购合同要求将发货单通过商业增值网络中心发给仓储中心。

（2）仓储中心对接收到商业增值网络中心传来的发货单进行综合处理，或要求供货商送货至仓储中心或发送至批发、零售商场。

（3）仓储中心将送货要求发送给供货商。

（4）供货商根据接收到的送货要求进行综合处理，然后根据送货要求将货物送至指定地点。

上述四个步骤完成了一个基本的物流作业流程，这个流程将物流与信息流牢牢地结合在一起。

（四）销售时点信息系统（POS）

1．POS 的概念

POS 即销售时点信息系统，它包含前台 POS 和后台 MIS 两大基本部分。POS 最早应用于零售业，以后逐渐扩展至金融、旅馆等服务性行业，利用 POS 信息的范围也从企业内部扩展到整个供应链。现代 POS 已不仅仅局限于电子收款技术，它还要考虑将计算机网络，电子数据交换技术，条码技术，电子监控技术，电子收款技术，电子信息处理技术，远程通信，电子广告，自动仓储配送技术，自动售货，备货技术等一系列科技手段融为一体，从而形成一个综合性的信息资源管理系统。同时，它必须符合和服从商场管理模式，按照对商品流通管理及资金管理的各种规定进行设计和运行。前台 POS 系统是指通过自动读取设备（如收银机），在销售商品时直接读取商品销售信息（如商品名、单价、销售数量、销售时间、销售店铺、购买顾客等），实现前台销售业务的自动化，对商品交易进行实时服务管理，并通过通信网络和计算机系统传送至后台，通过后台计算机系统（MIS）的计算、分析与汇总等掌握商品销售的各项信息，为企业管理者分析经营成果、制定经营方针提供依据，以提高经营效率的系统。后台 MIS（Management Information System）又称管理信息系统。它负责整个商场进、销、调、存系统的管理以及财务管理、库存管理、考勤管理等。它可根据商品进货信息对厂商进行管理，又可根据前台 POS 提供的销售数据控制进货数量，合理周转资金，还可以分析统计各种销售报表，快速准确地计算成本与毛利，也可对售货员，收款员业绩进行考核，是分配职工工资、奖金的客观依据。因此，商场现代化管理系统中前台 POS 与后台 MIS 是密切相关的，两者缺一不可。

2．POS 的运行步骤

以零售业为例，POS 的运行有以下五个步骤。

（1）店头销售商品都贴有表示该商品信息的条码或 OCR（Optical Character Recognition）签。

（2）在顾客购买商品结账时，收银员使用扫描器自动读取商品条码或 OCR 标签上的信息，通过店铺内的微型计算机确认商品的单价，计算顾客购买总金额等，同时返回收银机，打印出顾客购买清单和付款总金额。

（3）各个店铺的销售时点信息通过 VAN 以在线联结方式即时传送给总部或物流中心。

（4）在总部、物流中心和店铺之间利用销售时点信息来进行库存调整、配送管理、商品订货等作业。通过对销售时点信息进行加工分析来掌握消费者购买动向，找出畅销商品和滞销商品，以此为基础进行商品品种配置、商品陈列、价格设置等方面的作业。

（5）在零售商与供应链的上游企业（批发商，生产商，物流作业等）结成协作伙伴关系（也称战略联盟）的条件下，零售商利用 VAN 以在线联结的方式把销售时点信息即时传送给上游企业，这样上游企业可以利用销售现场的最及时准确的销售信息制订经营计划，进行决策。例如，生产厂家利用销售时点信息进行销售预测，掌握消费者购买动向，找出畅销商品和滞销商品，把销售时点信息（POS 信息）和订货信息（EOS 信息）进行比较分析来把握零售商的库存水平，以此为基础制订生产计划和零售商库存连续补充计划CRP（Continuous Replenishment Program）。

3．应用POS的效果

（1）营业额及利润增长。采用POS的企业供应商品众多，吸引顾客，且自选率高，这必然会带来营业额及利润的相应增长。仅此一项，POS即可给应用POS的企业带来可观的收益。

（2）节约大量的人力、物力。由于仓库管理是动态管理，即每卖出一件商品，POS的数据库中就相应减少该件商品的库存记录，免去了商场盘存之苦，节约了大量人力、物力。同时，企业的经营报告、财务报表以及相关的销售信息，都可以及时提供给经营决策者，以保持企业的快速反应。

（3）有效库存增加，资金流动周期缩短。由于仓库采用动态管理，仓库库存商品的销售情况，每时每刻都一目了然，商场的决策者可将商品的进货量始终保持在合理的水平，可提高有效库存，使商场在市场竞争中占据更有利的地位。据统计，在应用POS后，商品有效库存可增加35%～40%，缩短资金的流动周期。

（4）提高企业的经营管理水平。首先，可以提高企业的资本周转率，在应用POS后，可以提前避免出现缺货现象，使库存水平合理化，从而提高商品周转率，最终提高了企业的资本周转率。其次，在应用了POS后，可以进行销售促进方法的效果分析，把握顾客购买动向，按商品品种进行利益管理，基于销售水平制订采购计划，有效地进行店铺空间管理和基于时间段的广告促销活动分析等，从而使商品计划效率化。

（五）地理信息系统（GIS）

1．GIS的概念

GIS（Geographical Information System）即地理信息系统，是指以地理空间数据为基础，采用地理模型分析方法，适时地提供多种空间的和动态的地理信息，是一种为地理研究和地理决策服务的计算机技术系统。

GIS是20世纪60年代开始迅速发展起来的地理学研究新成果，是多种学科交叉的产物。其基本功能是将表格型数据（无论它来自数据库、电子表格文件或直接在程序中输入）转换为地理图形显示，然后对显示结果进行浏览、操作和分析。其显示范围可以从洲际地图到非常详细的街区地图，显示对象包括人口、销售情况、运输线路以及其他内容。

2．GIS的应用

GIS应用于物流分析，主要是指利用GIS强大的地理数据功能来完善物流分析技术。国外公司已经开发出利用GIS为物流提供专门分析的工具软件。完整的GIS分析软件集成了车辆路线模型、最短路径模型、网络物流模型、分配集合模型和设施定位模型等。

（1）车辆路线模型。用于解决一个起始点、多个终点的货物运输中如何降低物流作业费用，并保证服务质量的问题，包括决定使用多少辆车，每辆车的路线等。

（2）网络物流模型。用于解决寻求最有效的分配货物路径问题，也就是物流网点布局问题。如每个商店都有固定的需求量，因此需要确定由哪个仓库提货送给那个商店，以使运输成本最低。

（3）分配集合模型。可以根据各个要素的相似点把同一层上的所有或部分要素分为几个组，用以解决确定服务范围和销售市场范围等问题。如某一公司要设立分销点，要求这些分销点覆盖某一地区，而且要使每个分销点的客户数目大致相等。

（4）设施定位模型。用于确定一个或多个设施的位置。在物流系统中，仓库和运输线共同组成了物流网络，仓库处于网络的节点上，节点决定着线路，根据供求的实际需要并结合经济效益等原则，在既定区域内设立多少个仓库，每个仓库的位置，每个仓库的规模，以及仓库之间的物流关系等问题，运用此模型就能很容易地得到解决。

（六）全球定位系统（GPS）

1．GPS 的概念

GPS（Global Positioning System）即全球定位系统，是指具有在海、陆、空进行全方位实时三维导航与定位能力的系统。

2．GPS 在物流领域的应用

（1）物流配送。GPS 对车辆的状态信息以及客户的位置信息快速、准确地反映给物流系统。

（2）动态调度。运输企业可进行车辆待命计划管理。

（3）货物跟踪。通过 GPS 和电子地图系统，可以实时了解车辆位置和货物状况，真正实现在线监控。

（4）车辆优选。查出在锁定范围内可供调用的车辆，根据系统预先设定的条件判断在待选车辆中哪些是可调用的。

（5）路线优选。地理分析功能可以快速地为驾驶人员选择合理的物流路线，以及提供这条路线的一些信息。

（6）报警援救。当发生故障和一些意外的情况时，GPS 可以及时地反映发生事故的地点，调度中心会尽可能地采取相应的措施来挽回和降低损失。

拓展阅读

李宁公司——物流的组合拳

海尔物流的分拨时间是 5 天，国际著名品牌耐克在中国的物流分拨时间是 7 天，而李宁公司物流分拨时间只要 4 天半就够了，李宁公司物流绩效的优秀可见一斑。李宁公司的物流策略在物流运输服务、仓储配送、物流信息化上实施组合拳。

一、科学选择

在挑选物流公司时，在国内的很多货主企业总是相信大型物流公司的情况下，李宁公司不找最大的物流公司，只找最适合的。

1．招标选择最合适的承运商

李宁公司选择的物流服务商都是一些中等规模的物流公司或是运输公司。公司认识到，大的物流公司有可能有更大的客户，如果自己在行业里排第二，那么肯定会有更大的客户排在前面，其受重视程度肯定要比自己大。有了这种新的思考之后，李宁公司转变思路，开始选择一些中等规模的物流运输公司作为合作伙伴。此后李宁公司的货物开始备受重视，物流公司在服务上尽心尽力，李宁公司在物流承运合同中加上一条：无论什么情况，李宁公司的货物首先发。

李宁公司在招标选择承运商时，非常重视招标的流程合理，注重能够真正控制住招标的过程。

2. 加强对承运商动态管理

在选定承运商之后，李宁公司还非常重视对承运商的动态管理，连续进行对承运商的绩效考核、末位淘汰与追踪控制。

李宁公司的承运商和物流代理公司都必须接受严格的绩效考核。公司共有 5 个考核指标，分别是：准时提货率、及时正点率、货损货差率、服务态度以及完美回单率。针对专线承运商，李宁公司物流部会亲自监控每一个指标的完成，而对于代理公司，则作整体考评。

所有物流承运商都要把他们的信息管理系统与李宁公司物流部进行对接，及时反馈运输监控信息。他们必须每天报报表，包括货单号、提货时间、发货时间、在途时间、长途运输中不同地点的报告和事故分析原因。与此同时，李宁公司物流部有运输追踪部专门负责电话追踪经销商、专卖店，把自己得到的信息与承运商反馈数据统一做一个文件，形成承运商在一个月的编程。

参照这些编程，李宁公司每个月都会给承运商打分，每个季度集中一次，把数据报表向承运商公布，针对其不足限期整改。依靠这种严格的末位淘汰制度，其承运商的服务水平不断提高，现在与李宁公司合作的承运商不仅有招标入围的，还有曾经被淘汰后又提高自身水平再次得到李宁认可的。李宁公司的货物运输在业内也受到广泛的好评，赢得了广大经销商的信赖：只要货款到账，货物就一定会安全正点送到。

二、整合储运

李宁公司在全国共有两个一级配送中心，一个位于北京五里店，总面积 25 000 平方米，负责长江以北地区；另一个在广东三水，面积总共 12 000 平方米，负责长江以南地区。全国共 13 个分公司，各自下辖的仓库是二、三级配送中心。集中起来，李宁公司的仓储面积共有约 50 000 平方米。

为了集中网络优势促销售，李宁公司一边把全国 13 个分公司的物流储运部整合起来，设物流中心进行统一管理，一边推行按销售地入仓的做法。产品出厂后直接送到相应销售地的配送中心，然后通过分拣，分销出去，而不再走以前的通过生产地的仓库，再入配送中心的路线。

三、改造仓储

减少库存要在保证安全库存量的前提下，配送中心必须有一定的储存量。现阶段门到门的配送还不能完全实现，不能要求经销商和专卖店担负起仓储的责任。若是在中心城市一、二类街区设销售点，不允许再增设大面积仓储。此外，城市对交通运输的管制，也使大型车辆在特定时间内不能直接配送到门店。

因此，李宁公司在可控范围内压缩时间和库存，以即时生产、没有原料库和成品库为目标。

在反思了整个物流过程的各个指标之后，李宁公司发现货物拣配时间还比不上第三方物流公司。其中原因主要是李宁牌产品在国内市场上推出新品的频率很高，现在已有2万种不同款式、色码的服装、鞋、帽、便装、套服等。在货物拣配时，要首先分清产品大类，然后根据不同的款式、色码上架；而且配送中心既做批发又做零售，选配货物要不断拆箱，这些都给货物拣配带来了难度。

因此，李宁公司投入巨资改造了仓库，并且非常注重细节。比如为了选择合适的货架，相关人员几乎考察了所有的货架类型。他们先对货品进行了 EIQ（属性分析），然后请来五家货架厂家，根据货品属性做出不同的方案，前后修改了一个月，不同的货架在仓库里按照不同的发货需求和货品属性依次排开。

为加速物流运转，李宁公司继续上马新的信息系统，以实现四个目标：加快物流分拨和配送速度，降低成本；分拣准确性更高，从交订单到货物出库的时间将大幅度压缩；进一步节省仓储面积、增加库容，不再租更大的仓库，现有的改造基础已经可以满足需求；以后的运输控制也依靠信息系统电子化的手段来完成。

（资料来源：http://www.chinawuliu.com.cn/xsyj/200510/19/135124.shtml）

思考练习题

一、名词解释

采购　供应　运输　配送　包装　装卸搬运　流通加工　仓库

二、不定项选择题

1.（　）可以提供“门到门”的运输服务。

A．公路运输　B．铁路运输　C．水上运输　D．航空运输

2．下列描述中，不属于流通加工的是（　）。

A．肉类产品的冷冻　B．钢板的切割

C．衣服的熨烫　D．包装盒的生产

3．在下列运输方式中运输成本相对较低的是（　）。

A．陆路运输　B．水上运输　C．航空运输　D．管道运输

4．下列不属于配送的特点的是（　）。

A．配送是从物流据点至用户的一种送货形式

B．配送是在全面配货的基础上，完全按用户要求进行的运送，配与送的有机结合

C．配送是一种门到门的服务

D．配送一般是干线运输或直达运输，批量大、品种单一

5．流通加工主要是为促进与便利（　）而进行的加工。

A．流通　B．增值

C．流通与销售　D．提高物流效率

6. 包装的功能主要有（ ）。

A. 保护　B. 便利　C. 促进销售　D. 信息传递

7. 关于配送的正确理解是（ ）。

A. 以用户需求为出发点　B. 效率优先

C. 配与送的有机结合　D. 在经济合理的范围内进行

E. 末端运输

8. 包装的合理化体现在（ ）。

A. 包装的轻薄化　B. 包装符合标准化的要求

C. 包装满足集装单元化的要求　D. 包装的营销差异化

E. 包装有利于环境保护

三、判断题

1. 采购管理工作是供应物流的一部分。（ ）

2. 所谓“仓库”，是指包括生产和供应领域中各种类型的储存仓库，但配送中心不属于仓库。（ ）

3. 现今的条码印刷上去之后就无法更改，RFID 标签则可以重复地新增、修改、删除 RFID 卷标内储存的数据，方便信息的更新。（ ）

4. 装卸合理化的主要目标是节省空间，节约人力、降低成本。（ ）

5. 在物流技术中应用最广泛的自动识别技术是条码技术和射频识别技术。（ ）

6. 方便流通和消费是包装的主要目的。（ ）

7. 通过准时配送可以以最近的路程、最低的成本完成配送，从而追求合理化。（ ）

8. 采购量多、价格就便宜，所以采购越多越好。（ ）

四、简述题

1. 阐述运输合理化的有效途径。

2. 说明配送与运输的区别。

3. 如何实施配送合理化。

4. 流通加工合理化应该考虑哪些因素？

五、案例分析

戴尔公司位于美国得克萨斯州的总部工厂的周围分布着许多零部件供应商的小型物流中心（零部件仓库），这些小型物流中心被称为“周转式零部件仓库”，它们与总部工厂的距离很近，通常车行 15 分钟就可到达。这些供应商事前在此储备着各种零部件，一旦戴尔公司获得订单，零部件供应商就会以必要的部件、必要的时间、必要的数量实施小批量高频率的配送作业。

戴尔公司按照 7 天使用量安排库存，由于计算机库存价格每周降低 1%，因此 7 天的库存显然过多，加剧了库存风险，比如，1993 年戴尔公司销售额为 26 亿美元，库存费用 34 200 万美元，当年出现了亏损。在这种情况下，戴尔公司意识到必须进行彻底的库存管理，分布在工厂周围的供应商储备仓库为缓解戴尔公司库存压力发挥了积极作用。1997 年戴尔公司销售额达到 123 亿美元，库存费用却只有 23 300 万美元。戴尔公司位于美国本土的两家工厂通过引入新的生产方式，零部件库存仅保留在 5 个半小时之内，公司的平均库存虽然为 7 天，但是采用新的生产方式后，工厂的库存水平也大幅度降低了。

戴尔公司在很长一段时间内与 200 多家零部件供应商保持交易关系，过多的供应商无法保证准时配送，于是该公司将供货渠道集中在 15~20 家核心企业上。这些企业为了保证向戴尔公司提供及时的供应，在戴尔工厂附近设置了很多零部件仓库。戴尔公司之所以能够不建立零部件库存而又能适应顾客对计算机产品的多种需求，正是因为与核心供应商建立了紧密的合作关系。在这种伙伴关系下，戴尔公司不承担库存风险，而是由供应商承担，通过与零部件供应商构建紧密的合作关系将库存控制在最低水平。

（资料来源：https://wenku.baidu.com/view/7d04527c640e52ea551810a6f524ccbff121caf6.html）

通过阅读以上案例，你认为供应商的管理可以为企业物流改善发挥什么作用？

第五章

供应链环境下的物流管理

学习目标

1. 理解传统采购管理、传统库存控制方法
2. 理解并掌握供应链环境下的供应商管理及采购方式
3. 理解并掌握供应链环境下的库存问题及其控制方法
4. 理解并掌握供应链环境下的配送管理及信息管理方法

案例导入

宜家的采购策略

宜家家居产品种类繁多，购物环境优美。宜家不只是零售商，也是中间商。它从各地的生产厂商采购货物，“宜家”只是销售店面的品牌。宜家实行多种采购策略，如全球化的采购模式、产品的环保要求、本土化采购等，都为宜家的低价打下了基础。

一、全球化的采购模式

宜家采用全球化的采购模式。宜家的产品从各贸易区域采购后运抵全球 26 个分销中心，再送货至宜家在全球的商场。它在全球设立了 16 个采购贸易区域、46 个贸易代表处，分布于 32 个国家。其中 3 个采购贸易区域在中国大陆，分别为华南区、华中区和华北区。贸易代表处的工作人员根据宜家的采购理念评估供应商，在总部及供应商之间协调，实施产品采购计划，监控产品质量，关注供应商的环境保护事宜、社会保障体系和安全工作条件。如今，宜家在 53 个国家和地区有大约 1 300 个供应商。

宜家瑞典总部的研究中心负责宜家所有产品的设计和研发，分布于世界各地的数千家宜家供应商负责生产加工。根据全球 259 家宜家商场的要求，宜家经过当地的采购中心集中采购完成进货。在我国，生产厂商被宜家选中后，其产品设计、生产、包装等都必须按照宜家的要求进行安排。宜家的很多家居产品在国内市场上很少见，但其精湛的工艺和富有创意的设计受到了消费者的青睐。原来，很多家居产品供应商制造的产品不在国内销售，基本上走纯外贸路线，主要是因为这类产品多数专门针对国际消费者，在国内缺乏需求。

二、产品的环保要求

宜家的采购理念及对供应商的评估主要包括 4 个方面：持续的价格改进、严格的供货

表现和服务水平、质量好且健康的产品、环保及社会责任。随着环保要求的提高，其产品在绿色环保和认证方面的一举一动颇受消费者的关注。因此，宜家在采购产品时把环保和社会责任作为一项重要的评估条件。环保及社会责任主要包括对供应商有关环境保护、工作条件、童工和森林资源方面的考核。

为了做到这一点，宜家不仅从自身出发，还从采购渠道上把紧关口，严格监督供货商，要求其产品必须达到相应的认证标准。同时，宜家还把产品跟公益事业进行“联姻”。宜家开始有计划地参与环保事宜，涉及的方面包括材料和产品、森林、供货商、运输和商场环境等。宜家已率先通过森林认证，这是国际上流行的生态环保认证，包括森林经营认证和产销监管链审核。

三、本土化采购

低价是宜家理想、商业理念和概念的基石。宜家力求将每一件事情做得更好、更简单、更有效率和始终更具有成本效益。为了更大程度地降低产品的成本，2003 年以来，宜家不断加大“本土化采购”的力度，先后建立了哈尔滨、青岛、上海、广州和昆明 5 个采购中心，这使得宜家在中国的采购量不断攀升，占到了其全球采购总量的 20%以上。中国已超过波兰，成为宜家在全球最大的采购国。

与此同时，宜家不断完善物流体系，在上海奉贤区设立了物流分拨中心，仓储容量超过 30 万立方米，该基地成为宜家整个亚太地区的战略采购中心和最大的物流枢纽，也是我国迄今为止最大的外资仓库。经过本土化采购、完善物流体系等一系列举措，宜家在中国的产品价格一降再降，平均降幅达到 46%以上。在供应链上，宜家自己操持着上游的研发设计及下游的分销，而把中间利润微薄的制造环节外包出去，这是它能在世界家居市场上保持低价而又无法被简单复制的根本原因。

四、拥有全球竞价系统

跨国公司钟情于全球采购的理由是显而易见的，比如可以集中化管理供应商、通过大批量采购增强议价能力。宜家采购运作的厉害之处在于：它最大范围地鼓励内外部成员之间的自由竞争。例如，对于同样一种规格的产品，如果上海采购部获得的价位、质量等条件比深圳的好，那么就会由上海方面负责该订单，同时获得相应的奖励。

然而，相对供应商而言，各采购办事处又是相互合作共同开发产品的一个团队。采购部有一项重要的职责：鼓励供应商之间的竞争，从而导致后者互相压价，并努力使自己的产品质量达到最好。当然宜家控股的制造公司也存在这种竞争压力，它们也必须在这场“价低质优”的竞争游戏中展开角逐。为了得到宜家的大额订单，供应商都会考虑怎样提高自己的竞争力，这其中包括购买最先进的家具生产设备、降低自己的生产成本等。

五、控制原材料的采购与使用

控制原材料的采购有不可忽视的作用。例如，宜家与某一塑料供应商签订战略性的供货协议，由他们向全中国区域的供应商供应某塑胶原材料，这样宜家得到了很好的原材料来源，既能保证产品低价，又能控制成品的质量、可追溯性等。宜家推进原材料采购的本地化，价格也更加透明化。除了控制原材料的采购外，宜家也控制各种标准件的采购，如螺丝、配套家具安装工具、灯饰的电器零件等。比如，宜家有几百种型号的螺丝，由螺丝采购小组专门负责。

采购的产品发往宜家商场和其他产品的供货商。通过这种物料控制可以更好地掌控产品的成本核算，也能更有效地进行供应价值链的管理。

（资料来源：刘坤．宜家：多种采购策略打响品牌[J]．进出口经理人，2011（3））

第一节　供应链环境下的采购与供应

一、采购及传统采购的局限性

（一）采购及其分类

1．采购的定义

采购是日常生活中频繁发生的一种经济活动，是社会化分工和经济发展的必然产物。采购有狭义和广义之分。狭义的采购是指企业首先根据生产需求提出采购计划、审核计划、选择供应商，然后经过商务谈判确定价格、交货及相关条件，最终签订合同并按要求收货付款的过程。广义的采购是指实施者除了以购买的方式占有物品之外，还可以通过其他途径取得物品的使用权，以达到满足需求的目的，如租赁、借贷、交换、征收等。

2．采购的分类

（1）按照采购主体分，采购可分为个人采购和集团采购。个人采购主要是指个人生活用品的采购，一般是单一品种、单个决策、随机发生的，有很大的主观性和随意性的采购活动。集团采购主要指两人或两人以上公用物品的采购。集团采购具有多品种、大批量、大金额、多批次甚至持续进行等特点。集团采购主要包括政府采购、企业采购、事业单位采购、军队采购等。

（2）按照采购主体完成采购任务的途径分，采购可分为直接采购和间接采购。直接采购是指采购主体自己直接向产品供应单位进行采购的方式。这种采购方式环节少、时间短、手续简便、意图表达明确、信息反馈快，易于供需双方交流、支持、合作及售后服务与改进。绝大多数企业均使用此类采购方式。间接采购是指通过中间商实施采购的方式，主要包括委托流通企业采购、调拨采购等。间接采购适合核心业务规模大、盈利水平高的企业，或者规模过小，缺乏能力、资格和渠道进行直接采购的企业及没有适合采购需要的机构、人员、仓储设施的企业。

（3）按照采购的价格决定方式分，采购可分为招标采购、询价采购、比价采购、议价采购、定价采购和公开市场采购。招标采购是指通过招标的方式，邀请所有潜在的供应商参加投标，采购单位通过某种事先确定并公布的标准从所有投标中评选出中标供应商，并与之签订合同的一种采购形式。询价采购是指采购人员选择信用可靠的供应商，说明采购条件，并询问价格或发出询价单，促请对方报价，比较后现价采购。比价采购是指采购人员请数家供应商提供价格后，对报价加以比较，然后选择供应商进行采购。议价采购是指采购人员与供应商经过讨价还价，议定价格进行采购。一般来说，询价、比价、议价是结合使用的，很少单独使用。当购买货物数量巨大，几家供应商不能满足全部需求（如糖厂采购甘蔗、棉纺厂采购棉花等），或市场上该物资匮乏之时，则可制定价格，进行定价采购。

公开市场采购是指采购人员在公开交易或拍卖时随时机动的采购。

（4）按照采购规模分，采购可分为集中采购、分散采购和集中与分散相结合的采购。集中采购是指企业在核心管理层建立专门的采购机构，统一组织企业所需物品的采购方式。分散采购是指由企业下属各单位（如子公司、分厂、车间或分店）实施的满足自身生产经营需要的采购。集中与分散相结合的采购方式兼取集中采购和分散采购的优点而成。一般情况下，凡属共同性物料、采购金额比较大、进口产品等，均采取集中采购的方式；小额、因地制宜、临时性的采购，则采取分散采购的方式。

（5）按照采购地域分，采购可分为国内采购和国外采购。国内采购是指向国内的供应商采购商品，一般不需要动用外汇。国外采购是指向国外供应商采购商品，通常采取直接与国外供应商联系或通过本地的代理商来采购商品的采购方式。

（二）传统采购的局限性

传统的观点认为，企业通常更加关注生产环节和销售环节，采购的目标往往是以最低的价格购买所需的原材料。虽然质量、交货期也是重要的考虑因素，但通常是通过货到验收等事后把关的办法进行控制，交易过程的重点放在价格谈判上。随着市场环境的变化，传统采购的局限性越来越突显出来。具体地，传统的采购局限性主要体现在如下四个方面。

1．信息不对称的博弈过程

选择供应商是传统采购活动的首要任务。在采购过程中，采购方为了能够从多个供应商中选择最佳的供应商，往往会保留私有信息。如果提供给供应商的信息多，在谈判中供应商的筹码就大，这样对采购方不利。因此采购方会尽量保留私有信息，而供应商也在和其他供应商的竞争中隐瞒自己的信息。这样，供需双方无法进行有效的信息沟通，这就是信息不对称的博弈过程，而博弈的结果对于双方而言必定不是最优的。

2．质量控制的难度大

除了交易价格，质量与交货期是采购方需要考虑的两个重要因素，但是在传统的采购模式下，要有效控制质量和交货期只能通过事后把关的办法。因为采购方很难参与供应商的生产组织过程和有关质量控制活动，相互的工作是不透明的。因此需要依据各种有关标准，如国际标准、国家标准等，进行检查验收。缺乏合作的质量控制会导致采购方对采购物品进行质量控制的难度增大。

3．临时的或短时期的合作关系，竞争多于合作

在传统的采购模式中，供应与需求之间的关系是临时性的，或者是短时间的，而且竞争多于合作。由于缺乏合作与协调，采购过程中各种抱怨和推诿比较多，很多时间消耗在解决日常问题上，没有更多的时间做长期性的预测与计划工作。供应与需求之间这种缺乏合作的气氛增加了许多运作中的不确定性。

4．响应能力迟钝

由于供应与采购双方在信息的沟通方面缺乏及时的信息反馈，在市场需求发生变化的情况下，采购方也不能改变已有的订货合同，因此采购方在需求减少时库存增加；需求增加时，可能出现供不应求。重新订货需要增加谈判过程，因此供需之间对用户需求的响应没有同步进行，缺乏有效应对需求变化的能力。

二、供应链环境下的采购

（一）供应链环境下的采购的地位和作用

在供应链环境下，采购的地位发生了巨大的变化。采购是连接节点企业的纽带，它在供应链节点企业之间，为原材料、半成品和产成品的生产合作交流架起一座桥梁，沟通生产需求和物资供应，是提高供应链节点企业同步化运营的关键环节，也是提高供应链竞争力的重要途径和手段。

供应链环境下的采购模式对供应和采购双方是典型的“双赢”。对于采购方来说，可以在获得稳定且具有竞争力的价格的同时，提高产品质量和降低库存水平，还能与供应商共同进行产品设计开发，提高对市场需求变化的响应速度；对于供应商来说，在保证有稳定的市场需求的同时，由于同需求方的长期合作伙伴关系，能更好地了解需求方的需求、改善产品生产流程、提高运作质量、降低生产成本、获得比传统模式下更高的利润。

（二）供应链环境下采购的特点

在供应链管理的环境下，企业的采购方式和传统的采购方式有所不同，主要体现在如下三个方面。

1．为订单而采购

在传统的采购模式中，采购就是为了补充库存。采购方并不关心企业的生产过程，不了解生产进度和产品需求的变化，因此采购过程缺乏主动性，采购部门制订的采购计划很难适应制造需求的变化。在供应链环境下，采购活动是以订单驱动方式进行的：生产计划的制定是在用户需求订单的驱动下产生的。然后，制造订单驱动采购订单，采购订单再驱动供应商。这种准时化的订单驱动模式，使供应链系统得以快速响应用户的需求，从而降低库存成本，提高物流的速度和库存周转率。

2．外部资源管理

传统采购管理的不足之处，就在于其与供应商之间缺乏合作，缺乏柔性和对需求快速响应的能力。供应链管理思想出现以后，采购不再是去市场简单购买所需的原材料，而是把企业的生产制造能力扩展到外部资源供应商，通过与供应商建立一种新型的供需合作模式，把采购的事后控制转变为事中控制，实现管理的延伸，从而将对企业内部的采购职能管理转变为对外部资源的管理。

3．战略协作伙伴关系

在传统的采购模式中，供应商与采购方之间是一种简单的买卖关系，因此无法解决一些涉及全局性、战略性的供应链问题，而供应链环境下基于战略伙伴关系的采购方式为解决这些问题创造了条件。这些问题包括库存问题、风险问题、采购流程问题、降低采购成本问题和组织障碍问题等。在传统的采购模式中，供应链的各级节点企业都无法共享库存信息，独立地采用订货点技术进行库存决策。这不可避免地产生需求信息的扭曲现象，因此供应链的整体效率得不到提高。

三、供应链环境下的供应商管理

供应商管理是供应链采购中的重要问题。加强供应商管理是大幅度降低采购成本的绝佳途径，同时能够从源头把握产品质量，对产品质量的提高具有显著的影响。供应商管理还能促进产品和流程设计，并有助于将新技术更快地应用于产品和服务。

供应商管理主要包括供应商选择、供应商评价、供应商联盟和供应商绩效管理，其中，供应商选择与供应商评价是供应商管理的核心。

（一）供应商的基本类型

对供应商进行分类是开展供应商管理的基础，而恰当的分类原则是分类的关键。

1. 按供应商的关系分类

按供应商的关系分，供应商可分为短期目标型供应商、长期目标型供应商、渗透型供应商、联盟型供应商和纵向集成型供应商。

（1）短期目标型供应商。采购方和供应商之间的关系仅停留在一单单的交易上，双方仅局限于短期的交易合同处理，各自关注的是如何进行价格谈判和提高自身的谈判技巧，从而保证自己获利。当买卖完成时，双方关系也随之终止。

（2）长期目标型供应商。采购方与供应商之间保持长期的关系，双方有可能为了共同利益对改进各自的工作感兴趣，并在此基础上建立超越买卖关系的合作。双方将建立一种合作伙伴关系，工作重点从长远利益出发，相互配合，不断改进产品质量与服务质量，共同降低成本，提高供应链的竞争力。合作的范围通常遍及双方公司内的多个部门。

（3）渗透型供应商。渗透型供应商是在长期目标型供应商的基础上发展起来的，其基本思想是把供应商看成自己公司的延伸。采购方为了能够参与供应商的业务活动，有时会在产权关系上采取适当的措施，如互相投资、参股等，以保证双方利益的一致性。在组织上也采取相应措施，双方互派工作人员加入对方，供应商可以了解自己的产品在采购方是怎样起作用的，容易发现改进的方向；采购方可以知道供应商是如何制造的，对此也可以提出相应的改进要求。

（4）联盟型供应商。联盟型供应商是从供应链角度提出的，它的特点是从更长的纵向链条上管理成员之间的关系，在难度提高的前提下，要求也相应提高。另外，由于成员数量增加，往往需要一个处于供应链上核心地位的企业出面协调各成员之间的关系。

（5）纵向集成型供应商。纵向集成型供应商关系是供应商关系分类中最复杂的关系类型，即把供应链上的成员整合起来，像一个企业一样，但是成员是独立的法人公司，具有独立决策权。这种关系要求每个企业在充分了解供应链的目标、要求，以便充分掌握信息的条件下，自觉做出有利于供应链整体利益的决定。

2. 基于 A、B、C 分类法的供应商分类

在供应商管理中，并不是每个供应商都需要同等的管理关注。在资源有限的情况下，企业应该在起关键作用的因素上加强管理的针对性，提高管理效率。基于以上管理思想，结合供应商的重要性，依据一定的指标和限定比例对供应商进行 A、B、C 分类，从而确定关键的少数供应商，进行重点管理。在保证供应方面，对这三类供应商的要求是一致的。A 类供应商为公司提供了重要的物资，对采购方的运营具有非常重要的影响。它是降低采购成本的关键所在，因此要集中人力进行重点战略管理，采购时必须签订严格的合同，必须和供应商、潜在的供应商保持密切联系。而对于 B 类、C 类供应商，因其所提供的物资

比重小，不是降低采购成本的重点，可以实施一般管理。

（二）供应链环境下的供应商选择

供应商选择是整个供应链管理的开始，供应商的好坏直接关系到供应链管理的成败。所以对供应商选择的研究具有非常重要的意义。供应商的选择包括对供应商的分类、潜在供应商的开发、供应商的评选等。

1. 供应商选择的原则

供应商选择应综合考虑供应商的业绩、设备管理、人力资源开发、质量控制、成本控制、技术开发、用户满意度、交货协议等因素，建立和使用全面的供应商综合评价指标体系。一般来说，供应商选择应遵循以下四个原则。

（1）目标定位原则。这个原则要求采购方注重考察供应商的广度和深度，应依据所采购商品的品质特征和采购数量去选择供应商，使建立的采购渠道能够保证品质要求，减小采购风险，并有利于自己的产品打入目标市场，让客户对企业生产的产品充满信心。选择的供应商的规模、层次和采购商相当。而且采购时的购买数量不超过供应商产能的50%，反对全额供货的供应商，最好使同类物料的供应商数量有2~3家，并有主次供应商之分。

（2）优势互补原则。每个企业都有自身的优势和劣势，选择的供应商除了应当在经营和技术能力方面符合企业预期的要求水平外，供应商在某些领域应具有比采购方更强的优势，在日后的配合中才能在一定程度上优势互补。尤其在选择关键、重要零部件的供应商时，更需要对供应商的生产能力、技术水平、优势所在、长期供货能力等方面有一个清楚的把握，只有那些经营理念和技术水平符合规定的供应商才能真正成为企业生产经营和长远发展的忠实、坚强的合作伙伴。

（3）择优录用原则。在选择供应商时，通常先考虑报价、质量及相应的交货条件，但是在相同的报价、相同的交货承诺下，毫无疑问要选择那些企业形象好、可以给世界驰名企业供货的厂家作为供应商，信誉好的企业更有可能兑现许下的承诺。在此必须提醒的是，要在综合考察、平衡利弊后择优录用。

（4）共同发展原则。市场竞争越来越激烈，如果供应商不全力配合企业的发展规划，企业在实际运作中必然会受到影响。若供应商能以荣辱与共的精神来支持企业的发展，把双方的利益捆绑在一起，这样就能对市场的风云变幻做出更快、更有效的反应，并能以更具竞争力的价位争夺更大的市场份额。因此，与重要供应商发展供应链战略合作关系也是值得考虑的一种方法。

2. 供应商选择的步骤

（1）建立工作小组。企业必须建立一个工作小组以控制和实施供应商选择的过程。组员以来自采购、质量、生产、工程等与供应链合作关系密切的部门为主，必须有团队合作精神、具有一定的专业技能，同时工作小组必须得到制造商企业和供应商企业最高领导层的支持。

（2）分析市场环境。市场需求是企业一切活动的驱动源。要与供应商建立相互信任、合作密切、开放性交流的长期合作关系，就要先了解市场竞争环境。企业需要先了解客户的需求，只有在知道他们需要怎样的产品及产品类型以后，才能决定是否要建立合作伙伴关系。如果已经建立合作伙伴关系，就要关注市场的变化，从而确定是否要对合作伙伴关系进行调整。

（3）确定备选供应商。在了解市场环境之后就要确定一个备选供应商名单。确定这一名单主要有以下三种方式：与企业有交易往来的供应商；新的传统供应商，也就是现有供应商的竞争对手，提供的产品、服务等与和企业有往来的供应商类似；新的非传统的供应商，这种供应商是以前没有而现在有的，销售的是类似的产品或服务。

在经济全球化的大环境下，供应商的选择范围更加广泛，不应局限于周边地区。备选供应商的资料应包括名称、地址、营业额等基本信息。

（4）对供应商进行分类以明确合作策略。

（5）对供应商进行粗选。从供应商评价指标中挑选出最重要的指标，并设定指标的可接受范围，根据这一标准对供应商进行筛选，只要有一项指标不在所设范围就将其剔除。

（6）供应商评价选择。供应商的评价是供应商选择的基础，也是供应商选择的核心工作。明确了采购策略以后，在对供应商粗选的基础上，对备选供应商进行更加综合全面的评价，并确定最终供应商。

（7）建立供应链合作关系。在建立合作伙伴关系时，企业要十分关注市场需求的变化。如果市场需求发生了变化，企业就应及时调整供应商的选择评价指标和标准，如果需要就对供应商重新进行评价。

（三）供应链环境下的供应商评价

1．供应商评价指标

供应商评价指标是指供应商选择的依据和准则，最早也最具有影响的评价指标是美国学者 Dickson 于 1966 年设定的（见表 5-1）。

表 5-1　Dickson 的供应商评价指标

序号	指标	均重	重要性
1	质量	3.508	相当重要
2	准时送货	3.417	
3	历史绩效	2.998	
4	担保与赔偿	2.849	
5	生产设施与供应能力	2.775	
6	价格	2.758	
7	技术能力	2.545	
8	财务状况	2.514	
9	遵循报价程序	2.488	重要
10	沟通系统	2.426	
11	声誉与行业地位	2.412	
12	业务预测	2.256	
13	管理与组织	2.216	

续表

序号	指标	均重	百分比
14	运作控制	2.211	重要
15	售后服务	2.187	
16	态度	2.210	
17	印象	2.054	
18	包装能力	2.009	
19	劳务关系记录	2.003	
20	历史业务量	1.597	
21	地理位置	1.872	
22	培训帮助	1.537	
23	互惠安排	0.610	不太重要

根据 Dickson 的统计分析，质量、准时送货和历史绩效是三个最重要的供应商选择指标。另一位对供应商评价指标研究比较有影响力的学者是美国的 Weber。1991 年，Weber 选取 1967 年到 1990 年发表的 76 篇关于供应商评价指标的文献，根据 Dickson 提出的 23 项指标进行统计分析，得出的供应商评价指标统计结果如表 5-2 所示。

表 5-2 供应商评价指标统计结果

指标	论文数量	百分比
价格	61	80
准时送货	44	58
质量	40	53
生产设施与供应能力	23	30
地理位置	16	21
技术能力	15	20
管理与组织	10	13
声誉与行业地位	8	11
财务状况	7	9
历史绩效	7	9
售后服务	7	9
态度	6	8
运作控制	3	4
包装能力	3	4
沟通系统	2	3
培训帮助	2	3
遵循报价程序	2	3
劳务关系记录	2	3
互惠安排	2	3

续表

指标	论文数量	百分比
印象	2	3
业务预测	1	1
历史业务量	1	1
担保与赔偿	0	0

通过表 5-2 不难看出，价格这一指标在进行供应商采购时使用率最高，达到 80%，准时送货和质量分列第二、三位。

供应商选择是一个典型的多目标规划问题，通常没有一个供应商能够在所有采购目标上均优于其他供应商。因此，科学合理的评价指标体系对选择供应商具有重要的意义。根据所处行业和采购物品不同，在选择供应商时考虑的因素和侧重点也会有所不同，反映到供应商评价指标体系中，就意味着选取的指标和相应的权重会有所不同。在现实中，应根据实际情况，科学合理地选择指标并确定其权重，结合科学的评价方法，最终选出主要指标组合最佳的供应商。

2．供应商评价方法

供应商评价方法有很多，主要有定性分析法、定量分析法、定性与定量相结合的评价法。定性分析法主要是根据以往的经验和专家知识来评价供应商。定量分析法则是通过对供应商的相应数据进行比较来评价供应商。为了保证供应商评价的客观性和科学性，评价时应尽量采用定量分析法，但是在评价过程中有些指标难以量化，因而多采用定性与定量相结合的评价法。目前，经常采用的方法有以下七种。

（1）直观判断法。直观判断法根据征询和调查所得资料并结合人的分析判断，对供应商进行分析和评价。这种方法比较直观，简单易行，但是主观性较强，选择的结果缺乏科学性，不适合选择企业的战略供应商。

（2）采购成本法。采购成本法是通过计算分析各个备选供应商的采购成本，选择采购成本较低的供应商的方法。一般是在质量和交货期都能满足企业需求的条件下，单纯地比较采购成本的一种方法。这种方法非常简单，操作性非常强，只需要比较各个供应商的报价就可以进行决策。

（3）数据包络分析法。数据包络分析（Data Envelopment Analysis，DEA）是首次出现的能够处理多输入、多输出决策问题的非参数理想方法，其最终结果是评价对象的相对效率，即有效性。数据包络分析法适用于多投入、多产出的决策问题，能够考察较多的指标。而且该方法是一种非参数统计方法，不需要预先估计参数，能够有效避免主观因素，同时简化运算、减小误差。如果某一个供应商在少数几个重要的指标方面表现较好，而在其他指标上表现较差，它仍有可能是相对有效的供应商。如果某个供应商是无效的，说明它在各个指标上都表现较差。

（4）逼近理想解法。逼近理想解法（Technique for Order Preference by Similarity to Ideal Solution，TOPSIS）是一种简单易行的多指标评价方法。它先在评价问题中找出各个指标虚拟的理想解和负理想解，然后将实际备选方案与虚拟值比较，距离理想解最近并距离负理想解最远的，就是最好的方案。

（5）线性加权法。线性加权法（linear weighting models）是一种广泛应用于解决单资源问题的方法。它的基本原理是给每个评价准则分配一个权重，权重大小表示它的相对重要程度。各项指标得分与指标权重的乘积就是最后的判断结果，得分最高的就是最终要选择的供应商。线性加权法比较简单，操作容易。

（6）层次分析法。层次分析法是将与决策有关的要素划分为几个层次，一般情况下包括目标层、准则层、方案层等。它根据各个层次的评价指标和约束条件进行评价，通过两两比较确定出评价判断矩阵，然后综合给出各方案的权重，以此判断方案的优劣程度。

（7）模糊综合分析法。在供应商评价中，有一些指标，如销售人员的服务态度、供应商企业文化等，很难给出一个确定的分数，而模糊数学克服了这些困难，很容易将定性指标量化，而且模糊综分析法具有层次分析法的框架特点，非常适合用来选择供应商。

（四）供应商的激励机制

在供应链的合作关系中，要想长期保持双赢关系，对供应商的激励非常重要，所以必须选择合适的激励方式。从激励理论的角度看，激励可以分为正激励和负激励。在供应链管理中，常用的激励方式有以下七种。

1．价格激励

在供应链环境下，虽然各企业在战略上是相互合作关系，但是不能忽略各个企业自身的利益。供应链上各企业间的利益分配主要体现在价格上。价格激励包含供应链利润的分配、供应链优化后产生的额外收益或损失在所有企业间的均衡。一般来说，供应链优化所产生的额外收益或损失大多数时候是由相应企业承担的，但是在许多时候并不能辨别谁应当承担及承担多少，因而必须对额外收益或损失进行均衡。这个均衡通过价格来反映。高的价格能增强供应商的积极性，不合理的低价会挫伤供应商的积极性。供应链利润的合理分配有利于供应链企业间合作的稳定和运行的顺畅。但是，价格激励也隐含一定的风险，当企业在挑选供应商时，由于过分强调低价格的谈判，它们往往选择了报价低的企业，而将一些整体水平较好的企业排除在外。因此，在使用价格激励机制时，要结合科学合理的供应商评价指标体系，不可过于强调低价策略。

2．订单激励

获得更多的订单对企业来说是一种极大的激励，供应链节点企业同样需要订单激励。例如，一个零售商拥有多个供应商，供应商将为了得到零售商的订单进行竞争，更多的订单意味着获得更多的利润。因此，订单对供应商是一种有效激励。零售商将订单给哪家供应商，会对供应商会产生一种引导。如果零售商选择报价低但在交货期、质量等方面较差的供应商，那么，供应商就会只追求低报价而忽视交货期与产品质量；反之，如果零售商综合考虑价格、质量和交货期等因素，就会引导供应商向供应链可持续发展的方向努力。

3．商誉激励

商誉是企业的无形资产，对企业极其重要。商誉来自供应链内其他企业的评价和其在公众中的声誉，反映企业的社会地位（包括经济地位、政治地位和文化地位）。商誉对供应商是一种隐性的约束力，即使没有显性的激励合同，供应商也会积极努力工作，因为这样做可以提高自己的商誉，从而提高未来收益。外资企业和合资企业之所以看重自身的商誉，而且拥有比较高的商业信誉，是因为商誉属于其无形资产，是企业竞争力的根本。

4．信息激励

在信息时代，信息对企业来讲意味着生存。企业获得更多的信息意味着拥有更多的机会、更多的资源，因而信息对供应链的激励实质上属于一种间接的激励模式，但是它的激励作用不可低估。如果能够获取下游企业的需求信息，供应商能够主动采取措施提供优质服务，从而获得更高的服务满意度。这对供应链企业间建立信任有着非常重要的作用。因此，供应商在信息不断更新的条件下，要始终拥有获取信息的动机、关注合作双方的运行状况、不断探求解决新问题的方法，这样就达到了对供应链企业激励的目的。信息激励机制的提出，也在某种程度上克服了由于信息不对称而使供应链中的企业相互猜忌的弊端，消除了由此带来的风险。

5．淘汰激励

淘汰激励是一种负激励。为了使供应链的整体竞争力保持在一个较高的水平，供应链必须建立对成员企业的淘汰机制，同时供应链自身也面临淘汰。建立淘汰机制对于优秀企业或供应链来讲，通过淘汰弱者可使其获得更优秀的业绩；对业绩较差者而言，为避免被淘汰的危险则更需要求上进。淘汰激励是在供应链系统内形成的一种危机激励机制，让所有合作企业都有一种危机感。如此一来，供应链成员企业为了能在供应链中获得群体优势，又能获得自身发展，就必须承担一定的责任和义务，并对自己承担的义务做到负责任。

6．新产品/新技术的共同开发

传统管理模式下，制造商独立进行产品的研究与开发，只将零部件的最后设计结果交给供应商制造。这种合作方式最理想的结果也就是供应商按期、按量、按质交货，不可能使供应商积极主动地关心供应链管理。因此，供应链管理实施得好的企业，都将供应商、零售商甚至用户结合到产品的研究开发工作中来，按照团队的工作方式展开全面合作。在这种环境下，合作企业也成为整个产品开发中的一分子，其成败不仅影响制造商，而且影响供应商和零售商。因此，每个成员都会关心产品的开发工作，这就形成了一种激励机制，对供应链中的企业起到激励作用。

7．组织激励

在一个良好的供应链环境下，企业之间合作愉快，供应链运作通畅，少有争执。也就是说，一个组织良好的供应链对企业及供应链都是一种激励。减少供应商的数量，并与主要的供应商保持长期稳定的合作关系是供应链下游企业采取组织激励的主要措施。但有些企业对供应商的态度忽冷忽热，在产品供不应求时，对供应商态度冷淡傲慢，而在产品供过于求时，往往企图将损失转嫁给供应商，因此得不到供应商的信任与合作。产生这种现象的根本原因就是企业管理者没有与供应商建立长期战略合作的意识，过于短视。如果不能从组织上保证供应链管理系统的运行环境，供应链的绩效也会受到影响。

四、供应链环境下的采购方式

（一）准时采购

1. 准时采购的基本思想

准时采购，也叫 JIT 采购，是一种基于供应链管理思想的先进采购管理模式。它的基本思想是：在恰当的时间、恰当的地点，以恰当的数量、恰当的质量提供恰当的物品。

准时采购是从准时生产发展而来的，是为了消除库存和不必要的浪费而进行的持续性改进。准时生产最早起源于日本的丰田汽车公司，目的是减少公司库存和降低成本，在生产控制中采用基于订单流的准时化生产模式，实现生产过程的几个“零”化管理：零缺陷、零库存、零交货期、零故障、零（无）纸文书、零废料、零事故、零人力资源浪费。要进行准时生产必须有准时的供应，因此准时采购是准时生产管理模式的必然要求。它和传统的采购方法在质量控制、供需关系、供应商的数目、交货期的管理等方面有许多不同，其中选择供应商（数量与关系）、质量控制是其核心内容。

2. 准时采购的原理

日本丰田公司的大野耐一提出准时化生产模式是在美国参观超级市场时，受超级市场供货方式的启发而萌生的想法。而实际上超级市场模式本来就是一种采购供应的模式。有一个供应商和一个用户，双方形成了一个供需“节点”，需方是采购方，供方是供应商，供方按照需方的要求给需方进行准时化供货，它们之间的采购供应关系，就是一种准时采购模式，它与传统采购的主要区别表现在以下六个方面。

（1）与传统采购面向库存不同，准时采购是一种直接面向需求的采购模式，它的采购送货是直接送到需求点上。

（2）用户需要什么，就送什么，品种规格符合客户需要。

（3）用户需要什么质量，就送什么质量的产品，品种质量符合客户需要，拒绝次品和废品。

（4）用户需要多少就送多少，不少送，也不多送。

（5）用户什么时候需要，就什么时候送货，不晚送，也不早送，非常准时。

（6）用户在什么地点需要，就送到什么地点。

以上六点就是准时采购的原理，它既做到了满足企业运营的需求，又使企业的库存量保持最小。只要在生产线旁有一点临时的库存，一天工作干完，这些临时库存就消失了，库存接近于零。依据准时采购的原理，一个企业中的所有活动只有在需要进行的时候接受服务才是最合算的。

3. 准时采购的特点

和传统的采购方式相比，准时采购的不同之处主要表现在以下五个方面。

（1）供应商数量较少。传统采购模式中企业一般是采取多头采购，供应商的数目相对较多。准时采购模式中的供应商数量较少，甚至采取单一供应商。这种变化一方面可以使供应商获得长期订货和内部规模经济效益，从而降低产品的价格；另一方面有利于供需双方建立长期稳定的战略合作关系，保证产品质量的可靠稳定。但是，采用单一的供应商也有风险，比如供应商可能因意外原因中断供货，以及供应商缺乏竞争意识等。

（2）综合评价供应商。在传统采购模式中，供应商是通过价格竞争而确定的，供需双方是短期合作关系，且在发现供应商不符合要求时，可以通过市场招标的方式重新选择。但在准时采购模式中，供需双方是长期战略合作关系，因而对供应商的选择要更加慎重，需要对供应商进行综合评价。在选择供应商时，价格不再是主要的影响因素，质量则成为最重要的标准，这里的质量不仅包括产品质量，还包括交货质量、技术质量、售后服务等。

（3）小批量采购。小批量采购是准时采购的一个基本特征。准时采购和传统采购模式之间一个重要不同之处在于：准时生产需要减少生产批量，因此采购物资也应采用小批量办法。小批量采购势必会增加配送次数和物流成本，对供应商来说，这是很为难的事情，特别是在供应商距离较远的情况下，实施准时采购的难度就更大。解决的办法是可以通过混合运输、代理运输等方式，或尽量使供应商靠近用户等。

（4）有效的信息交流。只有供需双方进行可靠而迅速的双向信息交流，才能保证所需的原材料和外购件的准时供应，同时充分的信息交流可以增强供应商的应变能力。所以，实施准时采购就要求上下游企业间进行有效的信息交流。信息交流的内容包括生产作业计划、产品设计、工程数据、质量、成本、交货期等。现代信息技术的发展，如 EDI、电子商务等，为有效的信息交换提供了强有力的支持。

（5）交货具有准时性。交货准时是实施准时生产的前提条件，其能力取决于供应商的生产与运输条件。对供应商来说，要做到交货准时，首先应当不断改进生产条件，提高生产的可靠性和稳定性，减少延迟交货或误点现象。为此，供应商同样应当采用准时生产模式，提高生产过程的准时性。其次应当改进运输系统，因为运输决定了交货准时的可能性。特别是全球的供应链系统，运输路线长，而且可能要先后使用不同的运输工具，需要中转运输等。因此要通过有效的运输计划与管理，使运输过程准确无误。

4. 准时采购的实施要点

（1）选择最佳的供应商，并对供应商进行有效的管理是准时采购成功的基石。好的合作伙伴是影响准时采购的重要因素，如何选择合适的供应商就成了影响准时采购的重要条件。在传统采购模式下，企业之间的关系不稳定，具有一定的风险，影响了合作目标的实现。供应链管理模式下的企业是合作性战略伙伴，为准时采购奠定了基础。

（2）供应商与用户的紧密合作是准时采购成功的钥匙。因为准时采购成功与否的关键在于和供应商的关系好坏，而最困难的问题也是缺乏供应商的合作。供应链管理所倡导的战略伙伴关系为实施准时采购提供了基础性条件，因此在供应链环境下实施准时采购比传统管理模式下实施准时采购更加有现实意义和可能性。但是在实际运作中要保证供应商与企业的合作，成功实施准时采购，就必须建立完善、有效的供应商激励机制，使供应商和用户一起分享准时采购的好处。

（3）卓有成效的质量控制是准时采购成功的保证。产品的质量问题关乎企业的生命，而其中采购环节的质量控制是关键的一步，它是准时采购的质量保证。这包括了企业按照双方协定的标准和程序对供应商质量保证能力的监控、对供应物资定期不定期的抽查检验，以及建立相应的奖惩机制激励约束供应商等。

5. 准时采购的实施步骤

（1）创建准时采购团队。专业化的高素质采购队伍对实施准时采购至关重要，准时采购团队应当承担寻找货源、确定价格、发展与供应商的合作关系并不断改进的责任。为此，应成立两个采购团队，一个是专门处理供应商事务的团队，负责认定和评估供应商的信誉、能力，或与供应商谈判，签订准时化订货合同，向供应商发放免检签证等，同时要负责供应商的培训与教育。另一个团队专门负责消除采购过程中的浪费。

（2）制订计划。要制定采购策略、改进当前的采购方式、减少供应商的数量、科学评价供应商、保持经常性的信息沟通、给予供应商适当的激励等。在这个过程中，要与供应商一起商定准时采购的目标和有关措施。

（3）选择供应商，建立合作伙伴关系。供应商和企业之间互利的伙伴关系，意味着双方充满了一种紧密合作、主动交流、相互信赖的气氛，共同承担长期合作的义务。企业可以选择少数几个最佳供应商作为合作对象，加强业务方面的合作。选择供应商要从这几个方面考虑：产品质量、供货情况、应变能力、地理位置、企业规模、财务状况、技术能力、价格和其他供应商的可替代性等。

（4）进行试点工作。企业可以先从某种产品或某条生产线开始试点，对准时采购进行摸索和实践。在试点过程中，取得企业各个部门的支持是很重要的，特别是生产部门的支持。通过试点，总结经验，为正式实施准时采购打下基础。

（5）培训供应商，确定共同目标。准时采购是供需双方共同的业务活动，单靠需方的努力是不够的，需要供应商的配合。只有供应商也对准时采购的策略和运作方法有了认识和理解，才会愿意支持和配合，因此需要对供应商进行教育培训。通过培训，大家取得一致的目标，相互之间就能够协调做好采购的准时化工作。

（6）向供应商颁发产品免检合格证书。准时采购与传统的采购方式的不同之处在于买方不需要对采购产品进行比较多的检验手续。当供应商的产品百分之百合格时，便可核发免检证书。

（7）实现配合生产节拍的交货方式。准时采购的最终目标是实现企业的生产准时化。为此，要实现从预测的交货方式向准时化适时交货方式转变，最终达到当生产线恰好需要某种物资时，该物资恰好到货并运至生产线。

（8）持续改进，扩大成果。准时采购是一个不断完善和改进的过程，需要在实施过程中不断总结经验教训，从降低运输成本、提高交货的准确性和产品的质量、降低供应商库存等各个方面进行改进，不断提高准时采购的运作绩效。

（二）全球采购

全球采购是指利用全球的资源，在全世界范围内寻找供应商，寻求质量好、价格合理的产品。

1. 全球采购的优势

全球采购的显著优势就是供应商的选择范围大，不仅是“货比三家”，而且是“货比多家”，可以集中化管理供应商，通过批量采购增加议价能力等，可以选择到质量优良、价格合理的产品。这有助于提高企业的产品质量、控制产品成本，从而提高企业竞争力和顾客满意度。

2．全球采购的风险

尽管采购地域范围的扩大可以使企业获得价位更低、质量更好的物资，但同时也使企业供应链链条延长，不确定因素大幅增加，这些必将给企业带来风险。具体体现在以下四个方面。

（1）如果对运输费用、保管费用、关税、产品过时、库存、机会成本、市场保护等因素加以综合考虑，总成本可能比预计的要多，从而影响到净收益的增长。

（2）链条的延长可能使得企业对市场需求变化的反应速度比本地采购要慢，因此造成销售机会的丧失。

（3）由于距离远，可能存在质量和执行方面的问题。另外，产品在运抵目的地的过程中，要经过多次交接，当中的不确定因素很可能导致服务水平降低，产生更大的成本负担。

（4）长远的供需关系的不透明，可能对市场的获利产生误导。

（三）联合采购

联合采购是指对同一产品或服务有需求的许多买方，在相互合作的条件下合并各自的需求，以一个购买商的形式向供应商统一订货，用以扩大采购批量，达到降低采购价格或者降低采购成本的目的。

1．联合采购模式

联合采购的模式有很多种，其中最主要有合作型联合采购和第三方联合采购两种。

（1）合作型联合采购。合作型联合采购是指联合采购参与者之间通过达成的各种协议（包括成本分担、利益分配、权利约束等），由联盟中的部分或者全部企业完成协议范围内的采购活动。

（2）第三方联合采购。第三方联合采购是指所有联合采购参与者都不直接控制联盟采购权利，而是将所有的采购活动委托给第三方进行。

2．联合采购的优势

（1）降低采购成本和其他环节成本。通过联合多家企业有选择地向供应商进货，可以扩大采购规模，实现批量采购，获得较强的议价能力或较大的数量折扣，从而降低采购成本。另外由于现代通信技术的发展，企业可以通过电子商务平台进行订货，提高采购效率，节省人工和通信费用，从而降低间接采购成本。在采购过程中，为了保证采购质量，企业需要在采购前后做大量的工作，包括供应商的选择、评价、管理和控制，采购标准的制定，入库检验工作程序的制定和实施等。在各企业独立采购的情况下，每个企业都要重复这些工作，而实施联合采购以后，对生产同类产品或采购相同原料的企业，可以将这些管理工作统一实施，再将相关费用分摊到各个企业。这样可以有效避免低水平的重复工作，为企业减少大量成本。

联合采购通过实施各企业库存资源的共享和统一调配，可以实现以下目标：①备用物资由各企业分别储存改为共同储存，所需资金由各企业分摊，以大幅减少备用物资的积压和资金占用。②增加各企业已有积压物资的利用机会，以逐渐减少各企业物资积压，盘活资产。③提高各企业紧急需求满足率，减少因物品供应短缺而造成的生产停顿损失。在联合采购模式中，上级供应商订单处理次数减少且更加集中，增加其对需求预测的确定性，这在一定程度上有利于减弱牛鞭效应。

企业在运输环节的联合，可通过合并小批量的货物运输，使单次运量加大，从而可以降低运输费率、减少运输费用。

（2）提高市场透明度。市场透明度关系到企业的有效采购，它包括产品透明度（可以采购何种产品以代替现有产品），供应商透明度（哪家供应商可以取代现有的供应商）和价格透明度（此产品在市场上的价格是多少）。

（3）有利于创造协同效应。每个企业的资源和能力都是有限的，并且资源在各企业之间的分布又是不均衡的。因此，通过合作走联合发展之路，围绕共同目标，合理使用资源，发展各自的优势，弥补各自的劣势，可以产生良好的协同效应。

（4）避免无谓的竞争。传统的竞争方式是一种零和博弈，一方获利必然意味着另一方失利，最终往往导致"双输"的局面。联合采购通过同行的竞争合作，可以改变企业之间相互替代的横向竞争关系，减少恶性竞争，改变"双输"的局面。

（5）有利于降低采购风险。随着市场经济的不断发展，企业环境更趋向国际化、社会化、复杂化。单一的企业面对多变的市场，生存和发展的难度愈来愈大，难以独自承担来自各方面的采购风险，而如果几个企业联合起来，在采购领域进行合作，就能减少诸如资本不够雄厚、信息不对称等带来的风险。

（6）有利于实现规模经济。在多数企业中，实现有竞争力的规模经济非单一企业所能做到的，它不仅难度大，需要的时间也长。联合采购能够迅速扩大成员企业的采购规模，实现规模经济。

3. 联合采购的不足

（1）为了与联合采购协调一致需要改变企业本身原有的采购周期，偏离企业经济订购批量，会产生额外成本。

（2）为配合联合采购需改变企业原有的采购流程。

（3）为实现信息共享，可能会泄露企业产品设计等重要信息，使企业失去竞争优势。

（4）协调成本过大或难以协调，可能会影响到企业正常生产，反而会得不偿失。

（四）电子采购

电子采购，又称网上采购、在线采购，是以互联网等现代信息技术为手段，实现从寻找供应商、洽谈、签约到付款等业务网络化的采购活动。它通过信息技术来增强采购及日常采购的管理能力。

电子采购既是电子商务的重要形式，也是采购发展的必然趋势。它不仅是形式上和技术上的改变，更重要的是传统采购业务的处理方式上的改变。它优化了采购过程，提高了采购效率，降低了采购成本。

1. 电子采购模式

（1）卖方电子采购模式。卖方电子采购模式是指供应商在互联网上发布其产品的在线目录，采购方通过浏览来取得所需的商品信息，以做出采购决策，并下订单及确定付款和交付选择。

（2）买方电子采购模式。买方电子采购模式是指采购方在互联网上发布所需采购产品的信息，供应商在采购方的网站上上传自己的产品信息，供采购方评估，并通过采购方网站双方进行进一步信息沟通后完成采购的全过程。目前企业的电子采购一般都是买方模式，这种模式广泛存在于由少数几家大型购买方主导的行业，如航天、汽车、零售等行业。

（3）第三方模式。第三方模式是指供应商和采购方通过第三方设立的网站进行采购业务的过程。在这个模式里，无论是供应商还是采购方都只需在第三方网站上发布自己提供或需要的产品信息，第三方网站则负责产品信息的归纳和整理，以便于用户使用。

2．电子采购的优势

在电子采购的整个流程中，人工参与因素越来越少，从而保证了采购过程的公正、高效，对克服采购过程中的“暗箱操作”十分有效。具体而言，电子采购具有以下六个方面的优势。

（1）缩短采购周期。采购方企业通过电子采购交易平台可以最大化地找出所有采购事件的公共属性，各环节可以像生产流水线一样流转。同时，供需双方企业间信息的传递是以电子脉冲的速度进行的，很多环节可以在线进行，网上竞价、网上设定交易时间和交易方式等，从而大大地缩短采购周期。

（2）节约采购成本。美国供应管理协会统计数据显示，传统方式生成一份订单所需要的平均费用为 150 美元，同等情况下电子采购解决方案的费用减少到 30 美元。IBM 采用电子采购后，平均每年能节省 20 亿美元。这是因为电子采购使企业间通过互联网传递信息，这就减少了文件处理、通信和面对面交易程序的交易成本，避免了纸质传递过程中烦冗和复杂的过程，节省了人力成本。

（3）优化采购管理。电子采购是在对业务流程进行优化的基础上按软件规定的标准流程进行的，可以规范采购行为和采购市场，有利于建立一种比较良好的经济环境和社会环境，减少采购过程的随意性。同时，网上采购实现了企业采购行为集中统一，既能降低采购价格，又能使采购活动统一决策、协调运作。另外，电子采购是一种“即时性”采购，使企业由“为库存而采购”转变为“为订单而采购”，提高物流速度和库存周转率，实现采购管理向供应链管理的转变，达到逐步由高库存生产向低库存生产转变的目的，直至实现零库存生产。

（4）降低安全库存。采购周期缩短后，相应的安全库存也会减少。海尔集团采用电子采购平台后，其采购周期缩短，释放约 7 亿元库存资金，库存资金周转从 30 天降到了 12 天内。

（5）实现信息共享。供需双方的交易活动都会记录在这样一个电子采购平台上，包括过往的价格信息、交货记录、履约情况，买方得以更清楚地把握市场，货比三家，获得最合适的需求产品。同时这样的数据积累也督促供应商提供更完善的产品和服务，增进双方对彼此的了解，从而促进整个供应链的和谐发展。

（6）增进交易透明度。在传统的采购活动中，交易透明度常常因为采购信息的不充分受到影响。有的交易是由人为原因造成的“暗箱操作”，不仅给企业造成损失，也使不少人犯错。电子采购可提高供应商、采购商品及采购价格的信息透明度，对提高交易的透明度、减少“暗箱操作”起到重要的作用。

3. 电子采购的风险

电子采购需要借助网络完成，因此如何防止网络攻击，避免敏感的或私有的信息被盗或被泄露是企业及供应商要解决的问题。

第二节 供应链环境下的库存管理

一、库存与库存控制

库存是指“储存作为今后按预定的目的使用而处于闲置或非生产状态的物品”。广义的库存还包括处于制造加工状态和运输状态的物品。

（一）库存的分类

1. 按照经营过程分类

（1）经常库存又称周转库存，是指为满足企业生产和客户日常需求而建立的库存。

（2）安全库存是指用于应对不确定性因素（如大量突发性订货、交货期突然延期等特殊情况）而准备的缓冲库存。

（3）在途库存是指处于运输状态（在途）或为了运输的目的（待运）而暂时处于储存状态的商品。

（4）投机性库存是指为了避免因物价上涨造成的损失或者为了从商品价格上涨中获利而建立的库存，具有投机性。

（5）季节性库存是指为了满足特定季节中出现的特定需求而建立的库存，或指对季节性生产的商品在出产的季节大量收储所建立的库存。

（6）积压库存，又称沉淀库存，是指因商品品质变坏或损坏，或者因没有市场而滞销的商品库存，还包括超额储存的库存。

（7）促销库存是指为了应付企业的促销活动产生的预期销售增加而建立的库存。

2. 按照库存的需求性质分类

（1）独立需求库存是指企业的最终产品库存，其需求是随机的、由市场决定的，如企业的销售合同。企业对该库存物品的需求与其他种类的库存无关。

（2）相关需求库存是指将被用于生产的零部件库存，其需求量取决于企业最终产品的需求。企业最终产品的需求一旦确定，就可以精确计算相关需求库存的需求量和需求时间。

（二）库存的作用和弊端

1. 库存的作用

（1）满足不确定的消费者需求。消费者对产品的需求在时间与空间上均有不确定性，库存可以满足不确定的市场需求。

（2）平滑对生产能力的要求。当需求与生产能力不平衡时，企业可以利用库存来调节需求的变化。例如，可以在淡季时持有库存，供旺季使用，通过预先库存使生产能力保持均衡，更好地利用生产能力。

（3）分离生产过程中的作业。库存使生产过程中密切相关的加工阶段、作业活动相对独立，使生产效率不同的各加工阶段、作业活动可以更独立和经济地运行，而且不会因为生产过程中某加工阶段或作业活动的中断，导致整个生产过程停止。

（4）降低单位订购费用与生产准备费用。批量订购或生产，会使单位产品的订购费用或生产准备费用降低，同时能够充分利用生产能力。

（5）利用数量折扣。供应商为了增加销量，通常会对达到一定采购量的客户提供价格优惠，采购方通过提高采购量可以享受到优惠的价格，从而降低采购成本。

（6）避免价格上涨。原材料的价格可能会发生波动，在价格上涨之前进行采购，可以降低企业的运营成本。

2．库存的弊端

虽然库存在企业经营中具有非常大的积极作用，但是，库存太多也存在诸多弊端。

(1)库存的增加会占用企业大量的资金。通常情况下库存会占企业总资产的20%~40%，库存管理不当会形成大量资金的沉淀。

（2）产生库存成本。库存材料的成本增加直接增加了产品成本，而相关库存设施、管理人员的增加也加大了企业的管理成本。

（3）库存会掩盖生产或运作过程当中发生的问题，如计划不周、采购不力、生产不均衡、产品质量不稳定及市场销售不力等。

二、传统的库存控制方法

库存控制，又称为存货控制，是指在保障供应的前提下，为使得库存物品的数量合理而进行的有效管理的技术经济措施。完整的库存过程包括订货、进货、保管和销售（供应）四个环节。从库存控制的角度看，在库存过程的四个环节中，能影响库存量大小的有订货、进货和销售（供应）三个环节。订货和进货使库存量增加，销售（供应）环节使库存量减少。库存控制既要控制订货、进货环节，也要控制销售（供应）环节，以达到库存控制的目的。

不管是独立需求库存控制还是相关需求库存控制，都要回答这些问题：如何优化库存成本？怎样平衡生产与销售计划以满足一定的交货要求？怎样避免浪费，避免不必要的库存？怎样避免缺货损失和利润损失？归根结底，库存控制要解决三个主要问题：确定库存检查周期、订货点（订货时间）、订货量。一般地，独立需求与相关需求的库存控制原理是不同的。

（一）库存成本的构成

在决定持有的库存量时，必须确定每一个具体决策对成本的影响。库存控制涉及的成本主要有订货成本、存储成本（持有成本）和缺货成本三类，即：库存总成本=订货成本+存储成本+缺货成本。

1．订货成本

订货成本（ordering costs）是指由于向供应商发出订单购买物品而发生的成本。这种成本主要包括内部人员的费用和管理费用，前者主要包括采购、财务、原材料控制与存储人员的工资等，后者主要包括办公用品、电话、计算机系统等的应用费用。订购成本主要与采购次数有关，而与订货量的大小无关。

2．存储成本

存储成本（holding or carrying costs），又称持有成本，是因一段时间内存储或持有商品而产生的。它一般与所持有的平均库存量成正比，其中包括存储设施成本、装卸搬运费、保险费、过时损失、折旧费、税金及资金的机会成本等。

3．缺货成本

如果订货时没有客户所需要的物品可供发货，就可能失去销售的机会或增加额外的费用，这种费用通常称为缺货成本（stockout costs）。

（二）常用的库存控制方法

1．A、B、C 分类法

A、B、C 分类法基于 80/20 定律，是一种重点管理法。这种方法简单易行，在管理领域中得到了广泛的应用。

A、B、C 分类法的基本原理通常是将库存物资按品种和占用资金的多少分为特别重要的库存（A 类）、一般重要的库存（B 类）和不重要的库存（C 类）三个等级，然后针对不同重要等级分别进行管理与控制。A、B、C 分类法的核心是“分清主次，抓住重点”，对占用大量资金的少数物资加强控制与管理；对占用少量资金的大多数物资，则施以较松的控制和管理。这样，只用 20%左右的精力就控制了 80%左右的资金。

A、B、C 分类法通过对 A、B、C 类物资分别实施不同的库存管理策略，从而达到降低库存总量和资金占用、节约成本及使库存结构合理化等目的。

A 类物资，应实行严格的控制，包括最完整、精确的记录，最高的作业优先权，高层管理人员经常检查，小心精确地确定订货量和订货点，制定紧密的跟踪措施以使库存时间最短。

B 类物资，应实行正常的控制，包括做记录和固定时间检查，只有在紧急情况下，才赋予其较高的优先权，可按经济批量订货。

C 类物资，只需进行简单的控制，设立简单的记录甚至可以不设立记录，可通过半年或一年一次的盘点来补充大量的库存，给予最低的优先作业次序等。

在 A、B、C 分类法的应用中，应注意以下几点：A、B、C 分类法是多标准的，资金占用并非唯一标准，比如物料的无可替代性也会使其重要性提高；A、B、C 分类法可以分层，在第一次分类的数量庞大的 A、B、C 不同等级里，可以对物料再次进行 A、B、C 分类。

2．定量订货法

定量订货法是指当物资的库存量下降到事先预定的最低库存数量（订货点）时，按规定数量（一般以经济批量）进行订货补充的一种库存控制方式。定量订货模型如图 5-1 所示。

（1）定量订货法的原理。在图 5-1 中，Q 是每次的订货量，LT 为订货提前期，Q_R为订货点，Q_S为安全库存量。

其中，订货提前期是指从发出订货到收到所订货物的整个时间段。当库存量下降到预先设定的订货点 Q_R时，立即按预先确定的订货量发出订单，在经过 LT 的时间后，将收到所订货物，使得库存水平上升。

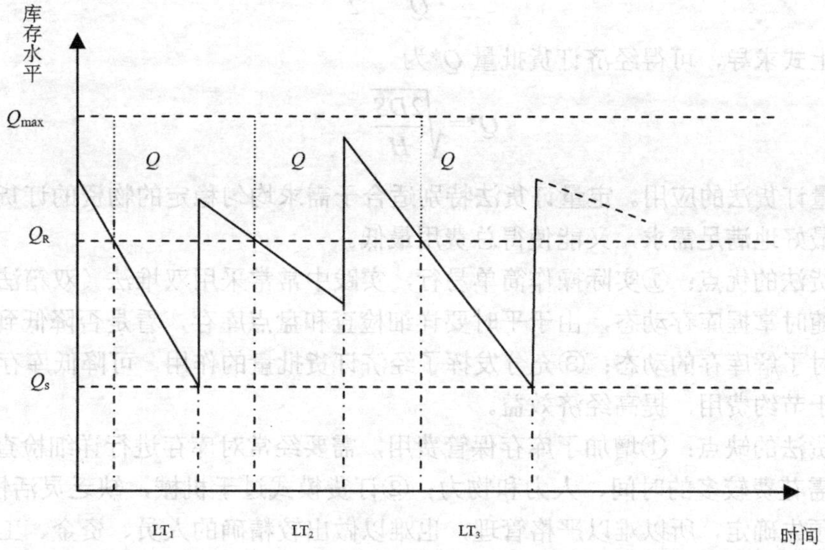

图 5-1 定量订货模型

（2）采用定量订货法需要解决两个关键问题：确定订货点和订货批量，即解决什么时候订货和一次订多少的问题。在定量订货法中，当库存下降到订货点时就发出订货信息。订货点的高低对库存运营具有非常重要的影响，如果订货点过高，库存量过大，占用资金就大，会导致成本上升；如果订货点过低，则可能导致缺货及对客户的服务水平下降。

订货点主要由需求率 R 和订货提前期 LT 这两个要素确定，可以定义为：$Q_R=D_L$。其中，D_L是一个随机变量，为订货提前期内的需求量，即在整个订货提前期内出库的货物总量。在实际运用时，相关人员也可以采取一些简单的办法。通常把订货点看成是由两部分构成的：一部分是平均订货提前期的需求量，另一部分是安全库存量。其计算公式为：

订货点=平均订货提前期的需求量+安全库存量

平均订货提前期的需求量=平均订货提前期的天数×日平均需求量

安全库存量=（预计日最大需求量−日正常需求量）×平均订货提前期的天数

订货批量的确定常参考 EOQ 模型来确定。经济订货批量（Economic Order Quantity，EOQ）模型是解决独立需求库存订货批量的基本模型，主要通过平衡订货成本和库存持有成本来确定使库存总成本最低的经济订货批量。它是在一系列假设的基础上建立的，其假设条件主要有：① 市场需求已知，且具有均匀和连续特征；② 成本已知且不变；③ 不允许出现缺货；④ 不考虑订货提前期，即货物从下订单到收到货物的时间间隔忽略不计。

当年需求量为 D，单位购买价格为 P，每次订货成本为 S，单位产品库存持有成本为 H。若每次订货批量为 Q，则年订货次数为 $\frac{D}{Q}$，平均库存量为 $\frac{Q}{2}$，则年库存总成本 TC 可以表示为

$$TC=DP+\frac{D}{Q}S+\frac{Q}{2}H$$

通过对上式求导，可得经济订货批量 Q^*为

$$Q^*=\sqrt{\frac{2DS}{H}}$$

（3）定量订货法的应用。定量订货法特别适合于需求均匀稳定的物资的订货，在这种情况下既能最好地满足需求，又能使得总费用最低。

定量订货法的优点：①实际操作简单易行，实践中常常采用双堆法（双箱法）进行库存控制；②随时掌握库存动态，由于平时要详细检查和盘点库存，看是否降低到订购点，因此可以随时了解库存的动态；③充分发挥了经济订货批量的作用，可降低库存量和库存成本，有利于节约费用，提高经济效益。

定量订货法的缺点：①增加了库存保管费用，需要经常对库存进行详细检查和盘点，工作量大且需花费较多的时间、人力和物力；②订货模式过于机械，缺乏灵活性；③ 订货时间不能预先确定，所以难以严格管理，也难以做出较精确的人员、资金、工作等计划安排。

3．定期订货法

定期订货法是指按照预先设定的订货间隔时间进行订货补充库存的一种库存管理方式。相邻两次订货之间的时间间隔称为订货周期。定期订货法主要依靠设定订货周期和最高库存量来达到控制库存的目的，每次订货批量均不相同。

（1）定期订货法的原理。按照预先确定的时间周期 T 和最高库存量 $Q_{\max}$ 周期性地检查库存，随后发出订货，将库存补充到目标水平 $Q_{\max}$。根据检查时刻的实际库存量 Q_{ki}、在途库存量及已发出出库通知还没有出库的延迟出库库存量 B_i，计算出每次订货量 Q，使得订货后的“名义库存量”等于最高库存量 $Q_{\max}$。

（2）定期订货法的应用。定期订货法的优点：①可以合并订货与进货，减少订货管理费与物料运输费；②周期盘点比较彻底、精确，不需要每天检查和盘点库存，减少了工作量，节省了管理费用，提高了工作效率；③库存管理的计划性强，能预先制订订货计划和工作计划，有利于实行计划管理。

定期订货法的缺点：①需要较大的安全库存量来保证物料需求。由于不能及时监测库存动态，为避免突然发生的大量物料需求引起缺货而带来的损失，需要制定较高的安全库存量。②每次订货的批量不固定，无法确定经济订货批量，不能发挥经济订货批量的优越性，因而运营成本较高，经济性较差。③手续麻烦，每次订货都得检查储备量和订货合同，并要计算出订货量。

定量订货法与定期订货法的比较：定期订货法与定量订货法都是针对独立需求库存控制的重要方法。两者各有所长，定量订货法采用“事件驱动”的控制方法，而定期订货法采用“时间驱动”的控制方法。

三、供应链环境下的库存问题

（一）供应链环境下存在的库存控制问题

供应链环境下的库存问题和传统的企业库存问题有许多不同点。传统的库存管理仅从单一的优化库存成本的角度出发做决策，但从供应链整体的角度看，这种方法显然是不够的。供应链管理环境下的库存控制存在的问题主要有三大类：信息类问题、供应链的运作问题及供应链的战略与规划问题。这些问题具体表现为以下八个方面的内容。

1. 缺乏供应链整体观念

虽然供应链的整体绩效取决于各个供应链的节点绩效，但是由于各个节点都是独立的行为主体，因而都有其各自独立的目标。有些个体目标和供应链的整体目标是不相干的，甚至是冲突的。因此，整体观念的缺乏使得供应链上企业各行其道，这必然会导致供应链的整体效率低下。

2. 对用户服务的理解与定义不恰当

供应链是以用户需求为驱动的，目的是给用户提供更好的产品或服务。因此，供应链管理的绩效应该由用户来评价，或者根据对用户的反应能力来评价。但是，供应链各节点企业对用户服务的理解与定义不同，这可能会导致用户服务水平的差异。

3. 交货状态数据不及时、不准确

当用户下订单时，通常希望获悉准确的交货时间。在等待交货的过程中，企业也可能会对订单交货状态进行修改，特别是当交货时间被推迟以后。这并非否定一次性交货的重要性，但必须看到，许多企业并没有及时、准确地把订单推迟交货的数据提供给用户，其结果当然会引起用户的不满。交货状态数据不及时、不准确的主要原因是信息传递的问题。

4. 信息传递效率低

供应链节点企业的需求预测、库存状态、生产计划等都是供应链管理的重要数据，这些数据分布在不同的供应链组织之间，要做到快速响应用户需求，就必须实时地传递。为此需要集成供应链信息，使得供应链中的库存数据能够实时、快速地传递。但是很多企业的信息系统并没有很好地集成起来，导致供应商获得的往往是延迟的和不准确的用户需求信息。由于延迟会引起误差并影响库存量的精确度，短期生产计划的实施也会遇到困难。

5. 轻视不确定性对库存的影响

供应链运作中存在诸多的不确定因素，如订货提前期、货物运输状况、原材料的质量、生产过程的时间、运输时间、需求变化等。为了减小不确定性对供应链的影响，首先应了解不确定性的来源和影响程度。很多企业对这个问题并不重视，导致错误估计供应链中物料的流动时间（提前期），造成库存过量或库存短缺的现象。

6. 库存控制策略简单

在实际运行中，许多企业对所有物品均采用统一的库存控制策略，物品的分类没有反映供应与需求中的不确定性。对于传统的库存控制策略，多数是面向单一企业，采用的信息基本上来自企业内部，其库存控制没有体现供应链管理的思想。因此，如何建立有效的库存控制方法，并能体现供应链管理的思想，是供应链库存管理的重要内容。

7．缺乏合作与协调性

协调的目的是使满足一定服务质量要求的信息可以无缝地、流畅地在供应链中传递，从而使整个供应链能够根据用户的要求步调一致，形成更为合理的供需关系，适应复杂多变的市场环境。为了应付不确定性，供应链各节点企业都设有一定的安全库存。但是对于许多供应链特别是全球化的供应链来讲，组织的协调涉及众多的利益群体，相互之间的信息透明度不高。在这种情况下，企业不得不维持一个较高的安全库存，为此付出了较高的代价。在企业内部一般有各种各样的激励机制用来加强部门之间的合作与协调，但是当涉及企业之间的激励时，困难就大得多。问题还不止如此，信任风险的存在更加深了问题的严重性，相互之间缺乏有效的监督机制和激励机制是供应链企业之间合作关系不稳固的原因。

8．产品的过程设计没有充分考虑供应链上库存的影响

科学技术的进步使得生产效率大幅度提高，企业的运营成本大幅降低。但是供应链库存的复杂性却并没有得到重视，这导致节省的成本都被供应链的分销与库存成本给抵消了。一方面，在引进新产品时，如果不合理规划供应链，也会造成运输时间过长、库存成本过高，而使得供应链无法获得成功。另一方面，在供应链的结构设计中，同样需要考虑库存的影响。要在供应链中增加或减少一个工厂或分销中心，一般是先考虑固定成本与相关的物流成本，至于网络变化对运作的影响因素，如库存投资、订单响应时间等通常是放在第二位的。

（二）供应链中的牛鞭效应

1．牛鞭效应的起源

“牛鞭效应”现象首先由著名的宝洁公司发现。1995 年，宝洁公司管理人员在考察婴儿一次性纸尿裤的订单分布规律时惊奇地发现，虽然婴儿对产品的消费比较稳定，零售商的销售波动也不大，但厂家从经销商那里得到的订单却出现大幅波动，同一时期厂家向原材料供应商的订货量波动幅度就更大。同样，惠普、通用、福特和克莱斯勒等许多企业也发现了这种供应链上最终用户的需求沿供应链向上游前进过程中波动程度逐级放大的现象。

这种信息扭曲的放大作用在图形显示上很像一根甩起的赶牛鞭，最下游的客户端相当于鞭子的根部，而最上游的供应商端相当于鞭子的梢部，在根部一端只要有一个轻微的抖动，传递到末梢端就会出现很大的波动，因此被形象地称为“牛鞭效应”，即需求变异放大效应。牛鞭效应扭曲了供应链上的市场需求信息，每个环节对于需求的估计不同导致了供应链的失调。

2．牛鞭效应的危害

（1）牛鞭效应导致各节点企业拥有过量的库存，库存成本增加。由于牛鞭效应的存在，上游企业的订单会在下游企业订单的基础上产生额外的波动，即使最终的顾客需求比较稳定，零售商、批发商、制造商、供应商的订购量波动幅度也会逐级增大，这就增加了供应链中需求的不确定性。供应链上的各节点企业通常会拥有大量的库存来应付需求的不确定性。这势必将增加企业的库存，增加库存成本，占用企业资金。

（2）牛鞭效应降低了产品供给水平，降低了顾客的满意度。企业对市场需求的预测失真，往往会出现当前生产能力和库存不能满足订单的需求，造成供应过程中的缺货现象，使得顾客的有效需求得不到满足，这就大大削弱了顾客的满意度，降低了顾客服务水平，减少了销售额。同时，企业也可能过高地估计市场需求，导致过量生产，出现库存积压现象。

（3）牛鞭效应导致生产成本的增加。制造商通常以下游企业的订单进行产品预测和编制生产计划。由于牛鞭效应的存在，制造商面临的订单波动很大，这给生产计划带来了很多问题，导致生产的平稳性变差，有时处于停顿状态，有时为了满足突然出现的需求又必须加班加点。生产的不稳定性带来的直接后果就是生产成本的大大增加。

（4）牛鞭效应增加了企业的运输成本及相应的劳动力成本。企业的运输需求是与订单的大小密切相关的。由于牛鞭效应的存在，运输需求以及相应的劳动力需求会随着订单的波动而波动。在不同的阶段，供应链上的企业有不同的选择，或者持有剩余运力、劳动量，或者变动运力、劳动量，但无论是哪种选择，都会增加运输成本及相应的劳动力成本。

（5）牛鞭效应会对企业之间的合作关系带来负面影响。供应链上的各企业会认为自己的计划、决策是正确的，一旦出现订单的波动、需求的不确定，就会损害供应链上节点企业间的合作关系，引起彼此之间的不信任，增加供应链协调的难度。

3．牛鞭效应的成因

牛鞭效应产生的根本原因在于供应链节点企业间缺乏沟通和信任机制，而每一个企业又都是“理性人”，有各自的利益，由此导致需求信息在传递过程中不断地扭曲。

（1）需求预测修正。供应链节点企业会采用各自不同的预测方法预测自身需求，依此向上游企业订货。供应商通常采用指数平滑法来预测平均需求及其方差，按照顾客需求预测订货，确定订货点和安全库存。观察的数据越多，其对预测值的修正也就越多，增大了需求的变动性。同样地，批发商根据零售商的订货数量来预测需求。这样，连续对未来需求进行修正，最后到达上游供应商时，就会产生需求放大。需求预测修正是引发牛鞭效应的直接原因。

（2）批量订货方式。在供应链中，每个零售商都会向上游企业订货，并且会对库存进行一定程度的监控。由于从订货到收货有一定的时间间隔，入库的物料在耗尽以后，零售商不能从其供应商那里获得及时补给，因而会采用批量订购方式，并保持一定的安全库存。供应商也通常采用数量折扣的方法鼓励零售商批量订货。同时，零售商向供应商订货时，也会倾向于大批量订货，以降低单位运输成本。如果所有客户的订购时间均匀分布，那么牛鞭效应的影响就会最小。然而遗憾的是，这种理想状态极少存在。订单通常都是随机分布的，甚至是相互重叠的。当顾客的订货时间重叠时，需求高度集中，从而导致牛鞭效应高峰的出现。

（3）短缺博弈。当潜在的需求超过制造商的生产能力时，制造商会根据下游零售商的订货数量按照一定的分配制度进行限量供应。在这种情况下，为了避免缺货，零售商会夸大实际需求量。当供不应求情况得到缓解时，零售商会取消大部分订单，销售量会远远小于订货量，这样就产生了牛鞭效应。这是零售商们在考虑自身利益的前提下多方博弈的结果。

（4）价格波动。供应链中的价格波动一般是由企业的促销策略引起的。企业经常会采取价格折扣、数量折扣等方式来增加销量。折扣往往会刺激购买者以低价大量购入产品，而这个购入量大于实际的需求量，因此引发了需求的不确定性，当这个不能真实反映顾客需求的信息沿供应链向上游传递时，就会对整个供应链的需求产生影响。除此之外，价格波动还可能是由竞争对手的恶性竞争、供不应求、通货膨胀、自然灾害和社会动荡等经济环境突变引起的，这类因素使许多零售商预先采购的订货量大于实际的需求量，因为如果库存成本低于由于价格折扣所获得的利益，零售商当然愿意预先多买，这样订货并不反映真实的需求变化，从而产生牛鞭效应。

（5）库存责任失衡。供应商需要在销售商（批发商、零售商）结算之前按照其订货量负责将货物运至销售商指定的地方，而销售商并不承担货物搬运费用；在发生货物毁损或者供给过剩时，供应商还需承担调换、退货及其他相关损失；在销售商资金周转不畅时，销售商会利用这些存货与其他供应商易货，或者不顾供应商的价格规定，低价出货，加速资金回笼；最后，销售商掌握大数量的库存也可以作为与供应商进行博弈的筹码。因此，销售商普遍倾向于加大订货量以掌握主动权，这样也必然会导致牛鞭效应。

（6）应付环境变化。自然环境、人文环境、政策环境和社会环境时刻都在变化，销售商为了应对这些变化都要保持库存，并且随着环境的变化库存量也会变化。当对不确定性的预测被人为渲染，或者形成一种较普遍认识时，为了保持有应付这些不确定性的安全库存，销售商会加大订货，将不确定性风险转移给供应商，这样也会导致牛鞭效应。

4. 牛鞭效应的缓解方法

牛鞭效应导致需求信息失真，扭曲的信息使供应链中的成员对市场需求的预测出现偏差，如果不能缓解牛鞭效应，就很可能导致企业领导者决策失误。常用的缓解牛鞭效应的办法有以下四个。

（1）共享信息，避免多次预测需求。

（2）增强合作，减少订货批量。

（3）采用新的分配机制，消除短缺时的博弈行为。

（4）稳定价格控制。

四、供应链环境下的库存控制方法

（一）供应商管理库存（VMI）

在传统的库存管理理论中，为了降低缺货风险，各企业不得不持有一定量的库存，这就造成整个供应链的库存成本增加、市场需求扭曲、上下游关系恶化、不利于合作与沟通等问题。供应商管理库存突破了传统的条块分割的库存管理模式，以系统的、集成的管理思想进行库存管理，使供应链系统能够获得同步化的运作。供应商管理库存（Vendor Managed Inventory，VMI）的定义为“按照双方达成的协议，由供应链的上游企业根据下游企业的物料需求计划、销售信息和库存量，主动对下游企业的库存进行管理和控制的库存管理方式”（GB/T18354—2006）。

1. VMI 的实施条件

要实现 VMI，关键是对供应商保持库存状态的透明性。供应商必须对其下游企业的库存状况进行实时跟踪和检查，务必做到了如指掌，从而加快供应链上的信息传递和实时处理速度，并对自身的供应（生产）状态做出相应的调整。因此，供应商要想对其用户实施VMI，必须参照以下四个关键条件进行一些有关VMI的硬件和软件支持建设。

（1）建立用户情报信息系统。通过建立用户信息库，供应商能够实时掌握需求变化的情况，快速了解市场需求动态和商品的需求信息，以便有针对性地及时进行商品补给，从而有效地管理用户的库存。

（2）建立销售网络管理系统。供应商通过构建完善的销售网络管理系统，能够保证自己产品的需求信息和物流畅通。只有实现了供应商的产品信息标准化，以及商品储存和运输过程中的有效识别，才能在加快用户需求的响应速度的同时，降低用户的库存水平。

（3）建立供应商与用户的合作框架协议。建立供应商与用户之间的合作框架协议使双方订单处理的业务流程标准化。供应商应当和用户通过协商来确定库存检查周期、库存水平、订货点等库存控制的关键参数，以及合作双方之间该如何进行信息的交流和传递等问题。

（4）建立适应VMI运作模式的组织机构。因为VMI策略改变了供应商的组织运作模式，尤其是与订单处理相关的流程。所以，需要专人负责处理供应商与用户之间的订货业务、控制用户的库存和服务水平及协调处理其他的相关业务活动。

2．VMI的优缺点

（1）VMI的优点．实施VMI的好处主要体现在两方面，一是成本的缩减，二是服务水平的改善。具体地，对于供应商而言，通过信息共享，能够更加准确地了解需求市场信息，简化配送预测工作，可以实现及时补货以防缺货，同时结合需求信息进行有效的预测可以使生产商更好地安排生产计划。对于需求方而言，VMI提高了供货速度，降低了缺货风险；将计划和订货工作转移给供应方，降低了运营费用；在恰当的时间适量补货，提升了总体物流绩效。

除此之外，VMI还为双方带来了共同利益，如通过计算机互联网通信，减少了数据差错；提高了供应链整体处理速度；从各自角度，各方更专注于提供更优质的用户服务，使所有供应链成员受益；真正意义上的供应链合作伙伴关系得以确立等。

（2）供应商管理库存的缺点。VMI尽管有可以为供需双方带来成本缩减、服务改善的优势，但在实施中，它也存在许多局限。首先，VMI中供应商和零售商协作水平有限。作为独立的经济个体，供应商和零售商的合作原则还是基于自身利益的最大化，因此在VMI实施过程中，双方的协作水平会受限制。其次，VMI对于企业间的信任要求较高。要真正实施VMI，就要求供需双方彼此充分信任，从而实现信息共享、密切合作。但在现实中，这种充分的信任是很难实现的。再次，VMI中的框架协议虽然是双方协定，但VMI是将需方库存决策权委托给供应商，因此供应商是处于主导地位的。在决策过程中如果缺乏有效的协商，很容易造成失误。最后，VMI的实施减少了库存总费用，但在VMI系统中，库存费用、运输费用和意外损失（如物品毁坏）不是由用户承担，而是由供应商承担的。

综上，VMI实际上是对传统库存控制策略进行“责任倒置”的一种库存管理方法，这无疑加大了供应商的风险。

（二）联合库存管理

联合库存管理，是一种在 VMI 基础上发展起来的，让供应链上游企业与下游企业共同参与和决策，将 VMI 中供应商的权责转化为供应链各节点企业之间的责任分摊，实现风险共担、利润共享，从而提高供应链的同步化程度和运作效率的一种库存管理模式。联合库存管理（Joint Managed Inventory，JMI）的定义为“供应链成员企业共同制订库存计划，并实施库存控制的供应链库存管理方式”。

1．JMI 的实施

（1）建立供需协调管理机制。为了发挥 JMI 的作用，供需双方应当秉着合作的态度，建立供需协调管理的机制，明确各自的目标和责任，建立合作沟通的渠道，为 JMI 的实施提供有效的机制。

① 建立共同的合作目标。要建立 JMI 模式，首先供需双方要坚持互惠互利的原则，建立共同的合作目标。为此，通过协商形成共同的目标，如提高服务质量、利润共同增长和降低风险等，要在理解双方的共同之处和冲突点的基础上，建立联合库存的协调控制方法，然后运用库存优化的方法进行明确确定。主要控制点包括库存如何在多个需求方之间进行调节和分配，而联合库存管理中心担负着协调供需双方利益的角色，起协调控制器的作用，其中需要对库存的最大量、最低库存水平、安全库存的确定及对需求的预测等。

② 建立一种信息沟通的渠道或系统。为了提高供应链需求信息的一致性和稳定性，减少由于多重预测导致的需求信息扭曲，供应链各方应增加对需求信息获得的及时性和透明性。为此应建立一种信息沟通的渠道或系统，以保证需求信息在供应链中的畅通和准确性。要将条码技术、扫描技术、POS 系统和 EDI 集成起来，同时充分利用互联网的优势，在供需双方之间建立一个畅通的信息沟通桥梁和联系纽带。

③ 建立利益的分配、激励机制。要有效进行基于协调中心的库存管理，必须建立一种公平的利益分配制度，并对参与协调库存管理中心的各个企业进行有效的激励，以增加协作性和协调性。

（2）发挥两种资源计划系统的作用。为了发挥联合库存管理模式的作用，在供应链库存管理中应充分利用目前比较成熟的两种资源管理系统：ERP 和 DRP。

（3）发挥第三方物流的作用。第三方物流是供应链集成的一种技术手段。通过把库存管理的部分功能委托给第三方，可以使企业更加集中精力于自己的核心业务。第三方物流起到了连接供应商和用户的作用，这样可以降低企业成本，使企业集中于核心业务，获得更多的市场信息和一流的物流咨询，改进服务的质量，快速进入国际市场。

2．JMI 的优缺点

联合库存管理的优点主要有：为实现供应链的同步化运作提供了条件和保证；减少了供应链中的需求扭曲现象，降低了库存的不确定性，提高了供应链的稳定性；库存作为供需双方信息交流和协调的纽带，可以暴露供应链管理中的缺陷，为改进供应链管理水平提供依据；为实现零库存管理、准时采购以及精细供应链管理创造了条件；进一步体现了供应链管理的资源共享和风险分担的原则。

联合库存管理的缺点主要体现在：由于联合库存管理过度以客户为中心，使得供应链的建立和维护费用都很高。

第三节　供应链环境下的配送中心作业管理

一、配送中心概述

配送中心是专业从事货物配送活动的物流场所或经济组织，它是集加工、理货、送货等多种职能于一体的物流节点。也可以说，配送中心是集货中心、分货中心、加工中心功能的综合。

（一）配送中心的含义

简单地说，配送中心就是位于物流节点上专门从事配送业务的物流场所和组织。目前，对于它的定义，国内外学者有着不同的解释。

日本《市场术语辞典》对配送中心的解释是："一种物流节点，它不以贮藏仓库的这种单一的形式出现，而是发挥配送职能的流通仓库，也称作基地、据点或流通中心。配送中心的目的是降低运输成本、减少销售机会的损失，为此建立设施、设备并开展经营管理工作。"

美国国内的《物流手册》对现代物流配送中心的定义是："现代物流配送中心是一供应者手中接收多种大量的货物，进行倒装、分类、保管、流通加工、情报处理等作业，然后按照众多需要者的订货要求备齐货物，以令人满意的服务水平进行配送的综合设施。"

中华人民共和国国家标准《物流术语》(GB/T 18354—2006)，配送中心被定义为："从事配送业务且具有完善信息网络的场所或组织，应基本符合下列要求：①主要为特定用户或末端提供服务；②配送功能健全；③辐射范围小；④提供高频率、小批量、多批次配送服务。"

虽然以上对配送中心的定义各有不同，但对配送中心的功能和目的的认识是一致的，即配送中心是配送业务的聚集地，主要为客户提供高水平的配送服务。

（二）配送中心的功能

配送中心是集货中心、分货中心、加工中心功能的综合。因此，配送中心具有以下六个方面的功能。

1. 备货功能

备货是配送中心根据客户的需要，为配送业务的顺利实施从事的组织商品货源的活动。它是配送的准备工作或基础工作。备货工作包括采购订货、集货进货、合理配货及有关的质量检查、结算、交接等活动。配送的优势之一，就是可以集中用户的需求进行一定规模的备货。备货是决定配送成功的初期工作，如果备货成本太高，就会大大降低配送的效益。

2. 储存功能

配送中心的储存有储备及暂存两种形态。配送储备是按一定时期的配送经营要求形成的对配送的资源保证。这种类型的储备数量较大，储备结构也较完善，视货源到货情况，可以有计划地确定周转设备及保险储备结构和数量。配送的储备保证有时在配送中心附近单独设库解决。

暂存，是具体执行日配送时，按分拣配货要求，在理货场地所做的少量储存准备。由于总体储存效益取决于储存总量，所以，这部分暂存数量只会对工作方便与否造成影响，而不会影响储存的综合效益，因而在数量上控制并不严格。还有另一种形式的暂存，即分拣、配货之后，形成的发送货载的暂存，这个暂存主要是调节配货与送货的节奏，暂存时间不长。

3．分拣功能

分拣是依据顾客的订货要求或配送中心的送货计划，迅速、准确地将商品从其储位或其他区域拣取出来，并按一定的方式进行分类、集中，等待配装送货的作业过程。在配送作业的各环节中，分拣作业是非常重要的环节，是配送中心不同于其他物流形式的功能要素。分拣是完善送货、支持送货的准备性工作，也是配送成功的一项重要支持性工作。同时，分拣技术水平的高低也是决定整个配送系统水平的关键要素。

4．集散功能

在一个大的物流系统中，配送中心凭借其特殊的地位和拥有的各种先进设备、完善的物流管理信息系统，能够将分散在各个生产企业的产品集中在一起，通过分拣、配货等环节向多个用户进行发送。同时，配送中心也可以把各个用户所需要的多种货物有效地组合或配装在一起，形成经济、合理的批量，来实现高效率、低成本的商品流通。配送中心在流通实践中所表现出的这种功能就称为货物的集散功能。

5．加工功能

配送加工是有着重要作用的功能要素，它可以大大提高客户的满意程度。国内外许多配送中心都很重视提升自己的配送加工能力，通过按照客户的要求开展配送加工可以使配送的效率和满意程度提高。配送加工有别于一般的流通加工，它一般取决于客户的要求，销售性配送中心有时也根据市场要求进行简单的配送加工。

6．信息处理

配送中心有相当完整的信息处理系统，能有效地为整个流通过程的控制、决策和运转提供依据。无论是在集货、储存、拣选、流通加工、配送等一系列环节的控制，还是在物流管理和费用、成本、结算方面，均可实现信息共享。而且，配送中心与销售商店建立信息直接交流平台，可及时得到商店的销售信息，有利于合理组织货源，控制最佳库存。同时，还可将销售和库存信息迅速、及时地反馈给制造商，以指导商品生产计划。配送中心成了这个流通过程的信息中枢。

（三）配送中心的类型

配送中心是专门从事货物配送活动的经济实体，具有满足多量、少样的市场需求及降低流通成本的作用。但是，由于企业的背景不同，其配送中心的功能、构成和运营方式就有很大区别。因此，在配送中心规划时应充分注意配送中心的类别及特点。

随着商品流通规模日益扩大，配送中心的数量也在不断增加。为满足不同产品、不同企业、不同流通环境的要求，可以采用各种形式的配送中心。根据不同的划分依据，配送中心大致有以下五种分类。

1．按配送中心运营主体不同分类

（1）以仓储运输业为主体的配送中心。该类配送中心最大的特点是有超强的运输配送能力，其所处地理位置优越，一般紧邻港湾、铁路和公路枢纽，可迅速将到达的货物配送给用户。它提供仓储储位给制造商或供应商，而配送中心的货物仍属于制造商或供应商所有，配送中心只是提供仓储管理和运输配送服务。

（2）以批发商为主体的配送中心。商品从制造者到消费者的传统流通过程中，有一个环节是批发环节。以批发商为主体的配送中心一般是指按部门或商品类别的不同，把每个制造厂的商品集中起来，然后以单一品种或搭配向消费地的零售商进行配送。这种配送中心的商品来自各个制造商，它所进行的一项重要活动便是对商品进行汇总和再销售，而它的全部进货和出货都是由社会化配送中心完成的，社会化程度高。

美国加州食品配送中心是全美第二大批发配送中心，建于1982年，建筑面积10万平方米，工作人员2 000人左右，共有全封闭型温控运输车600多辆，1995年销售额即达到20亿美元。其经营的商品均为食品，有43 000多个品种，其中有98%的商品由该公司组织进货，另有2%的商品是该中心开发加工的商品，主要是牛奶、面包、冰激凌等新鲜食品。

（3）以零售业和连锁企业为主体的配送中心。此类配送中心是目前国内外较为盛行的现代配送中心。零售商发展到一定规模后就可以考虑建立自己的配送中心，为专业商品零售店、超级市场、百货商店、建材商场、粮油食品商店及宾馆饭店等服务，社会化程度介于前两者之间。美国沃尔玛公司的大型现代配送中心及我国上海华联超市有限公司的配送中心即属此类型。

（4）第三方物流企业型配送中心。此类配送中心可谓是最具发展前景的现代配送中心。它隶属于直接从事物流服务的第三方物流企业，其运作过程贯穿于第三方物流企业的整个经营过程。美国APL公司的现代配送中心及我国宝供物流公司的现代配送中心便属于这种类型。

（5）以制造商为主体的配送中心。这种配送中心的商品100%由自己生产制造，用以降低流通费用，提高售后服务质量和及时地将预先配齐的成组元器件运送到规定的加工和装配工位。此类配送中心在从商品制造到生产出来后条码和包装的配合等方面都较易控制，所以按照现代化和自动化的配送中心设计比较容易，但此类配送中心不具备社会化的要求。美国橡胶公司的配送中心及我国海尔集团现代配送中心即属此类型。

（6）共同型配送中心。此类配送中心的主要目的是用来开展共同配送。共同配送是为了实现物流活动的高效率，由两个或两个以上的企业相互协作共同开展配送活动的一种形式。共同型配送中心一般由规模比较小的批发企业和专业物流企业共同设立。通过共同开展配送活动，可以解决诸如车辆装载效率低、资金短缺无法建设配送中心以及配送中心设施利用率低等问题。为多个连锁店提供配送服务的配送中心也可以看作共同型配送中心。共同型配送中心不仅提供共同配送，还提供共同理货及共同开展流通活动等服务。

2．按服务范围分类

（1）城市配送中心。城市配送中心是以城市为配送范围的配送中心。由于城市范围一般处于汽车运输的经济里程，这种配送中心可直接配送到最终客户，且采用汽车配送。所以，这种配送中心往往和零售经营相结合，由于运输距离短，反应能力强，因而从事多品种、少批量、多用户的配送较有优势。

（2）区域配送中心。区域配送中心是以较强的辐射能力和库存准备，向省（州）际、全国乃至国际范围的顾客配送的配送中心。这种配送中心配送规模较大，一般而言，其客户的需求量较大，配送批量也较大。而且它往往是给下一级的城市进行配送，也配送给营业所、商店、批发商和企业用户。虽然区域配送中心也从事零星的配送，但不是其主体业务。

3．按配送中心的功能分类

（1）储存型配送中心。储存型配送中心有很强的储存功能，其储存区面积较大，一般占配送中心总面积的50%以上，是充分强化商品的储备和储存功能，在充分发挥储存作用的基础上开展配送活动的配送中心。

一般来讲，在买方市场时，企业成品销售需要有较大库存支持，其配送中心可能有较强储存功能；在卖方市场时，企业原材料、零部件供应需要有较大的库存支持，这种供应配送中心也有较强的储存功能。大范围配送的配送中心需要有较大库存，也可能是储存型配送中心。

（2）流通型配送中心。流通型配送中心包括通过型或转运型配送中心，它基本上没有长期储存功能，仅以暂存或随进随出的方式进行配货和送货。其典型方式为大量货物整批进入，按一定批量零出。这种配送中心一般采用大型分货机，其在进货时直接进入分货机传送带，分送到各用户货位或直接分送到配送汽车上。

苏果的生鲜加工配送中心属于典型的流通型配送中心。其商品停留的时间非常短，一般只有几个小时，目的在于将大批量的商品分解成小批量的商品，再将不同种类的商品组合起来，满足门店多品种、小批量的订货要求，通过集中与分散的结合，减少运输的次数，提高运输效率，以及理货作业效率。

（3）加工型配送中心。加工型配送中心是以流通加工为主要业务的配送中心，如食品加工配送中心，以及生产资料加工配送中心等。闻名于世的麦当劳、肯德基的配送中心就是在提供加工服务后再向其连锁店配送的典型。工业、建筑、水泥制品等领域的配送中心同样属于这种类型，如石家庄水泥配送中心既提供成品混凝土，又提供各种类型的水泥预制件，直接配送至用户。

4．按配送中心的经营形式分类

（1）供应型配送中心。供应型配送中心是以专门向某些用户供应货物、提供后勤保障为主要特征的配送中心。其特征是配送的用户有限并且稳定，用户的配送要求范围也比较确定，属于企业型用户。这种配送中心库存集中的品种比较固定，计划性较强。

这种类型的配送中心一般都建有大型的现代仓库并存储有一定数量的商品。

（2）销售型配送中心。销售型配送中心是以销售商品为主要目的，以开展配送为手段组建的配送中心。其配送手段主要包括代替客户理货、加工和送货等，为用户提供系列化、一体化的后勤服务。此类配送中心的用户一般是不确定的，而且用户的数量很大，但购买数量少，属于消费者型用户，计划性较差。

5．按配送货物的属性分类

根据配送货物的属性，可以分为食品配送中心、日用品配送中心、医药品配送中心、化妆品配送中心、家电产品配送中心、电子产品配送中心、书籍产品配送中心、服饰产品配送中心、汽车零件配送中心及生鲜处理中心等。

由于配送的产品不同，配送中心的规划方向就完全不同。对于不同种类与行业形态的配送中心，其作业内容、设备类型，以及营运范围可能完全不同，但是就系统规划分析的方法与步骤而言有其共同之处。配送中心的发展已逐渐由以仓库为主体的配送中心向信息化和自动化的整合型配送中心发展。

二、供应链物流配送中心作业管理

配送中心的作业环节由接货、搬运、保管、分类、分拣、流通加工、检查、封箱、出货、配送等活动构成。配送中心在运转过程中将上述环节有机地结合起来，形成多功能、全方位的供货枢纽。

（一）配送中心的作业流程

从供应货车到达配送中心确定货物进货作业开始，便依次经过验收、入库和存放等作业将货物储存入库。为了良好地管理在库品，需要定期或不定期地进行盘点作业。当收到用户订单后，先将订单按其性质进行订单处理；然后根据处理完的订单信息，进行从仓库中取出用户所需货物的拣选作业。紧接着，根据实际需要进行包装、贴标签和贴商标等流通加工作业；再依次进行分类、装货和出货检验等作业；最后通过送货作业将货物送到客户手中。与此同时，在拣选完成后，一旦发现拣选区所剩余的存货量过低时，就必须由储存区进行补货作业。如果储存区的存货低于规定标准，就向供应商采购订货。需要特别说明的是，在所有作业进行时，只要涉及货物的流动作业，就一定包括搬运作业。在配送中心的运转中，如果没有正确有效的作业方法，无论其设备多么先进，都不容易取得良好的经济效益。配送中心基本作业流程如图 5-2 所示。

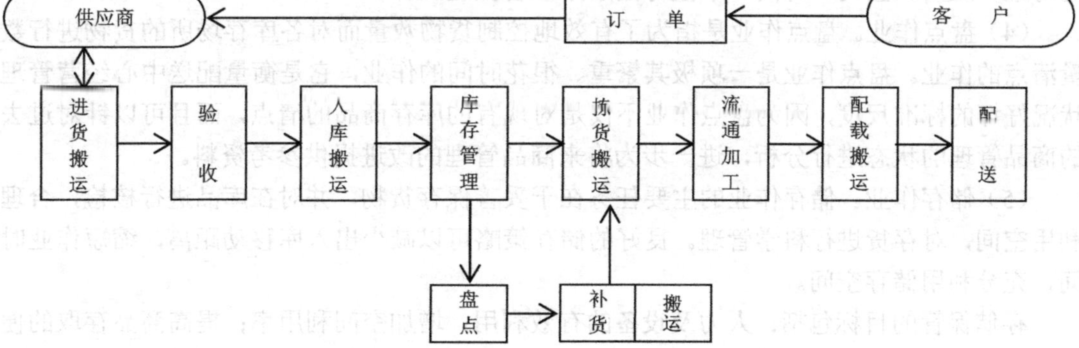

图 5-2　配送中心基本作业流程

1．配送中心的一般作业流程

（1）订单处理作业。订单处理作业是指从接到客户订货开始到准备着手拣货为止的作业阶段。一般的订单处理过程主要包括五个部分：订单准备、订单传递、订单登录、按订单供货和订单处理。其中订单处理是实现企业顾客服务目标最重要的影响因素。改善订单处理过程，缩短订单处理周期，提高订单满足率和供货的准确率，提供订单处理全程跟踪信息，可以大大提高顾客服务水平与顾客满意度，同时也能够降低库存水平，在提高顾客服务水平的同时降低物流总成本。订单处理是调度、组织配送活动的前提和依据，是其他各项作业的基础。

（2）进货作业。进货作业是实现商品配送的前置工作。商业配送中心的收货工作，更涉及商品所有权的转移，商品一旦收下，配送中心将承担商品完好的全部责任。因此，进货作业的质量至关重要。配送中心的进货环节是商品在生产领域向消费领域转移过程中进入流通领域的第一步，其基本环节包括商品从货运卡车上卸货、盘点、分类、验收，并搬运到配送中心的储存地点，之后将有关信息书面化等。

进货作业就是配送中心根据客户的需要，为配送业务的顺利实施而从事的组织商品货源和进行商品存储的一系列活动。进货是配送的准备工作或基础性工作，通常包括制订进货计划、组织货源、储存保管等基本业务。

进货作业首先由采购中心根据门店的销售和要货计划，制订采购计划并生成采购订单；然后用传真将订单发给供应商，供应商根据传真资料填写送货单，将订单上的物品送到配送中心；最后由配送中心的工作人员根据具体的收货操作程序和要求对物品进行验收入库操作。

（3）搬运作业。搬运是指在同一场所内，对物品进行以水平移动为主的物流作业。在配送中心里，从入库、保管、拣货、流通加工、出库、装载、配送等所有过程中，都少不了搬运作业。搬运作业贯穿整个作业流程的始终，也是配送中心发生频率最高的作业，所以改善搬运作业的方式并对其进行合理的规划是提高作业效率的手段之一，但通常搬运又是很容易被忽视的一个环节。

在考虑搬运成本时，应遵循两个原则：第一个是距离原则，即距离越短，移动越经济；第二个是数量原则，即物品移动的数量越多，每单位的移动成本越低。因此，可以根据搬运对象、距离、空间、时间、手段等因素来改善搬运工作。

（4）盘点作业。盘点作业是指为了有效地控制货物数量而对各库存场所的货物进行数量清点的作业。盘点作业是一项极其繁重、很花时间的作业，它是衡量配送中心经营管理状况好坏的标准尺度，因为盘点作业不仅是对现有的库存商品的清点，而且可以针对过去的商品管理的状态进行分析，进一步为将来商品管理的改进提供参考资料。

（5）储存作业。储存作业的主要任务在于妥善保存货物，并对在库品进行核检，合理利用空间，对存货进行科学管理。良好的储存策略可以减少出入库移动距离，缩短作业时间，充分利用储存空间。

存储保管的目标包括：人力及设备的有效利用；增加空间利用率；提高商品存取的便利性；保证商品有效的移动，使人力和机械设备操作更加经济、安全；确保对商品的保护；提供良好的工作环境——明晰的通道、洁净的地面、适当且有次序的存储及安全运行，将提高工作效率并能够促使工作士气的增长。

在存储作业时选择区位可用以下参考标准作为指导：依照商品的特性存储；大批量使

用大储区，小批量使用小储区；笨重、体积大的品项存储于较坚固的层架及接近出货区；轻量的商品存储于较坚固的简易货架；相同、类似的商品尽可能存放在邻近的储位；流动性较小、较轻且容易处理的商品使用远储区；周转率高的商品尽量接近出货区。

常见的储存策略有定位储存、随机储存、分类储存、分类随机储存（utility location）和共同储存等。

（6）拣货作业。拣货作业是配送中心根据客户提出的订货单所规定的商品品名、数量和储存仓位地址，将商品从货垛或货架上取出，搬运到理货场所的作业。商品拣货作业一般有两种基本的拣货方法，即摘果法和播种法。

摘果法：也称要货订单分拣，让拣货与搬运巡回于储存场所，按要货单位的订单挑选出每一种商品，巡回完毕也就完成了一次配送作业。将配齐的商品放置到发货场所指定的货位，然后再进行下一个要货单位的配货。

播种法：也称批量拣选，将每批订单上的同种商品各自累加起来，从储存仓位上取出，集中搬运到理货场，然后将每一要货单位所需的数量取出，分放到该要货单位商品暂储待运货位处，直至配货完毕。

其他的拣货方法还包括分区拣选及接力分拣等。分区拣选是指将拣选作业场地划分成若干区域，每个作业员负责拣选固定区域内的商品。无论是摘果还是播种，配合分区原则，都可以提高工作的效率。接力分拣是由两种基本的分拣策略引申出来的一种新的拣货策略。该策略与分区拣选类似，先决定拣货员各自负责仓位的责任范围，各拣货员只分拣拣货单中自己负责的部分，然后以接力的方式交给下位拣货员。上海联合利华采用的就是这种拣货策略。

（7）补货作业。补货作业是库存管理中的一项重要内容，根据以往的经验或者相关的统计技术方法，或者计算机系统的帮助确定最优库存水平和最优订购量，并根据所确定的最优库存水平和最优订购量，在库存低于最优库存水平时发出存货再订购指令，以确保存货中的每一种产品都在目标服务水平下达到最优库存水平。

补货作业包括从保管区域将货品移到另一个为了做订单拣取的动管拣货区域（home area），然后将此迁移作业做书面上的处理。

补货作业的发生与否主要看动管拣货区域的货物存量是否符合需求，因此究竟何时补货要看动管拣货区的货物存量，以避免在拣货中途才发现动管区货量不足需要补货，而影响整个拣货作业。根据补货时机的不同，补货作业主要有批次补货、定时补货和随机补货三种方式。

（8）配货作业。配货作业是指把拣取分类完成的货品经过配货检验过程后，装入容器并做好标识，再运到配货准备区，等待装车后发运。

（9）送货作业。配送业务中的送货作业包括将货物装车并实际配送，而这些作业需要事先规划配送区域或安排配送线路，由配送线路选用的先后次序来决定货物装车顺序，并在配送途中对货物进行跟踪、控制，制定配送途中意外情况的处理办法及完成送货后文件的整理统计。

2．配送中心的特殊作业流程

（1）不带储存库的配送中心流程。有的配送中心专以配送为职能，而将储存场所转移到配送中心之外的其他地点，专门设置补货型的储存中心，配送中心则只有为配送备货的暂存，无大量储存。暂存设在配货场地中，在配送中心不单设储存区。

这种类型的配送中心，由于没有集中储存的仓库，占地面积比较小，也可以省去仓库、现代货架的巨额投资。至于补货仓库，可以采取外包的形式，采用协作的方法解决，也可以自建补货中心，或者采用虚拟库存的办法来解决。不带储存库的配送中心的业务流程如图 5-3 所示。

图 5-3　不带储存库的配送中心的业务流程

（2）加工配送中心流程。加工配送中心也不是一个模式，随加工方式不同，配送中心的流程也有区别。这种配送中心流程的特点，以平板玻璃为例，进货是大批量、单（少）品种的产品，因而分类的工作不多或基本上无须分类存放。储存后进行加工，与生产企业按标准、按系列加工不同，其加工一般是按用户要求。因此，加工后的产品便直接按用户分放、配货。所以，这种类型的配送中心有时不单设分货、配货或拣选环节，配送中心中加工部分及加工后分放部分占较多位置。加工配送中心的业务流程如图 5-4 所示。

图 5-4　加工配送中心的业务流程

（3）批量转换型配送中心流程。这种配送中心流程是由产品进货批量大、品种较单一，转换成小批量发货式的配送中心。不经配煤、成型煤加工的煤炭配送和不经加工的水泥、油料配送的配送中心大多属于这种类型。这种配送中心流程十分简单，基本不存在分类、拣选、分货、配货、配装等工序，但是由于其是大量进货的，储存能力较强，因而储存及分装是其主要工序。批量转换型配送中心的业务流程如图 5-5 所示。

图 5-5　批量转换型配送中心的业务流程

（二）合理组织配送中心作业过程的原则

配送中心的基本任务就是提供成本低、响应快、质量好的配送服务。要实现这个任务，只有合理组织作业过程，才可能使作业过程始终处于最佳状态。如果作业过程的组织水平过低，达不到基本要求，即使其他管理工作做得再好，也不可能顺利完成作业过程，更谈不上取得较好的经济效益。合理地组织配送中心的作业过程，其基本要求是实现作业过程的连续性、平行性、比例性、节奏性和适应性，这样才能达到消耗小、质量高和经济效益好的目的。

1．作业过程的协调性

作业过程的协调性是指使作业过程中的各项活动在作业能力上保持一定的比例关系。这种比例关系要求配送中心的各项作业环节中的人数、设备数量和作业效率等都必须互相协调。为了保持作业过程的协调性，要合理地确定作业过程中各个环节中的设备、人数等作业能力方面的比例关系。

2．作业过程的连续性

作业过程的连续性是指作业过程中的各个阶段和各项作业活动在时间上是紧密衔接的。在配送中心，保持和提高各作业过程和各个阶段的连续性，可以缩短每批货物的作业时间，提高作业效率和客户响应度。在一定的技术条件下，做好作业管理，如采用先进的作业组织形式，合理地安排工序，提前做好技术准备工作，就能提高作业过程的连续性。

3．作业过程的平行性

作业过程的平行性是指使作业过程的各项活动在时间上能实现平行交叉作业。配送中心作业的平行性是作业过程连续性的必然要求，平行性实质上是为了使连续性得到进一步的体现而提出的一种更高要求。

4．作业过程的均衡性

作业过程的均衡性是指配送中心作业的各环节在相等的时间内作业量相等，也就是使各项工作的负荷保持相对稳定，不出现时松时紧、前松后紧的现象。为了保证配送中心作业过程的均衡性，应加强计划管理，特别是作业计划管理，做好技术准备工作，切实组织好各项供应工作。

5．作业过程的适应性

作业过程的适应性是指能适应市场多变的特点，灵活组织配送中心作业的适应能力。随着市场经济的发展，用户需要的产品品种多、批量少、交货期短、技术服务要求高，配送中心为了提高服务质量和竞争能力，满足客户的配送要求，其作业过程必须能够灵活转向，向着多品种、小批量和高附加值的应急应变的方向发展。

以上对作业过程的这些要求是相互联系、相互影响的。在组织作业的过程中，必须全面地体现这些要求，以提高作业的经济效益。

第四节　供应链环境下的信息管理

一、供应链信息管理概述

供应链是一个动态系统，是各环节间持续不断的信息流、物流和资金流的统一。信息流是供应链成功的关键，对供应链的运营至关重要，它提供了供应链管理者赖以决策的事实依据。本节将对供应链中信息的管理进行分析，具体分析供应链管理中存在的信息危机、信息技术及信息系统对供应链管理的支持、供应链信息的共享。

1．供应链信息的特点及作用

（1）供应链中的信息流是整个供应链上的信息的流动，它是虚拟形态的，包括了供应链上的供需信息和管理信息。它伴随着供应链的运作而不断产生。信息流是整个供应链运作的核心，只有对信息流动进行合理的分析与管理，物流和资金流才能正常运作。电子商务与信息技术的飞速发展使得供应链的管理手段和管理模式发生了很大的变化，信息流也呈现出了一些新的特点：信息量大、更新快，信息来源多样化，“横向一体化”的信息传递方式，信息的传递频率明显增大等。

（2）供应链信息管理的主要作用在于，及时地在供应链中传递需求和供给信息，提供准确的管理信息，从而使供应链成员都能得到实时信息，以形成统一的计划与执行来为最终更好地服务顾客提供支持。供应链信息管理有助于连接整合整个供应链和使整个供应链活动效率化，提高供应链的活动效率，在供应链管理活动中信息流起着神经系统的作用。

2．供应链信息流的管理模式

信息流是指信息从信源经过信道到达信宿的传递过程。在供应链管理中，产品的生产和流通涉及对“五流”的合理调控。五流包括物流、信息流、资金流、价值流及业务流。通过五流的最佳组合，使供应链达到最高效率。在五流中，以物流和信息流为关键。物流始于原材料供应商，以产品的形式终于消费者，是推式的；信息流则恰好相反，始于消费者，终于生产商和原材料供应商，是拉式的。实际上，在当今的买方市场中，顾客就是一切信息的源头。没有拉式的信息，也就不可能有推式的物流。所以从根本上说，物流又是从属于信息流的。

供应链企业间信息流的管理模式，主要有以下两种。

（1）分散式信息管理模式。许多企业都采用信息集中管理方式，建立企业级的中央数据库对信息进行集中管理，各部门与企业的信息中心进行信息传递。企业与供应链中其他节点企业，以及物流公司的信息传递主要由信息中心负责控制，例如提供共享信息、查询产品信息、销售信息、库存信息等。信息在供应链中的各企业之间传递，由信息中心决定信息的内容和流向，信息的管理处于一种自发的分散的状态。分散式信息管理模式如图 5-6 所示。

在这种模式下，整个供应链的信息一致性较差，难以形成有效一致的供应链信息流，从而供应链效率低下，各节点企业对信息的管理也比较复杂。这一模式主要存在于供应链的初始形成阶段和随机性的不稳定供应链系统中。

（2）集中式信息管理模式。供应链集中式信息管理模式是在供应链之外建立一个独立的信息集成中心，该中心能够进行信息收集、存储、加工、传递和维护。供应链中各节点及物流公司的主要信息包括需求、预测、计划、供应、销售、库存、运输等都集中在这个中心，形成共享信息源。

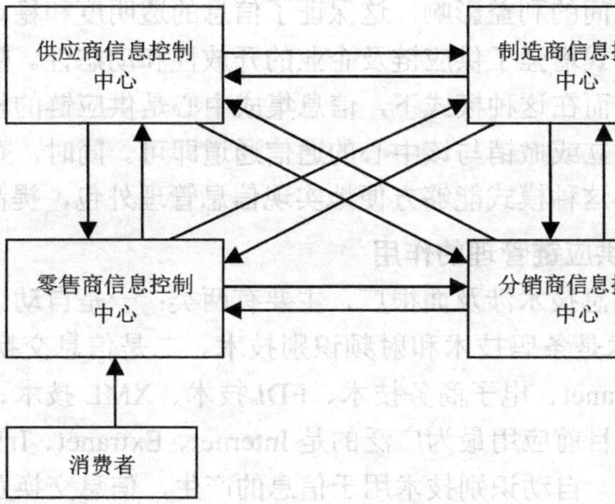

图 5-6　分散式信息管理模式

在这种模式下，各节点之间不必也不能直接传递信息，而是通过高速通信通道与信息集成中心建立实时连接来访问或递交有关信息，从而实现所有信息在整个供应链上的实时共享。该信息集成中心可以由供应链上的核心企业或者委托第三方动态服务器页面（Active Server Page，ASP）进行管理，可以建立供应链级的中央数据库，保证整个供应链中信息的一致性和完整性。集中式信息管理模式如图 5-7 所示。

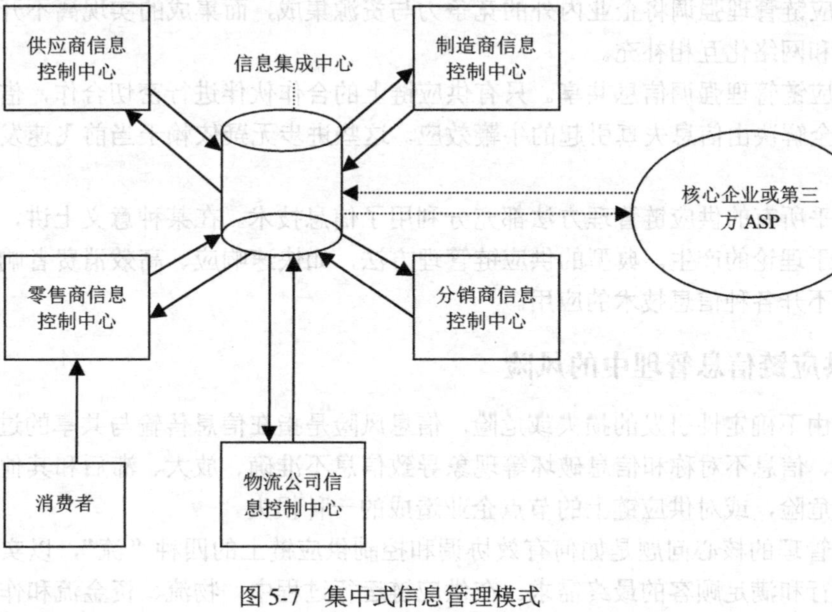

图 5-7　集中式信息管理模式

该模式有以下五个特点。①能够实现供应链中信息的实时共享。这不但能克服由于信息的层层传递而产生的牛鞭效应，还能使新的变化信息迅速传递到各节点，各节点能做出同步反应，提高了供应链的环境适应性和快速反应能力。②提供了一个各企业进行信息交流的场所。供应链中的决策是群体决策，信息的实时充分交流保证了这种决策的准确性和一致性，从而提高了供应链的整体协调能力。③信息集成中心独立于供应链之外，不受节点企业的控制和他们之间的利益影响，这保证了信息的透明度和稳定性，大大降低了供应链信息风险。④这种模式增强了供应链及企业的开放性和动态性。随着环境的变化，供应链要不断地进行调整。而在这种模式下，信息集成中心是供应链的核心联结点，企业进入或退出供应链，只要建立或撤销与该中心的通信通道即可。同时，企业能够很容易地成为多个供应链的成员。⑤这种模式能够方便地实现信息管理外包，提高管理效率。

3．信息技术对于供应链管理的作用

供应链管理中的信息技术涉及面很广，主要有两类：一是自动识别技术，目前应用较为广泛的自动识别技术是条码技术和射频识别技术。二是信息交换及管理技术，主要有Internet、Extranet、Intranet、电子商务技术、EDI技术、XML技术、数据库技术、数据仓库与数据挖掘技术等。目前应用最为广泛的是Internet、Extranet、Intranet、电子商务技术、EDI技术和XML技术。自动识别技术用于信息的产生，信息交换及管理技术用于信息的控制与处理。信息技术对供应链管理的作用主要表现在以下五个方面。

（1）供应链管理运作的所有方面。例如，地理上分散的流程团体的网络化，渠道策略和运作的集成，供应链中的存货管理、运输计划、自动补库等，没有信息技术的支撑是根本不可能的。

（2）供应链管理组织的建立离不开信息技术的支持。传统的组织已不适应于供应链管理的要求，必须建立以流程为基础的供应链组织，才能实现有效的供应链管理。而以流程为基础的组织的建立，不论是虚拟企业、动态协作，还是知识联网都需要信息技术的支持。

（3）供应链管理强调将企业内外的竞争力与资源集成，而集成的实现离不开网络化的支持，集成和网络化互相补充。

（4）供应链管理强调信息共享。只有供应链上的合作伙伴进行密切合作，借助信息技术，就可完全解决由信息失真引起的牛鞭效应。这些进步无疑依赖于当前飞速发展的信息技术。

（5）几乎所有的供应链管理方法都充分利用了信息技术。在某种意义上讲，供应链管理的实践先于理论的产生。典型的供应链管理方法，如快速响应、高效消费者响应和高效补货等都离不开各种信息技术的应用。

二、供应链信息管理中的风险

风险是由不确定性引发的损失或危险。信息风险是指在信息传输与共享的过程中，由于信息失真、信息不对称和信息破坏等现象导致信息不准确、放大、滞后和其他一些不良后果的一种危险，或对供应链上的节点企业造成的一种损失。

供应链管理的核心问题是如何有效协调和控制供应链上的四种“流”，以实现整个系统的高效运行和满足顾客的最终需求。在供应链运行过程中，物流、资金流和作业流都紧密围绕信息流展开，只有以准确的信息为决策依据，整个供应链才能高效运作。同时，信息也是供应链中流动最频繁、结构最复杂、变化最快的一种流，是交易、决策分析、战略计划、管理控制等的依据。可见信息流是保证供应链协调运作至关重要的因素。

在供应链管理中，信息风险产生的原因主要有信息失真、信息不对称及信息安全。

1．供应链管理中的信息失真

从广义上来说，信息失真即所获取的信息在不同程度上偏离其基本特性的各种表现形式。

从狭义上来说，信息失真是主体在一系列信息活动中，因处理失当或维护不力，使原本在一定程度或时间范围内可获得的信息出现了错误的状况。由于供应链中信息跨越不同的企业和部门、信息更新快、来源多样化等原因，导致供应链上极有可能出现信息传递和处理过程中的信息失真问题。而一旦出现信息失真，将使得供应链上以信息流为基础的物流、资金流、作业流、价值流等各种正常的处理程序均受到干扰，进而出现供应链的整体效益降低、供应链的组成稳定程度降低、供应链的市场竞争力降低等不利的局面。供应链上的信息失真现象主要表现为牛鞭效应。（注：关于供应链中的牛鞭效应有关知识，可以回顾第五章第二节相关内容。）

2．供应链管理中的信息不对称

在信息经济学中，信息不对称是指交易各方拥有的信息不对等、不相同，一方拥有另一方所没有的信息。拥有信息的一方称为代理方，缺乏信息的一方称为委托方。在供应链管理的环境下，各个企业都强调将资源集中在自己的核心业务上，将非核心业务外包，充分发挥分工带来的专业化优势，于是在供应链企业之间就形成了一种“委托代理”的合作关系。从信息角度来分析，这就是一种处于信息优势和信息劣势的供应链参与者的相互关系。由于供应链上的企业都是独立的经济实体，每一个企业都比他方更了解自己的生产和经营状况，各自都拥有私有信息。例如，制造商的生产成本、产量及库存信息，零售商的销售成本及实时销售与库存信息，还有制造商和零售商对未来需求的预期等都属于私有信息。与此同时，供应链上的每一个企业都是理性“人”，为了追求自身的最大利益，它们会有意隐瞒本企业内部的某些核心信息，在合作中实行有限的信息共享。

委托代理关系引起了两种信息风险：一种是败德行为引起的道德风险，委托人和代理人在合作过程中，由于委托人无法观察到代理人的一些行为，代理人在不违反契约的前提下，为了自身的利益就有可能歪曲信息，做出一些对委托人不利的行为，损害了委托人的利益；另一种是逆向选择，委托人在选择代理人时，由于代理人通常比委托人占有更有利的信息优势，代理人利用其拥有的信息优势与委托人签订对自己有利的契约，最后以牺牲对方的利益为代价获得了更大的利益。

（1）败德行为。败德行为也称为道德行为，是20世纪80年代西方经济学家提出的个经济哲学范畴的概念，即“从事经济活动的人在最大限度地增进自身效用的同时做出不利于他人的行动”。或者说是当签约一方不完全承担风险后果时所采取的自身效用最大化的自私行为。这种行为一般发生在委托双方签约之后。道德风险即代理人利用一些委托人难以掌握的信息来为自己损害委托人的行为辩解。例如，供应商将供货不及时归咎于运输途中气候条件的影响，而非自身组织不力；经销商将销售业绩的不理想归咎于市场环境的变化，而非自己促销不到位；零售商将制造企业的促销赠品挪作他用等。

（2）逆向选择。“逆向选择”是美国著名经济学家乔治·阿克洛夫提出的，是很流行的一个经济学术语。当时，阿克洛夫对二手车交易进行了深入仔细的研究，随后在1970年提出了著名的“二手车交易模型”，从而开创了“逆向选择”理论的先河。

逆向选择在供应链管理中通常表现在选择供应商时，一些供应商提供虚假资信证明以劣充优来获得投标的资格，隐瞒自己的实力、质量、财务等信息，干扰委托人的选择。

3．供应链管理中的信息安全

供应链上各成员通过开放的互联网实现远程交互访问，进行资源共享。正是这种开放的网络给信息流动带来了很多安全隐患。供应链上的信息安全主要集中在数据传输过程中，防止数据丢失、篡改、破坏、窃取和假冒。供应链管理者运用这些信息做出关于供应链中每一驱动要素的重要决策。一旦数据处理不安全，导致信息描述的事实有方向性错误，或者信息未能及时到达决策者手中，又或者关键性信息被遗漏，都将给信息掌握者带来难以掌握的后果。

信息安全威胁的来源主要有：①人为的错误和失误，包括员工和非员工造成的意外问题，像员工的误操作造成数据的删除、丢失等。②恶意的人为活动，包括员工和前员工蓄意地破坏数据或其他系统原件，还包括闯入系统的黑客和感染计算机系统的病毒和"蠕虫"的编写者。③自然事件和灾害，包括火灾、水灾、飓风、地震、海啸和其他自然活动。

确保供应链信息安全必须要做到防止企业内部机密的泄露，阻止恶意者假冒合法用户窃取企业机密信息发送给第三方，鉴别非法用户发送的假冒信息，防止他人篡改企业发送和接收的有效信息。

三、供应链信息共享

供应链管理的优势在于使节点企业能够共享信息。信息共享是实现供应链管理的基础，是实施供应链管理的关键，也是稳固和强化战略联盟的必要条件。供应链管理需要来自各个节点企业的实时、准确的信息。通过共享和集成各企业信息及竞争信息，使供应链上的各个节点企业能够及时根据最初顾客需求制定或调整企业战略，以便在市场上占据主动地位。供应链管理需要信息共享，没有信息共享就会形成信息"孤岛"。

（一）供应链节点企业间信息共享的价值及局限性

1．供应链节点企业间信息共享的价值

不确定性、信息不对称和分散决策等因素造成了供应链反应迟钝、库存费用高等问题，不少学者提出诸如同规划、预测和补给、供应商管理库存、联合库存管理等来解决供应链协调问题，但上述方法能够发挥作用的关键是供应链成员之间信息的共享。因此，信息共享是一种技术，更是一种战略。

信息只有通过共享才能更大限度地发挥其效用。信息共享不仅指企业内部的信息共享，更重要的是和关联企业（供应商和经销商）与最终用户之间的共享。信息共享对供应链的价值主要体现在以下四个方面。

（1）信息共享可以有效改善供应链系统的性能，共享订单状态信息能改进客户服务质量，缩短支付周期并降低劳动力费用，共享零售商销售数据能够减弱牛鞭效应。

（2）信息共享能够降低供应链库存总成本，完全共享信息平均能够使供应链库存总成本降低 2.2%左右，最多可以降低 12.19%左右。

（3）信息共享能够提高供应链成员对顾客的响应速度，提高服务质量。企业通过加强供应链管理，可以大大缩短满足消费者需求的时间，从而获得无法复制的竞争优势。随着产品品种越来越多，消费者需求变化也越来越快，快速响应消费者的需求，进而有效地满足消费者的需求是企业竞争的根本。

（4）信息共享能够加强供应链节点企业间的伙伴关系。通过信息的共享能够锁定合作伙伴，减少合作伙伴的流失。

2．供应链节点企业间信息共享的局限性

研究表明，在信息共享后，若不采用协调策略，供应链的期望总利润与没有信息共享的期望利润相差无几，信息共享不一定使供应链的绩效改进。虽然供应链的所有成员都得到了全部信息，若在追求各自利润最大化的同时却没有考虑供应链系统的总体利益，供应链的绩效也就不一定能得到改进，这体现了信息共享的局限性。

根据供应链协调理论，在供应链信息共享之后，供应链各个成员要在利益分配、风险承担等方面进行必要的协调管理，才能够真正体现供应链信息共享的价值。

（二）供应链节点企业间信息共享的内容

在供应链上，企业之间是战略合作的伙伴关系，在目标一致的前提下存在着一定的相对独立性，不可能交流一个企业的所有信息，如财务信息、核心技术信息等。因此，要把握信息流的内容，区分信息的可共享性。供应链节点企业间可共享的信息主要有需求信息、库存信息、生产信息、订单信息、产品信息、物流信息、销售信息等。

1．需求信息

这里的需求信息包括供应链各成员之间以订单形式交流的需求信息和最终顾客的需求信息。在传统供应链中只有零售商可以看到最终市场的顾客需求信息，而零售商及其上游或其他各级之间只是以订单的形式交流需求信息。毫无疑问，订单信息对于上游企业是很重要的，但是上游如果仅仅依靠订单信息进行预测和生产安排，就会产生严重的信息失真，从而造成牛鞭效应。所以为了使供应链上游有效地应对波动的市场需求，共享最终顾客的需求信息是必要的。

2．库存信息

库存信息是供应链管理中最为普遍的共享信息之一，特别是在需求波动及生产、运输中偶然故障等因素带来的不确定性无法避免时，共享库存信息就显得尤为重要。传统供应链应对需求波动及生产、运输中不确定性的做法是建立安全库存，但这往往会带来另一个问题——供应商为防止出现影响连续供应产生的缺货而建立原材料安全库存，而制造商为了防止出现影响连续生产的缺货也建立制成品安全库存。从单个企业来看，这种现象并无不妥之处，然而在供应链管理中，上游供应商的制成品正对应下游制造商的原材料，双方都对同一物料建立安全库存是重复性浪费。从理论上讲如果相邻节点上的企业共同合作管理库存，安全库存和库存成本可以降低一半，而实现联合库存的首要条件是实现供应链上各节点库存信息共享。

3．生产信息

在供应链中，下游企业需要根据上游供应商的生产来决定自己的库存和生产情况。而且，如果供应链中任何一个环节的企业出现生产波动，就势必会影响到同一“链条”上的盟友。有时，供应商的生产波动对整个经济环境都会带来严重后果，这在石油、钢铁等资源型行业中表现得最为突出。同样，下游企业的生产又决定它对供应商的需求，从而影响供应商的库存和生产计划。

4. 订单信息

通常情况下，下游企业很少知道其向供应商所预订商品的生产状态，因为供应链上任意一个企业的生产状态不仅涉及它的供应商，还与供应商的供应商有关。因此，下游企业并不知道以上游企业为核心企业的供应链的组成与结构，从而也不知道其预订的商品何时到货。如果出现什么意外情况，一般也是在到了交货期时，才知道不能按时交货。所以，及时得知订单的生产状态，可以对供应链运作过程中出现的问题做出快速反应，提高供应链企业的决策效率。

5. 产品信息

共享产品信息是供应链存在的基础，是上下游企业建立供需关系的桥梁。如果下游企业不知道上游企业供应产品的信息，或者上游企业不知道下游企业所需产品的种类、质量、性能、价格、折扣等信息，那么下游企业将无法获得所需要的产品，同时上游企业将产生大量库存，甚至会导致上游企业无法进行生产与销售的情况。因此，只有建立顺畅的产品信息共享渠道和良好的信息共享机制，才能使供应链上的企业得到最大限度的满足并建立起密切的合作关系，最终使供应链结构在动态运作过程中不断得到优化。

6. 物流信息

物流信息包括运输、保管、包装、装卸、流通加工等相关信息。这些信息可保证用户、供应商、分销商能随时了解其产品在流通过程中的状态，确保恰当的产品能在恰当的时间、恰当的地点交给恰当的用户。如果发生意外，要能够及时地加以补救，从而减少供应链上企业的损失。

7. 销售信息

供应链成员的共同销售预测，可以减少供应链的牛鞭效应并优化库存水平。越靠近市场的供应链成员越了解市场，并且更有可能准确预测市场需求。他们将这些信息与上游供应链成员共享，使其能设计出更准确的生产计划。销售数据一般来源于销售点数据，供应链成员可以通过共享销售数据来分析销售趋势、顾客偏好和顾客分布等，以便提高整个供应链的客户关系管理水平，实现对客户的个性化、差异化服务，最大限度地满足不同类型客户的需求。

根据以上分析，供应链企业要实现链上的信息共享，应根据自身的情况，选择相应的信息共享内容。目前国内外的研究主要集中在库存信息和需求信息的共享，对其他内容的信息共享研究较少。

（三）供应链节点企业间信息共享的实现

1. 利用信息技术，建立信息共享平台

目前应用于供应链管理中的信息技术有条码技术、自动识别与采集技术、数据库技术、EDI 技术、互联网技术等。借助于这些信息技术，企业能够收集从最初的顾客需求，到产品的生产、配送和销售的信息。有效信息能够实时地传递到供应链上各成员企业，增强了供应链的可视性和可控性。

建设公共平台，协调各企业间信息系统接口，实现企业内部信息数据库和信息平台数据库间的数据传输和处理全部由计算机自动、准确、快速地完成。信息平台服务商只对平台运行进行维护或根据用户的需求开发新的功能模块，共享信息种类和要求由供应链相关企业商定。

2. 完善激励机制，建立供应链成员间的信任关系

为了解决供应链节点企业间存在的逆向选择和道德风险问题，必须采取有效的激励措施，如技术支持、定价激励、订单激励、共同研发新产品等。同时，建立严格的约束机制，对成员企业在使用信息系统时的行为进行引导和规范，企业一旦违规就给予严厉惩罚。除此以外，也要通过公平分配、重复交易、维持个人关系、加强双向沟通等方面的努力以改善合作伙伴之间的信任关系，促进信息共享。

3. 加强信息访问控制，保证信息共享安全

在保障授权企业能获取所需信息资源的同时拒绝非授权企业访问，是供应链上共享信息一个重要的安全性问题，因此要对信息共享访问进行控制。根据业务型信息、战略型信息、反馈型信息、市场型信息的不同内容和特点，确定信息共享级别和共享信息访问权限，并识别和确认访问系统用户的角色，决定用户对某一系统资源进行访问的类型，根据角色实行信息访问控制，从而保证信息共享的安全。

四、供应链中的信息管理系统

信息管理系统在供应链管理中具有极其重要的价值。信息管理系统能够帮助管理人员解决问题，辅助管理人员进行决策并获得竞争优势。供应链中的信息管理系统主要有两种，一种是供应链节点企业内部所使用的信息系统；另一种是供应链节点企业之间进行信息管理所应用的信息系统。

（一）供应链信息管理系统的演变

供应链信息管理系统的发展大体上经历了两个阶段，信息管理系统的发展也是随着信息技术的不断发展而逐步发展起来的。

第一个阶段是 20 世纪 80 年代到 90 年代末期，“纵向一体化”管理模式显现了种种弊端，“横向一体化”思想开始兴起。国际上很多企业为了快速响应市场需求，专注于核心业务的管理，将非核心的业务进行外包。企业为了提高自身的核心竞争力、提高效率、降低成本，采用了物料需求计划（MRP）、制造资源计划（MRP II）、电子自动订货系统（EOS）、客户关系管理系统（CRM）、企业资源计划（ERP）和企业应用集成（EAI）等系统。这些信息管理系统主要应用于企业的内部管理，对企业内部的业务流程及部门等进行集成，但很少涉及企业的外部管理。

第二个阶段是 2000 年至今，供应链管理的思想逐步被企业的管理层所接受，企业加强了与合作伙伴之间的联系与沟通，对信息的传递与共享提出了更高的要求。对于企业之间进行信息管理的系统也被重视，开始应用供应商关系管理系统（SRM）、群体决策支持系统（GDS）、需求预测系统（DPS）、电子数据交换系统（EDI）等战略层次上的信息管理系统。

（二）供应链节点企业内的信息管理系统

从信息管理系统的发展来看，早期组织内部应用的信息管理系统主要以事务处理系统为主，如人力资源系统、财务系统、制造系统等。这些事务处理系统一般是独立工作的，为满足某一特定的商业职能的要求，孤立的系统不能产生商务活动需要的多方面的效应，比如采购影响库存，影响生产，影响客户满意度，影响将来的销售。当考虑整个流程时，仅考虑像采购这样的单项事务从而认为是正确的决策，可能会产生总体的低效率。事务处理系统的孤立问题催生了集成系统。

集成的信息管理系统不是为了方便单个部门或事务的工作，而是为了整合集成整个组织内部的商业流程中的活动。今天绝大多数组织采用的是事务处理系统和集成系统的混合，主要有客户关系管理系统（CRM）和企业资源计划（ERP）。下面分别对这两种系统进行分析。

1. 客户关系管理系统

客户关系管理（Customer Relationship Management，CRM）系统是利用信息科学技术，实现市场营销、销售、服务等活动自动化，使企业能更高效地为客户提供满意、周到的服务，以提高客户满意度、忠诚度为目的的一种管理经营方式。客户关系管理既是一种管理理念，又是一种软件技术。以客户为中心的管理理念是CRM实施的基础。CRM通过收集、分析各种客户信息，帮助企业充分利用客户资源，为企业在电子商务时代从容面对客户提供了科学的手段和方法。CRM 广泛应用于企业的市场营销、销售、服务和技术支持等与客户有关系的前端办公领域。

随着市场竞争日趋激烈以及经济增长速度的减缓，企业所面对的现实是客户的选择余地越来越大，客户的忠诚度不断降低。因此，如何提高用户满意度、保持与客户的良好关系，以保证企业创造长期持续利润正成为企业工作的重点。然而由于企业传统的销售、市场、客户服务及技术支持等部门的工作都是独立进行的，各部门间的沟通存在障碍，不同的业务功能往往很难协调一致地集中到客户身上，因而对客户的响应也通常存在矛盾。企业的客户资源没有得到有效的保存和利用，客户关系难以维系。CRM 正是在这一基础上提出的，其核心就是把客户群体看作企业的外部资源，并尽可能地纳入企业的控制范围内，以增加客户价值为中心，有效满足客户的个性化需求，改善客户关系，最终提高企业的市场竞争能力。

2. 企业资源计划

企业资源计划（Enterprise Resource Planning，ERP）是一种企业内部的管理方法，通过优化企业的资源包括人力、生产、库存、财务、销售等方面达到企业产出与投入的最大比。ERP 是由美国加特纳公司最早提出的一种管理理念。它是以不断发展的信息技术条件的企业管理方式 MRP II 为基础的。和 MRP 不同，ERP 的核心不是生产，而是企业整体的资源最优。

现在 ERP 越来越多地指相应的管理软件，在企业内部，供应、销售、库存管理系统的引入，极大地提高了企业管理的有序性，基于数字的企业决策也比以前更加理性。

ERP 也代表当前集成化企业管理软件系统的最高技术水平。

（1）ERP 更加面向市场、面向经营、面向销售，能够对市场快速响应；它将供应链管理功能包含进来，强调供应商、制造商与分销商间新的伙伴关系，并且支持企业物流管理。

（2）ERP 更强调企业流程与工作流，通过工作流实现企业的人员、财务、制造与分销间的集成，支持企业过程重组。

（3）ERP 更多地强调财务，具有较完整的企业财务管理体系，这使得价值管理概念得以实施，资金流与物流、信息流更加合理全面地实现有机结合。

（4）ERP 较多地考虑人的因素作为资源在生产经营规划中的作用，也考虑人的培训成本等。

（5）在生产制造计划中，ERP 支持 MRP II 与 JIT 的混合生产管理模式，也支持多种生产方式（离散制造、连续流程制造等）的管理模式。

（6）ERP 采用了最新的计算机技术，如客户/服务器分布式结构、浏览/服务器结构、面向对象技术、软构件技术、多数据库集成、图形用户界面、第四代语言及辅助工具等，支持 Internet，Intranet，Extranet，以及电子商务和电子数据交换（EDI），还能实现不同平台间的互相操作。

（三）供应链节点企业间的信息管理系统

供应链节点企业间的信息管理系统主要有供应商关系管理系统和群体决策支持系统。

1．供应商关系管理系统

供应商关系管理（Supplier Relationship Management，SRM）是企业供应链上的一个基本环节，它建立在对企业的供方（包括原料供应商、设备及其他资源供应商、服务供应商等），以及与供应相关信息完整有效的管理与运用的基础上，对供应商的现状、历史、提供的产品或服务，沟通、信息交流、合同、资金、合作关系、合作项目以及相关的业务决策等进行全面的管理与支持。SRM 同 CRM、MRP 一样，是一个集成系统。

MRP II、ERP 等企业管理系统，虽然包括了有关供应商的基本信息和功能，但这些信息通常不够完整，不足以充分支持复杂完善的管理功能，要建立完善的供应商关系管理体系，要对以下基础信息加以完善的管理。

（1）供应商的基础资料，包括组织、人员、联络方法、交通等。

（2）有关供货品种、价格、品质、周期等方面的信息。

（3）供货状态与历史数据，实际采购、供货情况的详细记录。

（4）潜在的供应品种，能力等。

（5）审核、评估、改进的记录。

（6）重要的沟通或事件处理（如联络、退货、争议等）记录。

（7）双方合作的项目，未来的发展计划。

（8）双方交流的文件（如合同、变更、设计资料、品质标准等）。

（9）供方的其他信息，如设计状态、进度及相关计划安排等。

（10）对状态趋势的预测等。

SRM 是管理组织和供应商之间所有联系的业务流程，概括为三个基本流程：供应商的选择与评估、购买过程、资金的结算与付款。

2．群体决策支持系统

由于供应链企业决策信息的来源不再局限于企业内部的信息，而是处于开放的信息网络环境下，不断进行信息交换和共享，企业的决策模式也会发生很大的变化。因而处于供应链中的任何企业决策模式应该是基于Internet和Intranet的开放性信息环境下的群体决策模式。群体决策支持系统对群体决策来讲是非常有益的手段。

群体决策支持系统（Group Decision Support System，GDSS）是一种在DSS基础上利用计算机网络与通信技术，供多个决策者为了一个共同的目标，通过某种规程相互协作地探寻半结构化或非结构化决策问题解决方案的信息系统。GDSS不同于传统的会议决策或传递式群体决策，不再仅是多人坐在一起分析问题评价方案的活动。GDSS要面对不同风格与偏好的个人，要综合决策科学、人工智能、计算机网络、运筹学、数据库技术、心理学及行为科学等多种学科的理论、方法与技术。GDSS在计算机网络的基础上，由私有DSS、规程库子系统、通信库子系统、共享的数据库、模型库及方法库、公共显示设备等部件组成。

供应链是动态系统，其自从出现以来发展就没有停止过。同样，供应链中信息系统的应用也随着供应链发展的要求、市场的变化及信息技术的不断发展而发展。只有把握住这些发展趋势，才能推进信息系统在供应链管理中更好地应用，提高供应链的敏捷性，降低运营成本，实现供应链的协同发展和整体利润最大化。供应链信息系统的发展正向着集成性和智能性的方向发展，多种功能一体化，自动地完成业务处理和分析，为企业提供决策支持。

拓展阅读

供应链信息化将引领未来企业信息化发展方向

如果你对企业信息化的理解还停留在采用一套财务软件、将手工记账变为计算机记账的阶段，那你就落伍了。金蝶国际软件集团高级副总裁兼首席财务官陈登坤表示：“在经历从部门级信息化到企业级信息化后，通过供应链信息化实现企业与企业之间的业务流程协同已成为领先企业的信息化需求，这将成为未来企业信息化的发展方向。”

如今企业对信息化的需求日益旺盛，主要体现在两个方面：一是企业从过去单纯的财务等部门级应用需求转变为企业级全面应用需求，即从财务信息化扩展到内部管理、供应商管理、客户关系管理、人力资源管理等全面管理领域；二是从企业内部应用扩展到企业与企业之间的应用，企业之间借助信息化实现上下游企业之间的业务协同。

随着客户需求的变化，企业信息化的范围也不断扩展：会计信息化—财务信息化—企业信息化—供应链信息化。其中，会计信息化主要解决的是会计核算、生成会计报表及财务数据查询等方面的问题；企业信息化包括采购、生产、销售、人力资源、客户关系、供应商关系等完整应用，实现企业内部信息流、物流、资金流的三流合一；而供应链信息化则是指企业之间在采购、生产、物流、销售等方面的流程协同，通过在企业上下游之间创造“无边界信息流”，实现信息流、商流、物流、资金流等多流合一，从而极大地提升上下游企业之间的协同能力，提升效率，降低成本。

此外，信息化是软件与企业管理实践的双向匹配，如果软件和企业需求匹配有差距，那么企业也应考虑对其组织及业务流程进行诊断、分析、改变、优化，用信息化促进管理本身的进步，然后通过软件系统上线来支撑与巩固优化成果。

信息化系统又称为“一把手工程”，此处“一把手”不仅指企业董事长及CEO，还包括其他所有管理人员。每个管理人员都应有信息化意识，去构建管理基础，杜绝重复低效，将自己从事务性的、重复的、例行的工作中解脱出来，从而将精力投入到更有价值的战略性、前瞻性和发展性的工作中去。

（资料来源：http://finance.ifeng.com/stock/roll/20100507/2159039.shtml）

思考练习题

一、名词解释

采购　准时采购　联合采购　电子采购　库存　安全库存　库存控制　供应商管理库存　联合库存管理　配送中心

二、不定项选择题

1．供应链信息的特点不包括（　　）。

A．信息量大、更新快　　B．信息来源多样化

C．纵向一体化信息传递模式　　D．信息传递频率快

2．供应商管理库存的简称是（　　）。

A．JMI　　B．VMI　　C．JIT　　D．DRP

3．以下说法中错误的是（　　）。

A．库存量降到某一水平时，应立即给予补充的库存点

B．库存量降到某一水平时，应立即给予补充的时间点

C．库存量降到某一水平时，应立即给予补充的物流节点

D．以上都不是

4．准时采购的简称是（　　）。

A．JMI　　B．VMI　　C．JIT　　D．DRP

5．供应链环境下的采购的特点不包括（　　）。

A．供应商数量减少　　B．外部资源管理

C．为订单而采购　　D．战略合作伙伴关系

6．按照采购规模分，采购可以分为（　　）。

A．分散采购　　B．集中采购

C．批量采购　　D．集中分散相结合的采购

7．供应商管理主要包括（　　）。

A．供应商选择　　B．供应商联盟　　C．供应商绩效管理　　D．供应商评价

8．传统的库存控制方法主要有（　　）。

A．A、B、C 分类法　　B．定量订货法

C．定期订货法　　D．即时订货法

9．供应链牛鞭效应的危害包括（　）。

A．增加成本　　B．降低供应链稳定性

C．延长供应链补给供货期　　D．降低供应链服务水平

10．供应链企业间可以共享信息的内容包括（　）。

A．需求信息　　B．库存信息　　C．生产信息　　D．销售信息

三、判断题

1．供应链是一种集成的管理思想和方法。（　）

2．准时制采购的特点之一是供应商越来越多。（　）

3．牛鞭效应是供应链管理中无法克服的障碍。（　）

4．供应商管理的 A、B、C 分类法的应用目的是将供应商分成三类。（　）

5．供应链管理中的信息共享是供应链成功的关键条件之一。（　）

四、简述题

1．供应链环境下如何选择供应商？

2．简述供应商的激励机制。

3．供应链管理环境下的库存控制主要存在哪些问题？

4．牛鞭效应的危害有哪些？如何降低？

5．供应链环境下的配送中心的作业如何安排？

五、案例分析

长安福特消除供应链上牛鞭效应的秘诀

在 2007 年全球业绩溃败的大背景下，销售报告显示，长安福特在 2008 年上半年中国地区的销售量达到 172 411 辆，业绩上升了近 21%。此期间是蒙迪欧、福克斯、S-MAX、马自达 2、马自达 3 集中上市的阶段，快速反应、多样化的新产品战略，是长安福特销量快速提升的根本，在这些傲人销售成绩的背后，长安福特在供应链管理上的成功实践是至关重要的影响因素。

“市场变化后，销售部门通知生产部门减少产量，但生产部门不知道应该减产多少，为什么减产。”“市场要求变化的信息没有及时反映到计划部、产品设计部，产品过时，老产品库存积压。”需求不明确、供给不稳定造成了供应缺乏、库存居高不下、成本过高等现象，引起这些问题的原因有许多，但主要原因之一是牛鞭效应。在汽车供应链上，这种效应越往上游，变化就越大；距最终客户越远，影响就越大。而且，由于汽车属于制造行业中最顶端、最复杂的产品，其最终成品由几万个零件构成，相关供应商有数千家，这种信息扭曲若和制造过程中的不确定因素叠加在一起，就会导致上下游巨大的经济损失。事实上，长安福特在处理供应链上的牛鞭效应方面做得非常成功，其成功的关键在于全程供应链的有效管理和 IT 支持。

一方面，长安福特依靠出色的全程供应链管理（设计、采购、生产、配送和终端销售）引进六西格玛完善供应链，解决以往的顽症。通过全球化资源组合开发，快速地推出新车

型，以实现快速设计、快速生产、快速出售、快速更新的目标。同时，福特要求其供应商在生产计划变化的时候能迅速反应，总装厂也尽量保证生产计划的稳定性，降低短期计划调整的频率。2006年，长安福特又开始主动减少直接与之交易的供应商的数目。公司不再致力于强调供应商提供的零配件的价格竞争性，而是转向和那些有潜力的、能够为其提供完整的汽车生产子组件的供应商保持一种长期的合作关系。目前，福特汽车公司的供应链周转时间比原来规划的减少了45%，各个装配厂和生产厂获得零配件和原料所需的平均时间，以及联系供应商所需的人数都有大幅度下降，从而使整个供应链以一个既快速又可以预测的节奏运行，大大削弱了需求预测更新、限量供应和短缺博弈等产生牛鞭效应的因素影响力，进而从供应链的根源处消除牛鞭效应。这种供应链管理革新方式为福特汽车公司每年减少数以亿计的成本。

另一方面，供应链全程管理顺利进行需要一套强有力的 IT 支持系统来保障。长安福特新的战略要求公司利用技术来克服由于区域的限制而带来的信息流的不顺畅。原来，长安福特采购订货用于生产和售后服务的零部件用手工填写订单，用传真通知供应商，因为和供应商关系不错，有时订单修改采用电话方式通知供应商，往来信息经常不准确。现在，长安福特使用最新的信息技术工具和目视化平台来促进一些非正式的交流。特定的经销商数据库用于支持专卖店和重庆或南京总装厂之间的联系，其中既包括订单和销售趋势等硬数据，也包括顾客反馈和针对某个零部件、可选项产品、新款反响等软信息，从而避免"闭门造车"之类的错误。

同时，长安福特与福特全球共用供应商数据平台 SIM 和 IMS 订单系统，能够及时了解供应商出货和产品在途运输的数量，在末端收货以条码扫描为准，避免了人为操作的错误和波动，实现物流运作的可视化和数字化。福特汽车公司还建立了日报交货系统，专门应用于它在中国的四个分厂，该系统反映各厂每天大致的原材料需求量。

（资料来源：沈广宇．福特汽车消除供应链上牛鞭效应的秘诀[J]．才智，2009（3））

根据上述案例描述，分析长安福特是如何降低牛鞭效应的。

第六章

供应链战略与规划

学习目标

1. 理解供应链战略管理、合作伙伴关系管理、风险管理的基本概念
2. 掌握供应链战略规划与实施
3. 掌握合作伙伴关系管理
4. 掌握业务流程重组的实施
5. 掌握供应链风险管理机制

案例导入

产销联盟——供应链管理战略的成功案例

宝洁公司和沃尔玛公司的产销战略联盟充分体现了供应链物流模式的优势和强大基础。宝洁公司与沃尔玛之间的产销合作源于20世纪80年代中后期，宝洁公司销售副经理罗·普利切特所推动的战略转型和调整。80年代以前，宝洁公司作为美国大型生产商，拥有强大的经营实力和销售队伍。它在销售政策上也一直采取强硬的态度，常常利用自身在产业链中的垄断地位和权力严格控制下游经销商和零售商，并迫使后者在日常工作中贯彻其营销战略。但是，70年代末开始的美国零售业大规模的兼并浪潮，使美国零售业在流通领域的弱小地位发生了根本的改变。在此背景下，宝洁公司选择了与沃尔玛公司合作建立产销联盟的战略伙伴关系。作为实施合作的主要组织机构，宝洁公司和沃尔玛双方组成由财务、流通、生产和其他各职能部门组成的约70人的专门合作团队，派往沃尔玛公司实行协作管理。根据专门合作团队的策划，沃尔玛公司于1989年开始对宝洁公司的纸尿裤产品实行供应链管理，即构筑JIT型的自动订发货系统。其具体的形式是双方通过EDI和卫星通信实现联网，借助于信息系统，宝洁公司除了能迅速知晓沃尔玛公司物流中心的纸尿裤库存情况外，还能及时掌握纸尿裤在沃尔玛公司的各店铺的销售量、库存量、价格等数据。这样，不仅能使宝洁公司及时制订符合市场需求的生产和研发计划，同时也能对沃尔玛公司的库存实行单品管理，做到连续补货，防止出现商品结构性机会成本（滞销品库存过多，与此同时畅销品断货）。沃尔玛公司从原来繁重的物流作业中解放出来，专心于经营活动，同时在通过EDI从宝洁公司获取信息的基础上，及时决策商品的货架和进货量，并由MMI（Manufacture Manage Inventory）系统实行自动进货。沃尔玛公司将物流中心或

仓库的管理权交给宝洁公司代为实施，这样，沃尔玛公司不仅不用从事具体的物流活动，而且由于双方之间不用就每笔交易的条件（如配送、价格问题等）进行谈判，大大缩短了商品从订货进货、保管、分拣、补货到销售的整个业务流程时间，有效地控制了牛鞭效应。

自从宝洁公司与沃尔玛公司实行产销联盟的供应链管理之后，沃尔玛公司店铺中宝洁公司的纸尿裤商品周转率提高了70%，与此同时，宝洁公司的销售额也提高了50%，达到30亿美元。由于宝洁公司与沃尔玛公司在纸尿裤产品上的合作成功，他们把合作推广到其他产品和领域。沃尔玛公司还把这种模式沿用到其他产品和厂商，使沃尔玛公司于1990年首次超过凯马特，成为全美最大的商品零售商。宝洁公司也从双方的合作中得到了相应的回馈，到1991年，宝洁公司在美国市场销售额（153亿美元）中的1%是通过沃尔玛公司实现的，而1992年，这个数据上升到20%。通过产销联盟的供应链管理模式，宝洁公司和沃尔玛公司实现了共赢。

（资料来源：吴健. 现代物流与供应链管理[M]. 北京：清华大学出版社，2017）

第一节 供应链战略与规划概述

一、供应链战略管理的概念及特征

（一）供应链战略管理的概念

供应链战略管理发展于20世纪90年代，它的核心思想是：供应链管理不仅是企业内部的一种管理策略，而且是能够直接影响企业的战略。企业能够通过领先的供应链管理来获得竞争优势并显著地创造股东价值。供应链战略管理与传统企业管理战略的区别在于供应链战略管理的重心从成本转移至客户，从最终用户开始分析供应链各环节可能存在的收益和风险，从而进行企业的未来战略定位和设计。供应链战略管理的关注重心是整条供应链的竞争力，而不是局限于企业本身。例如，在一条供应链中，供应商要通过制造商才能完成与客户之间的联系，制造商的调查报告可以帮助供应商改进自身的原材料质量，提高企业的管理效率；与此同时，企业要通过与其他企业的合作，来制定行业内部关于产品质量、成本、流程等方面的标准。供应链的出现改变了企业以往“纵向一体化”的管理理念，它要求企业重新审视自己的战略。置身于网络环境下，企业的成功不仅来源于本身的优势，还取决于它所处的供应链是否具有竞争力。

所谓供应链战略，就是从企业战略的高度来对供应链进行全局性规划。它确定原材料的获取和运输、产品的制造或服务的提供，以及产品配送和售后服务的方式与特点。供应链战略突破了一般战略规划仅仅关注企业本身的局限，通过在整个供应链上进行规划，进而达到为企业获取竞争优势的目的。供应链战略管理关注的重点不是企业向顾客提供的产品或服务本身给企业带来的竞争优势，而是产品或服务在企业内部和整个供应链中运动的流程所创造的市场价值给企业带来的竞争优势。

（二）供应链战略的分类

Fisher 按需求模式将产品分为功能性产品和创新性产品两种。所谓功能性产品，是指那些可以从商店中购买到的大部分商品，这些产品可以满足人们的基本需求。这些需求有生命周期长、需求稳定、可预测等特点。同时，功能性产品的稳定这一特性，决定了这些产品的行业竞争非常激烈，进而产品的利润往往较低。所谓创新性产品，是指那些为了满足特定需求而生产的产品。这种商品由于其特殊性，企业会通过技术或样式创新来满足顾客的各种需求。这种类型的产品可以为企业提供较高的利润，然而其需求不如功能性产品的需求那样容易预测，所以这类产品的生命周期短，也存在一定的风险。因此，以功能性产品和创新性产品为基础，可以将供应链战略划分为有效性供应链战略和反应性供应链战略两类。

有效性供应链战略是指能够以最低成本将原材料转化成零部件、半成品、成品，以及在供应链中的运输等的供应链战略。由于功能性产品的需求可以预测，生产该类产品的企业可以采取各种措施降低成本，在低成本的前提下妥善安排订单、完成生产和产品交付，使供应链存货最小化和生产效率最大化。因此，生产功能性产品的企业应该采用有效性供应链战略。

反应性供应链战略是强调快速对需求做出反应的供应链战略，所对应的产品是创新性产品。这是因为创新性产品所面临的市场是非常不确定的，产品的生命周期也比较短，企业面临的重要问题是如何快速地把握需求的变化并能够及时对变化做出有效反应以适应需求的变化。

（三）供应链战略管理的特征

供应链战略管理具有动态性、创新性和稳定性三个特征。

1．动态性

供应链管理的目的是提高企业的市场应变能力，使企业在面对客户的不同需求时能做出快速反应。动态性是供应链战略管理的一个重要特征。在供应链战略中，所有参与者或要素都应随着市场条件、竞争环境的变化而不断进行调适和变换，而衡量调适和变换的成效如何，则要看参与各方或各要素间能否形成积极的互动和良性的循环。

2．创新性

供应链管理的目的，是除去供应链中存在的没有利润，或者说没有价值的环节，即所有对客户或产品没有帮助的单纯浪费成本的环节，都应该被从供应链链条中移除，从而为企业带来最佳效益。为了达成这个目标，在供应链管理中，除了传统的质量、成本和时间管理以外，还需要有不断创新的管理方法、管理理念和管理技术，如前置期管理、快速反应、有效客户反应、供应商管理库存、协作计划、预测与补货等。

3．稳定性

马丁·克里斯托弗在《物流竞争——后勤与供应链管理》一书中指出：“先进的企业把创造顾客价值的价值链看作一个有机整体，通过提升价值链的价值和降低整体成本使所在的供应链更具竞争力。真正的竞争已经不是企业与企业之间的竞争，而是供应链与供应链之间的竞争。”正如其在书中所说的那样，真正的竞争已经不是企业与企业之间的竞争，而是供应链之间的竞争。传统意义上单个企业的竞争力已经不能带来整条供应链的胜利，供应链的竞争力是处于整个链条上各个企业竞争力的集合，这种竞争力的提升不仅仅是单个企业竞争力的提升，而是要通过企业与企业之间的长期合作，建立起有效的信息与资源共享的渠道，从而实现优势互补，提高管理效率，最终实现降低整条供应链的成本的目标才能达到的。

二、供应链战略管理的规划与实施

（一）供应链战略管理的规划

供应链战略管理的规划，可以从供应链的合作战略、竞争战略、文化战略和战略联盟评价四个方面进行。

1．供应链合作战略

供应链合作战略是一种基于高度信任，供应链成员间共享各种资源，取长补短，形成的长期的战略合作关系，是提高整条供应链竞争力的基础。选择正确的战略合作伙伴对企业的供应链战略管理有深远的意义。因此，供应链战略管理规划的第一步，是对战略合作伙伴的合理评估，其包括以下四个部分。

（1）战略价值。战略价值指与可能的合作伙伴的有价值的合作项目及其产品和服务对于企业的短期、中期或者长期战略的积极的正面的影响。主要指标包括战略一致性与适应性、增长的潜能、品牌影响力、产品与服务的可获得性和可靠性、替代产品与服务的可获得性、与现存供应商关系的兼容性和协同性、对核心能力的影响、新产品与服务进入市场的速度等。

（2）商业价值。商业价值指能从有价值的合作项目涉及的产品与服务中所能获取的商业利润。主要指标包括产品或服务定价、总成本减少程度、单位成本减少程度、运营成本与花费减少程度等。

（3）合作意愿。合作意愿指可能的合作伙伴正在实行，或者准备实行合作的积极程度。主要指标包括可依赖的程度、与合作方组织共事的意愿、信息共享的质量与水平、信息的开放性与透明性、影响核心能力的意愿、共担风险的意愿、增强合作与联盟原则的意愿、对合作关系各个层次上的支持等。

（4）综合能力。综合能力指合作伙伴的能力，以及与之一起合作完成有价值项目的实力。主要指标包括技术能力、财力、研发能力、产品与服务的差异性及支持系统、产品与服务的生命周期管理能力、以前合作与联盟的经验、风险管理能力和创新能力等。

企业与企业之间的合作离不开信任，供应链战略管理的基础便是供应链合作战略的规划与实施。供应商与制造商等其他供应链上的企业之间关系紧密，应当在战略制定上统一合作，从而促使各个利益体在供应链的发展与进步中得到合理分配的利益，从而使得各个利益体之间的战略合作伙伴关系更加紧密。

2．供应链竞争战略

真正的竞争已经不是企业之间的竞争，而是供应链之间的竞争。那么在供应链战略管理的规划中，对供应链竞争战略的规划就是提高供应链竞争力的重要内容。伴随信息技术的快速发展，企业的竞争对手来自世界各地，信息传递的及时性不断提高，企业快速、及时地获取相关的竞争信息的能力对企业在竞争激烈的市场环境中生存下来至关重要。除了及时获取竞争信息带来的竞争压力以外，企业对资源的获取难度加大、环境保护对企业的要求提高、客户因为消费需求的变化而对产品的要求越来越苛刻，这一系列压力为企业的管理带来更大的挑战。为了满足客户日渐增多的需求，供应链管理要将信息技术应用至供应链管理的各个环节中去，以建立一个反应迅速的系统，从而提高整个供应链的效率，发挥供应链上各个企业的优势，达到降低供应链各个环节成本的目标，从而提高自身的竞争力。

市场经济的本质是竞争，核心竞争力是持续竞争优势的源泉，是企业在经营过程中形成的、不易被竞争对手仿效的、能带来超额利润的独特的能力。核心竞争力也是企业赢得竞争的基础和关键。对供应链管理来说，加强企业，特别是核心企业的核心竞争力的培养尤为重要。要培养企业的核心竞争力，就要集中企业资源从事某一领域的专业化经营，在这一过程中逐步形成自己在经营管理、技术、产品、销售、服务等方面与同行的差异。在发展自己与他人在上述诸多方面的差异的过程中，就可能逐步形成自己独特的可以提高消费者特殊效用的技术、方式、方法等，而这些有可能构成今后企业核心竞争力的要素。如何提升企业核心竞争力，应从锁定目标、集中资源、提高和储备知识技能、战略定位等做起。

3．供应链文化战略

Michael Hammer 教授曾经指出："在围绕你四周墙壁之内能够取得的利益是有限的，下一波巨大的机遇就在于拆除你与用户之间、你与供应商之间的围墙。"这意味着 21 世纪的竞争不仅仅是企业与企业之间的竞争，更是供应链与供应链之间的竞争。供应链就是一些有供求业务关系的企业所形成的集合，但是，各节点企业由于制度、规模、地域、民族、行业等的不同，在管理方式、经营理念、价值观、工作风格等方面会存在各种差异。

供应链的合作是企业与企业之间的合作，如果缺少一个能够让供应链上所有企业都认同的价值基础或文化基础，那么这种差异便难以融合，甚至会产生冲突和抵触，最终将对供应链管理的效果造成负面的影响，甚至阻碍供应链管理的发展。因此，供应链的战略管理不仅包括对合作伙伴的认定和供应链竞争战略的规划，还包括供应链的文化战略，必须对供应链上各个企业的文化进行系统整合，增强它们之间的亲和度，以便有效地消除供应链中各种文化的摩擦，以及由此导致的系统内耗。供应链文化是供应链上各节点企业在较长时间的合作过程中逐步形成的共有的信念、行为准则和行为方式。供应链文化以合作共赢为理念，以系统优化为目标，以诚实守信为核心，强调利益共享、风险共担，注重国际接轨及东西方文化融合。它包括价值观、经营哲学、道德准则、管理制度、员工心态，以及由此表现出来的企业共同的风范和精神。它所倡导的信任与合作精神、商业理念和行为规范、积极创新和奋发向上的事业态度，是供应链运行机制的文化基础。

目前供应链文化战略的规划与实施主要包括以下四个方面。

（1）培养合作共赢意识。供应链上企业之间的经营关系不再是零和博弈关系，而是一种正和博弈的双赢关系。在合作中，既要考虑自身利益，还必须考虑供应链上其他企业的利益。

（2）确立整体优化思想。在供应链中，客观上存在着企业个体利益之间、个体利益与整体利益之间的冲突。要解决这种冲突，需要一定的思想基础，即供应链上的企业都要有整体优化思想。

（3）提倡相互信任精神。美国学者戴明曾经指出："一个系统要想实现效率最大化，信任是必不可少的。如果没有信任，人员、团队、部门，以及分公司之间就不可能合作。如果没有信任，每一个成员都将致力于保护自己的眼前利益，这将会对自身，以及整个系统造成长期的损害。”

（4）培养风险共担理念。在供应链运作过程中，存在着预测不准、需求不明、供给不稳定等现象，甚至形成长鞭效应（需求朝着供应链上游方向被逐级放大的现象）。供应链上企业对自身利益的本能追求，使合作自始至终都存在着道德风险。所以，在供应链管理中培育利益共享、风险共担的理念并付诸实践是至关重要的。

4．供应链战略联盟综合绩效评价

供应链战略联盟综合绩效评价，是基于各供应链成员的共同利益，在确保联盟利益的前提下，从战略管理的角度出发，对联盟目标实现情况和联盟成员关系进行评价，以指导企业的联盟行为，全面实现联盟的预期战略目标和成员企业间的长期合作，不断提升联盟的战略绩效。

供应链战略联盟综合绩效评价指标应遵循以下四个原则。

（1）系统性原则。要求所选定的评价指标之间具有综合性、整体性、相关性和层次性，这是设计评价指标的首要原则，即评价指标要包括影响成本控制效果的众多因素。供应链绩效评价必须直接与供应链绩效战略相一致，同时也要和各公司的战略相容。指标的选择应和组织的战略目标相一致，绩效评价方法要与战略目标相一致。

（2）科学性原则。指标需要真实准确地反映企业的经济运行水平，保证所得数据的完整性和数据处理方法的科学性，每一项指标的确立都应建立在充分的论证、调研，并对数据进行科学计算推演的基础上。

（3）可操作性原则。设计的业绩评价指标要方便评价者和被评价者的理解与计量，有利于界定成本控制的责任；应尽量使用简单、具体、易懂的财务指标和非财务指标，便于操作使用。

（4）战略导向性原则。成本控制的目的是为实现战略管理提供有力支撑，从而使企业积极主动地采取措施，准确估量和分析外部环境与内部条件，以企业战略为导向，实现战略目标、经营策略和市场定位等多方面的动态平衡。因此，在指标设计上应适度反映企业的战略思维和经营策略。

供应链战略联盟综合绩效评价指标通常包括以下四个方面的内容。

（1）财务层面指标，包括产品成本降低率、现金周转率、市场占有率、流动资产周转率、存货周转率、总资产回报率、联盟关系紧密度、经营绩效、规模效益、企业财务风险等。

（2）客户层面指标，包括市场份额、客户满意度、新客户增长率、准时交货率、缺货比率、产品合格率、产品保修率、客户对服务和产品质量的满意度等。

（3）联盟系统指标，包括联盟获利能力满意度、联盟运作能力满意度、联盟目标完成度等。

（4）业务流程指标，包括交货柔性、产量柔性、产需率、产销率、研发效率、原材料利用率等。

（二）供应链战略管理的实施

供应链战略管理的主要内容有四个部分：供应链体系设计、供应链合作伙伴选择、供应链绩效评价、供应链风险管理。战略过程可以简单分为三个：战略规划、战略实施和战略控制。所以也可认为供应链战略管理的过程包括：供应链战略管理规划、供应链战略管理实施、供应链战略管理控制三个阶段。

所谓战略管理实施，就是把企业的战略方案转化为具体的行动，通过战略变革达到战略方案所要求的各项目标，进而达到全局制胜的动态过程。供应链战略管理的实施其实就是将前期，也就是上一节中提出的供应链管理战略的规划部分中的内容进行具体实施。在实施过程中，信息技术的支持是必不可少的，因此供应链信息战略也是供应链战略管理实施的重要内容之一。具体来说，供应链管理战略的实施，即根据影响供应链的驱动要素，确定供应链的外观和能力的设计参数与策略决策，然后在由这些决策所产生的大框架下，供应链通过执行常规的、持续进行的运作来实现它的任务。供应链战略管理实施流程包括计划、采购、制造、配送和退货五个环节，在供应链战略管理实施中存在着大量的竞争情报需求。

供应链运作参考模型（Supply-Chain Operations Reference-model，SCOR）是由国际供应链理事会（SCC）开发的产品，是第一个跨不同行业的供应链标准流程参考模型，也是供应链管理的通用语言和流程诊断工具。SCOR 模型将供应链界定为计划、采购、制造、配送、退货五大流程。

计划指企业供应链活动所有的运作都需要计划并且需要对其他四个流程中的运作进行组织。采购包括生产产品和服务所需的物资（资金）的活动，采购活动与财务活动密切联系。制造即开发和制造供应链所提供的产品和服务的作业。配送包括接受顾客订货和向顾客发送产品的部分活动。退货包括原物料的回收，以及成品退还的收货过程。

三、供应链战略联盟

（一）战略联盟与供应链战略联盟

1. 战略联盟

战略联盟最早是由美国 DEC 公司总裁 J. Hopland 和管理学家 R. Nagel 于 20 世纪 90 年代提出的概念，受到理论界和商业界学者与企业家的普遍赞同。Michael E. Porter 认为，联盟是超越了正常的市场交易但并非直接合并的长期协议。它的一般做法是通过与一家独立的企业签订协议来进行价值活动（如供应协定）或与一家独立的企业合作，共同开展一些活动（如营销方面的合资企业）。美国乔治·华盛顿大学的 Charles Hilla 教授也认为，战略联盟是实际的或潜在的竞争者之间的合作协定。我国经济学家张维迎教授同样认为，企业战略联盟是企业间在研发、生产、销售等方面相对稳定、长期的契约关系。这种观点强调战略联盟是一种长期的契约关系。

2. 供应链战略联盟

供应链战略联盟是伴随供应链管理理论和战略联盟理论的持续发展而产生的，企业通过组织间的各种合作来提高自身的核心竞争力。通过企业自身资源的合作共享，企业与企业可以实现共赢。因此，在同一条供应链上的企业也基于战略联盟的思想，以建立战略联盟的形式，形成一种长期的合作关系，便于加强供应链管理，共享各种资源，产生了所谓供应链战略联盟。

供应链战略联盟是在产业链紧密相关的两个环节的节点企业间的战略联盟，指组成供应链的节点企业为自身存在和持续改进而结成的共享机遇、共担风险的一种组织形式。它是为适应全球制造、敏捷制造、虚拟制造等先进制造模式而形成的以资源外用为特征的集成企业网络。供应链战略联盟的内容包括以下三个方面。

（1）供应链战略联盟的前提是合作企业拥有互补的资产和技术，任何一方都无法独立完成组织目标。

（2）供应链战略联盟存在的目标是通过企业间的不断合作，提升企业的竞争力，获取更大的价值，但是当预期目标达到之后，战略联盟在得到巩固的同时，也会促进新的战略联盟的产生。

（3）供应链战略联盟中的企业是处于供应链上的企业，它们之间是基于价值链的竞争性合作关系，联盟的形成以信息技术与管理相结合发展到一定程度为前提，企业在开放的信息网络环境下，实现整条价值链上信息的交换与共享，建立群体决策模式，最终达到企业同步化、集成化计划与控制的目的。

（二）供应链战略联盟的作用

1．共享资源

通过供应链战略联盟的合作，企业与企业之间可以在一定意义上共享人力、物力、财力等各种资源，用自身的优势弥补对方企业的劣势，产生“1+1>2”的效果。企业间的联合可以形成更为强大的竞争联盟，从而提高企业自身的竞争力。

2．帮助企业自身提高

通过供应链战略联盟的合作，基于企业与企业之间的资源共享，企业员工与员工之间的交流机会增加，优势技术信息传播速度加快，从而加快企业的技术创新；降低研发成本和风险，同时也便于标杆管理的实施，从而提高企业的学习能力，加快企业的进步步伐。

3．提高市场响应速度

战略联盟可以优化供应链，帮助企业缩短产品研发和生产的周期，继而形成拉动式供应链的必要条件，从而为客户提供个性化定制，满足各种市场需求。

4．实现规模经济

所谓规模经济，就是伴随企业的规模扩大，可以不断降低产品的长期平均成本，从而提高企业的市场竞争力。规模经济是建立在劳动分工的基础上的。劳动分工可以提高企业产品的生产效率，提高产量，降低劳动成本。通过供应链战略联盟的合作，可以在联盟内部实现供应链上的劳动分工，从而实现规模经济，降低企业的管理费用、生产成本、交易成本。同时又不会影响企业作为一个独立个体的灵活性。

5．风险分散

通过供应链战略联盟的合作，企业不用再独自面对研发风险或市场风险。战略联盟可以将这些风险分散到各个企业中去，从而在一定程度上降低企业运营过程中的风险。

（三）供应链战略联盟的种类

迈克尔·波特将战略联盟分为横向战略联盟和纵向战略联盟两种类型，这种分类是以联盟中的企业在价值链中所处的环节是否相同为标准的。如果其所处的环节相同，就称为横向战略联盟，如联合生产、联合采购、联合研发、联合销售等。而在产业链紧密相关的两个环节上的企业间组成的战略联盟，称为纵向战略联盟。战略联盟中的企业在供应链上自己所处的环节中往往具有独特的竞争优势。纵向战略联盟又可以分为两种。

（1）与产业链下游环节企业的前向战略联盟，如生产商同经销商之间的产销战略联盟，研发机构和生产机构之间的研发—生产战略联盟，等等。

（2）与产业链上游环节企业的后向战略联盟，如供应商同生产商之间的供产战略联盟，第三方物流企业与生产商之间的物流—生产战略联盟，等等。

如果以联盟合作伙伴在联盟协议中是否涉及股权合作为标准，可以将战略联盟划分为以下两种。

（1）股权式战略联盟。股权式战略联盟主要是指涉及股权参与的合伙形式，是以股权为纽带建立的战略联盟，具体又可分为合资型战略联盟和相互持股型战略联盟。合资型战略联盟是指双方母公司共同创立合资公司，各拥有合资项目一定的股权，拥有对合资公司人事和管理相关的权限，并按照出资的比例分配合资企业的利润，合资生产和经营的项目分属联盟成员的局部功能。相互持股型战略联盟是指联盟成员为巩固良好的合作关系，长期地相互持有对方少量的股份，与合资型战略联盟不同的是，这种方式不涉及设备和人员等要素的合并。

（2）契约式战略联盟。契约式战略联盟主要是指借助契约建立的、不涉及股权参与的合伙形式，这种联盟方式适用范围较广，灵活性较大，涉及企业的研发、采购、生产、销售等各个职能部门和经营领域。按照波特与富勒对战略联盟的定义，契约式战略联盟是介于市场与企业之间的一种协议安排，是一种纯粹的联盟形式。联盟中各成员签订长期合作契约，通过契约规范成员行为，实现长期合作。当联盟的核心业务分属不同的成员企业、难以被剥离出来置于同一企业内时，或者为了实现更加灵活的收缩和扩张、合作伙伴不愿建立独立的合资公司时，契约式战略联盟便出现了。契约式战略联盟以联合研究开发和联合市场行动最为普遍。最常见的形式包括技术交流协议、合作研究开发协议、生产营销协议、产业协调协议、供应链等。

第二节　供应链合作伙伴关系管理

一、供应链合作伙伴关系的含义

（一）供应链战略合作伙伴关系的产生

在国内外学者的研究文献中，可以清楚地看到对供应链管理模式的认识，人们强调得最多的就是企业间的“战略伙伴关系”问题。这种新型企业关系是供应链管理模式形成的基础，也是供应链管理模式与传统管理模式的根本区别。这是近年来企业关系发展的新动向。莱明（Lamming）在《超越伙伴关系：革新的战略和精细供应》一书中，将自动化工业中企业关系的发展分为五个阶段。

传统关系阶段（1975 年以前）。这一时期的市场基本上是供不应求。企业的管理战略是：改进工艺与技术，提高生产率；扩大生产规模，降低单位产品成本。企业各忙各的，竞争比较温和、友好，竞争压力较轻、稳定。

自由竞争时期（1972—1985 年）。此阶段市场上产品供应日趋饱和，企业间的竞争非常激烈，杀伤力极大；竞争压力很大，具有爆炸性，令人无法忍受。

合作关系时期（1982 年前后）。市场竞争激烈、混乱，顾客对产品的质量要求日益提高。质量竞争使得企业经营战略转向纵向一体化经营，以确保最终产品质量稳定。企业间合作比较紧密，部分合作具有一定的战略性，竞争压力适中。

伙伴关系时期（20 世纪 90 年代）。市场变化加快，纵向一体化经营反应迟缓，失去市场机会的风险、投资风险、行业经营风险都不断增大，企业逐渐由纵向一体化经营转向横向一体化经营，采取快速响应市场变化的竞争战略。企业间确立伙伴关系，经营合作具有一定的层次性、能动性，竞争压力很大，但比较稳定。

战略联盟关系时期（90 年代后期）。现在由于市场全球化的发展，经营难度和经营风险不断加大，企业间不得不进行更紧密的合作。于是产生了“win-win”的合作竞争和企业间的战略联盟。现阶段企业间的竞争压力也非常大，但这种压力是企业为了更好地发展而自我施加的。

从历史上看，企业关系大致经历了三个发展阶段。

从传统的企业关系过渡到创新的合作伙伴关系模式，经历了以生产、物流相结合为特征的物流关系（七八十年代）到以战略协作为特征的合作伙伴关系（90 年代）这样的过程。在传统的企业关系中，供应链管理就是物流管理，企业之间的关系主要是“买卖”关系。基于这种企业关系，企业的管理理念是以生产为中心的，供销处于次要的、附属的地位。企业间很少沟通合作，更谈不上企业间的战略联盟与协作。

从传统的以生产为中心的企业关系模式向物流关系模式转化，JIT 等管理思想起到了催化剂的作用。为了达到生产的均衡化和物流同步化，加强了部门间、企业间的合作与沟通。但是，基于简单物流关系的企业合作关系，可以认为是一种处于作业层和技术层的合作。在信息共享（透明性）、服务支持（协作性）、并行工程（同步性）、群体决策（集智性）、柔性化与敏捷性等方面都不能很好地适应越来越激烈的市场竞争的需要，企业需要更高层次的合作与集成，于是产生了基于战略伙伴关系的企业关系模型。

基于战略合作伙伴关系的企业体现了企业内外资源集成与优化利用的思想。基于这种企业运作环境的产品制造过程，从产品的研究开发到投放市场，周期大大地缩短了，而且顾客定制化程度更高，模块化、简单化产品、标准化组件的生产模式使企业在多变的市场中柔性和敏捷性显著增强，虚拟制造与动态联盟加强了业务外包这种策略的利用。企业集成即从原来的中低层次的内部业务流程重组上升到企业间的协作，这是一种最高级别的企业集成模式。

（二）供应链合作伙伴关系的定义

供应链合作伙伴关系（Supply Chain Partnership，SCP）是指为了实现特定目标而在供应链内部的两个或两个以上独立的成员之间形成的一种协调关系。供应链内部企业之间的关系，总的来说有两种：供应商与制造商的关系，制造商与经销商的关系。为了协调它们之间的利益，它们在一定的时期内（一般为签订协议的时期）共享信息、共担风险，目的是降低供应链总成本和库存水平，加强相互之间的交流，保持战略伙伴之间行为的一贯性，提高整个供应链的运作绩效，产生更大的竞争优势。显然，战略合作关系必然要求强调合作和信任。

实施供应链合作关系就意味着新产品/技术共同开发、数据和信息交换、市场机会共享和风险共担。在供应链合作关系环境下，制造商在选择供应商时不再只考虑价格，而是更倾向于选择能在优质服务、技术革新、产品设计等方面进行良好合作的供应商。

供应商为制造企业的生产和经营供应各种生产要素（原材料、能源、机器设备、零部件、工具、技术和劳务服务等）。供应商所提供要素的数量、价格，直接影响到制造企业的生产、成本和产品质量。因此，制造商与供应商的合作关系应着眼于以下三个方面。

（1）让供应商了解企业的生产程序和生产能力，使其能够清楚地知道企业需要产品或原材料的期限、质量和数量。

（2）向供应商提供企业的经营计划和经营策略以及相应的必要措施，使供应商明确企业的需求和期望，也能够达到企业要求达到的程度。

（3）企业与供应商要明确双方的责任，并各自向对方负责，使双方明确共同的利益所在，并为此而团结一致，以达到双赢的目的。

供应链合作关系发展的主要特征就是从以产品/物流为核心转向以集成/合作为核心。在集成/合作逻辑思想指导下，供应商和制造商分别将它们的需求和技术集成在一起，以实现为制造商提供最有用产品的共同目标。因此，供应商与制造商的交换不仅仅是物质上的交换，而且包括一系列可见和不可见的服务（R&D、设计、信息、物流等）。

供应商要具备创新能力和良好的设计能力，以保证交货的可靠性和时间的准确性。这就要求供应商采用先进的管理技术（如 JIT、TQM 等），管理和控制中间供应商网络。而对制造商来说，要提供的活动和服务包括控制供应市场、管理和控制供应网络、提供培训和技术支持、为供应商提供财务服务等。

（三）供应链合作伙伴的分类

核心企业与关键成员企业发展战略合作伙伴关系更加有利于自身的长远发展。在集成化供应链管理环境下，供应链合作关系的运作需要减少供应源的数量，相互的连接变得更专有，在全球市场范围内寻求最杰出的合作伙伴。

供应链合作伙伴可以分为两个层次：重要合作伙伴和次要合作伙伴。重要合作伙伴是少而精、与企业关系密切的合作伙伴；次要合作伙伴是相对多、与企业关系不是很密切的合作伙伴。供应链合作关系的变化主要影响重要合作伙伴，而对次要合作伙伴的影响较小。如何定义“重要”和“次要”的合作伙伴，需要将合作伙伴进行定位。

1. 基于合作的增值性和实力分类

企业与其合作伙伴建立的合作关系不同，合作的增值各异，合作增值性也有强弱之分。例如，就供应商来说，如果与它合作不能增值，它在供应链中就不可能存在。合作伙伴与其他同类企业相比，在产品和工艺的设计能力、特殊工艺能力、生产柔性、项目管理能力等方面的竞争力存在差别，竞争实力有高低之别。

因此，以合作增值率为纵轴，以合作伙伴的市场竞争力为横轴，根据合作伙伴的合作增值性和它们自己的竞争实力进行分类，所得的基于合作增值率和竞争力的分类矩阵如图6-1所示。

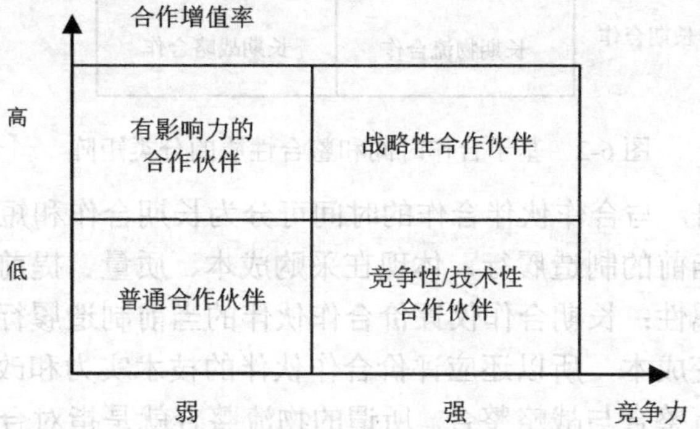

图 6-1 基于合作增值率和竞争力的分类矩阵

（1）有影响力的合作伙伴（左上矩阵），合作的增值率高但合作伙伴在它的专业领域中实力较弱，其市场竞争力不足。这类合作是“强—弱”联合，也属于理想性的合作伙伴。

（2）战略性合作伙伴（右上矩阵），合作的增值率高且合作伙伴的市场竞争实力也强。这类合作是“强—强”联合，属于最理想的合作伙伴，需要考虑合作的持久性，建立战略性合作伙伴关系。

（3）普通合作伙伴（左下矩阵），合作的增值率较低而且合作伙伴自身的市场竞争实力也不强，这类合作是“弱—弱”联合，不属于理想性的合作伙伴关系，称为普通合作伙伴。对于普通合作伙伴，企业只需与它们保持供货交易关系，基于物流作业层面进行低层次往来，不必列为企业发展的合作伙伴，并希望更多的这类伙伴参与投标，从而选择价位上最有利的一家保持交易关系。

（4）竞争性/技术性合作伙伴（右下矩阵），合作伙伴自身的市场竞争实力较强，但合作的增值率并不高，这类合作是“弱—强”联合。合作的对方实力较强，组织管理能力和技术水平高，可能是理想性的强伙伴，但也有可能成为竞争对手。在合作过程中，可以从它们那里学到很多有益的技术和经验，获得技术支持服务，也属于理想性的合作伙伴，称为技术性合作伙伴关系。它们之间属于合作性竞争，因而又称为竞争性合作伙伴关系，合作关系的紧密程度应该降低，尤其要注重合作风险。

在实际合作过程中，企业根据不同的战略目标选择不同类型的合作伙伴。从长远来看，企业要求合作伙伴能保持较高的竞争力和增值率，因此最好选择战略性合作伙伴；对于短期或某一短暂市场需求而言，只需选择普通合作伙伴满足需求即可，以保证成本最小化；对于中期而言，可根据竞争力和增值率对供应链的重要程度不同，选择不同类型的合作伙伴。

2．基于合作时间和合作层次分类

克里斯蒂娜和安德烈娅（Cristina and Andrea）根据合作关系涉及的时间和整合性质将

合作伙伴关系分为四种类型。基于合作时间和整合性质的分类矩阵如图 6-2 所示。

	物流合作	战略合作
短期合作	短期物流合作	短期战略合作
长期合作	长期物流合作	长期战略合作

图 6-2　基于合作时间和整合性质的分类矩阵

从图 6-2 可以看出，与合作伙伴合作的时间可分为长期合作和短期合作两种类型。短期合作强调合作伙伴当前的制造履行，体现在采购成本、质量、提前期、柔性、服务支持等与制造直接相关的属性；长期合作仅评价合作伙伴的当前制造履行是不够的，改变合作伙伴就意味着高的转变成本，所以还应评价合作伙伴的技术实力和改进潜力。

整合性质存在物流整合与战略整合。所谓的物流整合就是指对合作伙伴物流职能履行的规划，如数量、服务支持、交货期，常运用 JIT 物流战略。短期物流整合关系的合作时间较短，主要是物流职能层面的业务合作关系，涉及供应链下的物流仓储、运输、订单等作业定量信息的接收与处理。长期物流整合关系合作时间较长，主要表现为长期性的稳定供货关系，其合作层次不高。也就是说，长期供货关系不等于战略合作关系。

战略整合是指除具有明显物流特征之外的规划，涉及合作伙伴的技术实力，如新产品和新技术的联合开发。长期战略整合关系的合作时间长、合作层次高；短期战略整合关系的合作时间不长但合作层次很高，合作的起点也很高。

（四）供应链合作关系与传统供应商关系的区别

在新的竞争环境下，供应链合作关系强调直接的、长期的合作，强调共同努力实现共有的计划和解决共同问题，强调相互之间的信任与合作。这与传统的关系模式有很大的区别。供应链合作关系与传统供应商关系的区别如表 6-1 所示。

表 6-1　供应链合作关系与传统供应商关系的区别

项　目	传统供应商关系	供应链合作关系
相互交换的主体	物料	物料、服务
供应商选择的标准	强调价格	多标准、多准则
稳定性	变化频繁	长期、稳定、紧密合作
合同性质	单一	开放合同（长期）
供应批量	小	大
供应商数量	大量	少而精
供应商规模	小	大
供应商的定位	当地	国内、国外
信息交流	信息专有	信息共享

续表

项 目	传统供应商关系	供应链合作关系
技术支持	不提供	提供
质量控制	检查控制	质量保证
选择范围	投标评估	广泛评估可增持的供应商

传统的企业在合作过程中仅强调自身局部利润的提高，而忽略了双方的真诚合作可能产生更大的利润并实现双赢这一事实。在整个供应链环节中由于企业之间的非合作关系造成的费用增加，将传递给最终消费者，影响消费者的购买热情，并反过来影响整条供应链上企业的获利程度。供应链合作关系可以定义为在供应链上有相互关系的企业之间，在一定时期内形成的信息共享、风险共担、共同获利的一种协议关系。这样一种战略合作关系形成于供应链中有相同的特定目标和利益的企业之间。合作的原因通常是为了降低供应链的总成本、降低企业的库存水平、增强信息共享、改善相互之间的交流、产生更大的竞争优势，以实现供应链节点企业的财务状况、质量、产量、交货期、用户满意度和业绩的改善与提高。

对企业而言，与其他企业特别是供应商建立合作伙伴关系，将会达到下列效果。

（1）加快产品开发、上市的速度。供应链成员企业之间建立合作伙伴关系之后，制造商可以通过外包将繁杂、零碎、不擅长的生产任务交给其他企业，自己则致力于核心竞争业务，从而发挥各自的优势，使新产品的开发制造过程大大简化，上市时间明显缩短。以克莱斯勒公司为例，它与供应商建立合作伙伴关系之后，其某一新产品的开发时间从 20 世纪 80 年代的 234 个星期降为 160 个星期。

（2）降低成本。供应链的目的就是实现总成本最低化。由于实现合作、信息共享，企业可以实现零库存，减少库存成本；同时由于建立了长期的合作伙伴关系，固定的交易对象与供应商数目减少，可以大大降低交易费用；供应商供应质量的提高，可以降低制造商生产中的不确定性，保证生产过程的连续性和成本的持续下降；在充满风险的市场中，合作关系可以分散经营风险，在一定程度上降低企业的风险成本。

（3）提高用户满意度。用户满意度主要从三个方面加以保证：①产品设计的保证；②产品制造过程的保证；③售后服务的保证。在供应链管理模式下，企业间建立合作伙伴关系，通过外包节省成本，企业可以花费更多精力与资金完善以上三种保证，从而不断满足用户的需求，提高用户满意度。

另外，通过建立合作伙伴关系，企业之间可以相互学习、相互促进，了解各自的优势和核心资源，不断改进、强化自身的核心竞争能力。

二、供应链合作关系的理论基础

许多学者对供应链合作伙伴关系建立背后的深层次原因进行探讨，运用不同的理论去解释供应链合作伙伴关系的动因与形成的机理，形成的主要理论有交易成本理论、资源依赖理论、资源基础理论、策略性行为理论、委托代理理论等。

（一）交易成本理论

交易成本理论由 Coase（1937）提出。在市场交易中，供需双方为了找到均衡价格而必须付出的代价就是交易成本。交易成本起因于不完全的契约，包括事前成本和事后成本两大类。事前成本包括信息收集成本、协议谈判成本、契约成本。事后成本包括监督成本、执行契约成本。

影响交易成本的三个主要因素是资产专属性、交易不确定性、交易频率。资产专属性是指企业投资于某一种特殊的交易活动，而当该投资的资产缺乏市场流通性或是契约终止时必须负担的成本。交易不确定性是指在交易过程中各种风险的发生概率，合作伙伴之间充满不确定性，将会造成控制上的问题。这些问题包括难以正确预测未来的状况、难以在不可预测的情况下做出适当的规划以及难以正确评估供应商的绩效。不确定性越高时，交易者越不容易在事前签订契约。交易频率是指在一项既定的交易合约中交易进行的次数。交易频率越高，越会有投机行为产生，因此市场的交易成本也会升高，而使得市场交易方式变得不可行。

交易成本理论以最小化生产成本与交易成本的总成本为决策准则，为供应链合作伙伴关系的建立提供了理论依据。当今高新科学技术的发展导致企业往往无法独自进行新技术的研发，另外这些相关性资源又具有高度专属性，若通过正常交易关系进行市场交易，则必将发生很大的交易成本，致使企业无论是采用市场交易还是企业内部化方式都很难获得所需的资源，因此合作伙伴关系应运而生。交易成本理论提出的资产专属性、交易不确定性以及交易频率三个方面，使得企业与合作方在建立合作伙伴关系后，会努力维持这种关系。总体上，企业可以通过建立和维持合作伙伴关系来降低交易成本。

（二）资源依赖理论

资源依赖理论的前提是将组织视为一个开放的系统，在一个不确定的环境中运作，没有一个组织可以自给自足，环境因此影响着组织的行为。组织为了生存必须依赖资源，而为了取得资源，组织必须与外部资源的控制者互动，因此组织必须依赖其所处的环境。资源依赖理论的主要观点是企业依赖其他厂商所拥有的资源，企业对组织之间关系的管理就是为了控制和降低对资源的依赖，或者提高其他组织对自己资源的依赖。当组织无法从内部取得所需的资源时，就必须跟环境中控制关键因素的其他群体进行交换。当环境不确定性提高时，组织间会加强联系，以保障自身能获得稀缺性资源。

资源在构成组织间的依赖关系上，扮演决定性的角色。而资源控制的集中程度决定了组织间的依赖方式。一般而言，外部环境对组织行为的限制主要源于依赖关系的不对称。当一个组织对外部组织的依赖程度加深，该组织所受的影响也会增大。资源依赖理论对战略联盟的影响在于，企业在进行战略联盟时选择谁来建立合作伙伴关系。企业必须挑选特定的伙伴建立密切的连接，建立合作伙伴关系是因为企业认识到它所处环境中与其他组织之间存在关键性的依赖，另外组织本身拥有能够产生利益的资源和能力，这项资源和能力是其他组织所没有的。

在当下这个信息发达的时代，要取得其他组织资源已不需要采取并购的方式，只需要企业之间结成联盟建立合作伙伴关系即可共享彼此的信息，这也是合作伙伴关系建立的动机。企业在面临多变、复杂的环境时，组织不再保持被动，相反地，企业之间形成战略合作伙伴关系，以降低不确定性与依赖性。

综上所述，在特定的环境中，企业必须通过外部环境取得所需的必要资源。企业经营绩效良好与否取决于其能否顺利获得所需的资源。但因资源具有稀缺性且不易转移，企业在向外寻求资源的同时，必须付出相应的代价，因此交换便成为企业在寻求资源时最可行的方案。但企业与交换对象常常处于不对等的地位，因而想要获得资源，企业就需要以长期承诺的方式与伙伴合作，如此便形成了合作伙伴关系。

（三）资源基础理论

资源基础理论和资源依赖理论两者之间最大的不同在于，资源基础理论假设资源是无限的、可创造的，而资源依赖理论则认为资源是有限的。过去的战略分析过度地重视组织与环境的配合，而忽略了资源与战略的联结。企业的资源和能力可成为企业成长方向的来源，也是企业利润的基础。换言之，当企业通过其资源和能力的累积而发展出竞争优势时，企业可以获得良好的利润。

资源基础理论是将资源视为企业的基础，因此在以资源为战略思考的焦点时，企业首先应观察其资源的用途和组合、评估资源的品质，并以此作为战略行为的依据。而在进行决策执行之前，企业更需进一步考虑此决策可创造哪些绩效、哪些优势资源及填补哪些资源缺口。

从资源基础理论的观点来看，资源的互补性是促成合作的重要因素，资源的互补程度越高则合作可能性越大。资源的交换能够获利是因为这些资产或资源具有互补性。所谓互补性是指共同利用这些资产或资源比单独利用可以获得更高的报酬，也就是说互补性资产或资源指两组资产或资源彼此有某种程度的依赖。如果联盟厂商因为可以从伙伴身上获得互补性的能力而弥补其弱点的话，那么伙伴之间就都可以彼此互利。组织建立合作伙伴关系是因为它们认识到在所处的环境中与其他组织之间存在有关键性的互相依赖，此时，某一方的组织拥有能够产生利益的资源与能力，这项资源与能力是其他组织所没有的，所以组织应该考虑对外与伙伴建立联结。

资源基础理论认为，企业所拥有的独特资源是竞争优势的主要来源，但企业也可能会面临欠缺关键资源的情况。在这种情况下，企业除了可以由内部自行开发之外，也可以通过建立合作伙伴关系的方式拥有伙伴的独特资源，主要动机是学习合作伙伴的关键能力和快速引进新技术，以创造或维持自身的竞争优势。如果一个企业的核心竞争力是建立在某种独特的资源上的，每一个合作伙伴都会贡献彼此相关的重要资源，那么合作伙伴联盟就可以被看作不同企业的核心竞争力的集合方式之一，而资源的优势与互补，即伙伴之间的匹配，就成为合作伙伴关系成功的前提。

（四）策略性行为理论

策略性行为理论指出企业建立合作伙伴关系的动机在于，通过策略性行为创造并维持竞争优势，以取得较好的利润或绩效。在基本策略模型中，公司利润取决于产业结构的吸引力与企业的相对竞争地位。

策略管理可以分为竞争策略和合作策略，合作伙伴关系属于策略联盟的一种形式。时间和资源是企业应对全球经济环境变化的主要考虑因素，策略联盟可以整合资源并保持自身弹性，是一种优于并购或直接投资的策略选择。各企业之间的合作关系，特别是供应商与顾客的联盟，本身就属于竞争优势的来源。联盟是企业取得低成本或差异化优势的手段之一。策略行为的动机在于追求长期利润的最大化，企业建立合作伙伴关系，是为了通过合作伙伴行为，创造并维持企业的竞争优势地位，以谋取利润最大化。也就是说，合作伙伴关系是一种能影响企业在产业中竞争定位的策略性手段及工具。

合作伙伴关系及策略联盟是基于企业策略的，用以确保、维持或增进企业的竞争优势的行为。合作伙伴关系及策略联盟是为实现企业的策略目标而存在的，其主要的目标包括低风险、规模经济、互补技术与专利、建立进入障碍、克服政府法令与贸易障碍、初期国外市场扩张与准垂直整合。

（五）委托代理理论

委托代理关系，泛指任何一种涉及不对称信息的交易。交易中具有优势的一方称为代理人，另一方称为委托人，代理人和委托人之间存在信息不对称的问题。委托代理理论是建立在非对称信息博弈论的基础上的。非对称信息指的是某些参与人拥有但另一些参与人不拥有的信息。信息的非对称性可从以下两个角度进行划分：一是非对称发生的时间，二是非对称信息的内容。

从非对称发生的时间来看，非对称性可能发生在当事人签约之前，也可能发生在签约之后，分别称为事前非对称和事后非对称。研究事前非对称信息博弈的模型称为逆向选择模型，研究事后非对称信息的模型称为道德风险模型。

从非对称信息的内容看，非对称信息可能是指某些参与人的行为，研究此类问题的模型称为隐藏行为模型；非对称信息也可能是指某些参与人隐藏的知识，研究此类问题的模型称为隐藏知识模型。

三、供应链合作关系形成的驱动力

市场需求瞬息万变，竞争者虎视眈眈，很多企业都在寻求在这样的环境中立于不败之地的策略。顺应市场潮流、取长补短、取外部资源为已所用，保持最具独特优势的核心竞争力是竞争的关键所在。供应链合作关系形成的基本的驱动力有核心竞争力、不断变化的顾客期望、业务外包战略、企业间资源依赖的互补、关系加强实现共赢。

（一）企业核心竞争力

企业的核心竞争力是指企业具有某种能力，这种能力是其他企业不能或者很难模仿的。企业核心竞争力具有价值优越性、难替代性、差异性和可延伸性等特点。具有核心竞争力的企业在创造价值和降低成本方面比竞争对手更具优势，能为顾客带来更大的利益，生产出来的产品在市场上不会轻易被其他产品所替代。在同行业中做到与众不同、比其他竞争者优越，不仅能提供某种特殊的产品或服务，而且可以帮助企业进一步开发新的产品或进入新的领域。

企业核心竞争力的本质是企业特有的知识和资源。企业能否获得竞争优势取决于其是否拥有核心竞争力。因为任何一个企业拥有的资源都是有限的，不可能在所有的业务领域中都能获得竞争优势，因此必须将有限的资源集中在具有核心竞争力的核心业务上。供应链合作伙伴关系既是保持和增强自身核心竞争力的需要，也是企业在其他领域利用其他企业核心竞争力的需要，同时与其他企业的合作伙伴关系也是保持企业核心竞争力的有效手段。通过把非核心业务交由合作伙伴来完成，企业能集中精力于核心竞争力的培养，集中企业内部的各个方面的资源、能力，不断增强核心竞争力。

（二）不断变化的顾客期望

顾客需求是企业生产的驱动源，生产的产品只有到达顾客手中，才能真正实现产品的价值。对顾客需求的关注是供应链所有成员的首要任务，随着消费者消费的理性化和消费品市场的多样化发展，顾客的需求期望也在不断变化，主要有以下四点。

（1）个性化的产品设计。产品的个性化设计是由顾客直接确定最终产品的确切特征，企业根据顾客的要求修改产品设计。随着市场的发展，差别化、个性化的产品越来越受消费者青睐，企业根据客户的需求量身定做已成为企业争取市场的一种手段。让顾客直接参与产品设计彻底改变了企业生产的本质。个性化的产品对企业生产的柔性提出了更高的要求，供应链合作伙伴间的战略合作关系可以有效提高企业柔性，提高产品的顾客化程度。

（2）广阔的产品选择范围。顾客越来越精明，他们开始希望能直接或间接地影响生产者以更好地让企业提供的产品切合顾客需求。厂家不断地推出新品种，从而引起了一轮又一轮的产品开发竞争，结果是产品的品种数成倍增长。为了吸引顾客，许多厂家不得不绞尽脑汁不断地增加花色品种。网络技术的发展也为顾客的选择提供了方便，质量、价格、服务水平的透明给企业施加了不断完善产品的压力。同时，由于计算机和网络技术的发展，任何产品的优势都变得易于模仿和改进，因此产品差异化的优势势必不能得到长久保持，为了保持市场竞争的优势，企业的产品压力越来越大。因而企业应当建立合作关系，积极进行信息交流与知识共享，挖掘消费者需求，共同研发产品，提供更符合消费者需求的产品，以应对市场变化。

（3）优异的质量和可靠性。质量和可靠性是顾客对产品最基本的要求。质量的提高包括产品原料的选用、设计的合理、加工的精密、产品外观等多方面，需要供应链合作伙伴在产品设计、原材料的供给、生产制造到销售配送等各个环节上加强合作，各环节对质量严格控制，才能保证最终产品的质量和可靠性。

（4）快速满足顾客要求。尽管并非所有的市场都要求即时反应，但在其他条件相同的情况下，更迅捷的反应能让顾客印象深刻，将该产品和其他产品区别开来。从产生顾客需求到产品到达顾客的过程中，有许多时间被浪费掉了。消除这种浪费会带来提高顾客满意度、降低投资风险、比竞争者占得市场先机这三方面的好处。因此，提供力所能及的快速响应是明智的策略。有了更快的速度，技术革新就能更快地与实际应用相结合，从而保持技术领先。供应链合作伙伴间相互合作，各自发挥自身优势，洞悉客户需求，并快速响应，提供高水平服务，从而提高供应链整体竞争力。

（三）业务外包战略

在供应链管理环境下，企业强调集中精力和资源在增强核心竞争力上，强调根据企业的具体情况和自身特点，从事某一个领域的某一专门业务，只在某一方面形成自己的核心竞争力。这就必然要求企业将非核心竞争力的业务外包给其他企业去做。这就是目前许多企业采用的业务外包战略。

在供应链管理环境下的资源配置决策是一个不断增值的决策过程。如果企业能够通过业务外包以更低的成本获得比自制更高价值的资源，更短的生产时间和更高的生产效率，那么企业就应该选择业务外包。它可以使企业减少对固定资产的投资、降低成本、减少浪费，从而获取优势。在供应链上，每个企业专门的外包供应商把资源集中在某个领域（零部件、配件与各种服务），企业可以从供应商的规模效益中获利，并且外包供应商在某个具体的领域拥有更多的专家和先进的技术，专业水平更高，因而质量可以比企业自制更好，成本更低。

实行业务外包战略还可以使企业保持柔性优势、质量优势和专业化优势。供应链管理的出现，使企业从传统的“纵向一体化”转向“横向一体化”，加快了企业的发展速度和技术革新。通过供应链上不同企业的外向资源配置，企业可以在全球范围内选择最优秀的合作伙伴以实现技术上的创新，并快速响应市场需求的变化，与市场需求变化保持同步，利用供应链上不同企业的技术资源和技术优势。所以企业能在需要的时候以最快的速度对用户的特殊需求做出反应，从而保持运作柔性和竞争优势。在这种条件下，为增强供应链的竞争力，就需要不断提高供应链上各个企业的成本、质量和柔性优势，不断加强供应链企业的合作关系，争取技术、信息等各种资源达到共享，提供更高质量的产品和更好的服务。加强供应链上各个企业的良好合作关系，可以实现对市场需求的快速反应，保证企业在用户需要的时候及时提供产品和服务。

（四）企业间资源依赖的互补

战略联盟作为企业组织关系中的制度创新，20 世纪 80 年代以来，在欧美和日本得到了迅速发展，尤其是在跨国企业中间表现得更为突出。企业组建战略联盟从根本上是为了帮助联盟成员维持和创造持久的竞争优势，通过获取联盟企业的资源增强竞争能力，提高自己的竞争地位。

从资源角度来说，企业之间的资源存在互补性，可以借助联盟弥补各自资源的不足，从而改善彼此资源的状况，给企业带来新的竞争优势，为企业保持长期的战略竞争力提供资源基础。在这方面最有代表性的是英特尔与微软在 PC 市场的“世纪联盟”。英特尔与微软正是基于彼此内部资源（硬件与软件）的互补性，携手结为战略联盟。相比较而言，企业拥有相对稳定的内部资源比变幻莫测的外部环境对企业的市场竞争地位更具决定性作用，是企业能够保持持久竞争优势的关键所在。

企业资源是异质的，也不可能完全流动。因而当一个企业拥有某种竞争对手没有的“独特”资源时，它就具备了为企业创造比较优势的潜在能量。这里的“独特”指的是该种资源是稀缺的、难以模仿的、不可替代的。但是，一个企业即使在缺乏并迫切需要某种独特资源时，要素市场的不完善仍然会阻碍其对这种资源的获取，如此一来，势必会造成竞争企业间资源分配的不对称。正是企业所缺资源的独特性和要素市场的不完善阻碍了竞争者获取或复制这些独特资源的能力，从而导致了企业间资源状况的长期差异。

资源状况的差异加上企业间资源的互补性恰恰说明了结盟的必要性。因为企业战略联盟既可以巩固企业原有的资源，也能够在共享外部资源的基础上，相互交换企业经济活动所需但缺乏的资源，因而不仅可以维持甚至可能创造新的企业资源优势。从另一个角度讲，企业再强大也不可能拥有所需的一切资源，加上它不断提升的战略目标，资源和目标之间始终会存在某种差距，这同样需要通过与其他企业建立战略联盟来弥补这种资源的缺陷。新的环境下企业可以选择战略联盟的道路，实现自身的长远发展。

（五）关系加强实现共赢

供应链合作伙伴关系能给合作双方带来许多正面效果。它能够降低供应链总成本，减少整个供应链产品的库存总量，增强信息共享，缩短研发时间，加强供应链企业合作的一贯性，从而扩大竞争优势，提高整个供应链的运作绩效，并最终实现供应链节点企业的财务状况、生产效率、产品质量、用户满意度和业绩的改善与提高。

（1）战略层整合。在以往普通的企业间合作关系中，合作整合往往仅体现在生产制造和物流运输等实际操作层面，而供应链企业间的合作伙伴关系的构筑则需要企业战略层协作和高层次整合，具体表现为制定共同的战略目标与整合企业的运营策略，同步进行战略管理。

（2）合作范围拓展。在以往普通的企业间合作关系中，一般仅在物流以及资金流方面相互融合，而供应链企业间的合作伙伴关系的合作范围大幅拓展，主要体现在信息流高度集成，物流和资金流等信息的彻底合作，战略层的决策以及长远规划的全面协调上。这些使供应链企业在生产、交货、成本、财务、运营等各方面的水平得到大幅提高，展现出强大的优越性和竞争力。

（3）协调性倍增。成熟顺畅的供应链企业间的合作伙伴关系会使合作双方在企业战略上保持一致，在战术上互相整合，实际操作层横向信息充分交流。它是企业间深层次、全方位的立体合作关系，使制造系统、物流系统、信息系统协调性增强，企业间能够做到及时、动态的协调，增强供应链缓冲、适应和创新的能力，快速而经济地处理企业生产经营活动中的不确定性，削弱牛鞭效应等风险。

四、合作伙伴的选择与评价

随着经济全球化，竞争也将趋向国际化、白热化。如何提高自身的竞争力，已成为每个企业不得不思考的问题。在这种背景下，企业在与其精心挑选的供应商和分销商建立合作伙伴关系之后，可以通过协同工作降低整个供应链的总成本，降低库存水平，增强信息共享水平，改善相互之间的交流，保持伙伴相互之间操作的一贯性，从而产生更大的竞争优势，实现多赢。合作伙伴的选择与评价也已成为供应链合作伙伴关系建设中非常重要的环节。

（一）供应链合作伙伴选择的标准

既然供应链合作伙伴的选择如此重要，那么到底该怎样选择呢？用什么标准来选择势必成为考虑的首要因素。

1．兼容性

兼容是一个成功的合作关系所必须具备的第一要素。两个企业进行合作，如果缺少兼容性，那么不管它们的业务关系在战略上有多么重要，也不管它们彼此多么有能力，都很难经受住时间的考验，也很难适应变化的市场和环境。它们首先要做到的事情是能够在一起工作。兼容及解决分歧与矛盾的能力是保持合作双方良好关系的基石。兼容并不意味着没有任何摩擦，但只要合作双方有合作的基础并且相互尊重，它们就能解决分歧。

寻找一个兼容的合作伙伴，最好的办法就是从现有的客户中进行选择。其好处在于：①以前往来的经历可为两家公司能否友好相处提供有力的证据。②人际关系纽带已经建立，在通常的情况下，加强与一个已彼此了解的公司的关系比与一个新公司建立关系要容易得多。③公司已经对对方公司的能力、商业理念和公司文化有了比较清楚的了解，合作双方对将要合作的业务都很熟悉。

虽然从现有的关系中挑选合作伙伴有好处，但在考虑合作时也不能对现有的合作过分依赖。由于与一个已有业务关系的公司发展合作关系风险较小，一般公司可能不愿意花时间找一个新公司合作。这样，它就把自己的视野限制在现存客户这个狭小的范围之内，从而可能丧失为特定业务找到最佳合作者的机会。这种情况还会导致另一种缺陷，即一家公司虽然在技术和能力上是最适宜的合作伙伴，但由于它是新公司，公司对其业务不熟悉，导致最后错过合作的机会。

兼容性的考虑原则有以下六点。

（1）公司的规模与能力上的兼容性。

（2）通过以往合作的记录测试兼容性。

（3）从公司战略、文化和财务上测试兼容性。

（4）从公司的组织管理和实践上测试兼容性。

（5）从生产、市场销售和分配上测试兼容性。

（6）从安全、健康与环境策略方面测试兼容性。

2．能力

很明显，潜在合作伙伴的能力是另一个非常重要的因素。合作者必须有能力与你合作，合作才会有价值。在评价合作对象的能力时，公司应当为每一个潜在的合作对象准备一份档案资料，以更好地评价它们的优势和劣势。应主要从以下几个方面进行评价：在拟合作的领域，你与谁合作更活跃；对方的市场实力如何；对方的技术水平、生产能力、销售网络如何；对方是市场的主导者还是落后者。

总的来讲，大部分公司都要求其合作者有能够为合作关系投入互补性资源的能力。合作关系的组建更需寻找能够帮助公司克服自己劣势的合作伙伴。

与兼容性需要严格测试一样，在公司与任何往来的合作者进行进一步接触之前，都要对合作方的能力进行严格的测试。很多合作关系的参与人员都建议成立一个专家小组来对每一个潜在的合作者进行能力测试。当然，这个小组的人员结构和调查范围主要取决于合作企业的性质与合作业务的范围。小组成员应包括管理、财务、法律、税务等方面的专家。每个公司都会尽可能地美化自己，你的合作者可能告诉你，他们有先进的技术、优秀的管理人员、销售人员及强有力的销售树等，但当你自己调查的结果与这家公司所陈述的不一致，其资产负债与独立的机构所做的分析不一致时，就说明这里面隐藏着合作风险。

3．投入

寻找一个与自己有同样的投入意识的合作者是合作关系成功的第三个基石。就算合作者显得很有能力且与自己的体系相容，但是，如果该企业不愿向合作关系投入时间、精力和资源，合作关系就很难适应多变的市场环境。所以，跨国公司在最终决定与潜在的合作者组建合作关系之前，必须通过测试以确定对方与它一样有积极的投入意向。对投入意识的测试可归纳为以下两点。

（1）合作关系的业务是否属于对方的核心产品范围或核心业务范围。如果拟设立合作关系的业务范围对合作者的主要业务来说是微不足道的，那么合作者就很有可能不愿向合作业务投入必要的时间和资源。同时，在这种情况下，合作对象可能也很容易退出合作关系而使你处于一种进退两难的境地。然而，如果合作关系涉及对方的主要业务或主要发展战略，这种风险便会大大减小。

（2）确定合作伙伴退出合作关系的难度。合作关系面临的风险之一就是合作一方把合作纳入他们的全球战略，并且投入大量的资源和精力，而其合作伙伴却突然要求退出合作关系，从而使前者陷入进退两难的境地。所以，公司在最终决定组建合作关系前，必须测试这种退出的可能性有多大，并测试对方退出合作关系的困难程度。

（二）供应链合作伙伴选择的原则

在合作伙伴的选择过程中，应该根据不同的供应链组成形式和具体任务制定不同的选择原则与标准，一般的通用性原则主要有以下五个。

（1）核心竞争力原则。即要求参加供应链的合作伙伴，必须具有并能为供应链贡献自己的核心竞争力。唯有合作企业拥有各自的核心竞争力，且核心竞争力正是供应链所需要的，使各合作企业的核心竞争力相结合才能提高整条供应链的运作效率。

（2）总成本核算原则。即实现供应链总成本最小化，实现多赢的战略目标，要求合作伙伴之间具有良好的信任关系，连接成本较少。

（3）敏捷性原则。供应链管理的一个主要目标就是把握快速变化的市场机会，因此要求供应链上各个企业都具有较高的敏捷性，要求对来自供应链核心企业或其他企业的服务请求具有快速反应能力。

（4）风险最小化原则。供应链运营具有一定的风险性，如市场风险依旧存在，只不过在合作伙伴之间得到了重新分配。因为各个企业面临不同的组织结构、技术标准、企业文化和管理观念，所以必须认真考虑风险问题，尽量回避或降低供应链整体的运行风险。

（5）拥有相同的企业价值观及战略思想。企业价值观的差异主要表现在：是否存在官僚作风，是否一味地强调投资的快速回报，是否尊重市场规律，等等。战略思想的差异表现在：市场的策略是否一致，注重价格还是注重质量，等等。由此可见，如果供应链上企业的价值观及战略思想差距过大的话，企业间是很难实现合作的。

违反上述原则可能会极大地影响供应链的效率。违反核心能力原则和总成本原则，就难以满足供应链"外部经济性"的要求；违反敏捷性原则，就不能保证快速迎合市场机遇的目的；忽视风险最小化原则，会为供应链的运营埋下巨大的隐患。因此在选择供应链合作伙伴时，必须认真全面地考虑以上五个基本原则。

上述五个原则只是供应链合作伙伴选择的一般性原则或基本原则。由于具体问题的不同，以及供应链核心企业具体目标的差异，在选择合作伙伴时可能并不限于以上五个基本原则，还要考虑很多其他方面的因素。

（三）供应链合作伙伴选择的方法

供应链合作伙伴选择与评价的方法很多，主要分为定性、定量以及定性与定量相结合这三大类，具体的方法主要有以下六种。

1．直观判断法

直观判断法是根据征询和调查所得的资料，结合专家的分析判断，对供应商合作伙伴进行分析、评价的一种方法。这种方法主要是倾听和采纳有经验的人员或专家的意见，或者直接由他们根据经验做出判断。这种方法比较直观，简单易行，但是主观性太强，选择的结果科学性较差，常用于对产品的非主要原材料供应商的选择。

2．招标投标法

招标投标法是指先由企业提出招标条件，各招标合作伙伴进行竞标，然后由企业决标，并最终与提出最有利条件的合作伙伴签订合同或协议。招标投标法可以是公开招标，也可以是指定招标。公开招标对投标者的资格不予限制；指定招标由企业预先选择若干个可能的合作伙伴，再进行竞标和决标。

3．协商选择法

首先企业从多个合作伙伴中选出条件较为契合的若干个，然后同它们分别进行协商，再确定合适的合作伙伴。协商选择法供需双方能够充分协商，因此在采购物品的质量、交货时间以及售后服务上更有保证，但企业可能得不到更加合理的原材料价格和更加有利的供应来源。这种方法适合于采购时间紧迫、投标单位少、竞争程度低、订购物品规格和技术条件复杂的情况。

4．成本比较法

对于质量和交货期都能满足要求的供应商，需要通过计算采购成本来进行分析比较。采购成本一般指售价、采购费用、运输费用等各项支出的总和。成本比较法是通过计算分析各个不同供应商的采购成本，选择采购成本较低的供应商的一种方法。这种方法单纯从采购成本的角度来进行选择，有很大的局限性，往往与企业的战略目标相违背。

5．层次分析法

层次分析法（Analytic Hierarchy Process，AHP）是美国运筹学家托马斯·塞蒂于 20 世纪 70 年代提出的将定性问题进行定量分析的多准则评价决策方法。该方法首先将决策问题按总目标、各层子目标、评价准则直至具体的备选方案的顺序分解为不同的层次结构；然后通过求解判断矩阵的特征向量，求得每一层次的各元素对上一层次某元素的优先权重；最后用加权和的方法递阶归并各备选方案对总目标的权重，权重最大者即为最优方案。这里所谓“优先权重”是一种相对的量度，它表明各备选方案在某一特点的评价准则或子目标下重要程度的相对量度，以及各子目标对上一层目标而言重要程度的相对量度。

层次分析法首先按照属性（指标）的逻辑关系逐层分解，形成层次结构；然后用一定的标度把人的主观判断进行客观量化，在逐层分解的基础上通过两两比较建立判断矩阵，进行层次排序并加以综合，从而得出每个可供选择的供应商的最终权重；最后通过对权重的比较来选择供应商。层次分析法作为一种定性和定量相结合的工具，是供应商选择与评价的常用方法之一。

6. 人工神经网络法

人工神经网络法（Artificial Neural Network，ANN）是 20 世纪 80 年代后期迅速发展起来的一门新兴学科。ANN 可以模拟人脑的某些智能行为，如知觉、灵感和形象思维等，具有自学习、自适应和非线性动态处理等特征。

将 ANN 应用于供应链管理环境下合作伙伴的综合评价选择，旨在建立更加接近于人类思维模式的定性与定量相结合的综合评价选择模型。通过对给定样本模式的学习，获取评价专家的知识、经验、主观判断及对目标重要性的倾向，当对合作伙伴做出综合评价时，该方法可再现评价专家的经验、知识和直觉思维，实现了定性分析与定量分析的有效结合，也可以较好地保证合作伙伴综合评价结果的客观性。

（四）供应链合作伙伴的选择与评价步骤

供应链合作关系的建立并不是一件容易的事，既需要供应商、买方做大量艰苦的工作，又需要企业间的共同承诺、相互信任。供应链合作伙伴关系的风险在于，一个伙伴的失败或不合作可能导致整个供应链处于非有效运作状态，从而造成巨大的损失。因此，对合作伙伴的选择，应该分步骤地、综合地考虑多种因素进行综合评价。供应链合作伙伴的选择过程可以归纳为以下五个步骤（企业必须确定各个步骤的开始时间，每一个步骤对企业来说都是动态的，并且都是一次改善业务的过程）。

步骤 1：分析市场需求和竞争环境。市场需求是企业一切活动的动力源泉。分析市场需求的目的在于找到针对哪些产品市场开发供应链合作关系才有效，必须知道现在的产品需求、产品的类型和特征，确认客户的需求及建立供应链合作关系的必要性。如果已经建立供应链合作关系，则根据需求的变化确认供应链合作关系是否有变化的必要性，从而确认合作伙伴评价选择的必要性。同时，企业还需要分析合作伙伴的现状，分析、总结企业自身存在的问题。

步骤 2：确立合作伙伴选择目标。企业必须明确需要的合作伙伴的类型，然后确定合作伙伴评价程序如何实施、信息流程如何运作、由谁负责等问题，必须建立实质性的、切合实际的目标。对合作伙伴的评价选择不只是一个简单的评价选择过程，它本身也是企业自身和企业之间的一次业务流程重构过程。如果实施得好，它本身就可以带来一系列的利益。

步骤 3：制定合作伙伴评价标准。合作伙伴综合评价的指标体系是企业对合作伙伴进行综合评价的依据和标准，是反映企业本身和环境所构成的复杂系统不同属性的指标，是按隶属关系、层次结构有序组成的集合。根据系统全面性、简明科学性、稳定可比性、可操作性的原则，建立供应链管理环境下合作伙伴的综合评价指标体系。不同行业、企业产品需求、不同环境下的合作伙伴评价都应该有所不同，但不例外地都涉及合作伙伴的业绩、人力资源开发、质量控制、成本控制、技术开发、客户满意度、交货协议等可能影响供应链合作关系的各方面。

步骤 4：评价合作伙伴。评价合作伙伴的一个主要工作是调查、收集有关合作伙伴的生产运作等全方位的信息。在收集合作伙伴信息的基础上，应用合适的工具和技术、方法进行对合作伙伴的评价。评价合作伙伴应注意以下四点。

（1）系统全面地进行综合评价。供应链合作伙伴涉及诸多方面的绩效，因此首先需要在企业经营、技术研发、生产管理、财务控制、人力资源开发、市场开拓等多个方面对合作伙伴进行系统全面的综合评价，形成供应链合作伙伴评价一级指标。

（2）逐层细化进行评价。在供应链合作伙伴评价一级指标的基础上，逐层细化形成子指标来对供应链合作伙伴进行深入细致的评价。可能一级指标评价结果还不错，但其中某些子指标存在不足，因此评价的时候一定要逐层细化，形成二级或三级子指标，甚至进行更深层次的划分，逐步建立较为完善的供应链合作伙伴评价指标体系。

（3）要有足够的数据来真实客观地说明。评价结论来源于生产实践，合作伙伴的日常表现也好，综合竞比也罢，都有很多的数据来支撑，所以对供应链合作伙伴进行评价定要建立在具体客观的数据之上，才能使得评价结果具有实际借鉴意义。

（4）一定要用公正公平的态度来进行评价。对合作伙伴的评价一定是公正公平的，这是一种态度，也是一种工作责任与义务。

在评价过程的最后，有一个决策点，根据评价结果选择合作伙伴，如果选择成功，则可以开始实施供应链合作关系；如果没有合适的合作伙伴可选，则需要修改选择的条件返回步骤 2 重新开始选择。

步骤 5：实施供应链合作关系。在实施供应链合作关系的过程中，市场需求可能不断地发生变化，企业可以根据实际情况及时修改合作伙伴评价标准，或重新开始合作伙伴评价选择。在重新选择合作伙伴的时候，应给予旧合作伙伴以足够的时间适应变化。是否持续实施供应链合作关系还需要对合作关系的绩效进行评估。绩效评估体系的要素主要包括评价对象、评价目标、评价指标、评价标准、评价方法、分析报告。绩效评估内容有内部绩效衡量、外部绩效衡量、综合供应链绩效衡量等。

五、供应链合作关系管理

（一）供应链合作关系管理的重要性

全球制造和经济全球化致使企业间的竞争不断加剧，并逐渐由同行业单个企业间的竞争演变为由一系列上下游合作伙伴企业构成的供应链之间的竞争。因而，对供应链合作伙伴的管理与协调有着重要的意义。

1. 加强核心竞争力，重组业务流程

企业核心竞争力指企业在研发、设计、制造、营销、服务等某一两个环节上处于优势地位且在短时间内不易被竞争对手超越，满足客户需求的独特能力。一个企业不可能在任何方面都具有完全压倒对手的竞争实力，但在传统的运作模式下，企业不可避免地要进入一些自己不擅长的领域。

供应链合作伙伴思想最重要的一点就是企业只做自己最擅长的部分，而把自己的非核心业务外包出去。这些被外包出去的业务必然要由在此业务上有优势的企业（合作伙伴）来承担，由此让企业摆脱了从前不擅长做某一领域，却又不得不为之的尴尬境地。

在分流非核心业务时，每个企业都不可避免地要对自己的业务流程进行重新梳理，企业通过这样的机会，可以从整体上设计最能体现自己竞争优势的企业架构。通过在非核心竞争领域做减法、在核心竞争领域做加法，使企业通过供应链的构建来达到增强自身竞争力的目的。

2．提升合作关系，缩短供应链反应时间

信息的飞速传递和大众消费习惯的改变，使市场的需求比以往有更大的不确定性。企业仅凭自身的实力，很难对这些即时的市场变化做出灵敏的反应。在搭建供应链后，企业通过高效的分工合作与周密的计划大大缩短市场反应时间，就有可能比竞争对手更灵敏地洞察与填补市场需求。一般认为供应链总周期时间由采购周期时间、内向运输周期时间、外向运输周期时间和产品设计/制造周期时间构成。

通过建立供应商与核心企业之间的战略合作关系，供应链中核心企业可以影响供应商，通过技术革新和流程再造加快生产运作速度，以保证交货的可靠性和及时性。这就要求核心企业能够在先进的管理技术上（如 JIT、TQM 等），对合作企业进行指导与帮助。由此在客观上提升了整个供应链上各企业的管理水平，为整个产业的做大做强提供支持。

3．降低交易成本，提高整体效益

供应链的运作运用数字化的平台来传递信息，这降低了信息在传递中延迟和出错的可能性。此外，核心企业为上游企业提供了具体的需求计划，后者面对的需求就由原来的对订单的预测转变为具有战略合作伙伴关系的企业间的需求。有了真实可靠的需求信息，合作企业就能够从容地调配生产，通过原材料采购、减小库存等多个方面来降低成本，增加竞争优势。

对核心企业来讲，可以全面了解合作企业的运作状态、生产计划和库存情况，无论合作企业能否按时按量满足自己的需求，核心企业都能预先得到相关信息，并及早采取相应的对策，把变动幅度限定在最小范围之内。供应链合作伙伴相对一般成员可以降低部分成本，如机会成本、交易成本，从而体现供应链的价值。

（二）供应链合作伙伴关系管理中的制约因素及问题

1．供应链合作伙伴关系管理中的制约因素

尽管供应链合作关系给供应链节点企业带来的利益和价值得到了广泛认可，但要建立供应链合作关系并长期保持这种关系绝非轻而易举的事。影响供应链合作关系的因素有很多，以下是其中较重要的六个方面。

（1）建立信任。信任对于合作企业是至关重要的，良好的供应链合作关系首先必须得到最高管理层的支持，并且企业之间要保持良好的沟通，建立相互信任的关系。信任能使组织间共享有价值的信息，投入时间和精力来理解相互之间的业务，并能取得超出各自企业单独行动所能获得的绩效。

（2）共同愿景和目标。合作伙伴关系的建立需要了解相互的企业结构和文化，并适当地改变企业自身的结构和文化，同时在企业之间建立统一的运作模式或体制，解决业务流程和结构上存在的障碍。除此之外，还要了解对方长远的规划和企业发展目标。企业的愿景和目标越一致就越有利于建立战略合作伙伴关系，对于那些在企业目标上有较大分歧的企业，要建立有效的战略合作伙伴关系是相当困难的。

（3）共同利益和需要。共同利益是合作关系的基础，没有共同利益就不会有合作关系的产生。问题是在共同利益和需要的前提下，怎样把供应链的增值最大化，然后找出公平合理的利益分配机制和解决方案。实现企业间利益的公平分配是合作关系建立和保持的难点。

（4）高层主管的支持。成功的供应链合作伙伴关系必须得到企业高层主管的承诺和支持。合作企业的高层管理人员关系越融洽、越亲密，就越有利于快速建立并保持这种合作伙伴关系。承诺也必须从高层开始，当高层管理人员支持合作关系时，这种关系就比较容易成功。由高层所表现出来的合作和参与程度，就相当于为解决复杂的问题打下了良好的基础。

（5）信息共享和沟通畅通。信息是企业合作的纽带，至关重要。合作伙伴之间需要紧密合作，加强信息共享，进行技术交流和提供设计支持。为了使沟通畅通，应该建立正式和非正式的沟通渠道。当沟通渠道畅通后，合作企业间的冲突就可以得到妥善的解决。

（6）变革管理。变化带来压力，会导致管理工作关注点的转移。因此，企业必须避免由合作伙伴变化带来的偏离核心业务的影响，准备应对由新合作伙伴带来的变化。还有良好的愿望、柔性、解决矛盾冲突的技能、有效的技术方法、资源支持，以及供应链绩效评价等都是很重要的制约因素。当然，上述因素都不是孤立地影响合作关系，而是相互作用，共同产生制约作用。要建立和保持有效的合作关系，就必须综合全面地考虑各个因素以及相互制约关系，找出供应链合作关系中的“瓶颈”，最大限度地提高供应链管理效率。

2．供应链合作伙伴关系中的问题

建立牢固的供应链合作伙伴关系需要双方大量的工作和彼此的承诺，建立真正的合作伙伴关系并不容易，合作伙伴关系也存在问题和风险。这正是供应链合作伙伴关系管理研究的原因所在。

一般来说，供应链合作伙伴关系存在以下五个方面的问题或风险。

（1）供应链过分依赖一个或某几个供应商。例如，当制造商将某一关键技术或者部件外包给某个特定的供应商，而该供应商又无法按期完成任务时，制造商将面临灾难，产品一旦比竞争对手晚上市就意味着可能失去市场份额。

（2）容易丧失核心竞争力。随着大量部件的外包，如果制造商并不明确自己的核心竞争力，而把它们外包出去，就很有可能丧失其核心竞争力。

（3）利益要求及分配困难。供应链合作企业中的利益分配问题会直接影响整个合作的效果。

（4）供应链合作伙伴之间容易“猜疑”。供应链企业之间的信任感决定了供应链的命运。然而，企业与企业之间表面上看起来是结成了供应链合作关系，但实质上很多仍然属于“输—赢”式的交易关系。

（5）合作伙伴信息不对称。供应链合作要求各节点企业将私有信息完全共享出来，只有掌握了系统中各个成员的具体信息，才有可能求得供应链整体的最优解。然而供应链成员作为独立的经济主体，虽然有长期合作伙伴关系，但相互之间也存在竞争。供应链成员出于自身利益的考虑有时会故意隐瞒或谎报数据，造成信息的不对称，从而导致供应链上不同节点企业的利益失衡，影响分配公平、公正原则以及整个供应链的效率。

（三）信息交流与知识共享机制

在目前的市场环境下，信息对于企业来说是非常重要的资源。信息交流和知识共享有助于减少投机行为，有助于促进重要信息在供应链中的自由传播和扩散。要建立供应链战略合作伙伴关系，供应链上的企业就必须树立资源共享的合作观念，而信息这种资源也无疑要列入共享资源之中。

信息共享的第一步就是建立企业之间的信息系统。这里的信息系统不仅包括如POS、EDI、MIS等进行信息传递的通信系统，还指企业之间应该建立保障彼此信息通畅的观念和体制。首先企业必须愿意与合作伙伴进行信息共享。不管是供应链上的核心企业还是上下游的合作企业都要主动地与合作伙伴进行沟通，从经营计划、生产计划、销售计划、供应计划等各方面与合作企业进行广泛的商讨。同时，同一供应链上的企业间必须建立起统一标准的、可以在供应链上各企业之间通用的通信系统，以确保信息快速准确的传递。另外，运用信息管理系统还可以帮助核心企业实现“供应商管理库存”这样先进的管理方式，从而大大提升整条供应链的工作效率和竞争能力。

供应链不仅是物流供应链，也是知识供应链。在供应链企业组成的知识网络中，位于不同节点的企业在业务种类和组织结构上互有不同又相互补充。知识在成员间的流动使企业从具有某种知识或专门技术（与知识应用能力密切相关）的合作伙伴那里学习到组织缺乏的知识，提高了自身的知识水平，增强了知识创新能力。所以对供应链中的所有企业来说，有效的知识共享有助于企业获取知识资源、赢得竞争优势。

（四）信任合作与冲突解决机制

供应链合作伙伴企业面对竞争激烈的市场环境，伙伴关系的破裂、供应链的解体在很大程度上是由于合作伙伴间缺少对彼此的信任及有效的解决冲突的办法。随着企业竞争的加剧，以及基于供应链发展的需要，供应链合作伙伴间信任机制的建立和保障变得尤为重要。只有建立起一个行之有效的信任合作和冲突解决机制，才能促进供应链合作伙伴间关系的建立、维持和深化，才能提高企业核心竞争力，在市场竞争中取胜。

合作过程中的资源投入是保证合作过程顺利的基础，然而投入资源意味着要承担相应的风险。对于供应链合作伙伴而言，如果没有建立起信任关系，越多的资源投入也就意味着越大的风险。一旦合作关系终止，投入的资源必然会有一部分转化为沉没成本。供应链合作伙伴间的信任对供应链的成败起着重要作用。合作伙伴间具有程度较深、稳定的信任关系能促进合作伙伴关系的维持和深化并树立长期的战略目标，能促使企业核心竞争力和供应链整体绩效的提高。

信任建立的基础是存在畅通的沟通，只要合作伙伴间建立起有效的沟通渠道和沟通手段，合作企业间的各种矛盾冲突就有最有效的解决方法。建立有效的信息沟通体系有助于供应链合作伙伴间进行深层次的交流，有助于企业间信任的深化、信任机制的建立。利用先进的信息技术，建立多渠道的信息沟通平台，提高合作伙伴间信息的透明度，有助于信任的深化，亦有助于合作伙伴依靠信息平台进行信息的归纳分析，对可能出现的风险进行规避。合作伙伴企业的领导者之间建立起良好关系，亦有助于帮助领导者收集信息，从而减少供应链信任的风险性和脆弱性问题，有助于消除彼此的差异和矛盾，使不同的企业文化能相互融合。

（五）健全有效的激励机制

为了提高供应链的协调性，供应链的各成员企业应建立有效的激励机制。

1．正激励

正激励就是对个体的符合组织目标的期望行为进行奖励，以使这种行为更多地出现，提高个体的积极性，主要表现为对员工的奖励和表扬等。供应链企业间的正激励，是指对于供应链中高度合作的企业的奖励措施。正激励的实施，有利于合作机制的正常运行，意味着企业能通过良好合作来促进供应链整体目标的实现。在这种情况下，企业间可以加强合作的力度，提高信息的共享程度，扩大信息披露范围，进一步减少合作成本，使合作关系更加稳固。

2．负激励

所谓负激励，是指当组织成员的行为不符合组织目标或社会需要时，组织将给予惩罚或批评，使之减弱和消退，从而抑制这种行为。供应链企业间的负激励，是指对供应链企业不合作行为的惩罚或者是对违法行为的惩罚。企业在进行合作的过程中，会存在很多损害供应链整体利益或其他企业利益的行为。例如，合作程度不够，信息传递错误，合同的违约，存在交易欺诈，等等。供应链的其他企业可以采取法律手段，对这些行为进行制裁，或者采取非法律手段，将之排除在供应链的继续合作之外，以保证供应链的合作机制能够继续运行。

正激励和负激励作为两种相辅相成的激励类型，从不同的侧面对人或者组织的行为规范起到强化作用。正激励是主动性的激励，负激励是被动性的激励。负激励对人或者组织的错误动机和行为进行压抑与制止。正激励与负激励都是必要而且有效的，因为这两种方式的激励效果不仅会直接作用于个人或组织，而且会间接地影响周围的群体。通过树立正面的榜样和反面的典型，扶正祛邪，形成一种良好的风范，就会逐步形成正面的行为规范，能够使整个供应链的行为导向更积极、更富有生气，从而逐步使供应链合作关系管理走向规范化。

（六）风险管理与利益分配机制

复杂的市场竞争环境使得供应链中不确定因素不断增多，潜在的风险对供应链的正常稳定运营构成威胁，为了避免风险、减小风险对供应链构成的威胁与损失，应对运营中可能出现的风险进行管理，最大限度地减小风险造成的损失。

供应链风险因素主要有三个方面：一是环境风险因素，二是内部风险因素，三是整体运行风险因素。供应链风险有客观性、系统性、动态性、复杂性、关联性、层次化和多元化等主要特征。风险管理的过程主要包括：风险识别、风险评估、风险决策、风险控制、风险处理。建立供应链的风险控制体系，使供应链在运营过程中能有效控制整个供应链上风险的发生，对风险进行动态监测，从而使得供应链的运营或活动过程能趋利避险。

供应链中的核心企业对于整个供应链的建立、运营起着决定性的作用。但是供应链中风险的主体却不仅仅是供应链的核心企业，这就给供应链中风险控制机制的建立带来了困难。由于参加供应链的各个合作伙伴企业在供应链中所占的份额、责任和风险的大小不同，要更好地提高整个供应链的效益，激励各个合作伙伴在供应链中作用的充分发挥，供应链风险管理就应做到以下几点：应该明确供应链中的风险主体，采取风险共担的机制。从根本上重构供应链的结构模式，改善低效的供应链关系管理，加深信息共享的程度，加快信息流通的速度。建立良好的信用机制，降低需求变动性。提高供应链合作伙伴的选择标准等方面来防范风险。按照预防在先、补救在后、控制为主、对抗为辅的原则，力求在风险管理中取得主动，避免出现经营风险的连锁反应。一旦风险发生了，风险管理者必须第一时间做出风险决策，以最大限度地降低风险带来的损失。

供应链的成功运营必须以公平合理的利益分配为基础。利益分配问题是供应链管理中的一个敏感而关键的问题。利益合理分配是维持和巩固供应链企业合作关系的根本保证，是激励供应链成员企业相互协作的动力，能提高供应链的整体效率和绩效。由于供应链管理及其运营过程的特殊性，供应链利益分配的方式与一般企业内部以及社会集团中利益分配的方式有所不同。供应链企业的合作关系的发展和维护有赖于公平、合理、科学的利益分配机制。

供应链成员企业，无论规模大小、实力强弱，在合作中的地位和对利益追求的权利是平等的。制订供应链利益分配方案是以适当、合理的利益分配方法和理论为基础的，体现公平合理的原则，又不失高效和灵活性。供应链是一种协同合作、风险分担、利益共享的网络组织，供应链运营过程伴随着许多不确定性因素和潜在的风险。供应链的建立是以风险分担、利益共享为基础的，因此在制订供应链利益分配方案时，要考虑成员企业所承担的风险大小。一般来讲，成员企业所承担的风险越大，其所得的收益应当越多。供应链利益分配方案由众多成员群体决策决定，应及时披露利益分配的方案、计算方法等方面的信息，做到信息透明，减少因信息沟通不畅而造成的误会和矛盾。另外，对利益分配应该有广义的认识，利益分配不仅是指合作产品及其利润的分配，而且还应该包括联盟所产生的专利权、技术诀窍、商标、商誉等，对这些无形资产也应该进行科学的评估，为利益分配提供决策依据。把各合作企业对供应链的贡献与其利益分配直接挂钩，并充分考虑企业在供应链中的努力程度，从而真实、公平地将利益在供应链各合作企业间进行合理分配，有利于奖优罚劣，调动合作企业的积极性和主动性，加速供应链整体目标的实现。

第三节 供应链业务流程重组

一、业务流程重组概述

（一）业务流程重组的产生与发展

业务流程重组（BPR）产生和发展的动力，不仅来源于管理理论自身发展的需要，全球化竞争压力和信息技术发展也都推动着这一领域的发展变化。

1. 管理理论自身发展的需要

工业革命将人类社会从农业经济时代带入工业经济时代，随着技术的发展和市场边界的扩大，“现代企业组织形式”逐步成长成熟起来。现代企业组织形式及相应的管理理论的根本特点可以概括为两点：强调将可重复的产品生产经营活动分解成一系列标准化和序列化的任务，并分配给特定的执行者，以降低单位产品的劳动成本和设备成本并提高生产效率；强调由特定的管理层来监督和确保执行者有效地完成任务，进而形成各种职能部门和自上而下递阶控制的金字塔状的科层组织结构。毫无疑问，在企业以大量制造标准化产品为目标的前提下，体现专业分工精神的企业组织形式所采用的分解和再分解，将整体分解为部件，部件再分解为元件，并通过每一步骤规范化、简单化和各个元件的最优化生产，来实现产品整体的最优化生产和生产成本大幅度下降的做法是非常有效率的。但是，在企业使命随着社会进步发生变化之后，再从满足顾客需要的角度认真考虑这种企业组织形式的效率和效果时会发现，它无法满足顾客需要的这一弊端便会暴露无遗。

20 世纪 70 年代以来，用世界上最先进的计算机系统、管理理论和技术武装起来的美国企业，渐渐发现自身机构臃肿、管理层次重叠、冗员过多和办事效率低下等问题。过细的专业分工导致人们将工作重心放在个别作业的效率上，而忽视整个组织的使命。同时，职能部门间的利益分歧往往使个体的短期利益凌驾于组织发展目标之上，产生“只见树木不见森林”的思维僵化的本位主义和管理的“真空地带”，从而弱化整个组织的功效。科层组织理论的控制方式和等级结构，决定了它受有效管理幅度原则的限制，即当组织规模扩大到一定程度时，就必须通过增加管理层次来保证有效领导。科层制中组织层次过多首先会引起沟通成本的剧增，并且随着企业规模的扩大，延长了信息沟通的渠道，从而增加了信息传递的时间，可能会导致延误时机和决策过程失误。指挥路线过长、上下级关系不确定，都会造成管理上的真空地带，导致遇到问题无人负责。其次，在科层制管理体制下，各个单位、部门往往会精心构思自己的行为，使自己的目标凌驾于整个组织的目标之上。这种分散主义和利益分歧，或许能够实现局部利益的提高，但弱化了整个组织的功效。再次，科层式企业组织形式作为劳动分工专业化和层级组织理论的结合体决定它是本着物质流动的需要而建立起来的组织形式。相应地，科层式企业组织中的职能部门成为实现物质流动的重要载体。当物流日趋复杂化而需要用信息流来取代某些物流的作用，并渐渐支配和主导了物流的运动时，企业就迫切需要打破原有组织形式中人为设定的市场、设计、生产、销售、财务、人事等职能性工作之间的分工界限的围墙，逐步建立一个面向顾客，集财务、销售、市场于一体的有机的企业组织形式。

显然，在原有的科层组织形式框架之内进行修修补补，是难以达到彻底改变上述弊端的目标的。那么，管理变革的方向到底在哪里呢？业务流程重组正是要针对企业内部各部门不合理地分割与肢解一项产品或服务所造成的效率下降和权责不明问题，尝试用“以流程为导向的企业组织”来取代“以职能为导向的企业组织”的思路，从而改变这种经营不良的状态。

业务流程重组将为企业重新构造价值链、供应链和核心业务流程，从本质上增强企业的核心竞争力。可见，业务流程重组是企业获得突破性成长的有效途径。美国乔治·华盛顿大学管理学教授、世界未来学会理事威廉·哈拉勒在《无限的资源》中指出：世界各国的企业正在经历以知识为基础的“革命”。这种革命将创造出生产力更高、赢利能力更强的新型企业。企业所处的时代背景和竞争环境发生了根本性变化，企业为了生存和发展，必须要进行一场新的管理革命。

2. 全球化竞争压力的推动

20 世纪 50 年代和 60 年代之前，欧美企业大多以生产成本和产品价格的竞争为焦点，各种有助于实现产品标准化、自动化和规模化大生产的管理手段与技术层出不穷。20 世纪 60 年代以来，消费者需求开始呈现个性化和多样化的变化趋势，促使企业必须深度关注消费者的需求和潜在的需求，并建立起一个完善的以顾客为中心的服务体系。80 年代后期，全球性资源自由流动和新技术革命，使得任何一个国家的顾客不仅可以从本国产品还能从国外产品中获得满足，这大大加剧了竞争环境的动荡程度。如今，世界上每一个具有潜力的区域市场，只要存在足够的利润空间，随时都会有大量的各种"肤色"的企业涌入，并迅速分割市场。

日趋明了的世界市场自由贸易与经济全球化的发展趋势，加速了企业外部经营环境中各种不确定因素的暴涨，并对企业提出了快速响应和弹性运营的变革要求——这就是人们通常所说的关系到企业生存与发展的 3C 因素顾客（Customer），竞争（Competition），变化(Change)。由于这三股力量对企业的影响深远，现代企业实际上已经很难再按照亚当•斯密制定的商业规则从事商业活动了。企业为了寻求持续的增长，势必会借助于新的商业规则。于是，业务流程重组应运而生，并成为世界范围内的浪潮。

3．信息技术发展的直接动力

回顾人类历史，从劳动中产生并发展起来的技术革命，始终是推动社会进步的重要力量。但在新的经济环境中，信息日渐取代以往物资形式的各种资源，在现代社会的大生产流通与消费循环中占据支配性的强势地位，并拥有了前所未有的通向财富和价值的顺畅通道。特别是在新技术所创造的新形式的激烈竞争中，信息技术不仅是提高企业竞争力的工具与手段，更是驱动企业改进业务流程的重要能动因素。信息技术大幅提高了企业的竞争能力和竞争的起点。信息技术对企业管理创新起到了如下作用：是企业参与市场竞争和提高竞争力的工具，影响着企业组织机构和运营机制，是促进企业面向未来进行创新的催化剂，也是构筑供应链管理体系的沟通渠道和纽带。

从信息技术进步的角度看，信息技术的发展与应用为 BPR 理论的出现提供了强有力的支持。信息技术对 BPR 的产生与推广的意义可概括为以下几方面：柔性造系统、精细生产、准时制造和全面质量管理等多种基于信息技术的先进的制造技术和现代化管理方式日臻完善，为 BPR 打造了实施基础；应用信息技术武装的员工整体素质明显提高，是保障 BPR 成功实施的前提条件；很多企业运用信息技术却无法使其充分释放潜能或信息技术应用失败，也是使企业重视 BPR 的重要原因；信息技术能够有效地帮助企业实施 BPR。

如果说，一个新概念或一种新理论的出现往往标志着时代的变迁，那么，网络经济、知识经济、体验经济、注意力经济和数字经济等新理论的出现，知识管理、信息管理、模糊经营等新理论的问世，知识企业、学习型组织、虚拟公司等新型企业形态的亮相，商业生态系统、数字神经系统、消费者学习等新经营理念的流行，知识工作者、知识总监、虚拟银行家等新企业角色的登台……无不标志着一个崭新的经营管理时代已经悄然来临。

（二）业务流程重组的定义与本质

1．业务流程重组的定义

业务流程重组作为管理思想，诞生于 20 世纪 90 年代，仅仅发展了 20 多年。由于其站在新的角度去审视企业，并且大量采用了充满挑战和机遇的 IT，使业务流程重组成为企业管理界的热门话题。

1990年，美国的Michael Hammer博士首先提出了“业务流程重组”（Business Process Reengineering，BPR），并将它引入西方企业管理领域。他认为：“企业再造就是从根本上考虑和彻底地设计企业的流程，使其在成本、质量、服务和速度等关键指标上取得显著的提高。”作为一种基于信息技术的、为更好地满足顾客需要服务的、系统化的、企业组织的工作流程的改进哲学及相关活动，业务流程重组突破了传统的劳动分工理论的思想体系，强调以“流程导向”替代原有的“职能导向”的企业组织形式，为企业经营管理提出了一个全新的思路。

2．BPR的核心是面向顾客满意度的业务流程

作业流程是指这样一系列活动：进行一项或多项投入，以创造出顾客所认同的有价值的产出。在传统劳动分工的影响下，作业流程被分割成各种简单的任务，经理们将精力集中于个别任务效率的提高上，而忽略了最终目标，即满足顾客的需求。要实施BPR，就需要有全局的思想，从整体上确认企业的作业流程，追求全局最优，而不是个别最优。

3．BPR面向顾客和信息技术的实质

除前面已经论述的面向企业流程之外，实施BPR，还必须面向顾客，并合理运用信息技术。BPR诞生在美国，而不是日本，是有其必然性的。长期以来，美国企业以技术为主要推动因素，忽视了顾客的核心地位，故难以适应瞬息万变的市场环境。回顾历史，第二次世界大战后的美国在世界经济格局中的作用举足轻重，长期缺乏竞争对手，使之将精力大量投入学院式的基础研究，走上了一条技术推动型道路。日本则相反，科研为生产服务，因此到了20世纪80年代，日本的竞争力已经大大加强，并在机械、钢铁、汽车、化工等美国传统优势行业显示出明显的比较优势。90年代，美国企业纷纷转变思想，一切以市场、顾客为核心，正逐步夺回优势。

在BPR的原则中，可以看出BPR与IT的紧密关系，但是两者绝非是等同的。它们的关系可以归纳为：BPR是一种思想，而IT是一种技术；BPR可以独立于IT而存在；这种独立是相对的，在BPR由思想到现实的转变中，IT起了一种良好的催化剂的作用。

实施BPR不是单纯的技术问题，更是一种思维方式的转变。多数企业却将IT镶嵌于现有的经营过程中，他们想的是“如何运用IT来改善现有流程”，却没有从根本上考虑“我们要不要沿用现有的流程”，但需要注意的是后者才是BPR的观点。BPR不是单纯地实行自动化，也不是单纯地用技术来解决问题，而是一种管理创新。

BPR的基本内涵正是以作业为中心，摆脱传统组织分工理论的束缚，提倡顾客导向组织变通、员工授权及正确地运用信息技术，达到适应快速变动的环境的目的。其核心是“过程”观点和“再造”观点。“过程”观点，即集成从订单到交货或提供服务的一连串作业活动，使其建立在“超职能”基础上，跨越不同职能部门的分界线，以实现管理作业过程重建；“再造”观点，即打破旧有的管理规范，再造新的管理程序，以回归原点从头开始，从而取得管理理论和管理方式的重大突破。

（三）业务流程重组的建模方法

企业流程重组的建模是认识、理解、分析、评价企业流程的基础，是使用非语言的可视化方法描述企业流程结构和信息的方法，也是进行 BPR 的关键环节。目前支持流程建模的工具和方法得到广泛应用的主要有 Petri 网方法、IDEF3 过程建模方法、RAD（Role Activity Diagram）方法和工作流方法等。

二、供应链组织结构

物流管理是企业管理活动中业已存在的主要工作之一，尽管过去还没有明确提出供应链的概念。这里通过对企业物流管理组织结构的阐述来揭示供应链的组织结构。

早期的物流管理仅关注企业内部的物流组织，很少涉及企业外部物流的问题。直到 20 世纪 90 年代初期，物流管理扩展为供应链管理，因而其组织结构也经历了不同的发展阶段。唐纳德·鲍尔索克斯等人将企业组织结构变化与物流管理、供应链管理等联系起来，对美国企业物流管理组织的变化总结出了五种典型模式：传统物流管理组织模式、简单功能集合的物流组织模式、物流功能独立的组织模式、一体化物流组织形式、从功能一体化向过程重组转移的模式。以上这些模式虽然是美国企业在物流管理方面的组织形式演变历史，但其发展历程可以给管理理论与实践领域启发，使我国企业在考虑组织结构和业务流程重组时，有一个比较和参考的对象。

一般而言，BPR 就是抛开现状，在打破原来职能分工的基础上，按业务流程重新构建管理模式。它不是对原来的不足之处加以修补，而是从“零”开始重新设计。因此，原有的结构与职能分工在 BPR 的过程中已没有意义。为此，企业在着手实施变革之前首先要以企业的流程为中心，重组管理部门，然后以现代计算机技术作为 BPR 的技术手段和物质基础。这样，就可以使先进的信息技术与先进的管理流程相匹配，最大限度地发挥企业的竞争潜力。要使企业组织变革能达到这样的效果，就要在 BPR 指导下实施如下的企业业务流程重新设计的战略。

（一）从整体上把握工作流程的重新设计

过去企业在进行组织变革的过程中，往往把注意力放在提高某个瓶颈环节的效率上，很少从整体上考虑整个流程是否合理。但 BPR 不同，一切从“零”开始，它从企业整体来考虑流程的再设计。因此，以 BPR 为指导的企业组织变革设计策略强调，首先要在人们头脑中树立起对整体流程重新设计的概念。供应链管理理念的核心是将资源配置从一个企业扩展到多个企业。因此，在这种环境下的工作流程设计不仅要考虑企业内部的部门重组，而且要把流程的工作特征考虑进去。

（二）确定首要的企业流程重构的项目

企业中有各种各样的作业流程，结构十分复杂。全面铺开势必会分散力量，难以取得成功。因此首先应选择一些关键性的作业流程作为实施 BPR 的项目，然后以关键流程带动一般流程的重构。福特汽车公司北美财会部就是一个例子，它抓住付款流程的重构，带动采购和接收部门的工作流程的变化。实施供应链管理后，某企业与其合作企业的信息沟通与共享方式发生了变化，因此，原来需要多个人、多个部门处理的业务，现在只由一个人就能胜任。在部门的选择上，可以考虑以销售部门（接受订单）或供应采购部门（发出要货订单）为核心展开 BPR。

（三）分析和评价现行作业流程

分析现行作业流程是为了找出存在的问题，以免在将来的流程中重新出现；评价现行作业流程是为了对将来的改进找到一个“比较”的基准。例如，如果目标是缩短生产周期和降低成本，那么就要测出现行作业流程中生产周期和成本的准确值，作为将来评价供应链管理模式实施后在这两个目标上取得绩效的基准。

（四）选择合适的信息技术手段

现行的作业流程都是在传统管理模式下设计出来的，因而企业在工作流程上与供应链管理及其信息支持体系没有多大的关系。现在，在引入信息技术后，首先要明确定义企业职能部门和作业流程的实体，明确企业在供应链管理模式下运作的要求，然后选择计算机系统和管理软件的开发环境。BPR 强调在作业流程设计的初始阶段就考虑信息技术的作用，根据信息技术的能力确定新的作业流程。因此信息技术不仅是供应链管理的支持系统，而且还影响着新流程的构成。电子商务是 21 世纪企业经营的一个理想信息平台，因此在对供应链管理企业流程进行重新设计时也要考虑这问题。

（五）设计和建立作业流程的原型系统

在对作业流程进行分析的基础上，企业用现代计算机辅助软件工具建立原型系统。这里所说的原型系统既包括软件系统，也包括组织系统。软件原型系统是指为支持新作业流程而开发的软件，组织原型系统是指为了使新作业流程正常运作而重新组织起来的人员和岗位。经过一段时间的运作，相关人员会发现新流程中存在的问题，也会获得对新流程应有的认识和技术。企业便可以此为基础，建立更好、更完善的作业流程，为实施供应链管理模式打下基础。

（六）取得合作伙伴的支持和配合

供应链管理下的企业业务流程重构不同于单个企业内部的流程重组。供应链企业除了要对其内部流程改造外，还必须改造与合作伙伴共同进行的业务，如与供应商企业的业务联系、与分销商企业的业务联系等。因此，在理想情况下，供应链管理业务流程重组应该从整个系统出发，所有节点企业同步进行重构。退一步说，由于各个企业的情况千差万别，允许有先后顺序，但是应该着重做好与接口关系企业的协调工作，优先取得它们的配合，否则供应链的整体协调性就难以保证。

三、供应链业务流程重组

借助于业务流程重组技术，可以进一步优化供应链管理体系，追求高效益和低成本，使企业能够在激烈的市场竞争中获得核心竞争力。

在供应链管理模型中主要包含活动、资源和产品三个基本要素，业务流程重组就是优化活动流程，整合供应链网络中的资源，实现高效益、低成本的产品生产。在供应链体系中，应该打破企业之间的界限，建立包含企业内和企业外活动的优化组合，将企业内的价值链转换成增值能力更强的企业间的价值链。供应链描述了一种联盟结构，采购企业联盟—生产企业联盟—销售企业联盟，这是一种增值能力更强的价值链。

供应链管理的实践，已经扩展成为一种所有节点企业之间的长期合作关系，超越了供应链初期以短期的、基于某些业务活动的经济关系，使供应链从一种作业性的管理工具上升为管理性的方法体系。供应链管理是一种集成化管理模式，它追求的最终目标是整体结构优化下最大限度地满足客户需要。供应链管理模式要求企业转变经营管理方法，并要求企业进行业务流程重组。

供应链管理体系中的价值链，将企业内各个部门的业务流程社会化为供应链的业务流程，使得供应链像单一企业的价值链一样运转。通过对供应链业务流程的有效管理，获得供应链的竞争优势。

面向供应链管理的业务流程重组项目同其他项目一样，都具有时间、成本和绩效三个目标。三个目标综合成了供应链业务流程重组的目标，同时也构成了业务流程重组的三个方向。但是，所有的方向都围绕着满足客户需求、实现客户期望这两个中心。

（一）基于时间的业务流程重组

从规模经济向速度经济的转移，给企业带来了越来越大的竞争压力。最终消费者对于产品的需求越来越苛刻，不仅要求产品有好的质量、低廉的价格、良好的顾客服务，还要求供应链能迅速地将产品送到顾客手中。如果企业不能及时地将满足顾客需求的产品送达顾客，非忠诚顾客就会转向其他竞争者并购买替代产品。

时间是衡量企业运营效率的重要指标，也是速度经济发展过程中着重追求的一种现代观念。因此，企业在实施业务流程重组过程中，最开始需要审查供应链上各种流程分配时间的方式，分析各个环节价值增值的时间因素，从而设定企业重组的目标，不要将宝贵的时间花费在没有价值增值能力的环节上。因此，需要调整当前时间分配的方式，确定应达到的状况。

基于时间的业务流程分析就是将企业增值能力低、耗时的活动，从整个业务流程中识别出来，在增值能力和时间消耗方面寻求平衡，并进一步消除或简化这些流程。基于时间的业务流程分析可以描述成活动的增值率分析，根据增值率确定各项活动时间分配的优先级，集中时间消耗在具有较高增值率的活动上。

供应链时间压缩策略，能够降低牛鞭效应的影响，获得更短的提前期，更好的订货控制，更低的库存水平，更加适应现代社会消费者对产品多样性的需求。在供应链采购提前期的构成要素中，信息流的时间压缩和物流的时间压缩配合使用，可以更好地实现供应链时间压缩策略。

（二）基于成本的业务流程重组

降低成本也是供应链管理的重要目标，是提高供应链竞争优势的重要途径。根据乔恩·休斯、马克·拉尔夫和比尔·米切尔斯等人 1999 年的研究成果，对基于成本的供应链管理业务流程重组进行分析。有效降低成本是企业生产经营的目标，也是企业构筑供应链和优化供应链业务流程的目标。但是，在重组供应链业务流程的过程中，不能一味地追求成本的降低，应避免在降低成本时，损失企业的经济效益增长点和赢利基础。因此，要有计划地协调成本和核心竞争力之间的关系，平衡成本管理和市场联盟之间的关系。

（三）基于绩效的业务流程重组

以绩效为目标的业务流程重组，就是依据分析、比较重组前后获得的绩效变化来决定进一步的行为方式。在绩效分析比较过程中，应重点考虑标杆的作用和影响，可以从横向和纵向两个不同的角度来分析。绩效分析是建立在绩效评估基础上的，绩效评估的好坏直接影响着绩效分析的能力。以绩效为轴心的业务流程重组策略，需要对重组流程的绩效进行评估，并比较绩效评估的准确性。通过绩效分析，可以进一步判断对流程重组的结果是否满意，从而做出确定流程的决策。

以时间、成本和绩效为基础的供应链管理业务流程重组，更多地表现为三项标准的综合，共同创造供应链管理业务流程重组的综合效益。在时间约束和成本约束的条件下，供应链管理业务流程重组将会带来社会资源的最大化应用，从而提高整个供应链体系的绩效。

第四节　供应链风险管理

一、供应链风险概述

随着供应链管理技术的普及和推广，供应链层次结构越来越复杂，所跨地域范围也越来越广。特别是现代供应链管理技术更多地强调精益制造、即时制造或零库存，这些供应链 "减肥"技术在带来巨大成功的同时，也使得企业抵御不确定性事件的能力受到极大的挑战，企业的应急能力相对而言变得越来越脆弱。供应链系统处在一个复杂多变的环境当中，各个参与主体跨地域、多环节的特征，使得供应链系统容易受到来自系统外部环境和系统内部合作伙伴的干扰，存在供应链风险，可能使系统偏离预定的设计目标。当风险降临时，许多企业的正常业务被迫中断，有的甚至破产倒闭。但是，也有一些企业在遭到同样的风险后，能够从风险的影响中迅速恢复或者受到较少的影响，维持较高的客户服务。通过对这些企业成功经验与失败教训的总结可以发现，制定正确的供应链应急策略能为企业提供强有力的战略保障。

（一）风险与风险管理概述

供应链管理技术已经在全球范围内为成千上万的企业带来了巨大的经济效益。运用供周期与对客户的交货时间，提高客户的满意水平。供应链管理技术可以减少整个供应链的库存量，使供应链的总成本降低，缩短新产品的研发周期与对客户的交货时间，提高客户的满意水平。但是风险的存在也使风险管理成为供应链运行的重要保障。

1. 风险与风险管理的含义

风险是指在一定条件下和一定时期内，由于各种结果发生的不确定而导致行为主体受损以及这种受损发生的概率，即风险以损失的大小与损失发生的概率两个指标进行衡量。

风险管理是指在一个肯定有风险的环境里把风险减至最低的管理过程。风险管理中包括了对风险的量度、评估和应变策略。理想的风险管理，是一个排好优先次序的过程，将可以导致最大损失及最可能发生的事情优先处理，把相对风险较低的事情押后处理。现实情况中，优化的过程往往很难决定，因为风险及其发生的可能性通常并不一致，所以要权衡两者的比重，以便做出最合适的决定。风险管理亦要面对有效资源运用的难题，这牵涉机会成本的因素。把资源用于风险管理，可能使能运用于有回报活动的资源降低，而理想的风险管理致力于用最少的资源尽可能地化解最大的危机。风险管理是在降低风险的收益与成本之间进行权衡并决定采取何种措施的过程。确定减少的成本收益权衡方案（trade-off）和决定采取的行动计划（包括决定不采取任何行动）的过程称为风险管理。

首先，要进行风险管理就必须识别风险。风险识别是确定何种风险可能会对企业产生影响，最重要的是量化不确定性的程度和每个风险可能造成的损失程度。

其次，风险管理要着眼于风险控制。公司通常采用积极的措施来控制风险，通过降低其损失发生的概率来缩小损失程度最终达到控制目的。控制风险最有效的方法就是制订切实可行的应急方案，编制多个备选的方案，对企业可能面临的风险做好充分的准备。当风险发生后，按照预先的方案实施，可将损失控制在最低限度。

最后，风险管理要学会规避风险。企业要在既定目标不变的情况下，改变方案的实施路径，从根本上消除特定的风险因素。例如，设立现代激励机制、培训方案，做好人才备份工作等，可以降低知识型员工流失的风险。

2．风险管理的历史

风险管理是一门新兴的管理学科。

（1）风险管理思想萌芽。风险管理思想从20世纪30年代开始萌芽。它最早起源于美国，由于受到1929—1933年经济危机的影响，美国有40%左右的银行和企业破产，经济倒退了将近20年。美国企业为应对经营危机，许多大中型企业都在内部设立了保险管理部门，负责安排企业的各种保险项目。可见，当时的风险管理主要依赖于保险手段。

（2）风险管理思想形成。1938年以后，美国企业在风险管理工作中开始采用科学的方法，并逐步积累了丰富的经验。50年代风险管理发展成为一门学科，风险管理思想从理论到实践逐步形成。70年代以后逐渐掀起了全球性的风险管理运动，随着企业面临的风险多样化和风险费用的增加，法国从美国引进了风险管理并在其国内广泛传播。与此同时，日本也开始了对风险管理的研究。

（3）风险管理思想发展。近30年来，美国、英国、法国、德国、日本等国家先后建立起全国性和地区性的风险管理协会。1983年，在美国召开的风险与保险管理协会年会上，世界各国专家学者聚在纽约，共同讨论并通过了《101条风险管理准则》，标志着风险管理的发展进入了一个新的发展阶段。1986年，由欧洲11个国家共同成立的"欧洲风险研究会"将风险研究扩大到国际交流范围。1986年10月，标志着风险管理国际学术讨论会在新加坡召开，标志着风险管理已经出环大西洋地区向亚洲太平洋地区发展。

（4）风险管理在中国的发展。中国对风险管理的研究开始于80年代。一些学者将风险管理和安全系统工程理论引入中国，并在少数企业做试点运用，感觉比较满意。中国大部分企业缺乏对风险管理的认识，也没有建立专门的风险管理机构。作为一门学科，风险管理学在中国仍处于起步阶段。进入90年代，随着资产证券化在国际市场中的兴起，风险证券化也被引入到风险管理的研究领域中。其中最成功的例子是由瑞士再保险公司发行的巨灾债券和由美国芝加哥期货交易所发行的PCS期权。

（二）供应链风险的含义及特点

1．供应链风险的含义

供应链风险作为风险的一种类型，是风险管理在供应链领域应用的一个特例。

国外学者 Mitchell 认为，供应链风险是由各成员企业中的员工的教育层次、国别等因素的不同及供应市场的特征（如市场结构的稳定性、市场利率的变化等）影响供应上的不足而带来的风险。Zsidisin et al 将供应风险定义为“供应不及时导致的货物和服务质量的降低”。Philip Keeffe 按照风险的一般方法，将供应链风险分为可控制的和不可控制的风险，不可控制的风险如恐怖主义行为、严重的劳工停工、自然灾害等，可控制的风险如供应商资格、来源方的产品和服务等。

瑞典学者 Svensson（2000）就从供应链的脆弱性角度将供应链风险表述为：存在着随机干扰导致零部件和原材料供应链与正常的、期望的或计划的时间安排或活动之间产生偏差。所有这些偏差对供应链上的制造商和分销商都有负面影响。

根据德勤咨询公司（2004）发布的一项供应链研究报告，供应链风险是指对一个或多个供应链成员产生不利影响或破坏供应链运行，使它们达不到预期目标甚至导致供应链失败的不确定性因素或意外事件。

国内对供应链风险的研究始于 20 世纪末 21 世纪初。有学者从合作的角度出发，将供应链的风险分为关系风险和绩效风险。他们认为关系风险主要指供应链企业间缺乏必要的沟通造成相互缺乏信任而产生的风险；绩效风险则指与合作情况无关的所有能够导致供应链整体失败或损失增加的危险。还有学者将供应链风险分为内生风险和外生风险两大类，他们认为内生风险产生于道德风险、信息扭曲和个体理性，而外生风险主要来源于政治、经济、法律和技术等方面。也有学者认为供应链风险是种潜在的威胁，“它会利用供应链系统的脆弱性，对供应链系统造成破坏，给上下游企业以及整个供应链带来损害和损失”。

由于供应链的各环节是环环相扣、彼此依赖、相互影响的，因而任何一个环节出现问题，都可能波及其他环节，影响整个供应链的正常运作。因此，供应链风险的含义可以表述为：在供应链成员企业运营中，供应链内外各种不确定因素造成的供应链企业的损失及其可能性表示的一种特定领域事件。

2．供应链风险的特点

1）供应链风险具有互动博弈与合作性。供应链内部风险主要来自组成供应链系统各环节之间的关系，它由各环节之间潜在的互动博弈与合作造成。供应链中各成员企业作为独立的市场主体有各自不同的利益取向，相互之间因为信息不完全、不对称，又缺乏有效的监督机制，因此为了争夺系统资源、追求自身利益最大化而展开激烈博弈。同时，在部分信息公开、资源共享的基础上，又存在一定程度的合作。

2）供应链风险产生的客观性与必然性。自然界中的地震、洪涝灾害等与社会环境中出现的战争、冲突等，都是一种不以人的主观意志为转移的客观存在，它们决定了供应链风险的产生具有客观性。供应链是作为一个整体来应对市场竞争的，但供应链节点企业彼此之间依旧是市场中的独立经济实体，彼此之间依旧存在潜在利益冲突和信息不对称。在这种不稳定的系统内，各节点企业是通过不完全契约方式来实现企业之间的协调的，因而供应链风险的存在有其必然性。

3）供应链风险发生的偶然性和不确定性。尽管供应链风险的产生具有客观性与必然性，但我们并不能确切地知道风险在何时、何地，以何种形式出现，其危害程度、范围如何。这是因为风险是作为一种具有发生和不发生两种可能的随机现象而存在的。在一定条件下，存在和发生的可能性具有较规则的变化趋势，这就为人们预测风险提供了可能。

4）供应链风险发生的多样性与复杂性。供应链不仅要面对普通单个企业所要面对的系统风险与非系统风险，还要面对由供应链的特有结构决定的企业之间的合作风险、技术与信息资源传递风险、合作利润在不同企业中分配的风险等。这些风险产生的原因也是很复杂的，有时很难对其进行分析与预防。

5）供应链风险发生过程的传递性与放大性。对供应链风险的传递和控制是供应链风险管理的关键之一。由于供应链从产品开发、生产到流通的过程有多个节点企业共同参与，因此风险因素可能通过供应链流程在各个企业间传递和积累，不只是影响到当事企业，而是利用供应链系统的脆弱性，对供应链系统造成破坏，给上下游企业带来损害和损失，影响整个供应链的正常运作。

（1）供应链风险具有传递性。由于供应链从产品开发、生产到流通过程是由多个节点企业共同参与的，风险因素可以通过供应链流程在各个企业间传递和累积，并显著影响整个供应链的风险水平。因此，对供应链风险的传递和控制是供应链风险管理的关键之一。根据供应链的时间顺序和运作流程，各节点的工作形成了串行或并行的混合网络结构。其中，某一项工作既可能由一个企业完成也可能由多个企业共同完成。供应链整体的效率、成本质量指标取决于节点指标。由于各节点均存在风险，因而供应链整体风险由各节点风险传递而成。通过风险传递算法可以对供应链风险瓶颈单元加以识别，并在此基础上进行风险调整优化，进行风险控制，如可对瓶颈节点的资源分配予以调整。

（2）供应链风险具有放大性。在供应链中各节点企业之间信息相对封闭，造成节点企业对需求信息的曲解会沿着下游向上游逐级放大的现象出现，即所谓牛鞭效应。在实践中，供应链生产源头和终点需求之间总会存在时间上的延迟，这种延迟可能导致反馈曲解。由于供应链上的企业多依据比邻企业的需求进行决策，而并不探求其他成员信息，导致这种曲解从一点微小差异在传递到最终源头时出现不可思议的放大现象。供应链越长，中间非价值生产过程越多，牛鞭效应就越严重，供应链效率也会越低下。

（三）供应链风险产生的原因及分类

供应链风险的产生是由各种不确定性因素造成的。由于供应链网络上的企业之间是相互依赖的，任何一个企业出现问题都有可能波及和影响其他企业，影响整个供应链的正常运作，甚至可能导致供应链的破裂和失败。

1. 供应链风险产生的原因

（1）独家供应商问题。很多供应链链条上的某些节点只有一家独立的供应商，如果在此节点出现问题，将使整个供应链陷入非常被动的局面。对于这类风险就需要建立多样化供应渠道，跟踪评估供应商的情况，只有这样才能处于主动的地位，发现问题并及时处理、及时调整。

（2）IT 的缺陷会制约供应链作用的发挥。IT 是供应链管理的技术支持，所以 IT 的缺陷会制约供应链作用的发挥。

（3）信息传递方面的问题。建立多种信息传递渠道，防范信息风险，关键问题就是要保证在供应链上传递的数据完整（不能丢数据）、可靠（数据准确）和安全（数据不能被竞争对手窃取）。

（4）企业文化方面的问题。企业文化冲突是导致很多战略联盟不能实现的主要因素。如部分企业奉行“狼文化”，要求员工把所有的精力都投入公司，结果是员工天天加班，没有节假日，直接影响到员工的身体和心理健康。而部分企业注重规制，认为员工的法定休息日是不容侵犯的。如果这两种企业建立供应链，就会因企业文化的不同而存在分歧，甚至严重影响到战略联盟的实现。文化整合要求合作关系中涉及的人员交流技术和文化意识，以沟通融合差异。

（5）经济波动的风险。经济发展有波峰和波谷，呈周期性运动。经济波动、产业政策变动一般是长期的，风险较容易控制。如我国坚持对外开放的政策一百年不动摇，所以国外的企业集团放心地把他们的供应链延伸到我国，利用我国的劳动力市场，把加工、组装等环节放在我国，而将产品的设计则放到本国完成。

（6）不可预见的两类风险。①不可抗力，是利用人类现在的科技水平所不能避免的。例如，各种自然现象（天灾）——海啸、泥石流、地震等，以及社会现象（人祸）——战争等。如果供应链上的任意一个环节卷入上述不可抗力的情况中，就会影响到整个供应链。②可以通过以往的数据进行预测评估的不可预见的风险。也就是说，这种风险是不可预见的风险，但相对于不可抗力而言，是可以通过以往的数据进行预测评估的，如交通事故。由于交通事故导致的供应链问题的大致概率是一个比较稳定的数据，企业可以根据这些数据评估交通事故导致的供应链风险。

2. 供应链风险的类型

供应链系统中的应急策略与模型理论方法应对风险过程的分析表明，对供应链系统正常运营造成影响的风险不仅包括对整个社会造成影响的地震、洪涝、飓风、泥石流、突发疫情、恐怖袭击，也包括企业生产经营过程中的重大交通事故、生产事故及重要的人事变动。

根据风险给企业造成的影响，供应链中的风险可以分为与原材料供应相关的风险、与产品市场需求相关的风险和与产品生产过程相关的风险。

根据风险的性质，供应链中的风险分为运营风险（operational risk）和突发事件（disruptions）。运营风险通常指由于市场需求、原材料供应和生产过程在供应链系统内部出现的偏离计划的异常波动，而突发事件通常指由自然灾害或人为因素引发的对系统产生重大负面影响的事件。与运营风险相比，突发事件具有发生的概率小，但是事件发生后造成的影响大的特点。

为了对供应链系统中的风险进行有效的控制，通过对风险产生的环节进行分析，可以把供应链系统风险分为：与市场价格相关的风险、与运输相关的风险、与库存相关的风险、与结算支付或汇率变化相关的风险、与员工管理相关的风险、与信息管理相关的风险、与技术设施相关的风险。

根据潜在损失特性，供应链风险主要包括财产风险和责任风险。

从不同的角度、按照不同的标准，对供应链风险进行不同的分类，可以更深刻地理解供应链风险。从供应链风险的起因来划分，供应链风险可以分为外部风险和内部风险，具体又可细分为以下几种。

（1）外部风险，是指由供应链外界的不确定性因素导致的风险。这些风险一般无法控制且不易预测，容易引发严重的供应链危机和突发事件，也可以称为环境风险。具体包括以下内容：自然风险、社会风险、经济周期风险、市场风险、社会信用风险、政策法律风险等。

（2）内部风险，指供应链组织单位内部及成员之间产生的并会在衔接、互动过程中产生负面影响和损失的风险。具体包括以下内容：技术风险、信息风险、人机风险、道德风险、策略风险、物流风险等。

此外，企业文化差异会产生供应链风险。供应链一般由多家成员企业构成，这些不同的企业必然会在经营理念、文化制度、员工职业素养和核心价值观等方面存在一定的差异，从而导致对相同问题的不同看法，采取不一致的工作方法，最后输出不同的结果，造成供应链的混乱。

由以上关于供应链风险的分类可以看出，供应链有多个参与主体、跨地域、多环节的特征，这使供应链容易受到来自外部环境和链上各实体内部不利因素的影响，而这些影响带来的种种不确定因素共同作用形成了供应链风险。

二、供应链危机管理

研究供应链风险的分类与特点是对供应链风险进行管理的基础，因为无论是供应链危机还是供应链突发事件，其从根本上都是各种供应链风险的产生。只有了解并掌握了供应链风险的分类与特点，才能有针对性地对各类风险进行识别、预防、评估、监控、处理等一系列供应链风险管理活动、这也为进一步研究供应链危机、应急管理提供了理论支持。

（一）供应链危机的含义、类型和特征

1．供应链危机的含义

供应链危机管理是保障供应链正常运行，提高供应链可靠性的重要措施之一。供应链同时连接供应商、制造商、分销商和顾客，结构非常复杂，每一个环节都存在着潜在的危机，任何一个环节出了问题，都会给整条供应链造成严重的影响。

供应链危机是由于供应链内部或外部风险的作用而产生的，任何严重影响到供应链的稳定性与连续性的事件都可能导致整条供应链的产品、服务、资金，甚至声誉出现巨大的损失和损害，或使供应链系统彻底解体。供应链突发事件与供应链危机在概念上有相似之处但又有不同。二者的主要区别在于，供应链危机不一定属于供应链突发事件，而供应链突发事件一定会导致供应链危机。供应链危机往往是既有危险，又有机遇；供应链突发事件只有危险、灾害，没有所谓的“机遇”。

2．供应链危机的类型

根据危机管理理论，首先应该分析供应链中潜伏着哪些危机。供应链的危机来自多方面，简单来说，可以将其分为两类。

（1）自然灾害类。台风、地震、洪水、雪灾、疾病等来自大自然的破坏和袭击，时刻威胁着供应链的安全。飞利浦公司的大火就是由大自然的破坏引起的，暴风雨中的雷电引起高压增高，陡然升高的电压产生电火花点燃了车间的大火。又如，我国台湾地区“9·21”大地震，引起全球IT业的震动。还有SARS，让许多企业面临了空前的危机，航空、餐饮、

旅游业等服务业更是遭受重创。人类目前普遍面临着环境恶化的问题，天灾爆发的频率也越来越高，作为一种不可抗力，它将成为供应链的致命杀手。

（2）人为因素。供应链是由若干企业构成的网链结构，是包括供应商、制造商、分销商和顾客的一个协作体，结构非常复杂。由于供应链成员的多元性、竞争性，功能上的集成完整性，地域上的分散性，组织的动态性等特点，这种企业组织形式隐藏着大量供应链内部风险。这些无处不在的供应链风险，使企业不得不重视供应链风险管理。自然及历史的客观规律告诉我们，正如我们无法预测自然灾害与机械故障一样，供应链风险只能被降低而不能被彻底消除。因此，风险存在的必然性决定了供应链危机产生的必然性，如果防范不当，就会引发供应链危机，从而影响、打断、破坏供应链的正常运营。例如，2000 年，爱立信因为半导体供应商失火而损失 4 亿欧元。1999 年，我国台湾地区地震造成 DRAM 芯片短缺，致使苹果公司丢掉了大量的顾客订单。

供应链危机等不确定性因素对供应链的干扰将会给企业带来消极的影响，国外学者 Hendricks 和 Singhal（2005）的实证研究充分反映了供应链危机对公司财富具有明显影响这一事实。基于 1989—2000 年的 519 个样本数据，他们估计了供应链危机对股东财富的短期影响，发现供应链的扰动会使公司财富下降 10.28%。他们还基于 1989—2000 年的 827 个样本数据估计了供应链危机对公司财富的长期影响，发现供应链危机的发生导致公司平均正常收益下降了 33%~40%。由此可见，供应链危机将会对公司效益产生越来越大的影响。

3. 供应链危机的特征

供应链是一个非常复杂的动态系统，链上的企业是一个个独立的经营主体，有着各自的经营战略、目标市场、技术水平、管理方式及企业文化等，甚至存在一个企业同属多个相互竞争的供应链的情形。所有这一切都增加了供应链管理的复杂性和不确定性，从而导致风险甚至危机的产生，供应链危机有以下八个方面的特征。

（1）供应链危机的博弈性。供应链各成员企业是独立的市场主体，有不同的利益取向，也存在信息差。因此为了实现自身利益最大化，在供应链危机发生时，彼此之间会进行激烈的利益博弈，以求尽量减少自身损失。

（2）供应链危机的动态性。供应链管理目标的实现是整合优化的过程。实现供应链目标的过程受到内部和外部各种风险因素的影响，不同的成员企业和业务面临的风险因素不同，其中有些是风险因素，在某些无法预测及缺乏供应链风险管理的情况下，可能会转化为供应链危机。因此，供应链危机与供应链的运作相伴存在，具有动态性的特征。

（3）供应链危机的复杂性。供应链网络复杂化、成员企业布局分散化和文化差异化的特点，导致供应链危机呈现复杂性的特征。供应链核心企业与其他成员企业之间的不同步、区域文化和企业文化的差异性等因素都有可能导致供应链危机的产生。

（4）供应链危机的层次性。不同层次的供应链成员如核心企业、供应商、经销商等合作企业对供应链运作的影响程度不同。因此，在对供应链危机的研究中，供应链的结构呈现出层次化及网络化的特点，对处于供应链结构中不同层次的企业的关注程度也应该有所不同。

（5）供应链危机的多元化。供应链运作决策多元化、成员多元化，因此供应链风险管理过程需要针对供应链各个成员所处的位置、风险环境、拥有资源及能力状况来分析供应链危机对供应链的影响，以及可能导致的后果。

（6）供应链危机的联系性。在供应链中，存在着复杂的风险因素，并且这些风险之间存在相互作用的关系。因此供应链危机并不是一些独立事件，而是相互联系的。

（7）供应链危机的传递性。由于供应链中原材料的生产、产品的制造、产品的分销等过程都是由多个企业参与的，每一个节点企业遭遇的危机会随着网链结构的传递作用部分转移给其他企业，甚至是整个供应链，供应链面临的危机也会通过合作机制作用于每一个成员企业。供应链危机的传递性要求供应链中的所有企业除了能够抵御自身危机以外，还要能够有效抵制通过供应链传递过来的危机。

（8）供应链危机的放大性。供应链的合作过程涉及多个企业，企业之间的关系存在不稳定性，危机发生时可能会在供应链上传递与蔓延，导致供应链危机的整体影响加大，因此供应链危机具有放大性。对于很少甚至根本没有制定有效的危机应变策略的供应链使用者来说，遇到供应链危机时，他们很可能束手无策，只能被动地接受供应链危机带来的影响，而这种影响对企业来说往往是灾难性的。因此，近年来供应链上企业管理者的态度已经有了很大的转变，他们不再仅仅关注企业利润的最大化，同时也关注企业获得预期利润的可能性，以及如何积极地预防、应对供应链危机，也就是供应链的危机管理问题。

（二）供应链危机管理的关键

1．供应链危机管理的含义

由供应链危机知识可以看出，有些危机是可控的，有些危机是不可控的，针对危机的不同特性可以采取不同的应对措施。一般来说，供应链危机管理可以分为危机防范和应急管理。危机防范指的是如何预防危机的发生；应急管理指的是在面临危机时，应采取何种手段来降低或转移危机，并把危机可能造成的危害减到最小。有些危险如关键人员流失、关键技术流失、关键客户流失、产品信誉受损、契约风险等，可以采取危机防范手段来预防发生；对于恐怖袭击、SARS 等事先无法预料的危机，只有通过应急管理来妥善处理。

2．供应链危机管理的关键在于危机预防

（1）要建立供应链危机管理组织机构。为更好地进行危机管理，供应链应设立危机管理组织机构。供应链危机管理组织机构可以危机管理委员会的形式存在，由核心企业的最高领导者担任委员会主席，其他各个供应链成员企业的最高领导者担任委员会的委员，定期召开会议，供应链各个成员企业可视需要设立企业级的专门或兼职的危机管理机构。供应链危机管理组织机构要建立包括危机管理委员会管理体系、危机管理会议制度、危机管理信息管理制度、危机管理培训度、危机管理应急方案与评审、危机管理的评价与改革制度、委员会委员的职责与权力、危机管理手册、危机公关宣传、危机公关调查、危机公关效应评审等规范的制度和程序。

（2）要建立供应链危机管理数据库和信息系统。建立多种信息传递渠道，防范信息风险。厂家—消费者—供应商在供应链中起着多种作用，他们之间的互动日益加快，关系也变得越来越复杂。这就要求给予支持的网络设施必须确保供应链所要求的数据的完整、可靠和安全。

供应链危机管理组织机构要从服从供应链战略出发，识别各个成员企业内部、外部潜

在的危机，捕捉危机前征兆性的信号，将潜在的导致危机产生的信息归类编号，建立供应链危机管理数据库和信息系统，并定期对以往国内外产生危机的现象进行多渠道、多方向、多性质的判别诊断，形成系统的危机信息，然后以前者的经验建立相关的管理方案，补充到危机管理数据库和信息系统中。目前国内的危机管理信息系统，大多数还停留在静态文本管理阶段。有少数建立起预案信息系统的，也多是基于规则推理的系统。该系统的建立和维护困难，并且不具有自动学习能力。而基于案例推理与规则推理两种技术相结合，来建立智能高效的紧急预案信息系统，这不仅使系统的建立和维护较以往变得容易，更使系统的运行效率得以较大幅度提高，呈现出更强的智能化特征。根据供应链危机管理信息系统发出的预警信息，供应链成员企业就可以对危机事件的发生进行充分准备，提前预测各种不可靠性的损失程度，制定应对危机事件的应变措施。可见，供应链危机管理数据库和信息系统的建立能够起到培训和预警的作用，对供应链危机管理的顺利实施具有很重要的意义。

（3）危机发生后要正确应对总结经验教训。在危机难以避免的情况下正确应对危机，将损失有效地控制在可接受的范围内。在危机事件发生后，要运用各种工具采取相应措施，对损失及时进行补偿，促使其尽快恢复，使供应链免遭解体。

三、供应链应急管理

供应链管理技术已经在全球范围内为成千上万的企业带来了巨大的经济效益。运用供应链管理技术可以减少整个供应链的库存量，使供应链的总成本降低，缩短新产品的研发周期及客户的交货时间，提高客户满意度。

（一）供应链系统应急策略体系

许多案例表明，在遭遇同样的风险干扰后，风险对不同企业的影响程度不同。有些企业在遭到风险干扰后，正常的业务被迫中断，甚至破产倒闭。但是，在遭到同样的风险后，也有一些企业能够从风险的影响中迅速恢复或者受到较少的影响，维持较高水平的客户服务。供应链系统应急策略就是研究在有风险干扰情况下，可以减少风险影响程度的管理方法，采用其中的某些策略可能会增加供应链系统的经营成本，但是采用这些策略却可以减少风险造成的损失。

供应链系统应急策略按照决策的层次可以分为战略策略与战术策略。按照风险产生的环节可以分为与市场价格相关的策略、与运输相关的策略、与库存相关的策略、与结算支付或汇率变化相关的策略、与员工管理相关的策略、与信息管理相关的策略、与技术设施相关的策略。

供应链系统应急策略按照策略本身的性质可以分为“弹性供应链策略”和“鲁棒性供应链策略”。“弹性”指企业的正常运营在受到风险干扰以后，有自动恢复初始（生产、服务等）状态的能力和速度。“鲁棒性”指企业受到干扰以后，具有保持原来（生产、服务等）状态的稳定性。“弹性供应链策略”的特点是能够对风险做出针对性的反应，而“鲁棒性供应链策略”的特点是以不变应万变。“鲁棒性供应链策略”主要通过增加对资源的占用，例如增加库存、增加备用供应商的数量来实现系统对风险的反应；“弹性供应链策略”则较少增加系统对资源的占用，而是通过采用灵活的管理方法。

1. 弹性供应链策略

（1）延迟制造计划。

（2）多种供应、服务模式的组合。

（3）灵活的营销策略与销售价格。

（4）供应链伙伴之间的信息共享与协调。

（5）组织内部上下级之间合理的决策权力分配。

（6）组织内部员工之间信息的合理交流与共享等。

2. 鲁棒性供应链策略

（1）设立或增加战略库存。

（2）设立或增加备用供应商。

（3）采用标准化的产品设计、工厂布局及作业流程。

（4）以并发业务流程方案代替顺序业务流程方案等。

“弹性供应链策略”和“鲁棒性供应链策略”各有特点。在构建供应链系统应急策略体系的过程中，应该从系统的实际情况出发，在对企业的风险类型和潜在危害进行预测与评估的基础上综合运用。例如，对于以原材料供应风险为主的供应链系统，应该设立和增加战略库存、备用供应商和采用多种供应服务模式的组合；对于以产品市场需求风险为主的供应链系统，应该采用延迟制造计划、灵活的营销策略与销售价格等；对于以产品生产过程风险为主的供应链系统，应该采用延迟制造计划、标准化的产品设计、工厂布局及作业流程、并发业务流程方案代替顺序业务流程方案等；而供应链伙伴之间的信息共享与协调、组织内部上下级之间合理的决策权力分配、组织内部员工之间信息的合理交流与共享等将全面提高整个供应链系统对风险和突发事件的应对能力。

通过实施“延迟制造计划”，使形成差异化最终产品的组装或包装工序的时间和地点得到推迟，在风险发生时，不管是供应商供货短缺还是市场需求突然变化，企业都能迅速而低成本地应对风险。企业也可以从整个供应链应对风险出发，在供应链的某一个或几个地点（仓库、物流中心、配送中心、维修中心），建立对某些关键的零部件或成品储备“战略应急库存”。“战略应急库存”与“安全库存”的作用不同，“战略应急库存”不是针对日常生产、供应、运输的不稳定性，而是针对特定类型的突发事件的库存。“战略应急库存”不是针对某一特定的生产过程或某一特定运营地点，而是为多个供应链伙伴或某一区域的多个运营地点所共享。随着业务外包在全球范围的广泛采用，越来越多的 OEM 将其非核心竞争力业务实行外包，而集中精力从事其核心竞争力业务，导致企业对供应商的依赖程度越来越高，在这种情况下采用“备用供应商”对于降低风险可能造成的供应短缺所起的作用是很明显的。企业在选择物流服务提供商的时候，如果仅考虑降低成本，可能会选择单一的物流模式、单一的物流提供商以及单个存储地点。但是在考虑到风险可能带来的危害的情况下，在考虑到物流和供应的可靠性对供应链系统的重要程度的情况下，则可能选择包括多种运输工具、多个运输服务提供商、多条运输线路、多个存储地点的“多种供应—服务模式的组合”。

（二）供应链系统应急策略模型

为了制定正确的供应链系统应急策略，首先应该从供应链系统的实际情况出发，在对系统风险的类型和潜在危害进行预测与评估的基础上，综合选用适宜的策略。供应链系统应急策略可以减轻风险对供应链系统的影响，但是采用供应链系统应急策略可能需要增加对系统资源的占用，增加系统的运营成本。在这种情况下，要确定采用供应链应急策略后系统的效率，就需要权衡系统采用应急策略可能带来的收益与增加成本的比较，需要对在一定的风险危害强度和风险发生概率情况下，系统的期望效用值进行计算与评估。

风险对供应链系统可能造成危害的衡量指标包括：

（1）风险造成危害的强度。

（2）风险发生的概率。

供应链系统应急策略的经济技术评价方法包括：

（1）采用供应链系统应急策略可能带来的收益与增加成本的比较。

（2）是否采用供应链系统应急策略的比较。

供应链系统应对风险的实践表明，“建立供应链系统应急策略体系”在整个供应链系统应对风险过程中起着关键作用。在分析供应链系统中风险的类型和供应链系统应对风险过程的基础上，提出构建以“弹性策略”和“鲁棒性策略”为核心的供应链系统的应急策略体系；建立包括风险可能造成危害的强度、风险发生的概率、采用供应链系统应急策略可能带来的收益与成本的供应链系统应急策略模型，并且给出应急策略投资的决策准则。

（三）基于突发事件的供应链应急管理

1．突发事件对供应链的影响

（1）市场的变化。突发事件造成市场的变化，包括市场的扩大和市场规模的缩小。

（2）供应链的中断。例如因自然灾害造成交通中断，整个供应链无法继续运作。

（3）信息风险。信息反馈机制和风险有可能造成供应链上某一个环节或者整个链条控制能力降低，甚至发生故障，导致一些环节脱节。

（4）需求波动。突发事件可能会造成市场上需求的剧烈变化和波动。

2．供应链突发事件管理的内容

根据供应链突发事件管理的概念，供应链突发事件管理应围绕突发事件本身发展的全过程展开，其主要内容包含以下三个方面。

（1）研究供应链突发事件潜在的诱发因素，识别风险，分析评价风险因素，建立供应链风险预警、监控机制的供应链风险管理。

（2）研究供应链突发事件的形成，分析其发展与演化趋势，判断其存在的规律与特征，防止供应链风险向危机转化的供应链危机管理。

（3）研究供应链突发事件的应对方式、应急措施，缩短事故发生过程及降低事件损失、影响的供应链应急管理。

以上三个方面的内容共同组成了对供应链突发事件全生命周期的管理，构成了供应链突发事件管理体系。其中，供应链风险管理是供应链突发事件管理中的核心内容，供应链突发事件发生后的应急管理也具有十分重要的意义。

科学的供应链突发事件管理过程是供应链风险管理、供应链危机管理和突发事件发生后的应急管理系统，它把非常规性供应链突发事件的应对与常规性的供应链风险识别、供应链危机预警结合起来。

四、供应链风险管理机制

供应链是一个多环节、多通道的复杂系统，供应链企业之间的合作会因为信息不对称、信息扭曲、市场不确定性、政治、经济等因素的变化而存在各种风险。因此有必要针对供应链风险管理存在的问题，探讨供应链风险管理机制及风险防范对策。

（一）供应链风险管理的基本环节

供应链风险管理过程一般包括四个基本环节：供应链风险识别、供应链风险衡量与评估、供应链风险处理及供应链风险监控与反馈。这四个阶段存在内在的联系。风险管理者只有先对供应链风险进行识别、了解后才能对它进行衡量与评估；只有在对供应链风险的大小有正确的认识和评估之后，才能选择合适的方法进行处理；也只有在处理供应链风险后才能进行评价与监控。

1. 供应链风险识别

风险识别是供应链风险管理的基础环节。它是指供应链风险管理者，通过大量的供应链信息资料、数据、现象等进行系统了解、分析，通过归类掌握风险产生的原因和条件，来认清供应链中存在的各种风险因素，进而确定供应链所面临的风险类型及性质。对于供应链中表现明显的风险，风险管理者易于识别，而隐藏的、潜在的风险则需要付出一定的努力才能识别。隐藏的、潜在的风险带来的损失往往会更突然，损失会更大，令当事者措手不及。

识别供应链风险、了解供应链风险存在的原因后，还要进一步剖析风险的结构性质。例如，先确定是道德风险、技术风险还是信息风险，然后才能针对性地采取措施。由于供应链风险存在的客观性与普遍性及风险识别的主观性两者之间的差异，正确识别风险是供应链风险管理中最重要也是最困难的工作之一。对风险存在的认识是有效进行风险管理的关键一步。没有风险识别，就没有风险评估、风险控制和管理，也就不会有预防。由此可见，供应链风险因素识别是供应链风险管理的前提，具有非常重要的意义。

2. 供应链风险衡量与评估

供应链风险衡量与评估是指对风险发生的可能性或损失的范围与程度进行度量与估计。仅通过识别风险、了解灾害损失的存在，对实施风险管理来说远远不够，还必须对实际可能出现的损失结果、损失的严重程度予以充分的估计和衡量。只有准确地度量风险，才有助于选择有效的工具处置风险，并实现用最少的费用支出获得最佳风险管理效果的目的。

供应链风险衡量与评估必须考虑两个方面：一是供应链发生的概率，二是供应链风险造成损失的程度。根据实际经验，人们常常把供应链风险发生的概率划分为五个等级，如表 6-2 所示。将供应链风险造成损失的程度划分为五个等级，如表 6-3 所示。供应链风险的控制能力划分，如表 6-4 所示。

表 6-2 供应链风险发生的概率划分

风险等级	风险概率	风险描述
1	不可能	发生的可能性非常小，几乎为零
2	不太可能	有可能发生，但是概率较小
3	中等	可能发生，概率为 50%
4	可能	可能发生，概率较高
5	非常可能	经常发生

表 6-3 供应链风险造成损失的程度划分

损失等级	损失程度	损失描述
1	没有损失	对企业造成的损失可以忽略不计
2	较小损失	对企业有一定损失
3	中度损失	会造成企业的短期运行困难
4	严重损失	会造成企业的严重危机
5	灾难性损失	无法经营，从供应链上断开

表 6-4 供应链风险的控制能力划分

<table>
<tr><td rowspan="6">实际面对风险</td><td rowspan="3">内部风险</td><td>完全可控</td><td>目前没有发现</td></tr>
<tr><td>部分可控</td><td>信息风险、人机风险、道德风险、物流风险等</td></tr>
<tr><td>完全不可控</td><td>技术风险、策略风险等</td></tr>
<tr><td rowspan="3">外部风险</td><td>完全可控</td><td>目前没有发现</td></tr>
<tr><td>部分可控</td><td>经济风险、市场风险、信用风险等</td></tr>
<tr><td>完全不可控</td><td>自然风险、政策风险、社会风险等</td></tr>
</table>

从以上等级划分可以看出，无论是从供应链风险发生的概率，还是从供应链风险造成的损失的程度来看，供应链风险的测定都是非常模糊的，大都是一些非数值化的相对描述。显然，简单地从五个等级来评估供应链风险是远远不够的。供应链风险具有特殊性，常采用模糊理论、层次分析法，以及概率论中的一些方法，如蒙特卡洛模拟法等进行具体评估，从而提高供应链风险评估的准确性与可信度。

对供应链风险进行评估的步骤包括：调查表格设计与调查，供应链风险识别指标体系的建立，供应链风险评估模型的构建等。

3．供应链风险处理

根据风险管理目标，选择恰当的风险管理工具，优化组合，规避、转移、降低风险是供应链风险管理的核心，也是供应链危机管理所要解决的实际内容。识别和评估供应链风险都是为了有效地处理供应链风险，减少供应链危机发生及向供应链危机转化的概率，降低其造成的损失。风险处理作为供应链风险管理的重要内容早已受到研究者的重视。经典的 4T 风险评估与处理方法包括供应链风险规避、供应链风险控制、供应链风险转移和供应链风险承受，具体如图 6-3 所示。

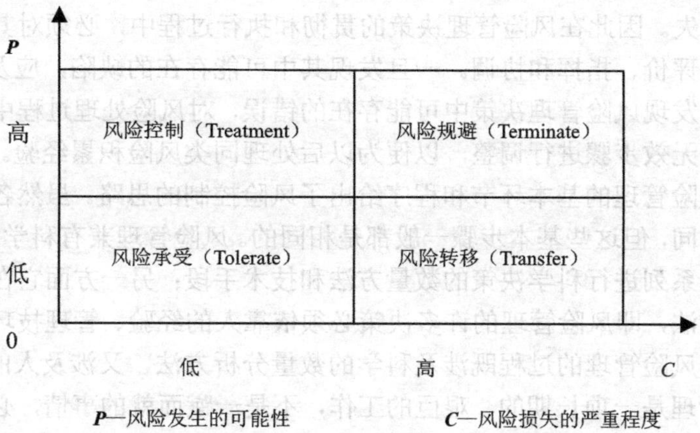

图 6-3 4T 风险评估与处理方法

（1）供应链风险规避，是指中断供应链风险源，使其不致发生或遏制其发展。通过规避风险，可以从根本上排除风险因素进入供应链，从而避免可能发生的潜在损失和不确定性。规避某种风险是处置该风险的最简单易行的方法，也最具彻底性和经济性。规避供应链风险的方法是放弃或终止某项供应链合作，或改变供应链合作环境，尽量避开一些外部事件对企业造成的影响。当然，规避供应链风险在某种程度上也意味着丧失获利的机会。

（2）供应链风险控制，是在对供应链风险进行识别和评估的基础上，有针对性地采取积极防范、控制措施的行为。供应链风险控制的目标是在风险发生之前降低风险发生的概率，在风险发生之后降低风险造成的损失。这是一种积极主动的风险管理办法。

（3）供应链风险转移，是供应链风险处理的另一种有效手段。当企业无法通过其他的方法化解风险时，可以采取这种方法来保护自己。风险转移可分为保险转移和非保险转移两种。保险转移是向保险公司投保，将供应链中部分风险损失转移给保险公司承担；非保险转移是将供应链中的一部分风险转移给供应链以外的企业，或由各供应链企业共同承担风险，但怎样说服供应链上的其他企业共同承担风险将是一个难题。

（4）供应链风险承受，是指供应链中企业将可能的风险损失留给自己承担，是一种被动地应对风险的措施。企业可能已知风险的存在，但因为想要获得高利润回报而甘愿冒险。另一种情况是面对供应链系统风险，无法回避，各供应链企业只能通过系统吸纳来接受风险。但是，正确的风险承受应建立在准确评估供应链风险的基础上，否则超过企业承受范围的风险可能会为风险承受者带来极为严重的影响。

需要说明的是，在供应链网络中，风险经常会从供应链上游企业向下游企业传递，或者反向传递且具有放大效应。因此供应链企业对风险控制进行整体设计、协作管理是非常必要的。有些风险只能控制、减少而不能消除，系统内部共同承受这些风险是很有必要的。如何选择供应链风险的处理方法是一种科学决策，要对供应链的企业内部情况、外部环境有充分的了解，同时还要注意方法的适用性和效果。通常企业对供应链风险处理方法的使用不是单一的，而是多种方法混合使用。

4．供应链风险监控与反馈

风险管理的过程是动态的，风险是在不断变化的，新的风险会产生，原有的风险会变大、变小或完全消失。因此在风险管理决策的贯彻和执行过程中，必须对其贯彻和执行情况不断进行检查、评价、指挥和协调。一旦发现其中可能存在的缺陷，应及时进行反馈，通过检查和评估来发现风险管理决策中可能存在的错误，对风险处理过程中的有效步骤进行分析和总结，对无效步骤进行调整，以便为以后处理同类风险积累经验。

上述供应链风险管理的基本环节和程序给出了风险控制的思路。虽然各企业情况和风险管理对象多有不同，但这些基本步骤一般都是相同的。风险管理兼有科学和艺术的特点，一方面它提供了一系列进行科学决策的数量方法和技术手段；另一方面它在很大程度上还必须依靠非数量方法，即风险管理的许多决策必须依靠人的经验、管理技巧及直觉判断来做出。因此，整个风险管理的过程既涉及科学的数量分析方法，又涉及人的管理艺术。

供应链风险管理是一项长期的、艰巨的工作，不是一蹴而就的事情，必须动态地重复风险管理过程的各个步骤。但由于风险的性质和情况是随时随地变化的，一定时期内所选定的最佳风险管理技术和方法随时间的推移可能会不合时宜。因此，应对供应链风险管理效果进行定期评价，并将在评价过程中，不断提高风险管理水平，以使这一过程融入供应链管理运作中，这样才能真正做到长期有效地管理风险。

（二）企业供应链风险管理存在的问题

对于现代企业来说，风险管理就是通过风险的识别、预测和衡量，选择有效的手段以尽可能降低成本，并有计划地处理风险，以获得企业安全生产的经济保障。这就要求企业在生产经营过程中，应对可能发生的风险进行识别，预测各种风险发生后对资源及生产经营造成的消极影响，使生产能够持续进行。可见，风险的识别、风险的预测和风险的处理是企业风险管理的主要步骤。企业虽然已经在供应链运作过程中提高风险意识，然而在实践中仍然存在一些问题。

首先，对供应商缺乏分类管理、缺乏长期合作意识，对维护合作伙伴关系缺乏风险意识。此外，在供应商的评价指标体系中，特别是当选择国外供应商时，往往对外部风险因素考虑不周。

其次，在合作过程中，企业在寻求自身利益最大化时，往往会忽视其他伙伴的利益和可能出现的相关风险，缺乏高效的风险监管机制。

再次，虽然企业已经意识到了信息的不对称、需求不稳定等风险因素造成的风险，然而在实际操作过程中，仍然缺乏高效的协调机制来规避这些风险。

最后，缺乏灵活的契约机制。企业在契约的制定过程中，往往忽视双方对待风险的态度，对双方风险的偏好考虑不周，造成契约不能达到最优。企业应针对不同的风险偏好者制定不同的契约。

（三）供应链风险防范管理对策

1. 建立、加强企业的供应链危机意识

危机意识不是泛指能够防范和应对企业危机的所有管理意识，而是特指防范与应对企业危机的内涵层的思维意识。以往，许多企业缺乏应对供应链危机的心理准备，企业的不少管理者盲目热衷于提高效率和降低成本，缺乏防范危机的事前准备。供应链危机一旦发生，就会遭受很大的损失。为了实现真正的供应链危机管理，企业必须纠正侥幸心理和盲

目追求效率的心态。管理者不但要树立企业危机防范意识，而且要建立供应链危机防范意识，并把这种思想灌输给员工，注入公司的日常运营和决策中去。

2．发展多种类、多地域的供应渠道，整合供应链流程

供应链的危机在很大程度上是由于没有合理规划供应链，造成风险因素过多且不能有效控制导致的。更充分考虑将要面临的供应链风险，科学、合理地设计供应链结构，以规避或降低供应链遭遇某些危机的可能性。

（1）发展多种类、多地域的供应渠道。为了确保物料和产品的稳定供应，对供应商的情况进行跟踪评估，供应链上应发展多个供应渠道，不能单一地依靠某一个供应商，否则一旦该供应商出现问题，势必会影响整个供应链的正常运行。在对某些供应材料或产品有依赖性时，还要考虑地域风险。如果欲与供应商建立信任、合作、开放性交流的供应链长期合作关系，就必须分析市场竞争环境，其目的在于知道针对哪些产品市场开发供应链合作关系才有效，还必须知道现在的产品需求是什么，产品的类型和特征是什么，以确认用户的需求，确认是否有建立供应链合作关系的必要。如果已建立供应链合作关系，则应根据需求的变化确认供应链合作关系存续的必要性，同时分析现有供应商的现状和供应商存在的问题，对供应商的业绩、设备管理、人力资源开发、质量控制、成本控制、技术开发、用户满意度、交货协议等方面也要做充分的调查，这些很有可能成为影响供应链安全的因素。一旦发现某个供应商出现问题，应及时调整供应链战略。

（2）精简供应链环节，整合供应链流程。精简不必要的流程，简洁的供应链可以降低供应链风险发生的可能性。供应链的风险很大程度上是由供应链日益庞大和复杂，造成不确定因素过多导致的。所以，应合理简化供应链，与少数技术力量雄厚、信誉良好的企业建立稳定的伙伴关系，同时避免单一渠道供应，防止“断链”的风险。这样一方面可以让合作伙伴获得规模优势，从而降低整个供应链的成本；另一方面减少了风险因素，便于有利监控。

3．重视柔性化设计，保持供应链的弹性

在供应链合作中存在需求和供应方面的不确定性，这是客观的规律。供应链企业合作过程中，通过在合同设计互相提供柔性，可以部分消除外界环境不确定性的影响，传递供给和需求的信息。柔性设计是消除由外界环境不确定性引起的变动因素的一种重要手段。另外，当今供应链管理强调 JIT 方法，减少库存以降低成本，这种运作模式一旦遇到突发事件或在需求有较大波动时就会显得缺乏弹性。变色龙活的时间很长，是因为它有应变的能力。因此，在注重效率的同时仍应保持供应链的适度弹性。传统的企业供应链往往是单一的供应商机制，整个供应链缺乏柔性。设计柔性的多头供应链是解决供应商瓶颈、预防供应链风险的重要措施。多头的供应商机制不仅使供应链具有足够的柔性，还能在供应商之间形成竞争态势，保证产品的稳定供应。供应链的“柔性”是指整个供应链对环境变化的适应程度。富有“柔性”的供应链是充分满足用户需求和降低供应链风险的有效手段。

主要包括以下三个方面。

（1）合理的库存。供应链管理追求的目标之一是总成本最低，通过 JIT 生产和采购，实现零库存管理。但是，由于用户的需求不断变化，供应链中也存在着不可预测的风险，个别节点企业因缺货不能正常生产，可能造成整个供应链的中断性危机。因此，建立合理的库存是必要的。库存的合理性源于对客户服务水平的确定，应根据统计学原理来确定合理的库存水平。

（2）设立供应链并联结构。例如同一个项目设立多个供应商渠道，当某一渠道断裂时，可以使用其他渠道替补。

（3）提高供应链中企业的柔性。消费者不再满足于大批量制造出来的大众款式商品，而是开始追求个性、追求时尚。供应链中的企业要根据客户的需求变化快速调整生产，提高设计和生产的柔性，能够对产品转型、工程更改做出迅速反应，实现多品种、高速度、小批量的生产方式，加快新产品投放市场转度，避免由于市场需求风险而不得不重新选择供应商所造成的供应链波动和低效率，提高供应链的整体竞争能力。

4. 加强信息交流与共享，建立高效、快捷的信息传递渠道

供应链的协调运行建立在各个节点企业高质量的信息传递和共享的基础上。现代信息技术的飞速发展及其应用加强了企业的通信能力，为企业间信息的共享建立了坚实的基础，因此供应链企业间加强交流与沟通、建立良好的信息系统对于防范供应链信息风险至关重要。

供应链企业之间应该通过建立多种信息传递渠道、加强信息交流和沟通、增加供应链透明度、加大信息共享程度来消除信息扭曲。例如共享有关预期需求、订单、生产计划等信息，从而降低不确定性，降低风险。一般来说，企业上下游间如果有先进的通信方式、及时的反馈机制、规范化的处理流程，供应链风险就小，反之就大。增加对供应链建设的投入，减少在供应链运作过程中因信息错误等可避免的风险的存在而对供应链造成影响。建立高效的信息传递渠道，利用现代化的通信和信息手段优化整个供应链体系。通过信息化与高效互联网对供应链企业进行互联，实现信息共享，使供应链企业能分享各种信息。信息的透明化有利于增强节点企业之间的信任度，提高供应链对整个市场的响应速度。

（1）增强供应链企业之间的信息共享程度。完善的企业信息系统平台、运作良好的通信系统是保证供应链企业之间运作协调的重要条件。供应链上各企业之间的信息共享一方面提高了供应链运作的协同性和运作效率，另一方面有利于及时发现供应链上潜在的风险，为规避风险、防止风险向危机转化赢得了宝贵时间。共享信息主要包含库存信息、可供销售信息、订单信息、用户的需求信息，以及货物运输状态信息。充分利用互联网、GPS、EDI 等技术，可以提高信息传递的速度和准确度，减少信息失真，及时、有效地对风险进行控制，大大减少供应链危机的产生。

（2）建立高效快捷的信息传递网络。在供应链上供应商、生产商、销售商、消费者业务往来频繁，互动日益加快，关系日益复杂，这就要求提供支持的网络基础设施必须能够确保供应链所要求的数据完整、可靠和安全。通过 EDI 对供应链企业进行互连，实现信息共享，可使供应链企业之间形成无缝连接，使供应链上的顾客、零售商、分销商、生产商、各级原材料供应商、物流运输公司和其他相关业务合作伙伴在信息共享的基础上能够高效、快捷地进行协同工作，减少由信息不完全带来的风险。

5. 建立供应链企业的激励机制，加强供应链文化建设，打造共同的价值观

加强企业文化的融合，强调供应链成员的价值观，企业经营理论、文化的协同和一致，达到成员间的无缝连接与集成。良好的供应链文化将能在系统内形成一股强大的凝聚力，增强成员企业之间的团结协作，减少不必要的矛盾冲突，从而减少内耗，并形成一种相互信任、相互尊重、共同创造、共同发展、共享成果的双赢关系；使得供应链的成员与整体有相同的利益要求和共同的价值标准，从而维持供应链的稳定与发展。目前由于我国企业的社会诚信机制尚不完善，供应链企业间的道德风险是难以避免的。想要防止败德行为的出现，就应该尽可能消除信息不对称，积极采用一定的激励手段和机制，使合作伙伴能得到比败德行为获取的更大的利益，来消除对方的败德风险；通过构建与选择合适的契约，规范成员之间的合作行为。解决成员间协议的动机问题，确立利益分享原则与机制，使得成员间能通过谈判的方式解决问题。发展多种供应、多地域的供应渠道，与供应商结成战略合作伙伴关系。正确理解供应链合作关系的制约因素，建立相互信任的战略伙伴关系。相互了解企业的结构和文化，建立统一的运作模式，解决业务流程上的障碍。

6．建立供应链激励机制，强化供应链企业之间的合作伙伴关系，稳固企业联盟

供应链中的许多危机来源于合作伙伴之间的关系问题。因此，需要在强化合作关系方面下功夫。在供应链建立之初，就要注意选择讲信誉、守信用的企业加盟，建立供应链激励机制，使大家有共同的战略目标，有合作的意愿，能够在互惠互利的基础上共担风险、共享利益。不能倚强欺弱，否则，一味损害合作伙伴的利益，最终会损害到自己的利益。核心企业要从供应链管理的大局着眼，在加强供应链管理的同时，兼顾节点企业的利益。

供应链节点企业之间需要有严格的合同来约束各自的行为。但是，供应链的合作伙伴关系不能完全依靠长期合同来维系，在严格遵守合同的同时，更要相互信任、相互依赖，并且能够共同寻求解决问题和分歧的途径。这样，合作伙伴关系才能牢固、长久。供应链节点企业也要共同遵守互惠互利的原则，不能只顾自身短期利益，背信弃义，损害整个供应链的利益。

（1）优化合作伙伴选择，建立战略合作伙伴关系。供应链合作伙伴选择是供应链风险管理的重要一环。一方面，要充分利用各自的互补性以发挥合作竞争优势；另一方面，也要考量伙伴的合作成本与敏捷性。合作伙伴应将供应链看成一个整体，而不是由采购、生产、分销、销售构成的分离的块功能。只有链上伙伴坚持并最终执行对整条供应链的战略决策，供应链才能真正发挥成本优势，提高市场占有率。选择合作伙伴须考察其综合素质，如合作伙伴所拥有的核心资源与地理位置、经营业绩、R&D 现场管理、质量体系、成本控制、用户满意度等，同时要求合作伙伴具有良好的商业信誉和信用水平。要注意识别合作伙伴加盟供应链的动机和发生投机行为的可能性，可通过设立一个进入供应链的最低信用度，让那些高于最低信用度的企业成为供应链的真正伙伴，最大限度地将潜在危险者排除在供应链系统之外。

供应链战略联盟是建立在合同（或协议）基础之上的组织形式，但单纯依靠合同规避风险仍然不够，供应链企业之间需强化基于合作利益有效分配的信任激励机制。一方面要保证在供应链总收益分配中伙伴间的利益共享，即各成员间都“有利可图”。另一方面必须通过制定严格的标准和要求，约束各厂商的行为，恩威并施、双管齐下的激励措施必将大大降低供应链面临的道德风险，增进伙伴间的感情联络与合作信任，巩固战略合作伙伴关系。供应链企业要实现预期的战略目标，客观上要求供应链企业进行合作，形成共享利润、共担风险的双赢局面。因此，与供应链中的其他成员企业建立紧密的合作伙伴关系，成为供应链成功运作、风险防范的一个非常重要的先决条件。建立长期的战略合作伙伴关系，首先要求供应链的成员加强信任；其次，应该加强成员间信息的交流与共享；再次，建立正式的合作机制，在供应链成员间实现利益分享和风险分担；最后，加强契约规定等规范建设，促使伙伴成员以诚实、灵活的方式协调彼此的合作态度和行为。

（2）选择适时流通产品。亿博物流咨询供应链专家宋文远分析，供应链最有威力的是有规模的流通产品，在供应链中会显示优势。例如，矿泉水是流通的产品，大家都可以喝，风险相对较小。而如果供应的物品不是矿泉水而是抗癌的药物，那么就不是流通的产品，而是专业性产品，风险就很高。

（3）避免道德风险。供应链上各个节点企业出现物流、信息流、资金流运行不畅的原因，很大程度上在于企业之间缺乏信任、企业监督机制不完善及道德风险问题普遍存在。因此，如何激励各个节点的企业，使他们主动参与合作，建立起比较稳固的联盟，就成为解决道德风险、防范由道德风险引发供应链危机的首要问题。供应链是由多个财务独立、目标不同的企业成员组成的，每个成员对供应链的贡献大小不尽相同。企业的高层管理者应该设立一套有效的供应链激励机制，使整个供应链优化所产生的效益在供应链各个企业之间以及企业内部得到合理的分配。只有供应链各节点企业都从供应链管理中受益，它们才可能去维护整条供应链的整体利益，企业联盟才能更加稳固。

7. 强化供应链核心企业的领导作用，加强节点企业的风险管理

供应链是围绕核心企业建立的，并不是简单地从供应商到顾客的供应链。核心企业拥有人才、资金、技术、管理等诸多优势，在供应链的危机管理和风险控制中，要充分发挥领导作用。供应链从采购、生产到销售过程是由多个节点企业共同参与而形成的串行或并行的混合网络结构。其中，某一项工作既可能由一个企业完成，也可能由多个企业共同完成。供应链整体的效率、成本、质量指标取决于节点指标。由于供应链整体风险是由各节点风险传递而成的，因此，通过对节点企业风险的识别与判断，进行风险调整和优化，将大大加强对整个供应链的风险控制，提高核心企业对风险的控制能力。供应链上的各个企业，由于所占有的资源不同，不可能处于平等的地位。实际上，供应链也是围绕核心企业形成的网链，而绝不是简单地从供应商到顾客的一条链。由于供应链是一个业务紧密联系的利益共同体，核心企业的领导作用有利于在整个供应链上保持强大的压力，从而提高供应链的协同性和运作效率。供应链上成员企业应建立长期的战略合作伙伴关系。

核心企业的领导作用在整个供应链中施加强大的改进压力，有利于提高供应链的协同性和运作效率。核心企业要加强对供应链节点企业的管理，向其提供技术和管理的支持，不断提高节点企业的生产和管理水平，降低节点企业自身面临的风险。

8. 树立风险意识，建立风险预测机制，培育供应链危机应急处理机制

供应链是多环节、多通道的一种复杂的系统，很容易发生突发事件。因此，必须建立相应的预警系统与应急系统。在供应链管理中，对突发事件的发生要有充分的准备。对于一些偶发但破坏性大的事件，可预先制定应变措施，制定应对突发事件的工作流程，建立应变事件的小组。面对危机，企业应及早组建内部危机管理小组，并以最快的速度启动危机应变计划，同时随机应变，随时修正和细化危机处理对策，以避免给供应链中多个企业带来更大的损失。

在关键领域防范和减轻问题的严重性。供应链战略联盟应设计好在遭受灾难时的业务操作，确保在任何情况下都有可选的措施，同时提高联盟的应变、预防能力，使供应链成员在出现风险时能有效地团结组织起来。要有意识地培训，使成员能够有一定的应变能力，通过沟通与管理层一起确保这些关键风险出现时不会影响整个供应链的运作。

建立一整套预警评价指标体系。当其中一项以上的指标偏离正常水平并超过某一“临界值”时，发出预警信号。在预警系统做出警告后，应急系统及时地对紧急、突发的事件进行应急处理。在供应链内部进行风险意识教育，提高警惕性，建立风险预测机制。对风险进行估算、衡量，由风险管理人员运用科学的方法，对其掌握的统计资料、风险信息及风险的性质进行系统分析和研究，确定各项风险的频度和强度，为选择适当的风险处理方法提供依据。

与上下游企业共同制订风险防范计划。供应链是一个多节点企业共同加盟并相连的复杂系统，链上任何一个环节出现问题都会波及和影响整条供应链。为此，集团企业必须与供应链上下游共同制订风险防范计划，建立起操作简便、灵敏有效的风险防范机制，借助产品质量、合同履约、库存周转、客户满意度等监控指标，进行供应链风险的识别、评估与预警，以达到及时预防、控制和转移风险，保证整条供应链连续、平稳、有效地运行，实现利益共享、风险共担。

9. 依靠第三方物流，发展应急物流

第三方物流服务商通常具备广泛的、专业的物流网络，一旦某条线路出现问题，可以及时调整路线，仍然正常地运作。因此，企业通过与第三方物流企业的合作，建立供应链的合理分工，不仅可以降低经营成本、提高经营水平，还可以有效地分散风险、增强抵御危机的能力。

10. 加强采购管理，优化物流配送

企业产品生产是以采购为前提的。采购既是企业内部供应链的开始，又是企业与企业之间供应链的桥梁，对于企业降低成本、提高运作效率、增强竞争力有其重要作用。采购环境的复杂多变与采购管理系统功能的弱化是采购风险形成的主要原因，采购风险的防范应从供应渠道或供应商的选择与强化采购制度控制两方面入手。大型企业集团的物资采购市场大，涉及设备、钢材、木材、塘材、土产材料、机械、化工原料等多个行业和领域，招标或比价采购促使成百上千家供应商前来竞争．为保证质优价廉物资的及时供应和可靠服务，一方面要实行供应商准入制，设定供应商准入的资格和条件，拒质量差、资信低、服务不到位的供应商于门外。另一方面要建立供应商资信考评信息库，对供应商的基本情况、产品质量、价格、交货及时性、售后服务等实行动态跟踪考核，并借助优胜劣汰机制，使企业集团始终拥有一支最佳组合的供应商队伍，为各类物资的可靠供应提供保障。强化采购制度控制应从加强采购队伍建设、严格采购程序、实施有效监管等方面推进。

供应链采用多头供应商的柔性供应机制，可以有效防范单一供应商结构下的渠道受阻，即可影响整条供应链常运行的供货风险。为此，企业对关键物资材料的供应须选择来自不同地域的两个以上供应商提供，并对每个供应商的供货进行跟踪评估，以确保物资供应安全稳定。物流配送是供应链运营中的重要环节，依靠专业强势的第三方物流，企业可专注核心业务，优化经营流程，降低运营成本，分散并增强抵御物流配送风险的能力。

制定处理突发事件应急措施。自从“非典”之后，突发事件的应急措施就被大家熟悉和重视，现在无论是国家还是企事业单位都有相应的突发事件的应急措施。在供应链管理中，应事先预测评估，加强防范。企业应该充分利用现代技术，对风险进行事先的预测评估。需要说明的是，由于供应链危机管理的复杂性与不确定性，供应链危机管理措施在制定及实施过程中，必须与供应链风险管理、供应链应急管理中的相关措施与方法相协调、配合才能实现最佳危机管理效果。只有采用不同的管理手段多管齐下、共同管理，才能在供应链危机发生前将风险尽可能降低或消除，在危机发生后将危害尽可能降低。

总之，供应链危机管理的目的并不是百分之百地避免危机，而是了解企业会面临哪些危机，有哪些风险是可以预防的，有哪些风险是可以降低的，从而制定相应的措施来应对危机及突发事件，以及在危机发生后应采取何种管理手段防止事件扩散、发展，并把危机可能造成的危害减到最小。

拓展阅读

供应链战略联盟与物流联盟

1. 供应链战略联盟

随着经济全球化的不断演进，企业的发展越来越离不开联盟。联盟是发展企业核心竞争力的有效途径，但并非所有的联盟组织都能朝着增进企业核心竞争力的方向发展。供应链战略联盟有成功的机会，也有失败的风险。对处于经济开放条件下的企业来说，为了获得持续的竞争优势并在市场中保持有利的地位，必须把握建立供应链联盟应该注意的问题及影响联盟成功的关键因素，构建新的创造和发展的基础，使供应链联盟朝良性的方向发展。

（1）重新选择合适的合作伙伴。由于战略联盟成员企业之间的关系相对松散，市场和行政双重机制同时起作用，战略联盟的成败取决于企业之间真诚的合作，所以要选择有真正合作诚意的伙伴。相同、相近的价值观，尽可能地消除信息不对称所产生的影响，战略资源具有互补性，产品线完整性等几个方面是选择合作伙伴首先应该考虑的问题。同时，合作伙伴的产品和市场立足点应能够对公司现有的产品和顾客形成有益的补充。供应链联盟的最终目的是通过不同企业优势互补及资源整合达到“1+1>2”的效果，这就要求合作伙伴最好具备某种竞争优势，而且这种优势能在一段时间内保持稳定，并具有较强的发展潜力。此外，确定共同一致的目标是保证战略联盟持续成功的重要条件之一。但事实上联盟伙伴之间的战略目标差距是存在的，这就要求联盟伙伴进行协调，寻求缩短目标距离的途径和利益契合点，并在此基础上建立相对紧密的战略合作伙伴关系，把供应链联盟作为促进和优化供应链竞争实力的长期战略规划。

（2）选择适宜的联盟方式和联盟机构。供应链联盟的方式有很多，包括供应和购买协定、市场或销售协定、提供技术服务协定、管理合同等，无论采取何种形式，都必须根据企业的战略目标，依照企业利润产生的源头，规划符合企业内在发展规律的联盟机构，且联盟机构必须独立且强有力。战略联盟是一个不断讨价还价的过程，合作各方真正关心的内容可能超出协议规定的范围，成功的企业要经常告诫各个层次的员工哪些技能和技术不能向合作伙伴透露，并监视合作伙伴要什么和得到了什么。

（3）注重联盟企业间的沟通与协作。战略联盟可以给企业带来竞争优势，实现企业战略目标，但却非常难以管理，其在建立和运营过程中有很多复杂问题和困难。因此，实施战略联盟并提高成功的可能性必须有一种联盟合作思维方式及合作意识，即要使所有与战略联盟形成及运作有关的人员都清楚地理解和意识到联盟能给企业带来的利益和风险，并且加强联盟成员之间的沟通与协作，在整体战略及企业文化方面达成共识。在供应链联盟中，不同文化产生的摩擦和纠纷是不可避免的，尤其是在国际联盟中，以各民族传统文化为根基的企业文化难免会有碰撞和冲突。如果企业管理者不能及时进行信息沟通，解决跨文化融合的难点问题，供应链联盟就难以取得长期稳定的发展。企业核心竞争力就难以扩展。因此，联盟伙伴之间应当具备对文化差异的充分理解态度和灵活协调能力，彼此相互信任、忠诚守信，从而为联盟的长久生存和成员企业的共同发展打下坚实基础。

（4）要建立完善的信息沟通网络。信息在联盟体内迅速传递和处理是供应链联盟成功的重要前提，也是企业核心竞争力的重要构成。联盟企业必须通过积极有效的沟通，尽可能保持本企业发展目标与联盟目标的高度一致，使供应链联盟能够对瞬息万变的市场环境做出快速有效的响应，充分把握市场机会，完成供应链联盟的任务。总之，在建立战略联盟过程中，一定要达到以下共识，即合作是以不同形式开展的竞争，也就是合作中的竞争和竞争中的合作；尽管参与合作的各方竞争目标不同，但战略目标却可能是相同的，应该相互允许在共同从事的业务中共同发展；融洽并不是合作成功的最重要标志，偶尔的冲突是合作中存在互惠互利、优势互补的最好证明；合作是有限度的，企业不应该做出战略性妥协；向合作伙伴学习是最重要的任务。

2. 物流联盟

物流联盟是介于独立的企业与市场交易关系之间的一种组织形态，是企业间由于自身某些方面的发展需要而形成的相对稳定的、长期的契约关系。物流联盟是以物流为合作基础的企业战略联盟，它是指两个或多个企业之间，为了实现自己的物流战略目标，通过各种协议、契约而结成的优势互补、风险共担、利益共享的松散型网络组织。在我国，物流水平还处于初级阶段，组建联盟便显得尤为重要。

（1）物流联盟产生原因。利益是物流联盟产生的最根本原因。企业之间有共享的利益是物流联盟形成的基础，物流市场及共利空间是巨大的，在发达国家，物流成本占其GDP的10%左右，而我国的占15%~20%。如此大的市场与我国物流产业的效率低下形成鲜明的对比，生产运输企业通过物流或供应链的方式形成联盟有利于提高企业的物流效率，实现物流效益最大化。

中小企业为了提高物流服务水平，通过联盟方式解决自身能力的不足。近年来随着人们消费水平的提高，零售业得到了迅猛的发展，这在给物流业带来发展机遇的同时，也带来了新的挑战。因物流发展水平的长期落后，如物流设备、技术落后，资金不足，按行政条块划分物流区域等，很多企业尤其是中小企业不能马上适应新的需求，于是通过联盟的方式来解决这个矛盾。

以第四方物流为中心对物流服务的各个机构，尤其是第三方物流公司进行整合，服务能力在数量和质量方面都大大提高，解决单独靠一家企业或第三方物流机构不能完成的问题，因此产生新的联盟方式。

国际互联网技术的广泛应用使跨地区的物流企业联盟成为可能，由于信息高速公路的建成，使得世界距离大大缩短，异地物流企业利用网络也可以实现信息资源共享，为联盟提供了有利的条件。

（2）建立方法。联盟要给成员带来实实在在的利益。联盟采取的每一项措施都要考虑每个成员的利益，使联盟的每个成员都是受益者，并能协调处理成员间的摩擦，提高客户服务能力，减少成本并获得持久的竞争优势。

联盟战略目标与企业的物流战略一致或部分一致，联盟是一个独立的实体，是一个系统一体化的组织。联盟成员需采取共同目标和一致的努力，优化企业的外部行为，共同协调并实现联盟的目标。联盟成员的企业文化的精神实质基本一致。企业文化往往决定着企业的行为，只有企业文化大体相同的企业才有可能在行为上取得一致，从而结盟。联盟成员的领导层相对稳定。如果联盟成员经常更换领导层，后一任领导可能不认同前一任领导的决策，导致联盟不稳定性加大，因此领导层的相对稳定是联盟长期稳固发展的重要因素。

思考练习题

一、名词解释

供应链战略　供应链合作伙伴关系　供应链风险　供应链危机管理

二、不定项选择题

1．（　　）是指在同一条供应链中节点企业之间有意向形成的合作伙伴关系，合作伙伴间的资源、能力和核心竞争力能够兼容，从而获得节点企业在设计、制造、产品或服务上的共同利益。

A．供应链战略联盟　B．战略联盟　C．供应链联盟　D．供应链企业

2．供应链节点企业之间要形成战略联盟，必须遵循如下原则：兼容、能力和（　　）。

A．公平　B．互利　C．投入意识　D．双赢

3．（　　）在国外也称契约物流。

A．第三方物流　B．第四方物流　C．第一方物流　D．第二方物流

4．BPR 是（　　）的简称。

A．联合采购　B．供应商管理库存

C．准时采购　D．业务流程重组

5．一般情况下（　　）不是供应链风险产生的原因。

A．企业文化差异　B．企业地理位置　C．信息传递　D．独家供应商

6．以下属于供应链风险处理方法的有：（　　）。

A．风险压制　B．风险控制　C．风险消除

D．风险转移　E．风险承受

7. 供应链管理过程中突发事件识别阶段常用的参数有：（　）。

A. 可救援性　B. 可减缓性　C. 可恢复性

D. 可挽救性　E. 可承受性

8. 信息技术推动是业务流程重组的一个重要原因，其作用表现在：（　）。

A. IT 是提高竞争力的工具

B. IT 影响企业组织机构和运营机制

C. IT 促进企业创新

D. IT 构筑信息渠道和纽带

9. 战略合作伙伴关系的理论基础包括：（　）。

A. 交易成本理论　B. 资源依赖理论　C. 资源基础理论

D. 策略性行为理论　E. 委托代理理论

10. 按照功能性产品和创新性产品，可以将供应链战略划分为：（　）。

A. 有效性供应链　B. 反应性供应链

C. 动态性供应链　D. 稳定性供应链

三、判断题

1. 经济波动会引起供应链风险。（　）

2. 供应链危机管理即是对供应链突发事件的管理。（　）

3. 供应链战略管理既有动态性又有稳定性。（　）

4. 供应链合作伙伴一旦确定以后，短时间内不会发生更改。（　）

5. 选择供应链合作伙伴主要采用定性、定量、定性与定量结合方法。（　）

四、简述题

1. 供应链危机的特征有哪些？

2. 供应链流程重组有哪些方法？

3. 怎样选择供应链合作伙伴？

4. 供应链合作伙伴关系管理中的制约因素及问题有哪些？

5. 供应链战略联盟是什么？它的作用有哪些？

五、案例分析

沃尔玛与宝洁经典的供应链合作

宝洁与沃尔玛在过去几十年创造了零售供应链的经典合作。它们都是从小镇起家，经过几个世纪的发展，成为全球最大的零售商与快速消费品制造商。宝洁于 1985 年进入中国，沃尔玛于 1996 年进入中国。宝洁收购了吉列，而沃尔玛在英国收购了一个叫阿斯达的零售商。宝洁与沃尔玛的总部均在美国。

回溯至 1987—1988 年，宝洁与沃尔玛的合作也都只停留在一些杂事或是对销售价格进行争论。两家企业的沟通还停留在宝洁的销售与沃尔玛的采购之间的买卖关系。两家企业还都只关注自己内部的业务。但是到了 20 世纪 90 年代末，沃尔玛总裁山姆·沃尔顿与宝洁总裁皮特·切特进行了一次友好的独木舟野营活动，此后一切都发生了改变。

时至今日，两家企业间的合作已经由单点对单点的沟通，即采购与销售的对话转变成多点对多点的对话，比如总裁与总裁之间的对话，物流经理与物流经理的对话，甚至是信息部与信息部之间的对话。这样两个公司便在更广和更深的层面上进行了合作。

合作是要建立共同的职责，而建立这种共同职责要注重几个方面，比如着远于长期的合作关系，整个系统与系统的合作，一切以消费者和购物者为中心，对数据进行分享等。

沃尔玛创始人山姆·沃尔顿就沟通上有段经典的论述，他说要"尽可能地与你的伙伴和合伙人进行沟通与分享，他们知道得越多，他们理解得就越多，他们理解得越多，他们关注得就越多"。宝洁与沃尔玛合作方式的改变，其结果是两家公司共同的销售与利润的增加，两家公司成本共同的减少，最后是两家公司都分享了信息。

通过以上的案例描述，你怎样理解沃尔玛与宝洁之间的战略合作关系？假设自己是其中一家企业的某一个部门中层管理者，你将怎样在双方合作伙伴关系中做出贡献？

第七章

供应链绩效评价及激励机制

学习目标

1. 理解供应链绩效评价的内涵、原则与意义
2. 掌握供应链绩效评价的指标
3. 了解供应链绩效评价的一般方法与供应链企业的激励机制

案例导入

麦当劳的供应链绩效

麦当劳餐厅（Mcdonald's Corporation）是大型的连锁快餐集团，在全世界大约拥有三万间分店，主要售卖汉堡包、薯条、炸鸡、汽水、冰品、沙拉、水果。麦当劳餐厅遍布全世界六大洲百余个国家。在很多国家麦当劳代表着一种美国式的生活方式。

麦当劳供应链简介：麦当劳的供应链是三腿凳模式，即“公司—专营商—供应商”模式。在采购方面，麦当劳有如下特点：①独特而专业的设施；②握手协议，信任；③长期双赢的合作关系，风险共担；④严格的产品和服务规范；⑤注重质量、产品规格和环境审计；⑥分散的供应商结构，区域整合的跨国供应商；⑦分销商是餐厅批发商。

在物流方面，麦当劳有以下特点：①平均每个餐厅有 100 个销售项目；②平均每个仓库有 400 的 SKU（集线器，高达 1 500）；③每个配送中心有 200 个餐厅；④送货频率是每周三次，在城市地区更高；⑤每条路线有 2-3 个中途站；⑥采用第三方物流；⑦通过货运代理集运；⑧与供应链保持长期合作关系，实行风险共担；⑨高品质聚焦（包括冷链、HACCP 认证、速效项目）。

麦当劳供应链面临的挑战：①更加关注新鲜度和质量；②持续进行产品创新；③基于促销的强势客户需求波动；④订单—存货管理；⑤餐厅—直流—供应商—原料供应商；⑥牛鞭效应；⑦同形装配；⑧变革管理中的分散结构。

麦当劳创造了一种可持续发展的商业模式。它以快速响应的运营方式，从设计到分销实现了一个系统化的高效流程，最大限度地提高了存货周转和利润率。麦当劳充当整条供应链管理者的角色，它绝不以任何形式“拥有”任一供应商，以避免利益的冲突，导致立场的不客观以及无法专心经营本业，这些都是麦当劳“供应链管理”中极为重要的核心精神与价值。麦当劳发展、协调并管理能将产品、系统以及服务加以整合供应网络，以最优

的供应网络给予麦当劳所有中心长久的竞争优势。

（资料来源：李耀华，林玲玲. 供应链管理（第3版）[M]. 北京：清华大学出版社，2018）

第一节　供应链绩效评价概述

一、供应链绩效评价的内涵

（一）供应链绩效

绩效通常是指正在进行的某种活动或者已经结束的某种活动取得的成绩。因此绩效不但可以看作一个过程的表现，也可以看作一个过程产生的结果。

一般来讲，供应链绩效是针对供应链目标而言的供应链整体运作情况，而供应链的运作情况是由供应链上节点企业自身及企业间的合作实现的。因此，供应链绩效既包括了节点企业的运作又包括了节点企业间的合作，以及最终实现的供应链整体的运作业绩和效果。

从价值角度看，供应链绩效可以理解为，供应链各成员通过信息协调和共享，在供应链基础设施、人力资源和技术开发等内外资源的支持下，通过物流管理、生产操作、市场营销、顾客服务、信息开发等活动增加和创造的价值总和。

（二）供应链绩效评价

绩效评价是指运用一定的评价方法、量化指标及评价标准，对既定的绩效目标的实现程度，以及为实现这一目标安排预算的执行结果所进行的综合性评价。因此供应链绩效评价是指围绕供应链的目标，对供应链整体、各环节（尤其是核心企业运营状况以及各环节之间的运营关系等）进行的事前、事中和事后分析评价。

具体来说，评价供应链的绩效，是对供应链的整体运行绩效、供应链节点企业、供应链上的节点企业之间的合作关系做出评价。供应链绩效评价指标选择偏重于能够恰当地反映供应链整体运营状况，以及上下节点企业之间的运营关系，而不是单独地评价某一供应商的运营情况。为了达到这些目的，供应链的绩效评价一般从三个方面考虑：一是内部绩效度量，二是外部绩效度量，三是供应链综合绩效度量。

（三）供应链绩效评价与企业绩效评价的区别

一般来讲，单个企业绩效评价指标的数据来源于财务结果，在时间上略微滞后，不能反映供应链的动态运营情况。另外，单个企业绩效评价主要针对企业职能部门工作完成情况，不能对企业业务进程进行评价，更不能科学、客观地评价整个供应链的运营情况。还有，单个企业绩效评价指标不能对供应链的业务流程进行实时评价和分析，而是侧重于事后分析。

供应链管理的绩效评价与单个企业的绩效评价有着很大的不同：评价供应链运行绩效的指标，不仅要评价该节点企业的运营绩效，还要考虑该节点企业的运营绩效对其上层节点企业或整个供应链的影响等。所以对供应链绩效的界定要求更多地强调企业和合作伙伴之间的沟通协作。

二、供应链绩效评价的意义

评价供应链的实施给企业群体带来的效益，方法之一就是对供应链的运行状况进行必要的度量，并根据度量结果对供应链的运行绩效进行评价。因此，供应链绩效评价的主要意义可以总结为以下四个方面。

首先，绩效评价用于对整个供应链的运行效果做出评价。主要考虑供应链与供应链间的竞争为供应链在市场中的存在（生存）、组建、运行和撤销的决策提供必要的客观依据。目的是通过绩效评价来了解整个供应链的运行状况，找出供应链运作方面的不足，并及时采取措施予以纠正。

其次，用于对供应链上各个成员企业做出评价。主要考虑供应链对其成员企业的激励，吸引企业加盟，剔除不良企业。

再次，用于对供应链内企业与企业之间的合作关系做出评价。主要考察供应链的上游企业（如供应商）对下游企业（如制造商）提供的产品和服务的质量，从用户满意度的角度评价上下游企业之间的合作伙伴关系的好坏。

最后，除了对供应链企业运作绩效的评价外，这些指标还可以对企业起到激励的作用，包括核心企业对非核心企业的激励，也包括供应商、制造商和销售商之间的相互激励。

总而言之，供应链绩效评价有利于核心企业掌握供应链上节点企业的运行状况，从而对其做出准确的评价，改进、提高供应链运行效率和效益，从而更好地管理和控制整条供应链。

三、供应链绩效评价的原则

供应链绩效评价既要反映供应链上节点企业的运行状况，又要体现企业间的合作情况，最终衡量供应链总体运行情况。其重心还在于供应链企业间的协调、合作、运营管理。因此供应链绩效评价应遵循以下四个方面的原则。

（1）强调供应链的整体绩效。根据系统论的观点，供应链上的每个企业可以看作整个供应链系统中的一个子系统，子系统之间相互关联。因此，研究绩效如何实现优化，必须建立供应链的个体企业与供应链总体目标之间的关联，确保整条供应链目标的统一。要强调组织之间的协调、合作、运营管理，而不是仅仅基于所有制的控制管理及层次型的纵向集成。

（2）供应链的各个企业之间存在联动关系，在进行供应链绩效评价时，需要从企业供应链管理的业务流模型入手，着重就供应链运作的整体绩效的内外驱动力进行全面的分析，绩效既要能够反映结果，也要能够反映结果的驱动指标。

（3）供应链绩效是战略执行的结果，因此，要求其与企业战略相一致，反馈战略的执行。绩效评价只在有规划目标和期望结果的环境中才更加重要，所以，需要有明确的规划和所期望的结果来实现绩效的改善。

（4）供应链战略从单个企业向多个企业协调集成，从市场反应型发展转化为客户导向型进行运作。因此，绩效评价也要从单方评价扩展到多方评价，从单纯的财务指标拓展到综合指标。

第二节 供应链绩效评价方法及激励机制

一、供应链绩效评价的内容

供应链管理的绩效评价问题实质上是对供应链整体运行情况、供应链成员和供应链企业间的合作关系的度量，一般涉及供应链上企业内部绩效度量、供应链上企业外部合作绩效度量和供应链整体绩效度量三个方面。

（一）供应链上企业内部绩效

供应链内部绩效度量主要是对供应链上的企业内部绩效进行度量。它着重将活动和过程同以前的作业和目标做比较。内部绩效度量通常有如下指标：客户服务、成本管理、质量、生产率、资产管理等。

1. 客户服务

客户服务包括服务的可得性、服务作业绩效和服务的可靠性。

服务可得性是指当顾客需要产品或服务时，组织所拥有的库存能力或提供服务的能力。服务可得性可以用三个指标进行衡量：缺货频率、供应比率和订货完成率。

缺货频率=（缺货次数/用户要求次数）×100%

供应比率=（满足要求数量/用户要求数量）×100%

订单完成率=（完成交付给客户的订单数量/客户订单数量）×100%

使用订单完成比率来衡量与产品可得性有关的绩效，是一种比较严格的方法。根据这种评价标准，如果在某个产品线上即使是只遗漏了一件货物，订单也会被看作没有完成。因此，在管理中也常常以某个时期内出现的缺货数目和延迟交货的数量作为服务可靠性的评价指标。

服务作业绩效可以通过速度、一致性、灵活性和故障与恢复四个方面来衡量。作业绩效涉及物流活动或服务作业期望完成的时间及活动中可接受的变化因素等。

服务可靠性中的关键因素是各供应商能否提供准确无误的信息。服务过程中总有可能发生意外，顾客通常讨厌意外事件，但如果他们能够事先收到明确的信息，就可以对意外情况做出相应的调整。

2. 成本管理

最直接反映内部绩效的是完成特定的运作目标而发生的实际成本。成本绩效经常以每一项职能所花费的总额作为评价指标，因此常常需要对具体的物流职能，如仓储运输和订单的处理等成本数据进行监控。企业也常常需要对成本占销售额的百分比或每个单位产品的成本消耗进行监控。

3. 质量

较典型的评估指标包括损坏比率，即计算损坏的货物数量占全部货物数量的比率，还有一些重要的质量绩效指标与信息有关。许多公司特别注重评估他们自己提供信息的能力，即当公司没有出现客户所需信息的情况时，公司自身是否具有提供相关信息的能力。另外，如果出现信息不准确的情况，企业也通常会对这些情况进行跟踪。评估质量绩效的方法有很多。

4．生产率

生产率是一种关系，通常会用一个比率或指数来表示，即货物产量、完成的工作或创造的服务，与用于生产该产品的投入或资源的数量之间的比率。在很多情况下，对生产率的评估会有很多困难。比如，在一定的时间段内，产量难以衡量，同时所用的投入与产量难以匹配，投入与产出相混淆或类型不断变化，数据难以得到。

5．资产管理

资产管理的重点是投资在设备和设施上的资本的利用，同时还有投资在库存上的经营资本的利用。如物流设施、设备和库存可以代表一个公司资产的很大部分。设施与设备经常以容量的利用，即总容量的利用比率来进行评估，这种评估方法表明了资本资产投资的有效或无效利用。资产管理同时也关注库存。库存周转比率是最常见的绩效评估方式。

库存周转率=销售成本/平均存货

（二）供应链上企业外部合作绩效

外部合作绩效度量主要是对供应链上的企业之间运行状况的评估。外部合作绩效度量的指标主要有客户满意度和基准评估等。

1．客户满意度

客户作为供应链市场的导向和利润来源，是供应链绩效的主要驱动。客户不断变化、加强客户化要求和消费的偏好增加了供应链在运作成本上的压力。同时产品的质量计划的柔性不能有丝毫的下降。客户对产品为自身带来的价值增值或成本节约愈发注重，使得供应链需要在每一个环节加以客户理念的作用。

企业内部生成的关于基础服务的所有统计数据，都可以作为衡量客户满意度的内部指标，但是，要量化满意度就要对来自客户的信息进行监控、评估。

典型的满意度评估方法要求企业对客户的期望、需求和客户对企业各方面运作绩效的印象和理解进行仔细调查。例如，典型的调查会就客户的期望和绩效印象进行评估。

客户的期望和绩效印象包括可用性、信息有效性、订单准确性、问题处理情况等方面。只有通过收集来自客户的数据信息，才能够真正地评估满意度。更进一步说，必须从客户的角度去衡量那些为提升客户成功而付出的努力。

2．基准评估

基准同样是绩效评估的关键方面，它使管理者了解到一流的经营运作。关于基准的一个关键问题是选择基准评估的对象。许多公司对企业内部设计相似运作的单元的绩效或出于不同地区的运作单元的绩效进行比较，由于从事多种经营的大公司的运作单元经常不知道其他单元中所发生的事情，因此内部基准提供了共享信息和改进绩效的渠道。

此外，关于竞争者的绩效信息可以用来判定哪些地方是最需要改进的。

（三）供应链整体绩效

供应链的绩效包括企业内部、外部绩效，但最终体现供应链综合竞争实力的还是供应链的整体绩效，这就要求供应链的绩效评价能够从总体上度量供应链运作绩效。一般情况下，可以通过以下三个方面体现：供应链总运营成本、供应链响应时间、闲置时间。

1．供应链总运营成本

供应链总运营成本是供应链上所有企业成本的聚合，而不仅是单个企业的成本。具体计算公式为：供应链总成本=原材料来源成本+基本产量的初始生产成本+制造商成本+分销商成本+零售商成本。

供应链总运营成本越低，反映在供应链产品中的成本也就越低，那么供应链产品的利润率就高，说明供应链的运营越有效率，从而在供应链之间的竞争中越具有竞争力。

2．供应链响应时间

供应链响应时间可以通过相应需求的时间来计算，即一个企业认识到市场需求的根本性变化，并将这一发现内在化，然后重新计划和调整产量来满足该需求所需要的时间。

例如，在汽车制造业中，当发现市场上对运动型汽车的需求较高时，汽车公司往往要花好几年的时间来开发充足的生产量和能力，重新安排组建供应商关系，并满足消费者的需求。

当考虑到整个供应链（包括从原材料来源到最终分销）需要多长时间才能准备好以面对产品需求波动比预期大很多的情况时，供应链响应时间就显得极其有用。供应链的响应时间标志着供应链的反应速度和响应能力，是决定供应链竞争力的关键因素之一。

3．闲置时间

闲置时间是另一个用来衡量整体供应链在资产管理方面绩效的指标。库存闲置时间是在供应链中库存闲置不用的天数与库存被有效地利用或配置的天数的比率。闲置时间同时也可以用于其他资产的计算，比如运输设备的闲置时间。

二、供应链绩效评价指标的选择

反映供应链绩效的评价指标有其自身的特点，其内容比现行的企业评价指标更为广泛。它不仅代替会计数据，同时还提出一些方法来测定供应链的上游企业是否有能力及时满足下游企业或市场的需求。在实际操作中，为了建立能有效评价供应链绩效的指标体系，应遵循如下原则。

（1）应突出重点，要对关键绩效指标进行重点分析。

（2）应采用能反映供应链业务流程的绩效指标体系。

（3）评价指标要能反映整个供应链的运营情况，而不是仅仅反映单个节点企业的运营情况。

（4）应尽可能采用实时分析与评价的方法，把绩效度量范围扩大到能反映供应链实时运营的信息上去，这比仅做事后分析有价值得多。

（5）在衡量供应链绩效时，要采用能反映供应商、制造商及顾客之间关系的绩效评价指标，把评价的对象扩大到供应链上的相关企业。

供应链绩效评价指标是基于业务流程的绩效评价指标，应能够恰当地反映供应链整体的运营状况及上下节点企业之间的运营关系。具体指标如下。

1. 供应链流程评价指标

对于供应链管理而言，只有相关协作方团结起来共同做出改善的努力，才能产生巨大的协作力量，而这种改善在流程上表现得更为突出。通过基于流程的绩效分析，可以高效地找出流程改进的关键点，并共同做出努力。

供应链的流程评价指标主要反映了供应商的流程响应能力，确定如何在合理的成本下，以高效的方式进行生产。因为产品、服务和市场的分布在业务流程上是分散采购、集中制造，还是集中采购、分散制造，都由所提供的产品和服务决定，而不同的市场层面也会使业务流程在设置上有相当的差异。供应链绩效所关注的点也因为流程的不同而有所差异。

该类指标主要包括以下四个方面。

（1）产销率指标。企业供应链产销率是指一定时期内供应链各节点已销售出去的产品和已生产的产品数量的比值。该指标可反映供应链各节点在一定时期内的产销经营状况、供应链资源（包括人、财、物、信息等）的有效利用程度、供应链库存水平。该指标值越接近1，说明供应链节点的资源利用程度越高，成品库存越小。

（2）产需率指标。产需率是指在一定时期内，供应链各节点已生产的产品数（或提供的服务）与其下游节点（或顾客）对该产品（或服务）的需求量的比值。它具体分为以下两个指标。一是供应链节点企业产需率。该指标反映上下游节点企业之间的供求关系。产需率越接近1，说明上下游节点间的供需关系越协调，准时交货率越高；反之则说明上下游节点间的准时交货率低或综合管理水平较低。供应链节点企业产需率=一定时间内节点企业已生产的产品数量/一定时间内上下游节点企业对该产品的需求量。二是供应链核心企业产需率。该指标反映供应链整体生产能力和快速响应市场的能力。若该指标数据大于或等于1，说明供应链整体生产能力较强，能快速响应市场需求，有较强的市场竞争能力。供应链核心企业产需率=一定时间内核心企业生产的产品数量/一定时间内客户对该产品的需求量。

（3）产品出产（或服务）循环期指标。供应链产品出产（或服务）循环期是指供应链各节点产品出产（或服务）的出产节拍或出产间隔时间。该指标可反映各节点对其下游节点需求的响应程度。循环期越短，说明该节点对其下游节点的响应速度越快。

在实际评价中，可以将各节点的循环总值或循环期最长的节点指标值作为整个供应链的产品出产（或服务）循环期。

（4）供应链总运营成本指标。供应链总运营成本包括供应链通信成本，各物料、在制品、成品库存费用，各节点内外部运输总费用等，反映的是供应链的运营效率。

2. 供应链经济效益评价指标

供应链经济效益评价可采用传统意义上关键性的财务评价指标。当供应链合作伙伴目标实现后，供应链应该取得财务上的成功。经营目标的实现使成本大幅降低，提高了边际收益率；现金流得到优化，获得更高的收益和资本回收率。

以下四个方面绩效的提高保证财务上有长期收益，因此整个供应链的财务优化依旧是重中之重。在这里将财务评价建立在现金流驱动的基础上，把驱动现金流的行为和流程作为主要目标。

（1）供应链成本收益率。该指标等于客户的利润除以在此期间使用的供应链的平均资产，它反映了使用资产的增值性绩效的大小。

（2）现金周转率。这是一个联系供应链的整个流程的关键指标，评价供应链运作过程中现金在原材料、劳动力、在制品、完工产品直至现金的全过程。供应链系统通过先进的信息技术以及产品流集成，协调合作伙伴之间的运作，可以实现更快的现金周转。

（3）供应链的库存天数。该指标反映了资本在供应链运营中库存形式的占用天数。它等于某个时期的物料、在制品、产品库存等形式占用的时间。

（4）客户销售增长及利润。客户销售增长及利润表现为主要客户在供应链产品上的年销售收入和利润率增长。这类指标反映了供应链下游在三个主要方面的绩效：客户的销售量按年增长的情况、对于特定客户服务所获的收益随着合作关系的增进而进一步提高的情况，以及接受服务的技术增加的情况。扩大销售量、增加新的客户都将是新的利润增长点。

3．供应链运作能力评价指标

优秀的客户绩效来自组织的流程决策和运作。供应链内部运作角度就是回答如何经营才能满足或超越客户需求的问题。供应链哲学的本质是将企业内部和企业之间的功能进行集成、共享和协调，从而达到减少浪费和提高供应链绩效的目的。

由于供应链流程涉及供应链成员的生产运作，这样的指标就将不同成员的绩效联系成为供应链的整体效果。这一联系使供应链成员企业对于各自的运作有了明确的目标，其所做的改进也将有利于整个供应链的发展。就供应链运作角度而言，实现此目标主要有4个目的：减少提前期、提高响应性、减少单位成本、构成敏捷企业。为此，设计有如下六个指标。

（1）供应链有效提前期率。该指标反映了供应链在完成客户订单过程中有效的增值活动时间在运作总时间中的比率。其中包括供应链响应时间和供应链增值活动总时间两个指标。

供应链响应时间是客户需求及预测时间，预测需求信息传递到内部制造部门时间采购、制造时间，制造终结点运输到最终客户的平均提前期（或者订单完成提前期）三者相加的结果。

供应链增值活动总时间为供应链运作的相关部门增值活动的时间之和。

（2）供应链有效循环期率。该指标体现了减少供应链内部运作的非增值时间和流程浪费的空间的大小。

供应链有效循环期率=供应链增值活动总时间/供应链响应时间

通常情况下，企业之间的传递空间和时间很大部分为非增值活动所占用，很多资源被浪费了。要成为精益的供应链就必须保证企业之间的信息共享，以及合作机制的完备，以实现流畅的无缝连接，减少无谓的时间和空间浪费。

（3）库存闲置率。库存闲置率即供应链中库存闲置的时间和库存移动时间的比率。其中闲置时间包含以物料、在制品、产品库存等不同形式在供应链运作中的总停滞和缓冲时间。库存移动时间则是指库存在加工、运输、发运中的总时间。该指标表现了库存在整体运作中的时间占用，提供了库存经营效率的提高空间。

（4）供应链生产时间柔性。该指标的定义为由市场需求变动导致非计划产量增加一定比例后供应链内部重新组织、计划、生产的时间。

（5）供应链持有成本。供应链持有成本是对物流系统运作的有效性和成本集约性的考察。它包括采购库存、质量，以及交货失误等方面的内容。供应链采购成本的评价包括订货、发运、进货质量控制的总和。供应链库存成本包括供应链运作过程中发生的原材料、在制品、完工产品库存成本，以及滞销和在途库存成本等。

供应链质量成本是指在运作过程中由于质量问题而导致的成本，包括产品残缺成本、维修成本和质量保证成本。

（6）供应链目标成本达到比率。该指标从单一产品和流程的角度分析其在质量、时间和柔性上的流程改进是否达到预定的目标成本。

4．供应链创新与学习能力评价指标

供应链的未来发展性直接关系着供应链的价值。在平衡计分卡中客户角度和内部运作角度的评价分析了供应链成功的竞争力，但是成功的目标是不断变化的。严峻的市场竞争要求供应链必须不断改进和创新，发掘整合供应链内部和外部的资源，提高现有流程、产品/服务质量和开发新产品的能力。

供应链的改进是一个动态的过程，主要通过四个方面进行：第一，重新设计产品及其流程；第二，通过企业集成对组织间活动有效地进行调节和整合；第三，持续地改进供应链的信息流管理，使供应链伙伴能够共享决策支持所需要的准确信息；第四，每个供应链都需要随时注意外部市场的潜在威胁和机遇，重新定义核心价值。

（1）专有技术拥有比例。该指标反映企业供应链的核心竞争力。企业核心竞争力的一个重要组成部分是核心产品。指标值越大，说明供应链整体技术水平高，核心竞争力强，其产品不易被竞争对手模仿。

专有技术拥有比例=供应链企业群体专利技术拥有数量/全行业专利技术拥有的数量

（2）新产品（服务）收入比率指标。新产品（服务）收入比率是指企业（供应链）在一定时期内由于提供新型产品或服务所获得的收入占总收入的百分比。该指标反映的是企业的产品（服务）研发能力和对新产品的综合营销能力，新产品（服务）收入比率指标值越大，说明企业（供应链）的新产品（服务）设计、开发能力越强，对新产品（服务）的综合营销能力也越强。

（3）员工建议增长率指标。员工建议增长率指标是指一定时期内企业（供应链）员工向公司提交的合理化建议数量与上一评价期相比的增长率。该指标值与企业内民主管理意识、员工的参与意识成正比。在一定程度上，员工建议增长率指标也是企业（供应链）管理活力的具体体现之一。

（4）组织之间的共享数据占总数据量的比重。供应链的特点之一就是信息共享，这是保证供应链伙伴关系成功的关键。否则，供应链很难降低重复劳动、减少浪费和成本。信息共享的内容包括需求预测、销售点数据、生产计划、战略方向、客户目标等，以实现组织之间的集成。由此可见，重要信息的共享程度体现了一个企业实际实施供应链管理的程度。

三、供应链绩效评价的一般方法

（一）供应链运作参考模型法

供应链运作参考模型（Supply Chain Operations Reference Model，SCOR）是由供应链协会（Supply Chain Council，SCC）主持开发的。它是一套全面的供应链管理理论，由计划、采购、生产、配送、退货和支持 6 个基本过程组成。它可以描述、分类和评价一个复杂的管理过程，为企业供应链管理提供了一个各行业普遍适用的共同标准。

模型通过对供应链流程的分层分析为供应链的改善提供了有效途径，提出了评价指标，包括：交货情况、订货满足情况、完美订单履行率、供应链响应时间、生产柔性、总供应链管理成本、附加价值生产率、担保成本和回收处理成本、现金流周转时间、供应周转的库存天数和资产周转率等。

目前，该模型已经被世界 500 强中的绝大部分企业接受和使用，是实践证明可以用来提高企业供应链业绩的模型。

（二）供应链绩效标杆法

供应链绩效标杆法是美国施乐公司确立的经营分析手法，以定量分析自己公司的现状与其他公司现状，并加以比较。标杆法就是将那些出类拔萃的企业作为企业测定基准，以它们为学习对象，迎头赶上，进而实现超越。一般地，供应链绩效标杆法除要求测量最好公司的企业绩效外，还要发现这些优秀公司是如何取得这些成就的，并利用这些信息作为制定企业绩效目标、战略和行动计划的基准。

值得指出的是，这里的优秀公司也并不局限于同行业中的佼佼者。它可以在各种业务流程的活动中，与那些已取得出色成绩的企业相比较。

供应链绩效标杆法是基于供应链运作参考模型（SCOR）发展起来的。它旨在找到自己公司和一流公司，以及竞争对手之间的差距，辨别和吸收其优秀的管理功能，从而有针对性地激励目标，优化公司的供应链管理。供应链绩效标杆可以通过很多种形式进行，主要有内部标杆、竞争性标杆、行业/功能标杆、协作性标杆、公开性标杆等。

（三）平衡计分卡法

平衡计分卡（Balanced Score Card，BSC）最早是由哈佛商学院教授罗伯特·卡普兰（Robert S. Kaplan）和复兴全球战略集团总裁大卫·诺顿（David P. Norton）经过与在业绩评价方面处于领先地位的 12 家公司进行的为期一年的项目研究后，于 1992 年提出的。平衡计分卡的核心思想反映在一系列指标间形成平衡，即短期目标和长期目标、财务指标和非财务指标、滞后型指标和领先型指标、内部绩效和外部绩效之间的平衡。

将平衡计分卡应用到供应链绩效评价中，从客户、内部运营、学习及创新、财务四个方面来综合评价供应链的绩效，不仅能够反映供应链业务流程集成的绩效，而且能够反映整个供应链的运营情况和供应商、制造商及顾客之间的关系。

（四）模糊层次综合评价法

模糊层次综合评价法是将模糊数学与层次分析法相结合的一种系统评价方法，它能比较好地解决系统多指标的综合评价问题。但在进行模糊综合评价时，一般很少考虑评价对象的特性值随时间变化而变化的情况，而是把评价指标作为常量进行评价，或者只根据某时间点的一组指标值进行评价，然后将评价结果推及整个时间段。而动态模糊评价法在对供应链绩效进行评价时，对评价结果根据不同时点的指标值进行修正，能够实现实时的动态评价。

（五）层次分析法

作为系统工程对非定量事件进行评价的一种分析方法，层次分析法是 1973 年由美国运筹学家托马斯·塞蒂最早提出的。运用它解决问题可以分为以下三个步骤。

（1）分解原问题，并建立层次结构模型。

（2）收集数据，用相互比较的方法构造判断矩阵。

（3）层次单排序及一致性检验，找出各个子目标对总目标的影响权重，并以此作为决策依据。

第三节 供应链企业激励机制

一、建立供应链企业激励机制的重要性

在供应链中，制造商与供应商之间历来都是短期竞争性的对立关系。对制造商而言，为了有效地降低产品生产成本，以降低产品的市场价格，进而提高企业及其产品的市场竞争能力，他们总是通过各种方式极力压低原材料和零部件的进货成本；同样，对于供应商而言，利润空间的急剧缩小迫使他们使用性能较差的低价原材料，最终影响到产品质量。另外，制造商为了防止有缺陷的原材料进入制造环节，只好加大对原材料的质量检验甚至重新加工，增加了额外支出；供应商由于没有将制造商作为长期客户的意识，每次交易都是“一锤子买卖”，所以伴随其产品的服务不会那么周到细致，甚至可能影响到制造企业制造过程的连续性。在这样一种对立模式的格局下，制造商与供应商之间是一种典型的零和博弈，一方所得必为另一方所失，双方都追求自身利益的最大化，最终导致两败俱伤。

根据博弈论，博弈双方在一次博弈中往往倾向于采用零和博弈方式以求得自身利益最大化。而在重复博弈中，为了获得长期利益和惧怕不合作引起对方在后面阶段的对抗和报复，人们往往会进行合作博弈，博弈的结果往往是共赢、互利。因此，供应链管理的首要内容，是使供应链上的节点企业建立一种以合作和信任为基础的战略合作伙伴关系，从传统的零和博弈向合作博弈思维转变，着眼于长期的共同发展，以长期利益为目标，力求供应链物流的顺畅、低成本和高效率。

供应链企业之间要保持长期的战略合作伙伴关系，还要建立有效的激励机制，使供应链企业的利益紧密联系在一起，加强管理上的整合，促进共同发展。由于供应链横跨了多个职能部门，涉及多家企业，其中每家企业又有各自的首要事项和目标，要实现总体利益的最大化确实不易。

要确保供应链以快速、高效的方式提供产品和服务，所有这些职能部门和公司就必须力往一处使。然而，企业高管往往忙于处理组织内部的问题，而忽视了各个企业之间的协调问题，因为后者一般很难察觉。而且他们觉得对于一系列不属于自己直接管理的企业，

要界定它们在供应链中的作用、职责和责任，不仅枯燥乏味，而且很费时间。此外，协调各个企业的行动也不是一件容易的事，因为不同的企业有不同的企业文化，不能指望凭借共同信念或相互忠诚来激励这些合作成员。要想鼓励供应链成员采取行动时兼顾各方利益，企业就必须提供合理和协调的激励手段。

如果供应链成员的激励因子或称激励措施是合理、协调的，即业务往来的风险、成本和收益在整个供应体系内得以公平地分摊，供应链就能有效运作。反之，就无法使供应链达到最优化。事实上，激励因子不合理、不协调常常是导致库存过剩、缺货、预测错误、销售投入不够，甚至客户服务水平低劣的原因。

建立激励机制的另一原因是，基于供应链节点企业之间的委托代理关系。由于供应链环境下各成员企业是以动态联盟的形式加人供应链，并以“委托—代理”的合作关系存在，因此委托代理机制带来的道德风险必然存在，最突出的是信息不对称带来的风险。产生道德风险的原因之一是代理人拥有私有信息，这从道德风险对策环境中看得很清楚：委托人与代理人签订合同时，双方所掌握的信息是相互对称的（至少双方都认为他们已经掌握了对方了解的信息）。

然而，建立委托代理关系后，委托人无法观察到代理人的某些私有信息，特别是代理人的努力程度方面的信息，在这种情况下，代理人可能会利用其私有信息采取某些损害委托人利益的行动。为了克服道德风险带来的危害，委托代理理论普遍发展了以合作和分担风险概念为中心的信息激励机制理论。

对于委托人来讲，只有使代理人的行动效用最大化，才能保证其自身利益最大化。而要使代理人采取效用最大化行动，必须对代理人的工作进行有效的激励。因此，委托人与代理人，即制造商与供应商或制造商与经销商之间的利益协调，就转化为激励机制的设计问题。由此可见，设计出供应链上节点企业之间的有效激励机制，对保证供应链的顺畅高效运行（包括供应链物流）是非常重要的。

适当地监督成员企业并建立有效的激励机制。从委托代理理论看来，代理人总是选择使自己效用最大化的行为，为了实现供应链整体利益的最大化，委托人应建立一套有效的激励机制，使企业的个别利益和供应链整体利益相联系，激励其在追求自身利益最大化的过程中实现供应链整体利益最大化。同时，应予以适当的监督，在最大范围内保证供应链成员企业间交易合同的公平性，减少成员企业的投机行为，促进供应链组织合理有序的运行，以最有效的合作方式完成供应链的目标。

二、供应链企业激励机制的特点

激励机制是管理领域一个长期的话题。在组织行为学中就专门讨论激励问题，在委托代理理论中也研究激励问题。这里我们将“激励”的概念和范围扩大到了整个供应链及其相关企业上，从广义的激励角度研究供应链管理环境下的激励和激励机制的建立问题。

激励是委托人在非对称信息条件下影响代理人的手段，是指当事人 A 诱使具有私有信息的当事人 B 选择对当事人 A 有利的行动。当事人 A 无法确切知道当事人 B 的努力水平时，只能通过一些信号来推断当事人 B 的努力水平，再根据努力的信号给予当事人 B 报酬，间接地影响当事人 B 的努力水平，人们把这种影响方式称为激励。

根据组织行为学的基本观点，一个人的工作成绩可以用公式表示：工作成绩=f（能力×动机），即一个人工作成绩的好坏，既取决于人的能力，也取决于人的动机。如果一个人的积极性被调动起来，即动机被激发，那么他取得的成绩就会更优秀。

因此，企业管理的重要问题之一是调动员工的工作积极性，而员工积极性与个人需要和动机相联系，是由动机推动的。可以说，影响积极性的基本因素是人的需要和动机。我们应该明确这样一个观点：人人有待激励，人人可以激励。只有了解人的需要和动机的规律性，才能预测、引导和控制人的行为，从而达到激励职工、调动职工积极性的目的。这就是"需要—动机—行为—目标"激励模式。

从供应链的委托代理特征去理解，所谓激励，就是委托人拥有一个价值标准，或一项社会福利目标。这些标准或目标可以是最小个人成本或社会成本约束下的最大预期效用，也可以是某种意义上的最优资源配置，或个人的理性配置集合。现在，委托人希望能够达到这些目标，那么，委托人应该制定什么样的规则，才能使其他市场参与者（代理人）利己行为的最后结果与委托人给出的标准一致呢？

更进一步分析，激励就是委托人如何使代理人在选择或不选择委托人标准或目标时，从自身利益最大化出发，自愿或不得不选择与委托人标准或目标一致的行动。由于每个经济模型都是一个机制，因此，设计激励机制必然要求既定模型符合参与约束和激励相容约束。

激励是一个心理学范畴，在管理学的应用中，对激励的研究一般仅限于个人行为的范围。供应链激励因其对象包括团体（供应链和企业）和个人（管理人员和一般员工）两部分，而将研究范围扩大为个人的心理和团体的心理。

一般地，供应链涵盖的社会范围很大，具有社会性，供应链的团体心理即社会心理。供应链的社会心理作为一个"整体"具有"个体"一个人心理的一般特性，即基于需要产生动机，进而产生某些行为以达到目标。但是整体毕竟不是个体的简单相加，供应链的社会心理同时又有其独特的一面。

委托代理契约实际上是一种不完备的契约。由于人的自利性、有限理性和风险规避性，以及委托双方的条件各异、需求有别、利益目标不尽相同，"如果这种关系的双方当事人都是效用最大化者，就有充分的理由相信，代理人不会总以委托人的最大利益而行动"。

因此，委托人就有必要设计监督机制，防止代理人牺牲委托人的利益而追求自身利益的最大化，但由于委托双方信息不对称以及由此而产生的道德风险和逆向选择问题，导致监督非常困难。

不仅如此，因验证信息成本较高，试图获得代理人完全信息的成本实际上很高，从而导致监督成本很高。因此，委托人应事先设计一种激励机制，采用奖励和惩罚的措施，诱使代理人通过实现委托人利益的最大化而实现自己利益的最大化，使其行为目标最大限度地趋于一致。

作为众多企业的集合，供应链管理系统也存在同样的问题。成员企业的积极性不够，核心企业的开拓精神不强烈，有些企业是小富即安，更有一些企业安于维持现状，做到不亏损就心满意足了，或者是受到竞争压力和外部某些压力（如项目失败，市场需求疲软等）而退缩、丧失进取心等。一个企业如同一个人，也有需求、行为、动机和目的，也有心理活动，有惰性，当然也需要激励。

供应链激励是供应链管理的一项重要工作。供应链包含组织层（供应链层）、企业层和车间层三个层面，可激励对象包括供应链自身、成员企业、企业管理人员、一般员工。其中管理人员（企业家）和一般员工的激励属于企业激励机制的范畴，因此供应链激励主要专注于供应链环境下的成员企业。

三、供应链协议

供应链是一种新兴的生产组织模式，其研究仍处于探索和不断改进的阶段。随着对供应链研究的深入，以及供应链生产组织模式被运用于实践，供应链生产组织模式需要某种规范形式的管理。供应链协议（Supply Chain Protocol，SCP）正是针对这种需要提出的。

供应链协议是将供应链管理工作进行程序化、标准化和规范化的协定，为供应链绩效评价和激励的实现提供了一个平台。供应链协议为激励目标的确立、供应链绩效测评和激励方式的确定提供基本依据。激励目标要与激励对象的需要相联系，同时也要反映激励主体的意图和符合供应链协议。激励方式视绩效评价结果和激励对象的具体需要而定。

供应链的运作以快速、高效、敏捷等特点而显示出竞争优势，兼容并蓄了许多先进管理方法，如 JIT、MRP II、CIMS、FMS（柔性制造系统）等的优点。但是，供应链在运作过程中存在安全性、法律法规、协商时间、供应链优化、主动性限制、供应链淘汰机制等现实问题。这些问题的存在，制约着供应链功能的发挥。

针对这几个根本性的问题，相应地提出供应链协议，以规范对供应链运作的管理。供应链协议是根据供应链产品生产模式的特点，结合 GATT（《关税贸易总协定》）、ISO 9000、EDI、TCP/IP 等多方面知识，将供应链管理工作程序化、标准化和规范化，使供应链系统能得到有效控制，良好运作，充分发挥功能。

简单地讲，供应链协议就是在一系列标准（供应链协议标准，SCP 标准）支持下的拥有许多条目的文本（供应链协议文本，SCP 文本），并且这些文本固化于一个网络系统（供应链协议网络系统，SCPNET）中。供应链协议强调供应链的实用性和供应链管理的可操作性，重视完全信息化和快速响应的实现。

供应链协议的内容分为三个部分：供应链协议文本（SCP 文本），供应链协议标准（SCP 标准），供应链协议网（SCPNET）。

SCP 文本是供应链管理规范化、文本化、程序化的主体部分，包括 10 个部分。

（1）定义。

（2）语法规范。

（3）文本规范。

（4）供应链的组建和撤销。

（5）企业加入供应链的条件、享受权利、应担风险以及应尽义务。

（6）供应关系的确立与解除。

（7）信息的传递、收集、共享与发布。

（8）供应、分销与生产的操作。

（9）资金结算。

（10）纠纷仲裁与责任追究。

SCP 标准包括产品标准、零配件标准、质量标准、标准合同、标准表（格）单（据）、标准指令、标准数据、标准文本以及 SCPNET 标准等。SCPNET 分为硬件和软件两部分。硬件为：Internet、Intranet、Extranet、客户机、工作站、网管中心。软件为：数据库、网络系统、SCPNET 支撑软件。

在供应链协议环境下，企业以期货形式在 SCPNET 上发布订单（接受订单），寻求供应商（得到销售商）。在这种灵活机制下，保持企业的主动性，并将不能适应的企业从供应链上淘汰出局。企业以接受 SCP 文本某条款的形式在供应链中运作，极大地减少加入组建供应链花费的较长谈判时间。

供应链通过网管中心来协调由于供应链的优化而带来的利益问题。网管中心一般设在核心企业，并由核心企业负责管理。在经济活动中，供应链由于有供应链协议的严格规定而实实在在地存在，并广泛地形成供应链与供应链间的竞争。

四、供应链激励机制的内容

供应链激励机制旨在激励供应链成员企业为了整个供应链目标的实现和本企业竞争力的提升，向合作博弈、互利共赢的方向努力。从一般意义上来讲，激励机制的内容包括激励的主体与客体、激励的目标和激励的手段。

（一）激励的主体与客体

激励主体是指激励者，激励客体是指被激励者，即激励对象。激励的主体从最初的业主转换到管理者、上级，到今天已经抽象为委托人。相应地，激励的客体从最初针对蓝领的工人阶层转换到白领的职员阶层，以及今天的代理人。

供应链管理中的激励对象（激励的客体）主要指其成员企业，如上游的供应商企业、下游的分销商企业等，也包括每个企业内部的管理人员和员工。

在这里主要讨论对以代理人为特征的供应链企业的激励，或对代理人的激励。供应链管理环境下的激励主体与客体主要有以下五种对应类型。

（1）核心企业对成员企业的激励。

（2）制造商（下游企业）对供应商（上游企业）的激励。

（3）制造商（上游企业）对销售商（下游企业）的激励。

（4）供应链对成员企业的激励。

（5）成员企业对供应链的激励。

（二）激励的目标

激励目标主要是通过某些激励手段，调动委托人和代理人的积极性，兼顾合作双方的共同利益，消除由信息不对称和败德行为带来的风险，使供应链的运作更加顺畅，实现供应链企业共赢的目标。

（三）激励的手段

供应链管理模式下的激励手段是多种多样的。从激励理论的角度来理解，主要就是正激励和负激励两大类。正激励和负激励是一种广义的划分。正激励是指一般意义上的正向强化、正向激励，是鼓励人们采取某种行为；负激励则是指一般意义上的负强化，是一种约束、一种惩罚，阻止人们采取某种行为。

正激励是指在激励客体和激励目标之间形成激励力，使激励客体向激励目标进发。负激励是对激励客体实施诸多约束，而仅仅预留指向激励目标一个方向给激励客体发展，从而达到向激励目标进发的激励目的。通常情况下，激励方式基本上都是正激励，负激励被作为约束机制来研究。

对于激励的手段，在现实管理中主要采取三种激励模式：物质激励模式、精神激励模式和感情激励模式。

物质性刺激是主要的激励手段。在物质性刺激因素中，金钱的作用不容忽视。对于供应链管理来讲，物质激励模式可以理解为收益的刺激。要保证代理人企业获得其追求的经济利益，同时又能鼓励它积极工作，就要在物质利益上设立满足代理人经济需求的激励指标。

根据Y理论的“自我实现人”假设，人是有智慧且有责任心的，他们追求挑战性和有意义的工作。从事这些工作并取得成功将会产生内在的精神上的激励，极大地调动人的积极性。供应链和企业有社会心理，同样追求挑战性和有意义的工作。更多的订单对于供应链来说就是一种挑战。

精神激励模式有公开表扬或批评、工作的承认、权力和责任、在同行中获得高的信誉和在公众中获得高的声誉等。感情激励模式既不以物资为刺激，也不是以精神理想为刺激，而是以企业与企业之间的感情联系为手段的激励模式，主要有沟通思想式、排忧解难式等。

但是对供应链企业的激励不仅仅如此，例如，一条供应链因为获得比别的供应链更多的信息而被激励。信息既不属于精神，也不属于物质，所以我们称之为信息激励模式。

一般而言，有以下几种激励模式可供参考：价格激励、订单激励、商誉激励、信息激励、淘汰激励，等等。具体可以参阅本书第五章第一节关于供应商激励机制。

拓展阅读

供应链绩效评价体系就像一个多尺度的分析模型，可以形成一个综合的分析体系，直观清晰地描述供应链价值构成和价值增值能力，有效地衡量供应链的竞争优势。

通过了解供应链评价体系和管理成熟度的知识，可以从不同角度分析和描述供应链管理模型，建立一个评价供应链的综合体系。为建立供应链标杆和寻找供应链约束提供了一系列可行的方法。

供应链管理更多地体现了管理的内涵，它是一个无形的、无法用确切的语言来描述的框架体系，这个框架将随着管理环境的变化而进行动态调整。因此，供应链绩效评价体系也应随之调整。可以这样理解：没有一成不变的管理模式，也没有一成不变的评价体系，再优秀的评价体系都需要随着管理模式的变化而变化。

思考练习题

一、名词解释

供应链绩效评价　供应链运作参考模型　供应链绩效标杆法　供应链协议

二、不定项选择题

1. 下列对供应链响应时间的理解不正确的是（　　）。

A. 标志着供应链反应速度和响应能力

B. 决定供应链竞争力的关键因素之一

C. 供应链运营成本降低的表现

D. 供应链运营效率的表现

2. 供应链绩效评价的常见方法不包括（　　）。

A. A、B、C 分类法　　B. 平衡计分卡法

C. 层次分析法　　D. 供应链绩效标杆法

3. 供应链绩效评价的意义有（　　）。

A. 对供应链整体运行效果做评价　　B. 对各成员企业做出评价

C. 对企业之间的合作关系做评价　　D. 用于激励成员企业

4. 供应链激励手段主要分为（　　）两类。

A. 正向激励　　B. 负向激励　　C. 反向激励　　D. 双向激励

三、判断题

1. 供应链绩效与企业绩效基本是一致的。（　）

2. 库存周转率=销售成本/平均存货。（　）

3. 正向激励是正向强化，阻止人们采取某种行为。（　）

四、简述题

1. 供应链绩效评价与企业绩效评价的区别是什么？

2. 供应链协议是什么？

3. 供应链企业的激励常用模式有哪些？

五、案例分析

弗莱克斯特罗尼克斯实施供应链绩效管理的启示

电子制造服务（EMS）提供商弗莱克斯特罗尼克斯国际公司两年前便面临着一个既充满机遇又充满挑战的市场环境。弗莱克斯特罗尼克斯公司面临的境遇并不罕见。事实上，许多其他行业的公司都在它们的供应链中面临着同样的问题。很多亟待解决的问题存在于供应链的方方面面——采购、制造、分销、物流、设计、融资等。

供应链绩效控制的传统方法

惠普、3COM、诺基亚等高科技原始设备制造商（OEM）出现外包趋势，来自电子制造服务业的订单却在减少，同时，弗莱克斯特罗尼克斯受到来自制造成本和直接材料成本

大幅度缩减的压力。供应链绩效控制变得日益重要起来。

控制绩效的两种传统的方法是指标项目和平衡计分卡。在指标项目中，功能性组织和工作小组建立和跟踪那些被认为是与度量绩效最相关的指标。遗憾的是，指标项目这种方法存在很多的局限性。为克服某些局限性，许多公司采取了平衡计分卡。虽然概念上具有强制性，绝大多数平衡计分卡作为静态管理“操作面板”实施，不能驱动行为或绩效的改进。弗莱克斯特罗尼克斯也被供应链绩效控制的缺陷苦苦折磨着。

供应链绩效管理周期

弗莱克斯特罗尼克斯实施供应链绩效管理带给业界很多启示：供应链绩效管理有许多基本的原则，可以避免传统方法的缺陷；交叉性功能平衡指标是必要的，但不是充分的条件。供应链绩效管理应该是一个周期，它包括确定问题、明确根本原因、以正确的行动对问题做出反应、连续确认处于风险中的数据、流程和行动。

弗莱克斯特罗尼克斯公司认为，定义关键绩效指标、异常条件和当环境发生变化时更新这些定义的能力是任何供应链绩效管理系统令人满意的一大特征。一旦异常情况被确认了，就需要知道潜在的根本原因，可采取的行动的选择路线，以及这种可选择行为的影响，以正确的行动对异常的绩效做出快速的响应是必要的。

但是，一旦响应已经确定，只有无缝地、及时地实施这些响应，公司才能取得绩效的改进。这些响应应该是备有文件证明的，系统根据数据和信息发生以及异常绩效的解决做出不断的更新、调整。响应性行动带来了对异常、企业规则、业务流程的重新定义。因此在供应链绩效管理周期中连续地确认和更新流程是必要的。

在统计流程控制中，最大的挑战往往是对失控情形的根本原因的确认。当确认异常时，对其管理需要能确认这些异常的根本原因。供应链绩效管理应该也能在适当的位置上支持理解和诊断任务。这允许管理迅速重新得到相关的数据，相应地合计或者分解数据，按空间或者时间将数据分类。弗莱克斯特罗尼克斯公司的成功，确认了供应链绩效管理作为供应链管理的基础性概念和实践的力量和重要性。

（资料来源：海事大学物流研究中心）

根据上述案例描述，阐述绩效管理在供应链系统中的重要性，以及在这个案例中如何使用绩效管理提高供应链运营水平。

习题参考答案

第一章

二、不定项选择题

1．B　2．AC　3．A　4．ABCD　5．D　6．D

三、判断题

1．对　2．错　3．对　4．对　5．对

第二章

二、不定项选择题

1．A　2．A　3．BD　4．A　5．A

三、判断题

1．对　2．错　3．对　4．对　5．错

第三章

二、不定项选择题

1．ABCD　2．B　3．ABD

三、判断题

1．对　2．对　3．错

第四章

二、不定项选择题

1．A　2．D　3．B　4．D　5．D　6．ABCD　7．ACDE　8．ABCE

三、判断题

1．对　2．错　3．对　4．错　5．对　6．错　7．错　8．错

第五章

二、不定项选择题

1. C　2. B　3. C　4. C　5. A

6. ABD　7. ABCD　8. ABC　9. ABCD　10. ABCD

三、判断题

1. 对　2. 错　3. 错　4. 错　5. 对

第六章

二、不定项选择题

1. A　2. D　3. A　4. D　5. B

6. BCD　7. ABCDE　8. ABCD　9. ABCDE　10. AB

三、判断题

1. 对　2. 错　3. 对　4. 错　5. 错

第七章

二、不定项选择题

1. C　2. A　3. ABCD　4. AB

三、判断题

1. 错　2. 对　3. 错

参考文献

[1] 孙家庆, 唐丽敏. 供应链物流学[M]. 大连：大连海事大学出版社, 2016.
[2] 孙国华. 物流与供应链管理[M]. 北京：清华大学出版社, 2014.
[3] 余冰. 物流供应链管理[M]. 北京：清华大学出版社, 2014.
[4] 吴群. 物流与供应链管理[M]. 北京：北京大学出版社, 2015.
[5] 全新顺. 供应链与物流管理[M]. 南京：南京大学出版社, 2009.
[6] 李耀华, 林玲玲. 供应链管理（第 3 版）[M]. 北京：清华大学出版社, 2018.
[7] 赵林度. 供应链与物流管理理论与实务[M]. 北京：机械工业出版社, 2004.
[8] 吴健. 现代物流与供应链管理[M]. 北京：清华大学出版社, 2017.
[9] 施先亮, 李伊松. 供应链管理原理及应用[M]. 北京：清华大学出版社, 2008.
[10] 顾东晓, 顾佐佐. 物流与供应链管理[M]. 北京：清华大学出版社, 2017.
[11] 马丁·克里斯托弗. 物流与供应链管理[M]. 北京：电子工业出版社, 2017.
[12] 约瑟夫·L. 卡维纳托. 供应管理手册[M]. 北京：电子工业出版社, 2010.

反侵权盗版声明

举报电话：（010）88254396；（010）88258888

传　　真：（010）88254397

E-mail:　dbqq@phei.com.cn

通信地址：北京市万寿路 173 信箱

电子工业出版社总编办公室

邮　　编：100036